AF412608

Bernhard Winking Architektur und Stadt
Architecture and the City

Bernhard Winking Architektur und Stadt
Architecture and the City

herausgegeben von | edited by Klaus-Dieter Weiss

mit einem Vorwort von | with a foreword
by Hans Stimmann und einer Einführung von |
and an introduction by Ulrich Höhns

Birkhäuser Publishers
Basel · Boston · Berlin

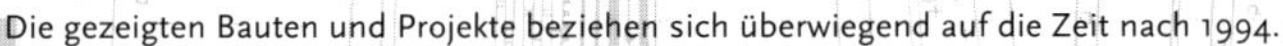

Die gezeigten Bauten und Projekte beziehen sich überwiegend auf die Zeit nach 1994. | The presented buildings and projects refer mainly to the time after 1994.

Tradition und Moderne in Städtebau und Architektur

Hans Stimmann

Die Nachwendegründerzeit warf besonders in Berlin Fragen auf, die das Selbstverständnis der Profession der Architekten und Städteplaner am Ende dieses Jahrtausends betreffen. Im Kern stellte sich bei jedem Projekt die Frage, was uns heute Stadt eigentlich noch bedeutet. Welche Architektur in welcher Textur ist in der Lage, eine wirklich «städtische Haltung» zu entwickeln? Welche Haltung macht Urbanität noch bis ins Detail erlebbar und leistet einen Beitrag zum Städtischen? Genügt zur Architektur der Stadt die individuelle Selbstdarstellung der großen künstlerischen Begabung oder bedarf es daneben nicht auch – und vielleicht sogar vor allem – eines hochentwickelten Sinns für den städtebaulichen Zusammenhang, für die jeweilige Geschichte der Stadt, für lokale Konventionen und Identitäten, für die Verbindlichkeit eines gemeinschaftlichen Gedankens über die Art des städtischen Lebens von der Vorstadt bis ins Zentrum?

In einer Zeit extremer Individualisierung bei gleichzeitiger Globalisierung und Virtualisierung der Kommunikation sind solche Verabredungen im tatsächlichen gesellschaftlichen Leben besonders der Großstädte heute nur noch schwer zu haben. Es gibt viele ernstzunehmende Kulturwissenschaftler, Philosophen, Soziologen, Architekturkritiker, aber auch Architekten – wie z.B. Rem Koolhaas –, die aus dieser offensichtlichen sozialen Tendenz zur Individualisierung bei gleichzeitiger Beschleunigung unseres Lebens folgern, daß der Typus der traditionellen europäischen Stadt tendenziell überflüssig sei. «Der Raum ist tot, weil die Stadt zu einem System untereinander verknüpfter Innenräume geworden ist», so Rem Koolhaas. An ihre Stelle treten nach und nach Shopping Malls und Entertainmentcenter mit Autobahnanschluß und die Knoten der Kommunikation – also die Flughäfen, neuerdings die von der Bundesbahn in Shopping-Center umgebauten Bahnhöfe. Genau dies seien die Orte, die zur «Stadt»-Bildung geeignet seien. Das Einkaufszentrum mit angeschlossener Tankstelle, Restaurants – Freizeiteinrichtung als Stadtkrone also. Thomas Sieverts hat diesen Typ Stadt als Zwischenstadt, zwischen Ort und Welt, Raum und Zeit, Stadt und Land bezeichnet[1].

Diese aktuellen Tendenzen der realen Stadtentwicklung verknüpfen sich in der theoretischen Begründung vielfach mit der aus den 20er Jahren stammenden Idee der Stadtlandschaft. Eine Idee, mit der die Moderne ihren Kampf gegen die Zwangsform der traditionellen europäischen Stadt geführt hat. Mit der sukzessiven Auflösung zur Stadtlandschaft nach 1945, mit Siedlungen statt Vorstädten wurde allerdings ein Prozeß der Zerstörung urbaner Tradition begonnen, die die verhängnisvolle Illusion nährte, mit der Verländlichung der Stadt auch deren sozialen Zwangscharakter überwinden zu können, um eine Bresche zu schlagen für eine neue menschliche Gesellschaft. «Laßt sie einstürzen, die gebauten Gemeinheiten. Steinerne Häuser machen steinerne Herzen.» Dieser Schlachtruf zur Auflösung der Städte, mit dem der Pazifist Bruno Taut 1920 zum Sturm auf die europäische Stadt blies, ist nach einem knappen Jahrhundert modernen Städtebaus außerhalb der historischen Altstädte oft zu einem Alptraum

Tradition and Modernity in Urban Development and Architecture

Hans Stimmann

Reunification and the fall of the Wall prompted a lively debate in Berlin about how architects and urban planners interpreted their respective roles at the end of the millennium. Each project needed to address the question of what "city" means to us today. Which architecture in which context can develop a truly "urban attitude"? Which attitude lets us experience urban life in all its details, and contributes to urbanity? Can individual expressions of great artistic talent alone create city architecture? Or is it more – maybe most – important to develop a keen sense for the urban context, for the specific history of a city, for local conventions and identities, for a commitment to a shared concept of urban living from suburb to downtown?

In a time of extreme individualization accompanied by globalization and virtual communication, such commitments are increasingly hard to come by in the daily reality of social life, especially in large cities. Many scholars in the humanities, philosophers, sociologists, critics of architecture, and architects – for example Rem Kolhaas – have concluded from observing the obvious social trend towards individualization coupled with an accelerated pace of life, that the traditional European city has become a superfluous archetype. "Space is dead because the city has become a system of interlinked interior spaces," states Rem Kolhaas. Instead, the traditional European city is replaced by shopping malls and entertainment centres linked directly to highways, and by major communication hubs transformed into shopping centres – for example, airports and, recently, train stations similarly transformed by the federal railway commission. Everyone seems to agree that these are the locations best suited to "city"-formation. A shopping mall complete with gas station and restaurants: leisure amenities as the pride of the city! Thomas Sieverts has coined the term "interim city," a place between town and world, space and time, city and country.[1]

In discussion, current trends in urban development are often associated with the idea of a "cityscape" which was formulated in the 1920s – and which helped Modernism fight against the restrictions of the traditional European city. After 1945, however, the successive dissolution into cityscapes with housing developments instead of suburbs, began to destroy urban tradition and promoted a fatal illusion: that to make the urban more rural would help overcome the compulsory social character of urban society, thus paving the way for a new, more humane society. "Let them tumble, these built abominations. Stone houses create hearts of stone." This was pacifist Bruno Taut's challenge in 1920 to dissolve cities, and more specifically, to dismantle the traditional European city. After half a century of modern urban architecture, the daring challenge has been revealed all too soon as an urban nightmare, especially on the periphery of historic town centres. At the end of the century we are faced with a fragmented jumble which cannot be defined either as city or as landscape. This applies not only to the outskirts of European metropoles. The transformation of urban space into landscape, begun by Modernism, seems now com-

---

1 Thomas Sieverts: Zwischenstadt, Braunschweig/Wiesbaden 1997

1 Thomas Sieverts: Zwischenstadt, Braunschweig/Wiesbaden 1997

geworden. Am Ende dieses Jahrhunderts stehen wir – nicht nur an der Peripherie großer europäischer Metropolen – vor zusammengewürfelten Fragmenten, die weder mit dem Wort Stadt noch mit dem Begriff Landschaft zu fassen sind. Die Transformation des Städtischen zur Landschaft, den die Moderne eingeleitet hat, scheint inzwischen komplett. Wir haben Landschaften überall: Wohnlandschaften, Bildungs- und Freizeitlandschaften und eben auch Bürolandschaften in stadtlandschaftlich gedachten Baustrukturen. Die Kampfansage an städtische Raumformen hat nicht nur zu zersiedelten Landstrichen, sondern auch zu unleserlichen Stadtgrundrissen und Raumbildungen geführt, denen jeder architektonische Zusammenhang und insbesondere die Dialektik von Haus und Straße, von Privatheit und Öffentlichkeit fehlt, Städte ohne Identität, ohne Eigenschaften, ohne Bindungskraft gegen Entwurzelung, Entfremdung, Desorientierung.

In West-Berlin bildete die Idee der offenen Stadtlandschaft von 1945 bis Mitte der 70er Jahre das offizielle städtebauliche Leitbild für die Stadtentwicklung. In Ost-Berlin dagegen erfolgte städtebaulich der Wandel erst nach der Entstalinisierung mit dem 2. Bauabschnitt der Karl-Marx-Allee, dem Fischerkiez und den Großsiedlungen an der Peripherie mit Hellersdorf, Marzahn, Hohenschönhausen etc. Die offene Stadtlandschaft der Moderne diktierte so die Stadtentwicklung vom Zentrum bis zur äußeren Peripherie mit Variationen des immer gleichen Musters. Trotz der oft herausragenden Einzelarchitekten wie z.B. im Hansa-Viertel oder am Kulturforum, in der Gropiusstadt und in Marzahn entstand an keiner Stelle Stadt.

Seit dem Fall der Mauer wurde in Berlin explizit die Gegenposition zur Stadtlandschaft der Moderne zur offiziellen Grundlage für die Städtebau- und Architekturprojekte vom Zentrum bis zur Peripherie. Das Motto hieß «Experimente mit der Tradition der europäischen Stadt und ihren Elementen», also den Straßen, Plätzen, Parkanlagen und Häusern. Die europäische Stadt lebt als gesellschaftliche Form bekanntlich vom Spannungsfeld zwischen privater und öffentlicher Nutzung, zwischen privaten Häusern und öffentlichen Straßen oder Plätzen. Dabei ist nicht das Bild der Stadt ausschlaggebend. Es geht dabei im Kern um die Frage, wer sich auf welchen Flächen unter welchen Bedingungen aufhalten darf. Von einem privaten Grundstück kann man vertrieben werden, während der öffentliche Raum von jedermann benutzt werden kann. Mit den halböffentlichen Räumen der Stadtlandschaft, dem unbenutzbaren Abstandsgrün und dem Auftauchen der Mall wird dieses konstitutive Prinzip von Stadt verwässert. Die Öffentlichkeit der Mall existiert vor allem als Teil einer privaten Inszenierung zur Steigerung des Warenumschlags. Dieser Paradigmenwechsel war für einen Teil der in Berlin Bauenden, auf das freistehende Objekt und Expressivität im städtebaulichen Maßstab eingeschworenen Architekten eine harte Probe, für etliche eine Provokation. [2]

Das war also der Kern der Berliner Architekturdebatte: Die einen insistierten auf der experimentellen Fortsetzung der europäischen Städ-

plete. We are surrounded by landscapes: residential, educational, recreational, and, last but not least, office landscapes with buildings – all conceived as urban landscapes. The "declaration of war" against urban forms have spawned not only urban sprawl, but also illegible urban plans and formations that lack any architectural coherence, where there is no dialectic between house and street, between private and public sphere. In short: cities without identity, without character, without resistance to uprootedness, alienation, disorientation.

In West Berlin the open urban landscape was the official model for urban planners from 1945 until the mid 1970s. In East Berlin, however, changes in urban planning came later, after de-Stalinization, in projects such as the second phase of construction on Karl-Marx-Allee, the Fischerkiez district and mega-developments in suburban Hellersdorf, Marzahn, and Hohenschönhausen, etc. The modern, open, urban landscape has been the driving force in urban development from downtown to suburb with variations on an unchanging pattern. Yet despite the work of outstanding architects – for example in the Hansa district and the Kulturforum, in Gropiusstadt and in Marzahn – there has been absolutely no city "formation."

Since the fall of the Wall, Berlin's official basis for urban planning and building projects from downtown to the outskirts has been explicitly opposed to the modern urban landscape. The motto was "Experiments with the tradition of the European city and its components" – in other words its streets, squares, parks, and houses. As a social system, the European city is known to feed on the tension created between private and public use. In concrete terms this means differentiating between private homes and public streets or squares. The image of the city is less crucial than the core issue of who may occupy what space under which conditions. Anyone can be chased off private property, but public space can be used by all. The semi-public spaces in the urban landscape – the useless fallow lots and the rising malls – dilute this essential city principle of space allocation. The public character of malls is mainly the outcome of a private scenario in the interest of increased sales. This paradigm shift has been a tough call for some of the architects working in Berlin, dedicated as they were to the free-standing object and to creativity on an urban scale; for quite a few others it has been a provocation. [2]

Simply put, the debate on architecture in Berlin split into two groups. One supported the experimental continuation of traditional European urban planning in elevation and ground plan, with streets, squares, and urban buildings. The other idealized a break with scale, a fragmented mix of contradictory elements, the periphery, blurring the line between private and public. This latter group favoured especially the solitary building as an isolated object characteristic of today's metropoles – an urban model for the city of the twenty-first century.

Spatially and thematically we are dealing with two distinct aspects of the "city" as a theme: urban development in the new suburbs, that is,

2 Vgl. H. Stimmann (Hrsg.): Babylon, Berlin, etc. – Das Vokabular
  der europäischen Stadt, Basel/Berlin/Boston 1995

2 See: H. Stimmann (ed.): Babylon, Berlin, etc. – Das Vokabular
  der europäischen Stadt, Basel/Berlin/Boston 1995

tebautradition mit Straßen, Plätzen und städtischen Häusern im Aufriß und Grundriß, die andere Seite idealisierte den Maßstabsbruch, das fragmentarische Gemisch von widersprüchlichen Elementen, die Peripherie, die Vermischung von Privat und Öffentlich und vor allem das Haus als isoliertes Objekt, das die heutigen Metropolen der Welt kennzeichnet, und sah darin das Planungsmodell für die Stadt des 21. Jahrhunderts.

Räumlich und thematisch geht es dabei um zwei unterscheidbare Aspekte des Themas Stadt: um den Städtebau der neuen Vorstädte bzw. die Weiterentwicklung der Großsiedlungen und um das Bauen im Zentrum der Stadt. Im Zentrum steht, anders als noch in der ersten Hälfte dieses Jahrhunderts, in einer Gesellschaft, die sich mehr und mehr als Dienstleistungsgesellschaft versteht, das Bürohaus prototypisch für die Zukunft der Arbeit. Die städtebauliche Behandlung dieser neuen Arbeitsplätze definiert deswegen auch einen wesentlichen Teil der Zukunft des Städtischen. Die Bürobauten treten an die Stelle der Fabriken des ausgehenden 19. Jahrhunderts. Gelingt es, diese Arbeitsplätze in den jeweiligen städtischen Kontext zu integrieren, könnte dies ein Beispiel für nachhaltige kompakte Stadtentwicklung darstellen. Gelingt dies nicht, hat dies notwendigerweise die Auflösung der traditionellen Städtestrukturen zur Konsequenz.

Das Problem der städtebaulichen Integration neuer Bürogebäude ist ihr Maßstab. Versteht man Stadt als eine Gesellschaft von Häusern — kleinen und großen, privaten und öffentlichen —, dann leuchtet schnell ein, daß Megastrukturen nicht gesellschaftsfähig sind, sondern stadtzerstörerisch wirken. Angesichts der in vielen Fällen dramatisch gewachsenen Nutzungseinheiten gibt es oft Raumprogramme, die die normale Parzellengröße sprengen und nicht selten Blockgröße annehmen. Der entscheidende Punkt für eine erfolgreiche städtebauliche Integration blockgroßer Gebäude war deswegen auch schon in der Vergangenheit ihre Gestaltung als lesbare Hauseinheit. Es stellt sich die Frage, wie groß ein Haus noch sein darf, um als Ganzes und nicht als Megastruktur ohne wahrnehmbaren Anfang und ohne Ende wahrgenommen zu werden. Gelingt es nicht, ein Nutzungsprogramm in einer Hauseinheit unterzubringen, muß man mehrere Häuser bauen.

Erst wenn diese Arbeit der Städtebauer im Auftrag der Stadt geleistet ist, stellt sich für die Architekten die Frage, wie die Einheit des Hauses mit den Mitteln des Grundrisses, der Fassade und ihrer Details, also der Eingänge, der Dachabschlüsse, des Sockels, der Ecken, hergestellt werden kann. Wie wecke ich darüber hinaus Vertrauen in das Gebäude als Voraussetzung für eine selbstverständliche Benutzung ohne Gebrauchsanleitung? Wie entsteht eine Adresse? Welche Rolle spielen dabei Lage und Gestalt des Eingangs etc.?

Im Rahmen der Berliner Architekturdebatte wurde schließlich die Fassade als die in den Innenraum der Stadt wirkende öffentliche Fläche zur Diskussion gestellt. Man stritt über das Material (Stein oder Glas), den Fassadenaufbau (offene Fugen?) und ihre Struktur. «Was unstrittig sein müßte, ist, daß eine urbane Wand sich mit dem Rückzug in Neutralität und Anonymität nicht begnügen darf. Wir wünschen eine Wand, die spricht und auch etwas zur Sprache bringt, das den Ort

the expansion of existing urban developments and downtown construction. The office building as prototype for the future of work is central in a society that has become increasingly service-oriented since the first half of the century. How the new workplaces fit into the urban plan will be vitally important to the future of urbanity. Office buildings now occupy the place held by factories at the end of the nineteenth century. The successful integration of these workplaces into specific urban contexts could be a model of sustainable compact urban development. A failure to do so will necessarily lead to the dissolution of traditional urban structures.

The problem of how to integrate new office buildings into cities lies in their scale. If we look at a city as a society of buildings — small and large, private and public — then we can readily see that megastructures are antisocial and destructive to urban life. With the dramatic increase in office units, many project plans expand beyond the standard lot size, frequently covering an entire city block. To successfully integrate block-sized buildings it has always been necessary to design them as a legible, cohesive unit. The logical question is: how big can a building be and still be perceived as an entity and not as a megastructure without a recognizeable beginning or end? When requirements for use cannot be fulfilled in one unit, then several buildings should be constructed.

Urban planners must solve this task for the city first, then architects must address the overall question of how to create unity in the building with the means available to them, through the ground plan, façade, and details (that is, the entrances, the roof line, the base, and the corners). How to create confidence in the building as a prerequisite for comfort and ease of use? What makes an address? What is the role of the location and the look of the entrance in this process? These are just some of the questions that arise.

The architectural debate on and in Berlin ultimately identified the façade as the public surface that has the greatest impact on the interior of a city. Discussions centred on the material of the façade (stone or glass), its construction (open joints or not?), and its articulation. As Fritz Neumeyer suggests, "We should all agree that an urban wall cannot simply retreat into neutrality and anonymity. We want a wall that speaks, that creates a dialogue about the locale — for example its history and its future. This can be neither a retreat into a supposed Golden Age of history nor a heedless flight forward into a spectacle of simulating the Age of the Medium." What we are looking for is a "modern, urban city architecture which, at the end of this century, delivers a new definition of the relationship between city and architecture based on many different experiences of urban destruction through urban planning." [3] In my opinion, the façade should not only be solid, it should guarantee Aldo Rossi's 1968 definition of a prerequisite for a city: permanence. It must survive the test of time, it cannot insist on always being "cutting edge," it should age with grace, be flexible, survive the

---

3 Fritz Neumeyer, Mit dem Kopf durch die Wand: Annäherung

an das Unwort "Fassade", Berlin 1995

betrifft, etwa dessen Geschichte und künftige Gestalt. Damit kann weder die Flucht zurück ins vermeintlich goldene Zeitalter der Geschichte gemeint sein noch die Flucht nach vorn ins Totaltheater der Simulation des Medienzeitalters.» Gesucht wird eine «moderne, urbane, großstädtische Architektur, die in der Lage ist, das Verhältnis von Stadt und Architektur am Ende dieses Jahrhunderts, nach den vielfältigsten Erfahrungen der Stadtzerstörung durch die moderne Stadtplanung neu zu definieren.[3]

Auch die Fassade soll — so meine Position — nicht nur solide sein, sondern das gewährleisten, was Aldo Rossi 1968 als Bedingung für Stadt genannt hat: Permanenz. Sie muß große Zeiträume überstehen, sie kann nicht immer neu bleiben wollen, muß mit Anstand alt werden können, muß sich verändern können, muß schlechte Zeiten überdauern und muß erst recht auf energetische Fragen befriedigende Antworten geben.

Die Stadt braucht gerade in einer Zeit ausufernder individueller Freiheit Konventionen, Verabredungen, Permanenz. Die an die Freiheit von Regeln gewohnte künstlerische Phantasie von Architekten muß sich nicht nur in die Pflicht des Nützlichen, sondern zuerst in die des Städtischen nehmen lassen. Dies ist der erste Maßstab für die Beurteilung der Architekturqualität neuer Gebäude.

Wer das typologisch breit angelegte Œuvre Bernhard Winkings unter dieser Perspektive betrachtet, kommt schnell zu dem Ergebnis, daß sich der Architekt offensichtlich aus eigener Überzeugung mit seinen nach Lage, Größe und Typologie sehr unterschiedlichen Projekten in die Pflicht des Städtischen gestellt hat. Das gilt natürlich insbesondere für seine Berliner Projekte, in harter Konkurrenz aus Wettbewerben hervorgegangen. Eine Schule an der Peripherie der Stadt, bei der es darauf ankam, mit dem architektonischen Maßstab des Hauses auf den großen Maßstab der Großsiedlung adäquat zu reagieren, eine Fachhochschule in Hellersdorf an einem neuen Platz, im Zentrum einer Großsiedlung. Eine besondere Herausforderung — vielleicht die größte, die man als Architekt in unseren Tagen zu bestehen hat — war das Bauen im historischen Kontext des Pariser Platzes in unmittelbarer Nähe des Brandenburger Tores unter den Bedingungen einer vergleichsweise strengen Gestaltungssatzung. Die Wiederbebauung des Pariser Platzes wurde insbesondere mit der Debatte über das gläserne Gebäude der Akademie der Künste von Günter Behnisch zum Test für die Fähigkeit der Architekten, unter strengen städtebaulichen Vorgaben individuelle Häuser zu entwerfen. Ich bin sicher, daß dies dank der großen Anstrengung der beteiligten Architekten Kollhoff; Ortner; v. Gerkan, Marg & Partner; Kleihues; Moore; de Portzamparc und nicht zuletzt Bernhard Winking exemplarisch gelungen ist. Tradition und Moderne stehen nicht im Widerspruch. Experimente mit der Tradition sind möglich.

Palais am Pariser Platz, Berlin | Palais on Pariser Platz, Berlin

bad times and above all satisfy demands for energy efficiency. In a time of unlimited individual freedom the city needs conventions, rules, permanence. The artistic imagination of architects, used to freedom from rules, must serve not only utility but above all urbanity. This is the foremost criterion for evaluating the architectural quality of new buildings.

When we look at Bernhard Winking's typologically diverse work under this criterion we quickly realize that the architect has made a deliberate and personal choice to serve the needs of the city in his many projects, although the projects are so different in location, size, and type. This is especially true of his projects in Berlin, won in tough competition: a school in the suburbs (the key issue being how to integrate its architectural scale and the larger scale of the surrounding highrises), and a post-secondary school in the centre of Hellersdorf on the newly created town square. A special challenge — maybe the greatest one facing architects today — has been to build in the context of Pariser Platz and near the Brandenburg Gate within the constraints of comparatively strict design regulations. Creating new buildings on Pariser Platz has become a true test for any architect and his ability to design individualistically and creatively within the boundaries of strict urban plans, especially against the background of the debate on the glass building for the Academy of Fine Arts by Günter Behnisch. I am sure that the outstanding success is due also to the enormous efforts of all participating architects: Kollhoff; Ortner; von Gerkan, Marg & Partner; Kleihues; Moore; de Portzamparc; and, last but not least, Bernhard Winking. Tradition and modernity are not contradictions. Experiments with tradition are possible.

3 Fritz Neumeyer: Mit dem Kopf durch die Wand:

   Annäherung an das Unwort «Fassade», Berlin 1995

Die sichtbaren Städte

Ulrich Höhns

Die wichtigsten Architekturströmungen der Gegenwart zu benennen erscheint zwar schwierig, ist aber nicht unmöglich. Vergleicht man die realisierten Bauten oder Plan gebliebenen Entwürfe, können sie recht genau in Haupt- und Nebenlinien eingeteilt und auf Städte, Regionen und Länder verteilt betrachtet werden. Für einen zusammenfassenden Überblick wie eine differenzierende Bewertung wäre es dabei ziemlich unerheblich, an welchem Entstehungsort welches kulturelle, politische und wirtschaftliche Klima herrscht: Das Ergebnis steht immer für sich allein. Warum eine darstellenswerte Architektur in einer Kreisstadt an der Westküste, in einer mit sich selbst beschäftigten Metropole wie der neuen Hauptstadt oder am Rande eines Dorfes in Thüringen entsteht, wird erst nach vielen Jahren die Forschung interessieren. Aber schon heute ließen sich Maßstäbe für eine nachhaltige Bewertung finden, denn man könnte mit großer Treffsicherheit von eben erst fertiggestellten Häusern sagen, ob sie den Rang eines künftigen Baudenkmals aufweisen, ob sie den Zeitgeist einer Kurzepoche widerspiegeln, dafür aber möglicherweise nicht altern können, ob sie schlicht zur Massenware zählen, an der bestenfalls der Beginn, der Verlauf und das Ende einer Diskussion mit allen Abweichungen und Verzögerungen bis in die Provinz hinein genau nachgezeichnet werden kann, oder ob sie sich dem Versuch der Kanonisierung ganz einfach entziehen.

Wie aber würde eine Bewertung gegenwärtiger Architektur ausfallen, wenn man sie nicht wie meistens üblich losgelöst von ihrem städtebaulichen Hintergrund betrachtete, sondern die ganze Leistung eines Entwurfes, seiner materiellen und ästhetischen Dauerhaftigkeit und damit auch der Verzahnung eines Hauses mit seiner Umgebung auf allen denkbaren Ebenen, möglicherweise auch einer bewußt betriebenen Loslösung davon oder als den Versuch einer Richtungsänderung im Städtebau bewertete, die ein Neubau oder ein Ensemble einleiten oder zumindest andeuten können?

Bernhard Winking, der an vielen Orten viele Häuser gebaut hat und weiter baut, ist ein Architekt im klassischen Sinne, der seine Aufgabe grundsätzlich aus dem städtebaulichen oder landschaftlichen Kontext heraus formuliert und diesem die architektonische Form unterordnet. Niemals würde er durch spektakuläre Einzelleistungen auftrumpfen, die Nachbarn seiner Häuser und die Kollegen, die diese gebaut haben, übertönen wollen. Betrachtet man seinen Weg als Architekt, dann zeigt sich, daß er zur Reduzierung der Form durch einen handwerklichen Hintergrund, die Mitarbeit bei einem Perfektionisten wie Gerhard Graubner und das Studium bei Godber Nissen, einem Puristen und führenden Vertreter der «bescheidenen», undogmatisch gebliebenen «zweiten Moderne» nach 1945, gefunden hat – jedenfalls auf der architektonischen Ebene. Nur die ersten Bauaufgaben, die er gemeinsam mit seinen früheren Partnern Dieter Patschan und Asmus Werner löste, waren zum Teil Solitäre, die zwar neue, vorwiegend nach innen gekehrte, eigene Räume formten, amorphen städtebaulichen Situationen aber eher als Kontrapunkte gegenüberstanden. Die folgenden und nun von ihm allein verantworteten Bauten der jüngsten Zeit hingegen verdeutlichen, wie weit städtebauliche Vorgaben, reale und ausgedeutete, seine Architektur prägen und zu einer unlösbaren Verflechtung

The Visible Cities

Ulrich Höhns

Identifying leading trends in contemporary architecture may seem difficult, but it is not impossible. When we compare designs, realized or not, we can divide them quite accurately into main and side trends and study them under the aspects of city, region, and country. The cultural, political, and economic climate at each location has little impact on a generalized overview or a detailed evaluation: the result is always unique. Why remarkable architecture develops in a district town on the west coast, or in a self-absorbed metropolis such as Germany's new capital, or on the edge of a village in Thuringia, becomes interesting to researchers only after many years have passed. However, criteria for a long-term evaluation could be established even now. We could quite accurately predict, for example, whether a new building exhibits the quality of a future monument; whether another is a mere reflection of a Zeitgeist so short-lived as to be a mere trend, and is unlikely to age well; whether yet another appears to be simply a mass product whose most intriguing feature is that it enables us to reconstruct the beginning, flow, and conclusion of a particular discourse in all its deviations and hesitations from city to provincial town; and finally, whether there exists a new building that defies all canons or categorization.

How would an assessment of contemporary architecture read if we were to study a particular design in its entirety – that is, its performance in design, material, and aesthetic longevity – as well as the interaction on all levels of a building and its surroundings (possibly even a deliberate non-interaction, whereby a new building might create a shift in urban planning)? In what way would such an evaluation differ from the standard practice of judging architecture in isolation from its urban background?

Bernhard Winking is an architect in the classical sense. He has created many buildings in many locations and defines his task as an architect primarily against the backdrop of the urban or rural context to which he subordinates architectural form. He would never boast with sensational showpieces intended to overshadow neighbouring buildings or the colleagues who designed them. When we look at his

Herrengrabenfleet, Hamburg | Herrengrabenfleet, Hamburg

der konkreten Bauaufgabe mit ihrem räumlichen Umfeld führen. Seine Architektur entzieht sich in ihrer bedingungslosen Reduktion auf das Wesentliche modischer Vereinnahmung, und ihren Kritikern, vor allem denen der zahlreichen Hamburger Bauten im innerstädtischen Kontext, die sich diesen Erfolg nicht erklären können und ihn konservativen Kräfteverhältnissen zuschreiben, fällt es schwer, den fundamentalen Zusammenhang zwischen der sehr weit getriebenen architektonischen Zurückhaltung und dem fast einem Glaubensbekenntnis gleichkommenden Bestreben nach Wahrung und Fortschreibung städtebaulicher Kontinuitäten in allen Arbeiten Winkings zu erkennen.

Ein Blick auf einige der zentralen Bauaufgaben Winkings der Gegenwart, die für ihn – unabhängig von der Größe, dem Standort und dem möglichen damit verbundenen Prestigegewinn – vollkommen gleichberechtigt nebeneinander und auch neben nicht realisierten Planungen stehen, legt offen, wie weit diese Verzahnung reicht, wie bestimmend für ihn die städtebaulichen Rahmenbedingungen sind, unter denen seine Architektur entsteht. Er bezieht ein überliefertes Stadtbaukonzept wie das für die Hamburger Innenstadt ebenso in seine Architektur ein, wie er andernorts neue, selbst extrem hart und ohne Vorbilder formulierte Schnittmuster für die Umorganisation eines jungen Stadtteils wie für Hellersdorf bei Berlin aufnimmt und diese Struktur zum entwurfsbestimmenden Motiv seiner Architektur werden läßt. Über seine Hamburger Arbeiten vor allem entlang der Fleetachse mit den beiden Eckpunkten des Bürohauses am Stubbenhuk, das auf spitz zulaufendem Grundriß mit steinernem Turmbau in einer davon herausgelösten, an einer Seite geschwungenen Glasfassade endet, und den mächtigen Fleethof an der Stadthausbrücke ist viel und nicht immer Wohlmeinendes geschrieben worden. Übersehen wurde dabei meistens, daß die rationalistische Stringenz in dieser Abfolge großer Volumina mit ihren vertikalen und horizontalen Staffelungen entlang des Herrengrabens am Bild eines steinernen, großstädtischen Hamburgs orientiert ist und sich damit in die Tradition der blockhaften Fassung innerstädtischer Räume stellt, die auch ein Reformer wie Fritz Schumacher hier nie angetastet hat. Die große Form erhält ihre Konturen aus dem überlieferten und gegen Ende des 19. Jahrhunderts verdichteten Stadtgrundriß, ihre Feinausprägung hingegen reagiert genau auf den Zuschnitt der Grundstücke und die wechselnden Gegenüber aus den unterschiedlichsten und keineswegs immer glücklichsten Bauepochen. Winking sucht die Qualitäten des Ortes; wenn die vorgefundene Architektur kein Maßstab sein kann, bezieht er sich auf den Stadtgrundriß. Der Fleethof mit seiner zweigesichtigen, hier schweren Ziegel-, dort leichten Glasfassade und zwei in Glas aufgelösten Staffelgeschossen ist bei aller formalen Härte genausowenig ein neuer Beitrag zur Monumentalarchitektur wie die großen Bürohäuser der Stadt aus dem ersten Drittel dieses Jahrhunderts. Er ist vollkommen eigenständig, ein Haus der Gegenwart und weit mehr als nur eine Folie, vor der sich eine andere, lautere Architektur frei entfalten könnte. Die Logik dieser außerordentlich kraftvollen, expressiven Figur als Erfüllung städtebaulicher Leitbilder des ausgehenden 19. Jahrhunderts mit deutlichen Reminiszenzen an den Aufbruch in der

development as an architect, we realize that he has come to reduced form as a craftsman, from working with a perfectionist like Gerhard Graubner and from studying with Godber Nissen, a purist and leading representative of the "modest," undogmatic "second wave" of the International Style after 1945. Only Winking's first commissions, shared with former partners Dieter Patschan and Asmus Werner, were "solitary" to some degree, creating new, mostly inward-oriented, individualistic spaces, but tended to be more of a counterpoint in amorphous urban environments. More recent buildings, designed and realized by Winking on his own, illustrate how strongly his architecture is influenced by existing urban plans, in reality or in interpretation, and how this "integrates" the concrete building task with the physical environment.

The uncompromising reduction in Winking's architecture eludes fashionable trends, distilling them into what we agree is essentially modern. Critics – above all those who comment on the numerous buildings in Hamburg's downtown and are baffled by the architect's success – have difficulty recognizing the fundamental link between the extreme, architectural restraint and the passionate effort to preserve and foster continuities in urban planning that is present in all of Winking's work.

A glance at some of Winking's current projects to which he gives the same attention and respect he does any other project – realized or not, and regardless of size, location, or potential prestige – reveals how far-reaching this integration is, how definitive the urban parameters within which he creates architecture. He integrates a traditional urban concept, such as Hamburg's downtown, into his architecture in much the same way as he may in other locations take up a new, even extremely harsh model, without precedence or tradition, to redefine a new urban area (such as Hellersdorf, near Berlin), turning this structure into the definitive motif for his architectural design.

Much has been written about his work in Hamburg and not all has been flattering. This is especially true of the Fleetachse and the strong

Herrengrabenfleet, Hamburg | Herrengrabenfleet, Hamburg

Fleethof, Hamburg | Fleethof, Hamburg

hamburgischen Architektur in den 20er Jahren ist bestechend, ihre Dauerhaftigkeit über einen sehr langen Zeitraum ohne Zögern voraussagbar.

Winking überträgt seine Methode des lakonischen Umganges mit vorgefundenen Strukturen auch auf Orte, an denen diese Muster aufbrechen und neu formuliert werden wie in Hellersdorf, einer der größten Trabantenstädte der DDR am Ostrand Berlins.

Den neuen, städtebaulichen Rahmen für die bisher leere Mitte dieses Ortes im Kreuzungspunkt von Straßen und S-Bahn-Linien hatten Andreas Brandt und Rudolf Böttcher mit einer dreiseitig umschlossenen und nur nach Süden hin offenen Großform gefunden, die über alle Verkehrswege hinweg einen festen, an spanische Vorbilder erinnernden Rahmen für einen neuen Platz schaffen sollte. In der Mitte des Ostflügels dieser Anlage plante Winking die Alice-Salomon-Fachhochschule für Sozialarbeit, deren Hauptfassade er bündig in den Rahmen der Platzwand einfügte und deren rückwärtiger Teil mit weiteren drei straßenbegleitenden Flügeln einen eigenen Innenhof umschließt und in einer besonders spitz zulaufenden Ecke im Norden endet. Die vorgefundene stadträumliche Figur ist in ihrer Rigidität kaum zu übertreffen, aber Winking folgt ihr konsequent – mit dem heute für Außenstehende erklärungsbedürftigen Ergebnis, daß aus der großen, geschlossenen städtebaulichen Figur inzwischen eine Ansammlung von Einzelbauten mehrerer Architekten geworden ist, weil einige der Nachbarn die Straßenausgänge des Platzes noch nicht überbaut haben. Die Fachhochschule steht frei und etwas verloren an einem nur fragmentarisch besetzten Platz, mit Brandwänden links und rechts und einer aus dem ursprünglichen städtebaulichen Rahmenkonzept abgeleiteten inneren Organisation, die sich zwar problemlos selbst trägt, der aber die entwurfsbegründende Idee einer nahtlosen Einfügung in den großen Rahmen der «Plaza Major» nicht mehr auf Anhieb anzusehen ist.

Einem anderen, weitaus symbolträchtigeren Ort Berlins als Hellersdorf begegnet Winking mit derselben Gelassenheit und Disziplin. Sein Neubau eines Geschäfts- und Wohnhauses in der Nordecke des Pariser Platzes, eingefügt in den Winkel zwischen dem Haus Liebermann

corner buildings: the office building on Stubbenhuk erected on a sharply pointed ground plan and ending in a glazed façade, curved on one side, that breaks away from the stone tower structure; and the powerful Fleethof at Stadthaus bridge. Most commentators have failed to recognize that the rationalistic imperative present in this sequence of large, vertically and horizontally staggered built volumes along Herrengraben is a reflection of Hamburg as a big city built in stone, and is thus well within the tradition of framing inner-city space in block form. Even Fritz Schumacher, the reformer, left the block form untouched at this location. The overall shape derives from the traditional city plan, whose density increased by the end of the nineteenth century; the details, however, are a precise reflection of the lot shapes and the juxtaposition of a multiplicity of styles, not all of them successful. Winking searches for the qualities of the site; when he is unable to find them in the existing architecture, he looks to the city plan. The Fleethof has two distinct "faces" – a heavy, brick façade and a light, glazed façade – and two fully glazed, stepped-back floors. Yet despite an uncompromising formality, this building is no more a new contribution to monumental architecture than the large office buildings which date from the first third of the century. This is a completely autonomous building, a building of and for the present and much more than a mere backdrop against which a different, loud architecture could freely unfold. The logic of this extraordinarily powerful and expressive shape is persuasive as a fulfillment of late nineteenth-century urban models with clear references to the departure that occurred in Hamburg's architecture in the 1920s. Its longevity is certain.

Winking reacts equally laconically to existing structures as to sites where patterns dissolve and are newly defined, as in Hellersdorf, one of the largest satellite communities developed in former East Germany, on the eastern outskirts of Berlin. Andreas Brandt and Rudolf Böttcher conceived a new, urban framework for the previously bare centre of this development where roads and subway lines intersect. They designed a large block, closed on three sides and open only to

Alice-Salomon-Fachhochschule, Berlin | Alice Salomon School, Berlin

Palais am Pariser Platz, Berlin | Palais on Pariser Platz, Berlin

the south, intended to provide the setting for a new town square in the Spanish manner of a plaza major that spans across intersecting traffic routes. For the middle section of the east wing, Winking designed the Alice Salomon School of Social Work, whose main façade is flush with the wall surrounding the square. To the rear, the building features three wings positioned around an inner courtyard; the building ends in a very sharp corner to the north. Although a more rigid urban situation is hard to imagine, Winking's response was consistent and logical. The result, while it may baffle anyone unfamiliar with its genesis, is that the original vision of a large, closed urban shape is instead a conglomeration of individual buildings designed by several architects – because some of the square's intersections are still bare. The school stands freely and somewhat lost on the partially incomplete square, flanked by fire walls to the left and right. Its internal organization is based on the original concept of a "frame," which succeeds and is self-sufficient, but whose intended seamless integration into the larger context of a plaza major is no longer readily visible.

Winking has reacted with similar composure and discipline to another location in Berlin, with far greater symbolic weight than Hellersdorf. His new office and apartment building on the north corner of Pariser Platz, between the Liebermann House by Josef Paul Kleihues and the Dresdner Bank by Meinhard von Gerkan and Volkwin Marg, follows the contour and volume of August Stüler's former structure. Despite the use of sandstone on the exterior, the building is clearly a new interpretation of the historic upper-middle-class town home with new floor plans and two entrances (favouring the one on Pariser Platz), lightly rendered courtyard walls, and large glazed surfaces reminiscent of artists' studios. For Winking there were no ifs, ands, or buts about the existing framework, whose narrow definition became the basis of his design. Because of the thick-set yet powerfully articulated tower, the design is clearly distinct from its surroundings and yet in harmony with the environment, by virtue of large windows that seem to span two floors, double-height loggias with steel perimeter balcony, and an equally high-tech balustrade. The building marks the boundary between tradition translated into contemporary form, and careful organization and detailing in a new building at one of the city's foremost sites. Symbolism and utility are not in each other's way. That is why the objective historicism of the punctuated façade in sandstone corresponds so smoothly to the completely pragmatic interior, of which an entrance box for the car lift is as much a part as the expanded metal of the stair railing, the operable windows to the courtyard, and the accents created by artists in the public areas. The quiet authority with which the building occupies this site, the absence of pathos, is what makes it an example of a big-city architecture which has yet to really take hold in Berlin, although it is very much appreciated in other European urban centres.

Winking's recognition of urban contexts and his perception of distinct local patterns and topographical features are not limited to large urban projects. He appreciates "grown" structures – their concentration and branching out – as the defining characteristics even in his

von Josef Paul Kleihues und der Dresdner Bank von Meinhard von Gerkan und Volkwin Marg, zeichnet natürlich die Umrisse und die Kubatur der früheren Bebauung von August Stüler nach, verwendet außen sogar Sandstein und ist doch eine klar erkennbar neue Interpretation des ehemals großbürgerlichen Stadthauses mit neuen Grundrissen, einer doppelten Erschließung, die die Adresse am Pariser Platz bevorzugt, mit einem hell verputzen Innenhof und einer großflächigen, an Ateliers erinnernden Verglasung. Für Winking gab es hier am vorgegebenen Rahmen nichts zu deuten. Er machte die engen Vorgaben zur Grundlage seines Entwurfs, der sich vor allem durch den zwar gedrungenen, aber dank größerer, scheinbar wie über zwei Geschosse zusammengefaßter Fenster, zweigeschossigen Loggien mit umlaufendem Stahlbalkon und einem ebenso technisch anmutenden Geländerabschluß und dennoch kraftvoll herausgearbeiteten Turm deutlich aus der Nachbarbebauung heraushebt und sich zugleich vollkommen in sie einfügt. Der Bau markiert exakt die Grenze zwischen der zeitgemäßen Übersetzung überlieferter Formen und einer sorgfältigen Organisation und Detaillierung eines Neubaus an einer der herausragenden Stellen im Stadtbild. Symbolgehalt und Gebrauchswert stehen sich nicht im Wege. Und deshalb korrespondiert der sachliche Bezug auf die Vergangenheit einer sandsteinverkleideten Lochfassade problemlos mit einem absolut unromantischen Innenleben, zu dem eine

eingestellte Eingangsbox für den PKW-Fahrstuhl ebenso gehört wie
das Streckmetall der Treppengeländer, die funktionalen Innenhoffen-
ster und von Künstlern gesetzte Akzente in den öffentlichen Bereichen. Die unaufgeregte Selbstverständlichkeit, mit der dieses Haus an
diesem Ort steht, sein Verzicht auf Pathos macht es zu Großstadtar-
chitektur, die in anderen europäischen Metropolen so geschätzt wird,
die in Berlin aber noch nicht wieder zu Hause ist.

Winkings Erkennen städtebaulicher Zusammenhänge, der Blick auf
unverwechselbare örtliche Grundmuster und topographische Beson-
derheiten beschränkt sich nicht auf die Arbeit an Großstadtprojekten.
Er schätzt gewachsene Strukturen, ihre Verdichtungen und Veräste-
lungen als prägende Merkmale auch kleiner Orte, in denen er baut,
und es sieht ganz so aus, als fiele die Architektur dafür um so härter,
entschiedener aus, je weiter diese Orte von den großen Städten entfernt liegen.

Ein Beispiel für die Entwicklung eines räumlichen Gefüges aus strahlenförmig um einen Platz herum angeordneten Gebäuden ist das Bildungszentrum einer Krankenkasse in unmittelbarer Nähe des Dorfes
Hayn zwischen Erfurt und Weimar. Zwar entstand die Anlage aus langgestreckten Riegeln unter gegeneinander versetzten Pultdächern aus
Anforderungen an die innere Organisation von Wohnungen, Unter-
richtsräumen und freigestellter Bibliothek, aber sie richtet sich zum
benachbarten Dorf hin aus und nimmt dessen wesentliche Gestal-
tungsprinzipien mit festen Haupt- und leichteren Nebengebäuden
auf, die sich ebenfalls fächerförmig von der Dorfmitte ausgehend in
die Landschaft erstrecken. Die Architektur und die räumliche Anordnung der Baukörper in freier Landschaft entziehen sich also auch hier
nicht dem abstrahierten Verweis auf eine zwar unspektakuläre, aber
über Generationen gewachsene regionale Struktur. Form und Material
sind dabei nicht nebensächlich, sondern entwickeln sich fast zwangsläufig aus diesem Bezug.

Wenn stadträumliche Grundmuster architektonisch besonders scharf
herausgearbeitet werden, dann führt dies häufig zu Irritationen. Der

Pariser Platz, Berlin | Pariser Platz, Berlin

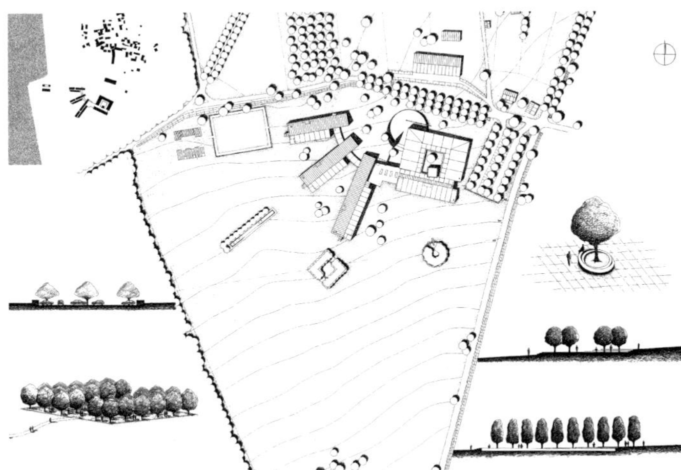

Bildungszentrum, Hayn | Education Centre, Hayn

small-town projects. The greater the distance of his architecture to
large cities, the tougher and more uncompromising it sometimes
seems.

The training centre for a health insurance company located in the village Hayn (between Erfurt and Weimar) provides an example of how
spatial arrangement develops out of buildings radiating from a central
square. While the current form of the complex – long blocks topped by
alternating shed roofs – grew in response to requirements derived
from the internal division into apartments, classrooms, and public
library, it nevertheless relates directly to the neighbouring village
whose essential design principles are echoed in solid main buildings
and less substantial subsidiary ones, which also fan out into the landscape from the village centre. Even in this open landscape, the architecture and the physical arrangement of built forms do not avoid an
abstract reference to the regional structure which, although not very
spectacular, has nevertheless developed over generations. Form and
material are essential to the process: they seem to be a direct result of
the local reference.

Strongly worked urban patterns in architecture can be irritating. The
highly abstract translation of typical suburban patterns with yards and
paths into a downtown Flensburg office-and-retail building with new
dimensions and a new, extremely minimal architecture, was hotly
debated. It seemed so out of synch with the trend to Gemütlichkeit in
the city's urban plan for a major shopping artery. The building strad-
dles three former lots, a fact that is made evident in the façade articulated by a red stone gable, ending in a false gable with exterior openings, which is placed in front of the light concrete block façade and
provides a visual link to the building two doors over. The complex fits
snugly into a hill behind it, where it surrounds a raised, semi-public
square. On the hillside the architecture is almost cartoonishly reduced
with two-storey-high wings of light-coloured concrete block and zinc-
covered shed roofs, a reference to former and present neighbouring
buildings. The two intersecting L-shaped buildings imbedded into the
site-plan of the surroundings are immediately recognizeable as a large

hohe Abstraktionsgrad, mit dem beim Bau eines Büro- und Geschäfts-
hauses im Zentrum Flensburgs das vorort typische Höfe- und Gänge-
system in einen neuen Maßstab und in eine neue, außerordentlich
reduzierte Architektur übersetzt wurden, führte zu einer Kontroverse
um das Haus. Es verstieß offensichtlich gegen den Hang zur Gemütlichkeit im Städtebau entlang einer Einkaufsstraße. Es erstreckt sich
über drei ehemalige Parzellen, verdeutlicht dies aber durch die Fassa-
dengliederung mit einem zur übernächsten Bebauung überleitenden,
vor die helle Betonsteinfassade gestellten Giebel aus rotem Stein, der
oben als Blendgiebel mit freien Öffnungen endet. Die Anlage schmiegt
sich an einen rückwärtigen Hang und umschließt dort einen höhergelegenen, halböffentlichen Platz. In ihrem hangseitigen Teil präsentiert
sie sich in einer fast zeichenhaft reduzierten Architektur mit zweigeschossigen Flügelbauten aus hellem Betonstein und zinkgedeckten
Pultdächern, eine Erinnerung an die Nebengebäude, die hier zum Teil
immer noch zu finden sind. Eingebettet in den Lageplan der Umgebung, ist die Gruppe der zwei ineinander verschränkten Winkelbauten
sofort als ein größerer Neubau zu erkennen, der alle tradierten städtebaulichen Elemente der Umgebung aufnimmt. Aber anders als bei
anderen Bauten Winkings bildet hier die Nachbarschaft, die vorwiegend aus Jugendstil- und Gründerzeithäusern besteht und die aus-
nahmslos ihre originale Fassadenstruktur verloren hat, tatsächlich so
etwas wie eine Folie für den Neubau, der die Geschichte eines regional geprägten Raumbildes und seines Wandels in sich bündelt, um
sich davon zugleich sehr deutlich abzugrenzen.

In Husum, der nordfriesischen Kreisstadt an der Westküste, die für
Winking seit vielen Jahren aus persönlichen Gründen ein wichtiger
und bestens bekannter Ort ist, wehte ihm und seinen ehemaligen
Partnern nach der Fertigstellung des Rathauses der Wind der öffentlichen Meinung besonders heftig entgegen.

Was sich heute, im Abstand von zehn Jahren, wie ein Musterbeispiel
für die unprätentiöse bauliche und stadträumlich schlüssige Verwirkli-
chung eines Rathauses in einer offenen Gesellschaft darstellt, war
damals erklärungsbedürftig und ist es außerhalb der Fachwelt möglicherweise immer noch.

Vielleicht irritierte die frische, undogmatische Modernität der dreiglie-
drigen, langgestreckten Anlage direkt am Wasser des Binnenhafens,
die auf so sinnfällige Weise die einmalige Gunst des Bauplatzes nutzt
und die Slipanlagen einer ehemaligen Werft einfach an ihrem Ort
beläßt, sie sogar fast bis in das Gebäude hineinführt. Vielleicht wurde
die mit sicherem Gespür für die Fehlstelle im Stadtbild hier plazierte
und der Bauaufgabe angemessen große Kubatur nicht verstanden, die
sich zum Binnenhafen mit einem sanft geschwungenen Klinkerriegel
öffnet, hinter dem eine haushohe, an den Stirnseiten und im Obergaden verglaste, weiße Halle beide Gebäudeflügel miteinander verbindet und erschließt. Vielleicht waren es auch das souveräne Spiel mit
unterschiedlichen Kuben und der harte Wechsel der Materialien, die
allen örtlichen Sehgewohnheiten widersprachen. Es waren und sind
jedenfalls einige der hier nur unvollständig wiedergegebenen Elemente eines der interessantesten Rathäuser Norddeutschlands.

Rathaus, Husum | Town hall, Husum

new structure that echoes the traditional elements present in the
town's architecture. Yet there is a difference between this and Winking's other buildings. Here, the surrounding architecture — predominantly from the Art Nouveau and Gründerzeit (promotion) periods —
whose original façades are all gone, forms a kind of backdrop for the
new building which seems to simultaneously project a combined history of the regional character and its changes over time, as well as distance itself from this image.

In Husum, the district town of North Friesland on the west coast — a
town that has long been important and familiar to Winking for personal reasons — the architect and his former partners experienced an out-
burst of public opinion after they had completed the new town hall. A
decade has passed since it was built and today we see in this unpretentious architecture for a new town hall in a democratic society an
excellent solution to a planning task. Ten years ago, however, many
explanations were necessary and may still be needed for the lay per-
son.

Perhaps the fresh modernity in this long complex (comprising three
sections on the edge of the inner harbour) was grating to some
because it utilized the former status of the site in such an obvious
manner, even to the point of preserving the slip installations of an old
wharf and nearly integrating them into the building. Perhaps the confidence with which the large volume closes a gap in the town's structure and the size itself, so appropriate to the task at hand, were mis-
understood. A gently curved clinker-faced slab opens onto the harbour
side; behind it an atrium rises across the full height, glazed on the
face walls and in the skylight, a communication core for both wings.
Perhaps the confident and playful handling of different cubes and the
hard-edged juxtaposition of materials were in conflict with local habits
of perception. Nevertheless, these were and are some of the elements
of one of North Germany's most interesting town halls.

Winking did not turn his back on building in Husum. In the new, largely transparent, three-span fair hall on the periphery and its clinker-
faced cubes that penetrate the steel and glass construction at one

Winking hat es nicht aufgegeben, in Husum zu bauen. Mit der neuen, weitgehend transparenten, dreischiffigen Messehalle am Stadtrand und ihren eingestellten, verklinkerten Kuben, die an einer Stelle die Stahl-Glas-Konstruktion durchdringen, unterstreicht er deutlicher als sonst seinen Hang zur technischen, minimierten Form und ihrer Elemente. Dennoch, oder gerade deshalb, ist diese Halle ein wiedererkennbares Signal an einem der Stadteingänge und für den Architekten trotz ihrer heute noch isolierten Lage ein städtebauliches Zeichen, das er in den größeren Zusammenhang der zukünftigen Stadtenwicklung und ihrer Kraftlinien stellt.

Den Architekten irritiert es nicht, daß sich tragfähige Leitbilder im Städtebau hier wie überall verbraucht haben und die Zeiten überschaubarer Verhältnisse Vergangenheit sind, als die Abkehr von der hochverdichteten, ungeliebten Stadt der Gründerzeit durch offene Zeilenbauten, durch eine organisch geschwungene oder straff gereihte Auflockerung erreicht werden sollte, als der Raum negiert und wenige Jahre später als das wichtigste stadtbildende Element überhaupt wiederentdeckt wurde oder als in Verkennung einer bereits vollständigen Funktionalisierung des Alltagslebens verlorengegangene Urbanität durch künstliche Dichte zurückgewonnen werden sollte.

Die Architektur allein kann diesen Mangel an Konzepten nicht ausgleichen, und das weiß kaum jemand besser als Bernhard Winking, der mit seinen vielen Bauten immer wieder aufs neue zu einer Synthese zwischen architektonischer Disziplin und städtebaulicher Behutsamkeit gegenüber dem faktischen wie ideellen Bestand findet, dabei nur der Sache verpflichtet, dem materiellen und ästhetischen, in jedem Falle dauerhaften Gebrauchswert seiner Häuser und einer Fortschreibung der von ihm als richtig und ebenfalls als dauerhaft erkannten städtebaulichen Grundmuster. Ihn interessieren die sichtbaren Städte, so wie er sie vorfindet, und darin verwirklicht er seine Architektur.

point, he underlines more clearly than usual his own preference for a high-tech, minimal form and its components. Despite or maybe because of this, the fair hall is a recognizeable marker of one of the main gateways into the town. To the architect it is an urban symbol that he has placed in the greater context of future urban development and its lines of development.

The architect is not put off by the fact that, here as elsewhere, sustainable models in urban planning have been exhausted. As well, manageable conditions started to become a thing of the past when planners turned away from the dense, unpopular city of the Gründerzeit and tried to replace it with linear buildings, relieved by either organically curved or strictly terraced arrangements, in order to negate space (only to rediscover it a few years later as the premier component of urban planning). Oblivious of the functionalism which already pervaded everyday life, attempts were even made to regain a lost urbanity by creating an artificial density.

But architecture alone cannot compensate for the shortage of concepts. No one understands this better than Bernhard Winking. In his many buildings he consistently achieves a synthesis between architectural discipline and care in urban planning with regard to the actual as well as the ideological context. At the same time, his commitment never fails: to ensure the material, the aesthetic, and always the lasting utility of his buildings and to promote the continuation of those basic patterns in urban planning which he identifies as appropriate and enduring. He is interested in the visible cities, such as he finds them, and within them he realizes his architecture.

Husum

1987–1990
Rathaus | Town Hall

1998–1999
Fischrestaurant am
Binnenhafen | Fish Restaurant
on the Inland Port

1996–1997
Messehalle | Fair Hall

1

2

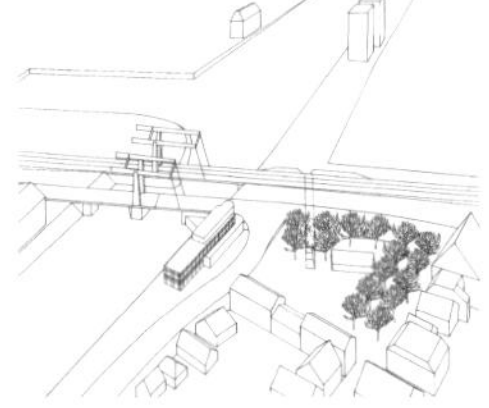

3

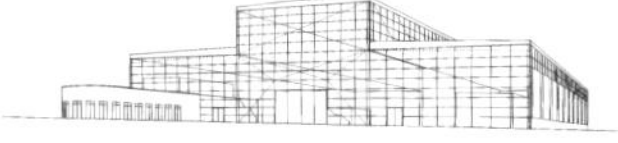

3 ▸
1

Hohe Himmel über Deichen

«Es ist ein schmuckloses Städtchen, meine Vaterstadt –, sie liegt in einer baumlosen Küstenebene und ihre Häuser sind alt und finster. Dennoch habe ich sie immer für einen angenehmen Ort gehalten. Und zwei den Menschen heilige Vögel scheinen diese Meinung zu teilen.» Mit den heiligen Vögeln meinte Theodor Storm die Störche und die Schwalben, ständige Begleiter dieses Musterbeispiels einer Geestrandsiedlung. Das Ruhrepos von Brecht und Weill blieb nicht von ungefähr ungeschrieben. Im Ruhrgebiet konnte sich die literarische Kultur alter Residenzstädte oder moderner Medienmetropolen nicht entwickeln. Im unbedeutenden Marschland Schleswig-Holsteins aber, an dessen Rand «die Wasser in den Deich beißen», auf dem bis zum Horizont reichenden Meeresboden, der – wie das reiche Rungholt 1362 – wieder untergeht, wenn die Polkappen abtauen, fanden dagegen nicht nur Friedrich Hebbel, Theodor Storm, Emil Nolde, Günter Grass, Siegfried Lenz, Günter Kunert, Sarah Kirsch ihre Rückzugsorte: unter offenen, weitgespannten Himmeln, in bizarrer Verwobenheit von Aussagekraft, Abgeschiedenheit und Ausgeliefertsein. «Husenbro» (Brücke bei den Häusern), ein kleines Dorf ohne Kirche, weit entfernt vom Meer, findet erstmals 1252 Erwähnung – als der dänische König dort erschlagen wird. Die große Sturmflut des Jahres 1362, der ringsum allein 34 Kirchen zum Opfer fielen, rückte Husum unversehens an die Küste. Erst 1465 erhält Husum Marktrecht und entwickelt sich mit diesem Impuls zu einem aufstrebenden Umschlagplatz für den Handel mit England, den Niederlanden und auf dem Landweg mit Flensburg. Die Friesen, die noch Nolde als «eigenwillige, selbstgewachsene Menschen» schilderte, erhoben sich 1472 gegen den König. Ihre Anführer, für den Giebel des Herrenhauses am Marktplatz in Stein gehauen, ließen sich dafür köpfen. 1510 war mit der Marienkirche nach sechzig Jahren Bauzeit eine der größten Kirchen im Westen Schleswig-Holsteins entstanden. Die geistige Aufgeschlossenheit des Ortes dokumentiert sich 1527 im für Schleswig-Holstein konkurrenzlos frühen Übertritt zum Protestantismus. Als kulturelles Zentrum weckte der Ort auch das Interesse der Gottorfer Herzöge, die mit ihrem bis ins 18. Jahrhundert als Nebenresidenz genutzten Renaissanceschloß auf dem Gelände eines Minoritenklosters 1603 für das

Vast Skies over Flood Dikes

"It is a plain little town, my hometown – it lies in a treeless coastal plain and the houses are all old and dark. Still, I've always thought of it as a pleasant place to be. And two birds, sacred to man, seem to share this opinion." In speaking of "sacred birds," Theodor Storm was referring to storks and swallows, constant companions in this perfect example of a heath-land settlement. It is no surprise that Brecht and Weill's Ruhr epic remained unwritten. The Ruhr was not a place where the literary culture of either royal capitals or modern metropoles could unfold. Schleswig-Holstein, however – this insignificant marshland at whose edges "the waters rush at the [flood] dike," where the exposed sea floor meets the horizon until (like affluent Rungholt in 1362) it is covered by waters melting from the polar caps. Under wide, open skies in a strange blend of expressiveness, solitude, and exposure, this land has been a refuge for many, among them Friedrich Hebbel, Theodor Storm, Emil Nolde, Günter Grass, Siegfried Lenz, Günter Kunert, and Sarah Kirsch. "Husenbro" (Bridge near Houses), a small inland village without a church of its own, is mentioned for the first time in 1252, when the Danish King was killed there. The great flood of 1362, which destroyed 34 churches in the surrounding towns, shifted the coastline and suddenly Husum found itself by the seaside. In 1465, Husum was granted the right to have a market and developed into a thriving centre for trade with England, the Netherlands, and, by road, Flensburg. The Frisians – "obstinate, homegrown folk" as Nolde put it – rebelled against the King in 1472. Their leaders, immortalized in stone on the gable of a large house on the market square, were beheaded for their insubordination. When the Marienkirche was completed in 1510 it was one of the largest churches in western Schleswig-Holstein. The open-mindedness of the town is documented in its early conversion to Protestantism in 1527, the first community to do so in Schleswig-Holstein. The Dukes of Gottorf were interested in it as a centre of culture. Their castle on the grounds of a Minorite monastery remained the family seat into the eighteenth century. In 1603 the Duke granted the city charter. Economically, however, the town was already in decline by that time, only its cultural vitality has remained unchanged to the present day. The Thirty Years' War and the devastat-

Stadtrecht sorgten. Wirtschaftlich ging es aber schon bergab, nur die kulturelle Attraktivität der Stadt blieb bis heute erhalten. Der Dreißigjährige Krieg hinterließ ebenso Spuren wie die verheerende Sturmflut von 1634. Auch die Konkurrenz von Friedrichstadt machte sich empfindlich bemerkbar. Erst im 19. Jahrhundert setzt, verbunden mit dem Husumer Viehmarkt, ein neuer Aufschwung ein. Der für den bedeutendsten deutschen Viehmarkt geplante Hafenausbau bleibt jedoch wegen unzureichender Fahrwasserverhältnisse unrealisiert. In der vorangegangenen Euphorie wird 1807 die Marienkirche abgerissen und durch einen stattlicheren, klassizistischen Neubau von Christian Fredrik Hansen ersetzt. Auch die Häuser der Schiffbrücke, neben dem Marktplatz zweiter Schwerpunkt der Stadt, fanden nach einem Großbrand 1852 zu neuer, biedermeierlicher Einheitlichkeit.

Von den Radikalsanierungen der 60er und 70er Jahre blieb die kleine, aber rege Kreisstadt Nordfrieslands dank privater Initiativen weitgehend verschont. Noch immer läßt sich die «graue Stadt am Meer» mit Stormschen Augen sehen. Der «Wechsel des Geistigen mit dem Einfach-Natürlichen», mit dem Emil Nolde diese Landschaft charakterisierte, kennzeichnet jede anspruchsvolle architektonische Auseinandersetzung. Besonders freut uns darum eine fachfremde, literarische Beurteilung unseres Rathausbaus, der für viel Aufsehen und Aufruhr sorgte: «Was sich in geschwungener, dunkel geklinkerter Front und lichtdurchflutet am südlichen Bollwerk als Husums neues Rathaus zum Hafenstrom öffnet, knüpft an Geschichte, zitiert Schiffbau, Schifffahrt und Handel, zeugt vom Wagemut weitblickender und welterfahrener Bürger, setzt einen überraschenden Kontrapunkt zu aller Husumerei.»[1] Besser ist das Ziel unserer Architektur – wie auch dieses Buches – kaum zu umreißen.

ing flood of 1634 each left trails of destruction in their wake. Competition from nearby Friedrichstadt had an impact as well. The town would begin to recover economically only in the nineteenth century with a thriving cattle market. It was Germany's largest market of its kind and a harbour expansion was planned. However, the shipping channel proved insufficient and the expansion was never executed. In a burst of anticipatory euphoria the old Marienkirche had been demolished in 1807 and replaced with a more stately building in the classic style designed by Christian Fredrik Hansen. After the great fire of 1852, the city's second most prominent feature, the houses on either side of the pontoon bridge, were renovated and given a more bourgeois and uniform face in the Biedermeier style.

Thanks to private initiatives this small but vibrant district town of northern Friesland was spared the radical redevelopment measures of the 1960s and 1970s. The "grey city by the sea" can still today be seen through Theodor Storm's eyes. In this landscape "the spiritual alternates with the simply natural," said Emil Nolde, a characterization that is also true for all meaningful endeavours in architecture. Hence, we are especially pleased by the literary, and "non-expert," evaluation of our town hall building, which has sparked so much controversy and attention: "Husum's new town hall with a curving façade in dark clinker brick and a transparent light-flooded face on the southern quayside overlooking the harbour, picks up where history left off. It echoes shipyards, shipping, and trade; speaks of audacity in farsighted, worldly citizens; and sets a refreshing counterpoint to Husum's otherwise small-town mentality."[1] There is no better description of the goals we set for our architecture – or for that matter, for this book.

---

1 Dietmar Albrecht: Literaturreisen Schleswig-Holstein, Stuttgart 1993, S. 186

1 Dietmar Albrecht: Literaturreisen Schleswig-Holstein, Stuttgart 1993, p. 186

Rathaus 1987–1990

Der prominente Bauplatz am Binnenhafen in Husum diente bis 1977 als Schiffswerft. Eine denkmalgeschützte, mit Schienen versehene Rampe samt Böschungsmauern und Spundwänden mußte erhalten werden. Der aus unterschiedlichen Bauteilen konzipierte Neubau des Rathauses in Klinker und hellem Betonstein orientiert sich am historischen Stadtbild. Über das Becken des Binnenhafens hinweg schließt sich seine leicht geschwungene Längsseite mit den Bürgerhäusern am gegenüberliegenden Schiffbrücken-Platz zu einem Stadtraum zusammen. Die Verbindung zum Wasser bleibt offen, während die ungeformte Marschlandschaft im Westen in den Hintergrund tritt. Ein Turmgerüst bildet das Scharnier zwischen Hafenbecken und Rathausvorplatz. Der aufgeständerte Gebäudekopf und auseinanderlaufende Gebäudetrakte führen die Richtung der Gleisrampen zum Hafenbecken fort. Eine freistehende Stahlpergola spielt auf Werft und Werkstatt an. Im Inneren dient eine alle Stockwerke durchdringende, lichtdurchflutete Halle mit Flachtonnendach als Passage – betont durch unterschiedlich charakterisierte innere Fassaden mit offenen Fluren. Die abschließende gläserne Stirnwand auf der Westseite lenkt den Blick auf Wasser, Wolkenhimmel und Schiffe.

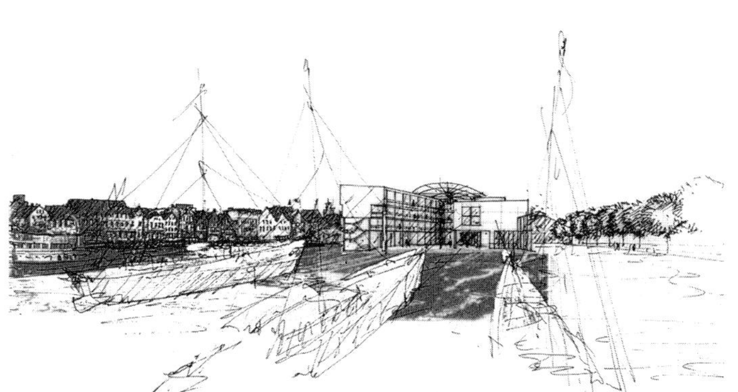

Town Hall 1987–1990

The prominent building site on the inland port in Husum was an active dockyard until 1977. A ramp complete with tracks, retaining wall, and sheet piling, declared as a heritage site, had to be preserved. The new town hall, conceived in different sections in clinker brick and light-coloured concrete block, responds to the historic centre. Spanning the basin of the inland port, the gently curved longitudinal side combines with the bourgeois homes on Schiffbrücken Platz opposite to create a new homogeneous urban space. The access to the water has been kept open, while the undeveloped marsh landscape to the west recedes into the background. A tower frame acts as a hinge between port basin and town hall square. The framework front and divergent wings continue the line of the ramps toward the basin. A free-standing steel pergola playfully alludes to dockyard and workshop. A light-flooded atrium, open across all floors with a flat compass roof, is the main communication artery inside the building – emphasized by differently articulated interior walls along open hallways. The glazing on the end wall to the west offers a clear view of water, sky, and boats.

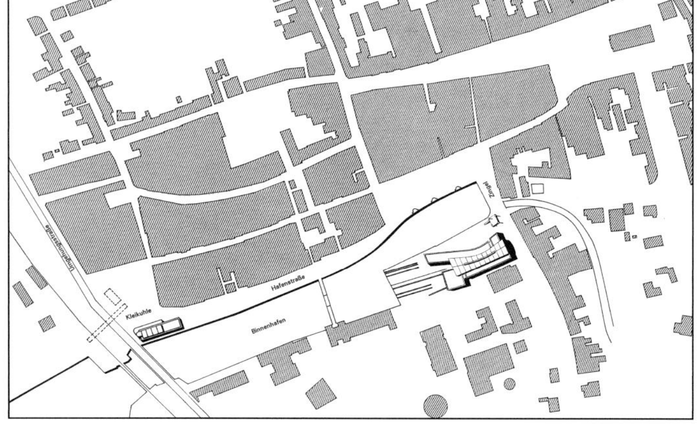

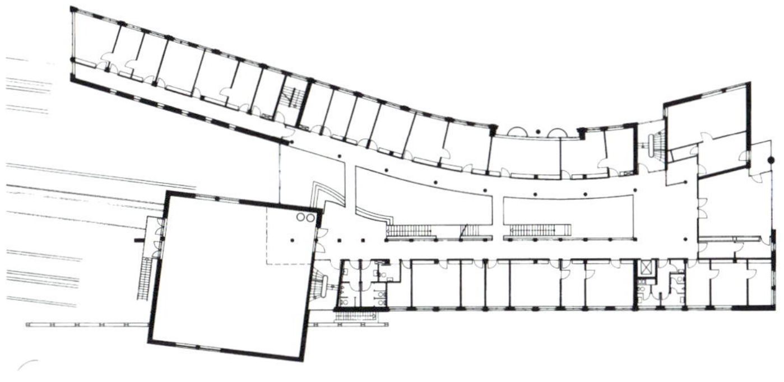

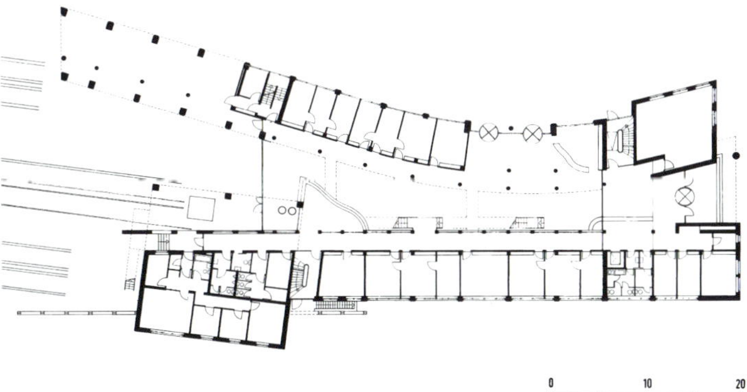

Skizze | Sketch
Lageplan | Site plan
Blick vom Binnenhafen |
View from the inland harbour
Obergeschoß | Top floor 1 : 900
Erdgeschoß | Ground floor 1 : 900
Ausgangssituation |
Before construction 1985

Messehalle 1996–1997

Die Messehalle im Nordosten der Stadt bildet durch ihre Größe und Form den Auftakt für das Stadtgebiet und signalisiert dem Benutzer der Umgehungsstraße den Messestandort Husum. Der basilikale, der Stadt zugewandte Glaspalast verweist auf seine industriegeschichtlichen Wurzeln sowie auf den Bau von Schiffen und Windkraftanlagen in Husum. Das sechzehn Meter hohe Mittelschiff wird von zwei achtzig Meter langen Stahl-Fachwerkträgern auf vier Stahlstützen überbrückt. Gelenkig gelagerte Stahlrahmen am Untergurt überspannen die Seitenschiffe in zehn Meter Höhe. Der verglaste Obergaden und hochliegende Fensterbänder in den Seitenschiffen machen die innenliegende Konstruktion außen sichtbar. Vollständig verglaste Stirnseiten sorgen für Ein- und Durchblicke der Passanten. Baukörper aus rotem Ziegelmauerwerk nehmen als «Haus im Haus» die Nebenfunktionen auf. Restaurant, Foyer, Empfang, Kassen, Messeleitung und Büro sind in einem Baukörper untergebracht, der die Fassade durchdringt und einen Vorplatz bildet. Im Obergeschoß befindet sich der verglaste Konferenzraum. Treppen erschließen die Dachterrassen, die wie Tribünen den Blick auf das Messegeschehen freigeben. Zwischen den gemauerten Festpunkten können für die verschiedensten Veranstaltungen bewegliche Tribünen aufgestellt werden. Weitere Funktionen finden Raum durch Aufstocken der «Häuser im Haus».

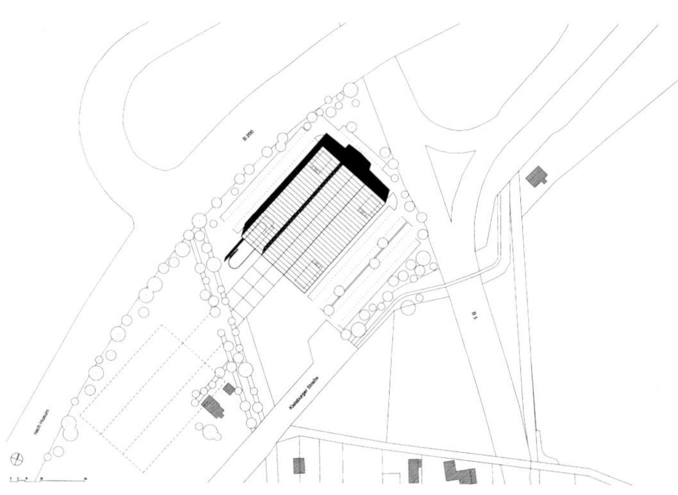

Fair Hall 1996–1997

In scale and shape the fair hall in the northeast section of the city marks the beginning of the urban district – a signal to drivers on the bypass road that Husum hosts major fairs. The basilica-like glass palace facing the city suggests the building's industrial roots and the tradition of ship- and windmill-building in Husum. The 16-metre-high central aisle is bridged by two 80-metre-long steel-trussed girders resting on four steel columns. Articulated steel frames on the truss joint span the side aisles at a height of 10 metres. The glazed clerestory and window bands near the ceiling in the side aisles make the interior construction visible from the outside. Floor-to-ceiling glazing on the front and end walls allows passers-by to look into and through the building. Red brick-faced structures – "houses-within-a-house" – provide space for services. Restaurant, lobby, reception, cashier, administration, and fair office are housed in one such structure which pierces through the façade and creates a forecourt. On the upper floor is a conference room with floor-to-ceiling glazing. Stairs lead up to rooftop verandas with a panoramic view of the fair. Moveable stands can be attached to built-in fixed points for special events. Additional space can be created for more functions or services by adding storeys to the "houses-within-a-house."

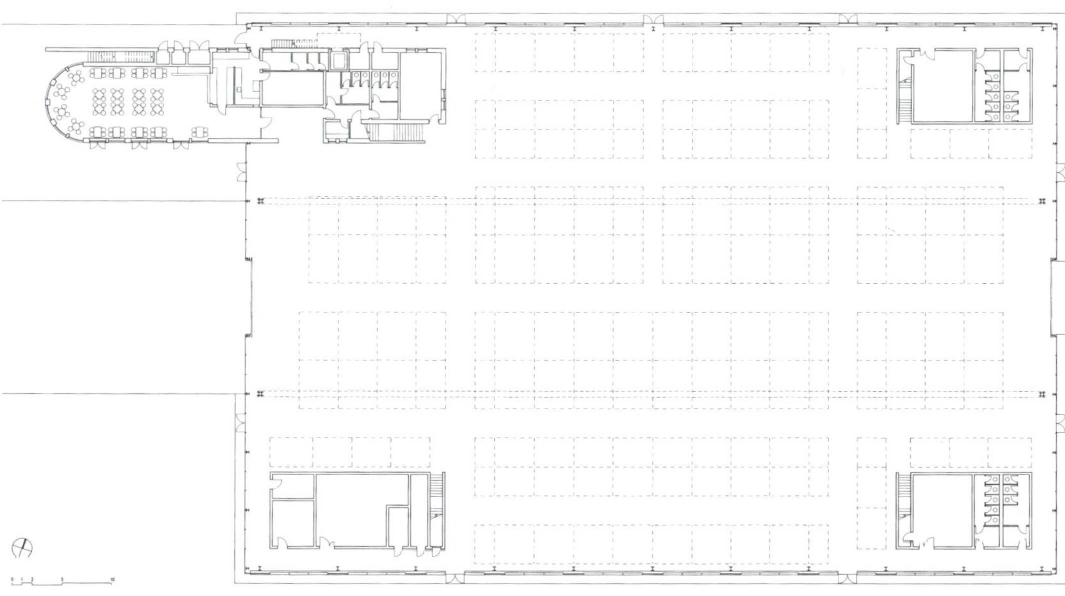

Stadtstruktur | City structure
Lageplan | Site plan

Front zur Stadt | Front facing the city
Grundriß | Ground plan 1 : 750

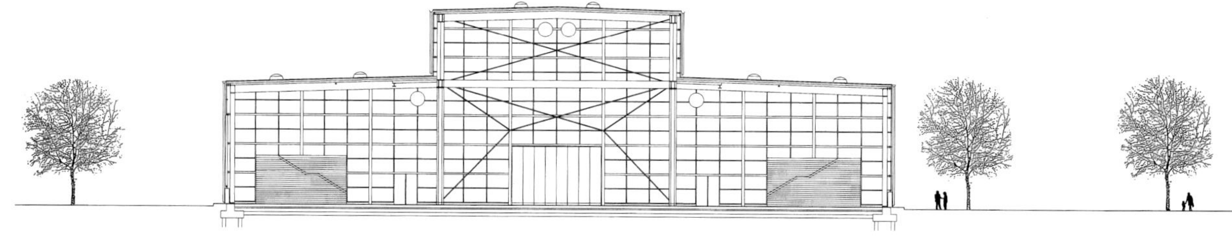

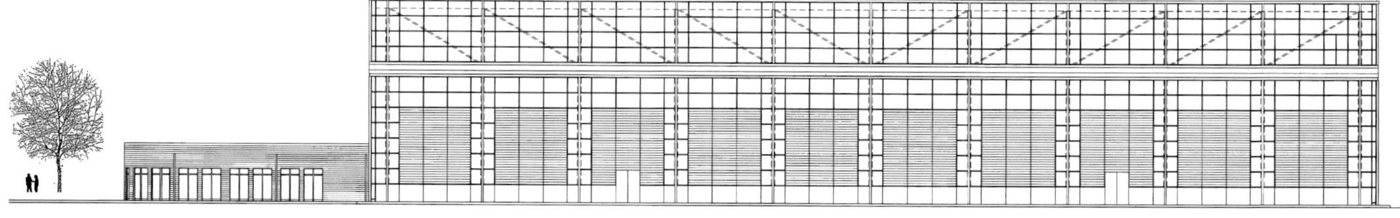

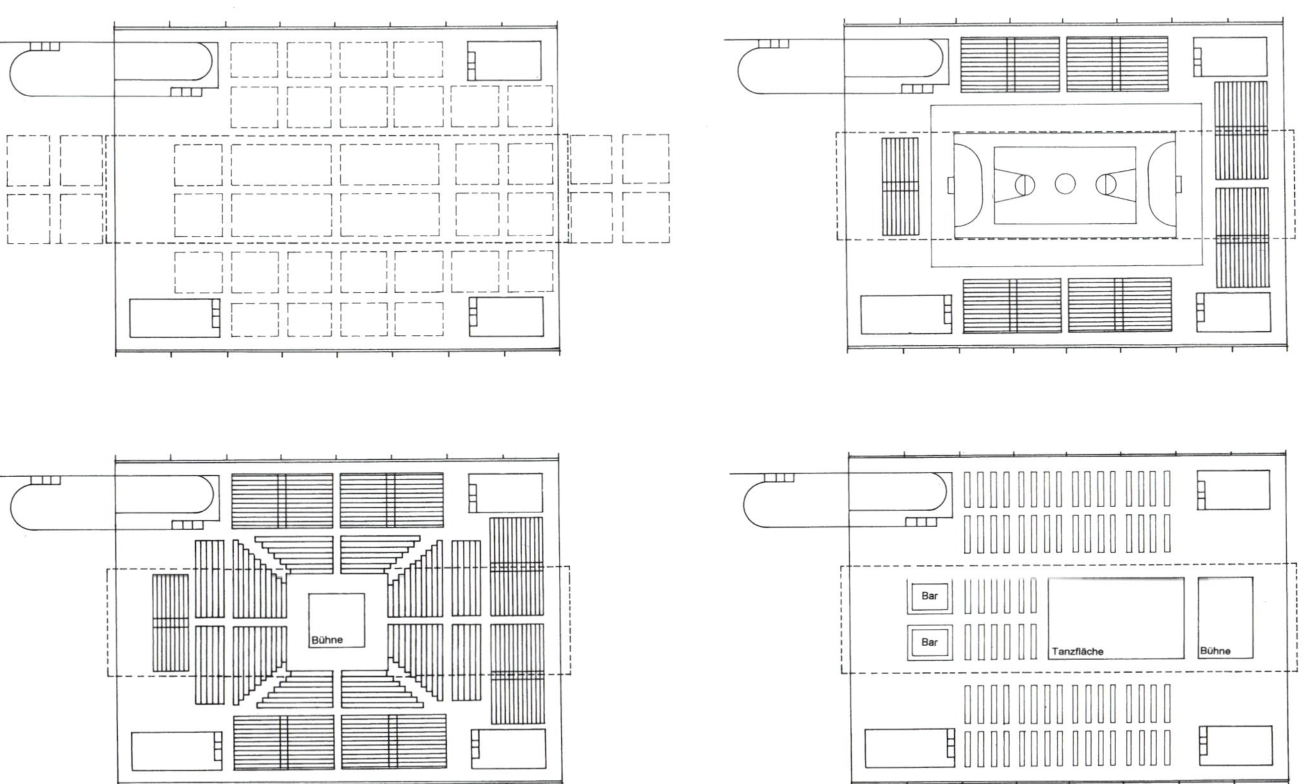

Bühne
Bühne
Bar
Bar
Tanzfläche
Bühne

Montage | Assembly

Blick von der Umgehungsstraße |
View from bypass road
Front zur Stadt | Front facing the city

Hallenraum | Hall interior
Eingangskubus mit Restaurant und Konferenzraum |
Entrance cube with restaurant and conference room
Windaussteifung | Wind bracing
Tribünenkubus | Spectator stands

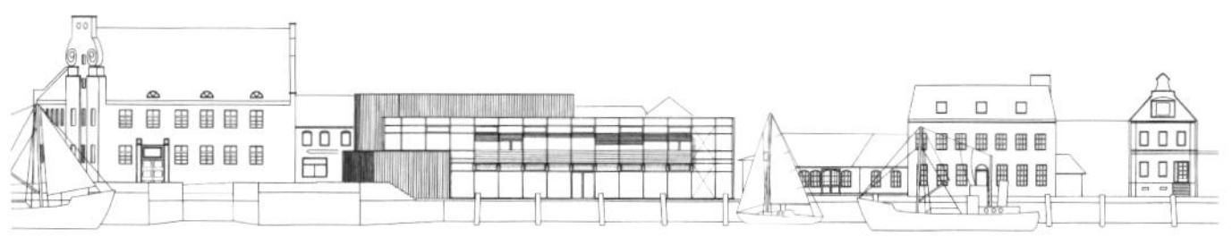

Fischrestaurant am Binnenhafen 1998–1999

Das alteingesessene Fischrestaurant muß für die neue westliche Stadtumgehung einer Straßenbrücke über den Binnenhafen weichen und wird am nördlichen Brückenwiderlager, hart an der Kante des Husumer Hafens, neu aufgebaut. Der Neubau gehört damit typologisch zu den Bauten am Strom, bildet mit dem Platz Kleikuhle aber auch ein Pendant zur Schiffsbrücke mit dem neuen Rathaus und markiert so den Übergang zwischen Stadt und Hafen. Mit seinen nach Westen geschlossenen, senkrecht verschalten Holzaußenwänden bildet das Gebäude ein Bollwerk zur neuen Umgehungsstraße. Die übrigen Außenflächen sind gläsern und offen, so daß der Gast einen weiten und ungestörten Ausblick auf den Binnenhafen genießt. Das langgestreckte zweigeschossige Gebäude erhält im Erdgeschoß ein Selbstbedienungs-Restaurant, die Küche mit Nebenräumen und einen Straßenverkauf. Das Restaurant liegt im Obergeschoß mit Balkon zum Hafen und Sommerterrasse zum Platz. Ein zurückspringendes Dachgeschoß mit Clubraum, Technik- und Personalräumen gibt dem Haus seiner Lage entsprechend einen besonderen, maritimen Charakter.

Fish Restaurant on the Inland Port 1998–1999

The famous old fish restaurant must give way for a bridge across the inland port to link up with the new western bypass road. It is being reconstructed on the north abutment of the bridge, right on the edge of Husum's port, making it one of the waterfront buildings. In combination with the place Kleikuhle it is a companion piece for the Schiffsbrücke with the new town hall and marks the transition from city to port. The building's vertical wood siding on the west side provides a protective buffer from the new bypass road. The other exterior walls are glazed and open and patrons can enjoy a clear view of the inland port. On the ground floor, the long, two-storey building will feature a self-serve restaurant, a kitchen, utility rooms, and a vending kiosk. The restaurant proper is on the second floor with a balcony that overlooks the harbour, and a summer patio on the square. A stepped-back attic floor with club room, technical services, and staff rooms gives the building a maritime character in keeping with the location.

Rathaus | Town Hall 1987–1990 (Patschan, Winking)
Wettbewerb | Competition: 1986, 4. Preis | 4th Prize
(Patschan, Werner, Winking)
Standort | Location: Zingel 10
Bauvolumen | Size: 6 450 qm | m² BGF | gross area
Mitarbeit | Collaboration: V. Schmiedel,
R. Lindemann, B. Smakowski, P. Wilde, S. Winter
Bauherr | Client: Stadt Husum
Auszeichnungen | Awards: BDA-Preis Schleswig-Holstein 1989

Fischrestaurant am Binnenhafen |
Fish Restaurant on the Inland Port 1998–1999
Auftrag | Commission: 1997
Standort | Location: Hafenstraße 1 – Kleikuhle
Bauvolumen | Size: 830 qm | m² BGF | gross area
Mitarbeit | Collaboration: V. Schmiedel, M. Mecklenburg,
S. Schrick, J. Schwarz, A. Schröter, J. Müller
Bauherr | Client: Günter Ewald, Husum

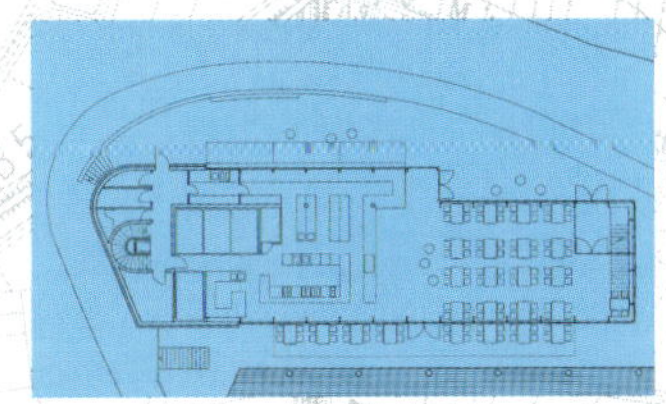

Messehalle | Fair Hall 1996–1997
Wettbewerb | Competition: 1996, 1. Preis | 1st Prize
Standort | Location: Kielsburger Straße
Bauvolumen | Size: 5 375 qm | m² BGF | gross area
Mitarbeit | Collaboration: V. Schmiedel, S. Schrick,
M. Mecklenburg, A. Schröter, J. Schwarz
Tragwerksplanung | Structural planning:
Schlaich Bergermann, Stuttgart
Landschaftsplanung | Landscape planning: Arbos, Hamburg
Bauherr | Client: Stadt Husum
Auszeichnungen | Awards: Deutscher Stahlbaupreis 1998,
Architekturpreis für vorbildliche Gewerbebauten 1998,
Anerkennung | honourable mention

Flensburg

1994–1995
Stadtreparatur Große Straße |
Urban Renewal Grosse Straße

1

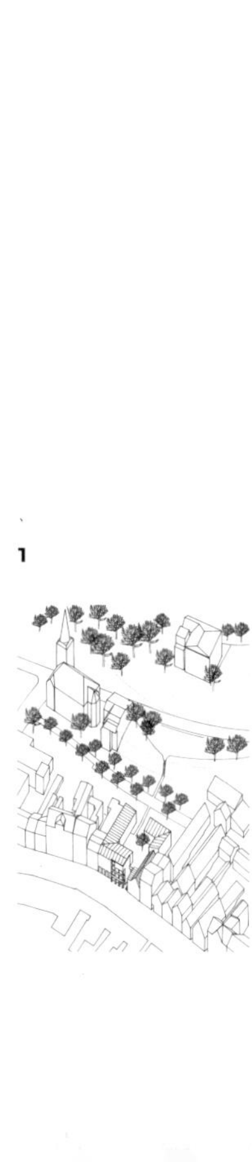

1

Grenzstadt und Forum der Begegnung

Border City and Meeting Place

Flensburg, nördlichste Stadt Deutschlands und typische Fördenstadt, war bis 1865 größer als die heutige Landeshauptstadt Kiel und stellte als alte Hafen- und Seehandelsstadt eine Art Gegenpol zu Lübeck dar. Am Ende der 36 Kilometer tief in das Land einschneidenden Förde nutzte die Stadt die Nähe des alten Nord-Süd-Handelswegs. Ein einziger Straßenzug, Holm und Große Straße, heute die Hauptgeschäftsstraße, bildet die Nord-Süd-Achse der im Jahr 1284 vom dänischen Herzog mit dem Stadtrecht versehenen Handelsstadt. 1875 brachte Theodor Storm die stadtprägende Straße Flensburgs mit seiner Novelle «Im Nachbarhause links» zu literarischen Ehren, inspiriert von Begebenheiten im Haus Große Straße 46, von denen er bei einem Besuch zwei Häuser weiter erfuhr. Der erste wirtschaftliche Aufschwung Flensburgs im 15. Jahrhundert war den Niederländern zu verdanken, die ihren Fernhandel zwischen dem Niederrhein und Skandinavien, um die Hansestadt Lübeck zu umgehen, über Husum und Flensburg abwickelten. 1460, nach langwierigen Auseinandersetzungen mit dem Herzogtum Schleswig Dänemark zugeschlagen, profitierte Flensburg vom Niedergang der Hanse und wuchs im späten 16. Jahrhundert zur größten Seehandelsstadt der dänischen Nation. Mit holländischer Hilfe war es Dänemark gelungen, die Seeherrschaft der Hanse zurückzudrängen. Andererseits wurde Flensburg durch Privilegien des dänischen Königshauses für den Handel mit Dänemark, Schweden und Norwegen nach Kräften gefördert. Stattliche öffentliche Gebäude wie der Schrangen am Nordermarkt, das Kompagnietor am Hafen oder auch das Nordertor stammen aus dieser Zeit. Der Dreißigjährige Krieg beendete diese Prosperität ebenso wie eine merkantilistische Politik Dänemarks, die die Stadt Kopenhagen zu Lasten der Herzogtümer bis 1760 einseitig bevorzugte. Für ihre zweite Blütezeit sorgte die Stadt im 18. Jahrhundert aus eigener Kraft. 1755 kam mit der «Neptunus» die erste Schiffsladung Rum aus Westindien in die Stadt und eröffnete einen völlig neuen Wirtschaftszweig. Fünfzig Jahre später steuerten bereits 200 von insgesamt 276 Schiffen regelmäßig die dänischen Karibik-Inseln an. Während der Kriege Englands mit Frankreich und Nordamerika ließ die dänische Neutralitätspolitik eine lukrative Beteiligung am europäischen und atlantischen Handel zu. 1777 verfügte Flensburg nach Kopenhagen über die größte Han-

Flensburg, Germany's northernmost city and a typical fjord town, was bigger than today's state capital Kiel until 1865. As an established port and sea-trade centre, Flensburg played the role of Lübeck's counterpart. Located at the end of the 36-km-long inlet, the city took advantage of its proximity to the old north-south trade route. Holm Strasse and Grosse Strasse — today the main business strip — form the north-south axis of the trading town that was granted city privileges by the Danish Duke in 1284. In 1875 Theodor Storm put Flensburg's main street on the literary map in his novella "Im Nachbarhause links". He had been inspired by happenings at Grosse Strasse 46, which he had heard about when visiting acquaintances two doors down. Flensburg owed its first economic boom in the fifteenth century to Dutch traders who chose Husum and Flensburg as bases for their foreign trade between the Lower Rhine and Scandinavia to circumvent the Hanseatic League city Lübeck. In 1460 Flensburg, which had been ceded to Denmark after a lengthy dispute with the duchy of Schleswig, profited by the downfall of the Hanseatic League and in the late sixteenth century it grew to be Denmark's largest sea port. With help from Holland, Denmark had succeeded in diminishing the maritime supremacy of the Hanseatic League. In addition, Flensburg was granted special privileges by the Danish court and received every support for trading with Denmark, Sweden, and Norway. Stately public buildings such as the Schrangen am Nordermarkt, the Kompagnie gate on the harbour, or even the Norder gate, all date from this period. The Thirty Years' War put an end to this prosperity and also to Denmark's mercantile policy which had favoured Copenhagen until 1760, thus creating a burden for various duchies. The city was able to promote its own second "golden age" in the eighteenth century. In 1755 the "Neptunus" brought the first cargo of rum from the West Indies into port: a new trade was born. Only 50 years later, 200 of a total 276 ships leaving harbour would regularly head for the Danish colonies in the Caribbean. Denmark's neutrality ensured lucrative participation in European and Atlantic trade during England's years of war with France and North America. By 1777 Flensburg's trading fleet was second only to Copenhagen's in Denmark. The British attack on Copenhagen in 1807 brought this development to a sudden end. Denmark was

delsflotte Dänemarks. Der englische Überfall auf Kopenhagen bereitete dieser Entwicklung 1807 ein jähes Ende. Als Verbündeter Napoleons trat Dänemark in den Krieg ein, was 1813 zum Staatsbankrott und zum Verlust Norwegens führte. Flensburg verlor 210 Schiffe, vor allem aber seine wichtigsten Handelsbeziehungen. Mit dem Bau der Eisenbahn wie der Errichtung der Flensburger Dampfschiffahrts-AG vollzog sich Mitte des 19. Jahrhunderts ein dritter, industrieller Neubeginn. Nach dem Ersten Weltkrieg wurde um die Zugehörigkeit Flensburgs darum hart gerungen. Im März 1920 stimmte eine Mehrheit von 75 Prozent für Deutschland, woran heute noch das «Deutsche Haus» erinnert. Durch die Abtretung Nordschleswigs fiel zwar der größte Teil des Hinterlands an Dänemark, aber die Handelsbeziehungen erwiesen sich als sehr stabil, spätestens seit dem Beitritt Dänemarks zur EG im Jahr 1973. Was an früheren Funktionen verloren war, konnte Flensburg durch die Integration Europas an Bedeutung neu gewinnen. Da die Stadt im Zweiten Weltkrieg kaum zerstört worden war, wurde sie im Zustrom von 31 000 Flüchtlingen – 43 Prozent der bisherigen Einwohnerschaft – schlagartig zur Großstadt. Dieser neue Status wurde architektonisch in mitunter unmaßstäbliche Geschäftsbauten umgesetzt, die die Substanz der Altstadt noch nach dem Krieg sehr hart trafen. Mit nur 47 Nennungen war die Flensburger Denkmalliste – im Gegensatz zu heute – eine der kürzesten. Die «Zerschlagung der historischen Stadtstruktur» wurde in den 70er Jahren sogar ausdrücklich zum Programm erklärt. Um so wichtiger war uns, die noch bestehende Struktur der Großen Straße mit ihren alten Kaufmannshöfen aus dem 18. und 19. Jahrhundert in einer Neuinterpretation des Flensburger Hofs aufzunehmen.

Napoleon's ally and joined the war, which ultimately led to the nation's bankruptcy in 1813 and to the loss of Norway. Flensburg lost 210 ships, but more importantly it lost its major trade connections. However, by the middle of the nineteenth century a third, industry-driven economic renewal flourished as a result of railroad construction and the founding of Flensburg's steamboat company. For this reason Flensburg's nationality was hotly debated after the First World War. In March of 1920, a majority of over 75 percent voted for Germany, a historic decision of which the "Deutsche Haus" stands as a reminder today. While most of the hinterland fell to Denmark after the secession of North Schlesia, trade relations proved to be very stable, especially after Denmark joined the EC in 1973. What had been lost in terms of historic status, was quickly regained in Flensburg in the wake of Europe's integration. As the city had seen little destruction in the Second World War, it underwent a transformation – overnight it seemed – from small town to big city with the arrival of 31,000 refugees, representing a 43 percent increase in population. This new status materialized in new commercial buildings, which were sometimes disproportionately large and which greatly changed the old city core over the course of the post-war years. At that time Flensburg's list of 47 heritage buildings was one of the shortest of its kind. In the 1970s the public policy for urban planning stated with unabashed bluntness that "demolishing the historic core" was one of its goals. In view of these circumstances it seemed all the more important to us that the extant structure of Grosse Strasse and its historic merchant buildings from the eighteenth and nineteenth centuries be integrated into a new interpretation of the Flensburger Hof.

Stadtreparatur Große Straße 1994–1995

Lange schmale Häuser auf Handtuch-Grundstücken sowie ein darauf bezogenes Hof- und Gangsystem sind typisch für die Flensburger Altstadt. Das neue Ensemble auf ehemals drei Grundstücken thematisiert in seiner Organisation die historischen Parzellen. Zwischen den beiden Hauptflügeln führt eine öffentliche Treppe von der Großen Straße zu einem neuen höhergelegenen Flensburger Hof. Die hier nur zweigeschossigen Bauten wirken mit ihren nüchternen Betonsteinfassaden und nach innen geneigten Pultdächern, dem Thema der historischen Hofbebauungen folgend, kleinmaßstäblich. Der Weg führt weiter zur rückwärtigen Erschließung, zu den Parkplätzen oder zur Oberstadt. An der Hauptstraße blieb der Schmuckgiebel der abgebrochenen «Alten Börse» stehen. Dahinter wurde ein langgestrecktes Haus in der historischen Kubatur und Farbigkeit mit neuen, seitlich verglasten Schleppgauben errichtet. Eine rote Wandscheibe vor der hellgrauen Ecke des dazu quergestellten Neubaus an der Großen Straße endet als offener Blendgiebel und spielt mit dem Motiv der Windlöcher in der norddeutschen Backsteingotik. Die Wandscheibe kennzeichnet die Torsituation zum Hofaufgang, vermittelt zwischen den unterschiedlichen Höhen und Fluchten der Nachbarhäuser und schafft in den Innenräumen zusätzliche Ausblicke in die Tiefe der Straße.

Urban Renewal Grosse Strasse 1994–1995

Long narrow houses on tiny lots and a maze of courtyards and lanes are typical of Flensburg's historic centre. The structure of the new complex erected on three of these former lots echoes the historic parcels. Between the two main wings, public steps lead from Grosse Strasse to a new development on higher ground, the Flensburger Hof. Here, the buildings are only two storeys high. Their plain concrete block façades and shed roofs are in keeping with the traditional design of rear buildings, modest in scale. The path continues to the rear entrance, to the parking lot, or to "uptown." On the main street the ornamental gable of the demolished Alte Börse (Old Exchange) has been preserved. Behind it a new long building has been erected, with traditional cubage and colouring and new shed dormers that are glazed on the sides. A red cross wall in front of the light-grey corner of the new building on Grosse Strasse, placed at right angles, ends as an open attached gable – toying with the "pierced wall" motif of North German Backsteingotik (a very simplified Gothic style typical of North Germany in clinker bricks). The cross wall marks the gateway to the yard entrance, mediating the differences in height and alignment of the neighbouring buildings and at the same time opening up additional views from the interiors into the depth of the street.

Historischer Flensburger Hof |
Historic Flensburger Hof
Lageplan | Site plan
Ausgangssituation | Before construction
Blick vom Nordergraben |
View from Nordergraben
Geländeschnitt | Site section 1 : 800

Blick in die Große Straße |
View of Grosse Strasse
Grundriß Untergeschoß | Basement plan
Grundriß Erdgeschoß | Ground plan

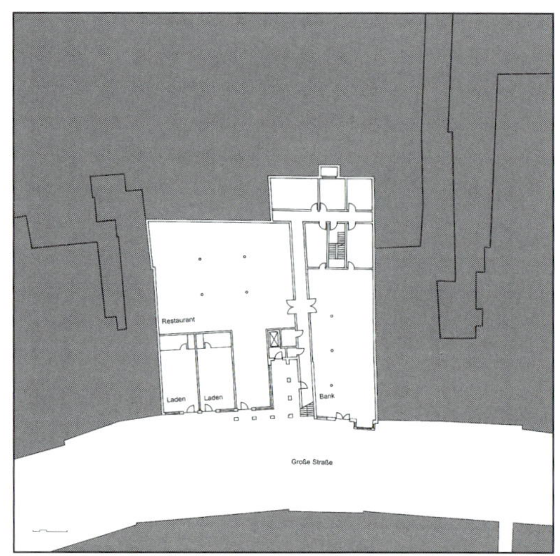

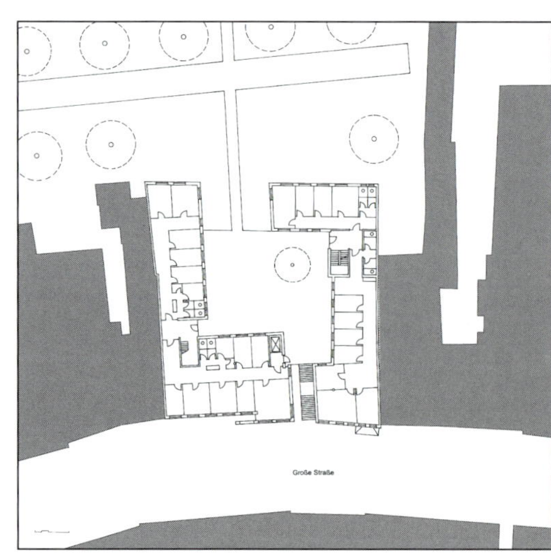

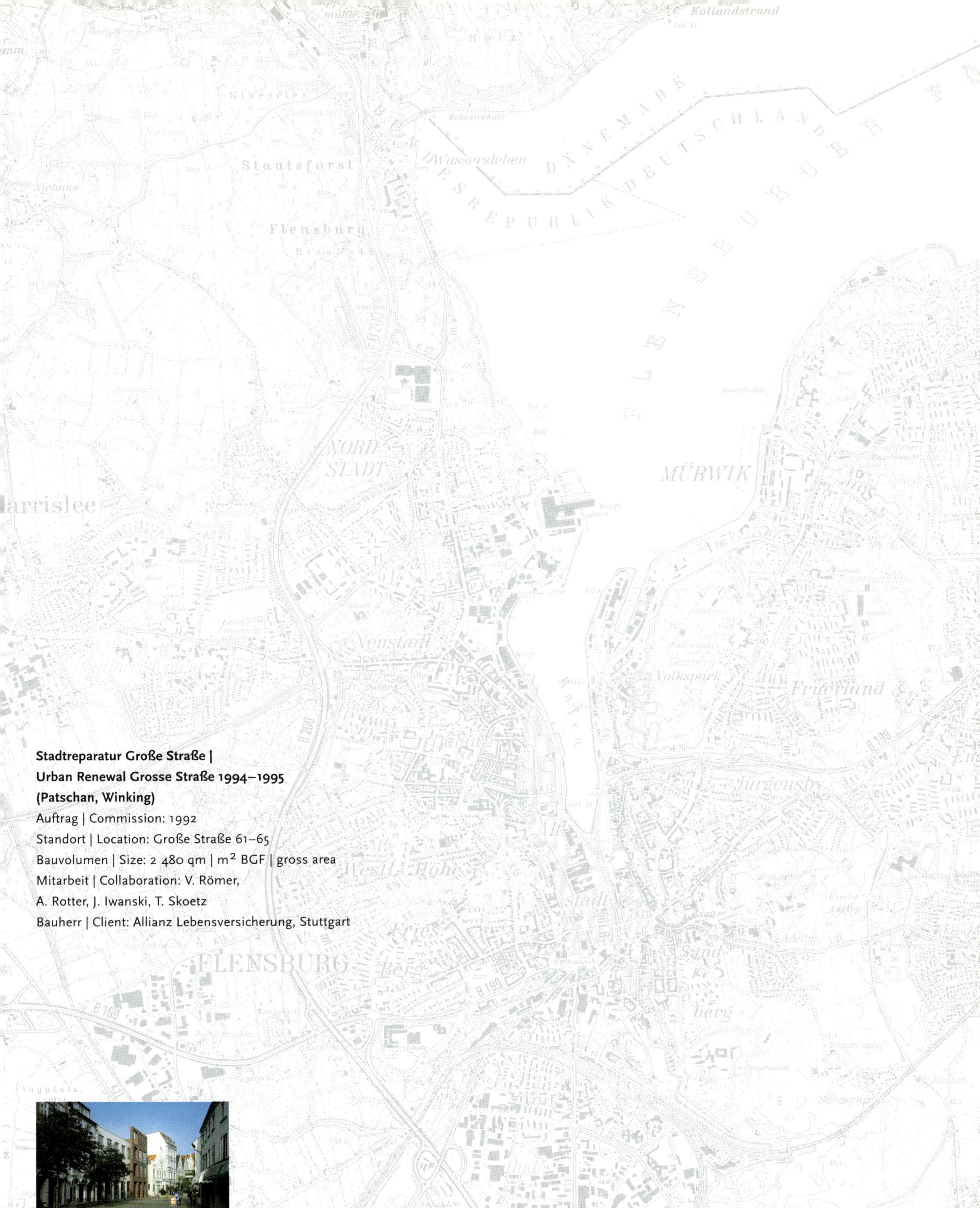

Stadtreparatur Große Straße |
Urban Renewal Grosse Straße 1994–1995
(Patschan, Winking)
Auftrag | Commission: 1992
Standort | Location: Große Straße 61–65
Bauvolumen | Size: 2 480 qm | m² BGF | gross area
Mitarbeit | Collaboration: V. Römer,
A. Rotter, J. Iwanski, T. Skoetz
Bauherr | Client: Allianz Lebensversicherung, Stuttgart

Kiel

1989
Erweiterung und Bibliothek
Christian-Albrechts-Universität |
Expansion and Library, Chris-
tian-Albrechts-University

1997
Gartenstadt Neumeimersdorf |
Garden City Neumeimersdorf

1

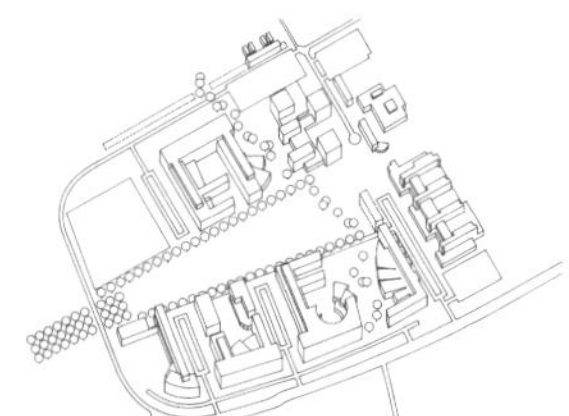

2

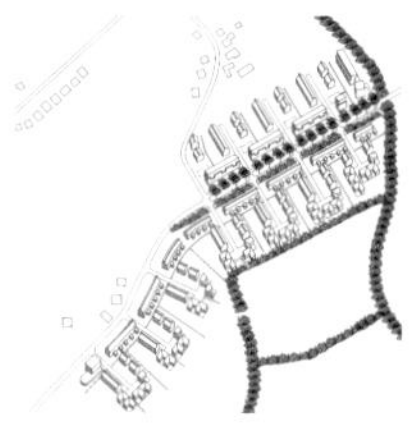

Hafen ohne Hinterland

1955 lobte Theodor Heuss in Kiel die erste deutsche Fußgängerzone des Wiederaufbaus: «fast südlich in der bewegten freien Anmut». Albert Einstein hob dagegen die «wundervolle Landschaft» hervor. 1913 besaß Kiel die größte Gartenfläche pro Einwohner. Von Architektur aber war lange Zeit selten die Rede in dieser Stadt, die als Schauenburgische Gründungsstadt typologisch mit Lübeck und Neustadt übereinstimmt. Trotz des natürlichen sturmsicheren Seehafens mit der heute noch faszinierenden Großschiff-Abfertigung mitten im Zentrum erwies sich die wirtschaftliche Perspektive der Stadt von Anfang an als begrenzt. Lübeck war auf 107 Hektar errichtet, das heute unbedeutende Ostseebad Neustadt erhielt 21, Kiel dagegen im Jahr 1242 nur 17 Hektar Stadtfläche. Fernhandel war von Anfang nicht das Ziel. Zwar war Kiel von 1284 bis 1518 Hansestadt, doch die rückwärtigen Verbindungen zur Elbe waren zu schwierig. Als Kiel die Verluste aus dem Hansekrieg mit Dänemark nicht mehr decken konnte, wurde die Stadt als nicht mehr hansegemäß kurzerhand ausgeschlossen. Gerüchte von Rivalitäten zwischen Kiel, seit 1945 Landeshauptstadt, und Lübeck halten sich darum hartnäckig. Auch der 1630 entwickelte phantastische Plan, den Orienthandel über Wolga und Düna nach Kiel zu leiten, scheiterte, nachdem die als Lager vorgesehenen «Persianischen Häuser» bereits gebaut waren. Zu dieser Zeit unterhielten 77 Adelsfamilien Stadtpalais in Kiel. Da der Adel steuerlich privilegiert war und selbst Handel trieb, ergab sich auch daraus für die Stadt kein nennenswerter Vorteil, sieht man vom «Kieler Umschlag» einmal ab, der alle Finanzgeschäfte des Adels auf den Jahresbeginn fokussierte. Residenz des Fürstenhauses war wiederum nicht Kiel, von einer kurzen Episode zwischen 1720 und 1773 abgesehen, sondern Schloß Gottorf bei Schleswig. 1665 gründete Herzog Christian Albrecht allerdings die spätere «Landesuniversität». Vielleicht wäre aus der kleinen Residenz an der Förde dennoch nicht mehr als ein mittleres Landstädtchen geworden, wäre da nicht die Marinebegeisterung Kaiser Wilhelms II. gewesen. 1864 wurde Kiel preußische Marinestation, 1871 Reichskriegshafen. Nach acht Jahren Bauzeit wird 1895 der alte Eiderkanal durch den Kaiser-Wilhelm-Kanal bzw. Nord-Ostsee-Kanal ersetzt – vor allem aus taktischen Gründen. Auch wenn dieser Kanal im Jargon der Seeleute nur «Kiel-Kanal» heißt, zieht Hamburg, das so Ostseehafen wurde, den größten Nutzen aus dieser meistbefahrenen

Port without Hinterland

In 1955 Theodor Heuss praised Kiel's pedestrian zone, the first in Germany's post-war reconstruction era, as being "almost southern in its animated and free charm." Albert Einstein, on the other hand, commented on the "wonderful landscape." In 1913 Kiel could boast of having the greatest average square footage of garden space per inhabitant (in Germany). And yet for a long time little was said about the city's architecture. Typologically this town, founded during the Schauenburg era, has much in common with Lübeck and Neustadt. In spite of the natural protected sea harbour and the clearing of ocean-going vessels right in the heart of the city – a fascinating spectacle even today – the city's economic perspective was limited from the beginning. Lübeck had been built on 107 hectares; by comparison the Baltic Sea resort of Neustadt, today sunk into obscurity, was built on 21 hectares and Kiel on even less – only 17 hectares in 1242. Overseas trade was never even in the picture. Kiel was a member of the Hanseatic League from 1284 to 1518, but the rear connections to the Elbe proved too difficult. When Kiel could no longer cover the losses from the Hanseatic War with Denmark, the city was cut off from the League without further ado. Rumours about the rivalry between Kiel, state capital since 1945, and Lübeck persist, no doubt due to this historic background. Even the ambitious and unrealistic plan of 1630 to bring the Orient trade to Kiel by way of the Volga and Duna rivers failed although the "Persian Houses" intended as storehouses had already been built. At the time, 77 noble families maintained city mansions in Kiel. But since the nobility enjoyed tax privileges and traded independently, the city gained little by their presence, with the exception of the so-called "Transfer of Kiel" concentrating the nobility's financial transactions on the beginning of each year. Even the prince's palace was located in Kiel only for a short time, from 1720 to 1773, and otherwise at castle Gottorf near Schleswig. In 1665, however, Duke Christian Albrecht founded what would later become the "State University." The small town on the inlet may never have grown beyond a mid-sized provincial town, had Emperor Wilhelm II not been such a passionate patron of the navy. In 1864 Kiel became a Prussian naval station and in 1871 it became the empire's naval war port. After eight years of construction, the old Eider Canal was replaced – in 1895 – with the Kaiser-Wilhelm- or Nord-Ostsee-Canal, mostly for strategic reasons. Even though the

Wasserstraße der Erde. Kiel wurde dagegen durch den Umbau zur Werft- und Marinestadt trotz idyllischer Lage eine schnell wuchernde gesichtslose Großstadt. Von 1864 bis 1916 verzehnfachte sich die Einwohnerzahl. Der architektonische Wilhelminismus zeichnete sich dabei vor allem durch Schematismus, durch Mangel an Ausdruckskraft und Phantasie aus. Der Stadtkern blieb im Grundriß zwar erhalten, büßte seinen Charakter aber ein. Ausgerechnet die Stadt, die zu jeder Schiffstaufe ein Mitglied des Kaiserhauses begrüßte, setzte dem Wilhelminismus mit dem Matrosenaufstand 1918 ein Ende. Im Zweiten Weltkrieg wurde die unheilvolle städtebauliche Entwicklung mit der Zerstörung von etwa 80 Prozent der Stadt nahezu ausgelöscht. Keine deutsche Stadt beseitigte ihre Trümmer jedoch schneller als Kiel, wenn auch zu Lasten einiger Niederungsflächen an der Förde. Im Rückgriff auf die Baulinien von 1845 korrigierte man die Auswüchse eines rücksichtslosen kapitalistischen Städtebaus und orientierte sich – Hannover vergleichbar – am Geist der Charta von Athen. Die Aufgeschlossenheit gegenüber dem Neuen Bauen sorgte für erste städtebauliche Wettbewerbe. Hans Reichow wollte die Gunst der Stunde nutzen und hob stark auf die Einbettung der Stadt in die Landschaft an der Förde ab, erhielt aber nur den dritten Preis. Übrig bleibt, wie überall, die Kunst des Möglichen, die den Rahmen ihrer Zeit nicht sprengt.

canal is known as the "Kiel Canal" among sailor's argot, Hamburg had the greater benefit from this most heavily travelled waterway in the entire world. Kiel, on the other hand, was transformed into a shipyard and naval city and, despite its idyllic location, grew into a sprawling, faceless big city. Between 1864 and 1916 the population grew tenfold. In all this, the architecture of the Wilhelmenian era was characterized by a slavish adherence to schemata, a lack of expression and of imagination. The basic plan of the town core remained, but it lost all its character. And yet, this city – where a member of the Kaiser's family graced each ship launch – would bring the Wilhelmenian era to an abrupt end in 1918 with the sailors' revolt. In the Second World War approximately 80 percent of the city was destroyed, eradicating much of the poor urban development of the preceding era. No other city in Germany cleared its rubble faster than Kiel, although some of the marshes on the inlet fell victim to this efficiency. By recapturing the building lines of 1845, the excesses of ruthless capitalist urban planning were made good again and – like Hanover – planners were inspired by the spirit of the Charta of Athens. The attitude of openness toward "New Building" brought with it the first competitions for urban planning. Seizing the propitious moment Hans Reichow voted for integrating the city into the fjord landscape, but his entry received only the third prize. What remains, here as elsewhere, is a pursuit of the "art of what is possible," which cannot go beyond the scope of its time.

Gartenstadt Neumeimersdorf 1997

In der schleswig-holsteinischen Knick- und Auenlandschaft wurde ein neuer Ort mit eigenständigem Charakter entwickelt, als Antwort auf das angrenzende Straßendorf mit klassischem Anger und die bewegte Topographie. Gemäß dem Bebauungsplan-Entwurf entwickelt sich das Gebiet in Ost-West-Richtung und verstärkt das grüne Rückgrat der bestehenden Knicks. Die Straße beginnt als Eschenallee und führt im Bereich der beidseitigen Bebauung als Eichenanger zum Neubaugebiet im Osten. Zwei dreigeschossige Gebäude im Osten und Westen markieren den Eingang. Orthogonal abzweigende Stichstraßen erschließen die Wohnhöfe, die sich im Gartenbereich zur Landschaft öffnen. Private Hecken- und Gartenwege ermöglichen den Bewohnern eine direkte Verbindung in die Natur. Die dreigeschossigen Eingangsgebäude sind im Erdgeschoß von der Straße, in den Obergeschossen als «Haus im Haus» über Außentreppen erschlossen oder als zweigeschossige Stadtreihenhäuser mit eingeschossigen Erweiterungen denkbar. Im Süden begleiten Kettenhäuser mit variablen Achsbreiten die Straße. Die unterschiedlichen Haustypen an den Wohnhöfen sind zum Teil austauschbar. Kleinteilige Doppelhäuser an den nördlichen Wegen beziehen sich auf den Maßstab des angrenzenden Dorfes. Halboffene Atriumhäuser bilden den Übergang zur Landschaft.

Garden City Neumeimersdorf 1997

A new town with a very unique character has been developed right in the middle of Schleswig-Holstein's landscape of meadows and boundary hedges. It responds to the neighbouring village – one road and a traditional village green – and to the animated local topography. The development plan envisions an east-west axis for the new town, strengthening the green ridge created by the existing boundary hedges. Starting out as an ash-lined avenue, the street widens into an oak-planted village green in the section where it is bordered by buildings on both sides. From there it connects with the new development area to the east. Two three-storey-high buildings to the east and the west frame the entrance. Dead-end streets at right angles provide access to the residential buildings, whose gardens border onto the landscape beyond. Private hedgerows and garden paths are direct links to nature. The three-story buildings mentioned above have street-level main entrances and additional entrances accessed by exterior stairs for use as "house-within-a-house." Alternatively, these buildings can be imagined as two-storey townhouses with the potential for single-storey additions. To the south the street is bordered by row houses with variable widths. The different house types surrounding the courtyards are interchangeable. Small duplexes on the north lanes take up the scale set by a neighbouring village. Semi-open atrium homes link the built and the natural environment.

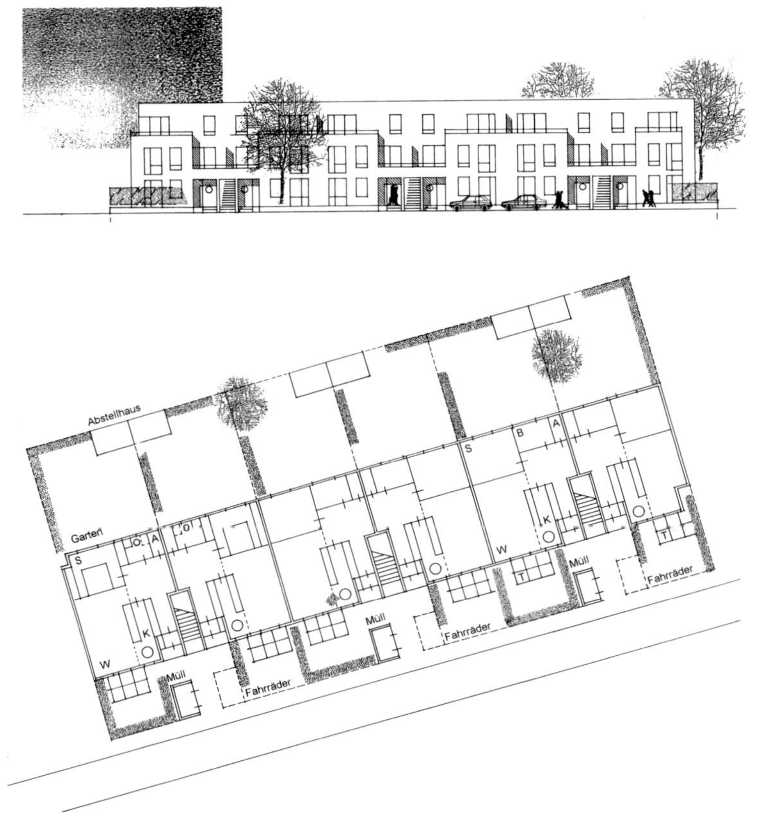

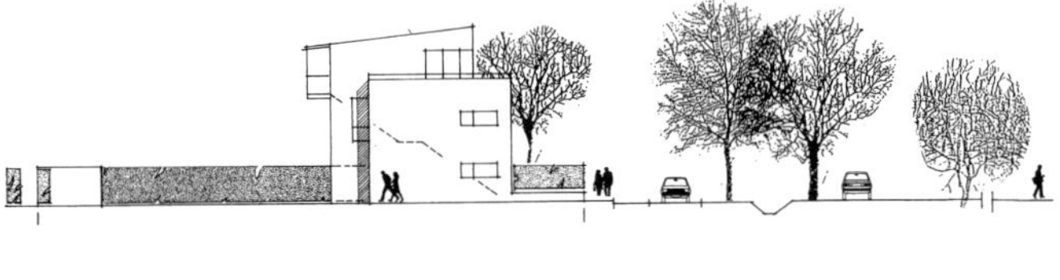

Kartenausschnitt | Map detail
Querschnitt Anger Neumeimersdorf |
Cross section Neumeimersdorf village green
Anger Altmeimersdorf |
Altmeimersdorf village green
Lageplan | Site plan
«Haus-im-Haus»-Typen |
"House-within-a-house" types
Erdgeschoß | Ground floor 1 : 600

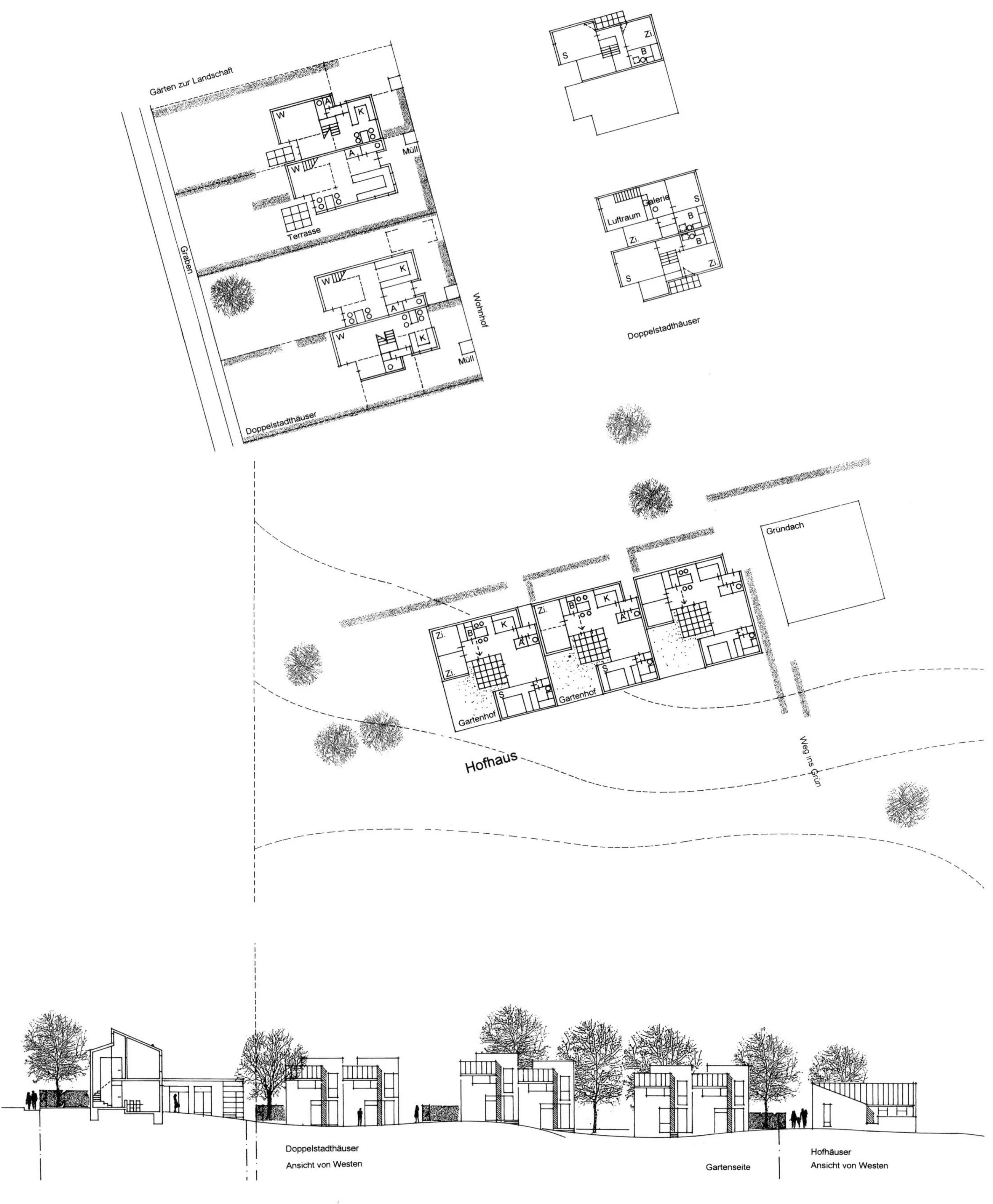

Grundrisse Doppelhaus und Hofhaus |
Floor plans for duplex and courtyard house 1 : 600
Schnitt durch den Wohnhof | Section
of courtyard home

Erweiterung und Bibliothek Christian-Albrechts-Universität |
Expansion and Library, Christian-Albrechts-University
(Patschan, Winking)
Auftrag | Commission: 1989, 3. Preis Stadtplanung
und 4. Preis Objektplanung, Bibliothek |
3rd Prize urban planning and 4th Prize project planning, library
Standort | Location: Christian-Albrechts-Universität am Ravensberg
Bauvolumen | Size: Bibliothek | Library
25 000 qm | m² BGF | gross area
Mitarbeit | Collaboration: U. Zeiger,
C. Schütz-Dittmer, H. Thimian, S. Winter
Landschaftsplanung | Landscape planning: WES, Hamburg
Auslober | Tender issued by: Land Schleswig-Holstein

Gartenstadt Neumeimersdorf |
Garden City Neumeimersdorf 1997
Gutachten | Expert's report: 1997, 1. Platz | 1st Prize
Standort | Location: Busdorfer Weg/Kieler Straße, Neumeimersdorf
Bauvolumen | Size: 30 900 qm | m² BGF | gross area, 220 WE | units
Mitarbeit | Collaboration: A. Kruse, B. Smakowski, A. Schulz
Landschaftsplanung | Landscape planning: Arbos, Hamburg
Bauherr | Client: Landesentwicklungsgesellschaft
Schleswig-Holstein, Kiel

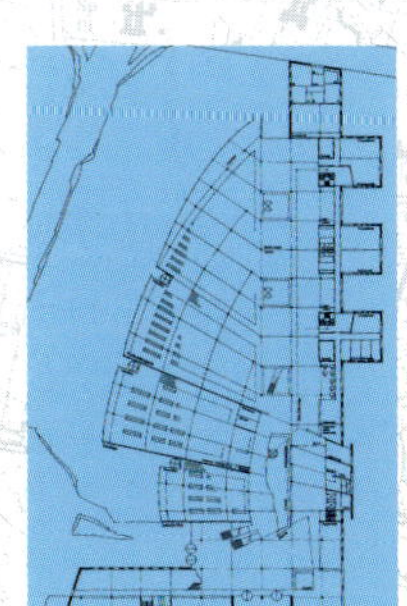

Lübeck

1

2

3

4

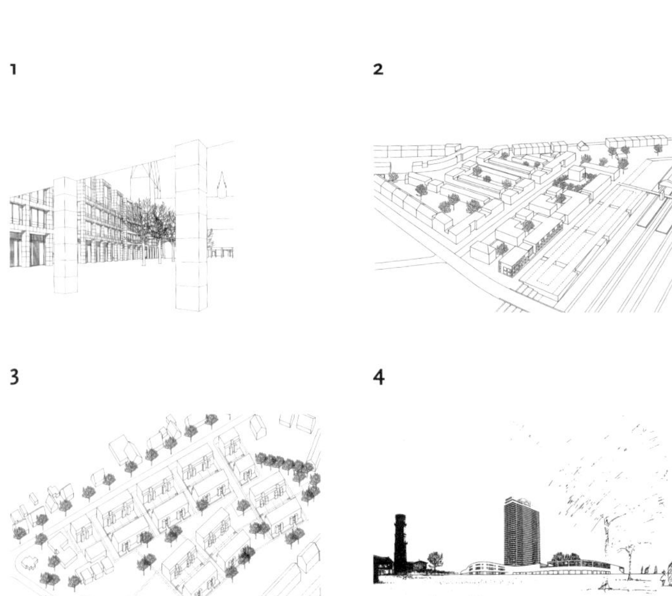

4
3
1

Prototyp des Mittelalters

«Die Identität des Ortes, welcher derselbe ist wie vor dreihundert, vor neunhundert Jahren, behauptet sich gegen den Fluß der Zeit [...]. Dies nur vom Stadtbilde. Aber in der Luft war etwas hängengeblieben von der Verfassung des Menschengemütes in den letzten Jahrzehnten des fünfzehnten Jahrhunderts [...]: Sonderbar zu sagen von einer verständig-nüchternen modernen Stadt (aber sie war nicht modern, sie war alt, und Alter ist Vergangenheit als Gegenwart, eine von Gegenwart nur überlagerte Vergangenheit) ...» So ließ Thomas Mann seinen Chronisten Serenus Zeitblom im «Dr. Faustus» 1947, fünf Jahre nach dem Luftangriff, dem ein Fünftel der Altstadt zum Opfer fiel, seine moderne alte Vaterstadt beschreiben. Wenn wir heute Lübeck bewundern, liegt der Grund nach wie vor im straffen städtebaulichen Reglement des Mittelalters. Die Hausbreiten waren festgelegt – acht bis neun Meter – und die Höhen: ein Rahmen, der gefüllt mit Gotik, Renaissance, Biedermeier und Klassizismus sehr lebendig wird. Den von Mann beschriebenen Zeitbezug heute architektonisch herzustellen, ohne zeitgeistig modern zu werden, ist in Lübeck eine notwendige, wenn auch nicht leicht zu erfüllende Herausforderung. Den mittelalterlichen Grundzug konnten der «Königin der Hanse» auch die Zerstörungen des Kriegs nicht nehmen. 1987 setzte die UNESCO die Lübecker Altstadt als erstes Gesamt-Ensemble einer deutschen Stadt auf die Liste des Weltkulturerbes. In dieser Stadt gibt es mehr Häuser aus dem 13. bis 15. Jahrhundert als in allen norddeutschen Städten zusammen. Salz, das als «weißes Gold» gehandelte Konservierungsmittel des Mittelalters, aus den Salinen Lüneburgs bezogen, bescherte Lübeck im 13. Jahrhundert in geographisch idealer Position eine Schlüsselrolle im Ostsee-Handel. Auch dank des 1329 erworbenen Travemünde, das 1802 als das «Sans Souci» der Lübecker nach Heiligendamm und Norderney drittes deutsches Seebad wurde. Mit 25 000 Einwohnern wurde Lübeck im 15. und 16. Jahrhundert nach Köln zur

Prototype of the Middle Ages

"The town maintains its identity, which was the same three hundred, nine hundred years ago, against the river of time sweeping over it ... So much for the look of the town. But there hung in the air something of the state of the human heart during the last decades of the fifteenth century ... a strange thing to say about a sensibly practical, modern town. But it was not modern, it was old, and age is the past as the present, a past only veneered with the present." This is how Thomas Mann's main character describes the author's modern old hometown in "Dr. Faustus" in 1947, five years after an air raid had razed one-fifth of the historic town centre to the ground. Today, Lübeck's attraction still lies in the clean city plan that dates back to the Middle Ages. The width (8 to 9 metres) and height of buildings were strictly defined, creating a framework that comes to life with Gothic, Renaissance, Biedermeier, and Classic structures. To architecturally recreate the period that Mann refers to, without becoming overly modernistic, is now a vital task in Lübeck, albeit one that is difficult to fulfill. Even war and destruction could not erase the medieval flair of the "Hanseatic Queen." In 1987, UNESCO declared the city's historic centre a world heritage site, the first German city to be singled out in this manner. Lübeck contains more buildings from the thirteenth to fifteenth centuries than all other North German cities combined. Salt – the conservation agent and "white gold" of trade in the Middle Ages – came from the saltworks in Lüneburg region, and Lübeck found itself ideally placed in the thirteenth century to become a leader in the Baltic Sea trade. The purchase of Travemünde in 1329, which would become Lübeck's own "Sans Souci" and Germany's third-largest seaside resort in 1802 after Heiligendamm and Norderney, strengthened the city's position even more. With 25,000 inhabitants, Lübeck was Germany's most populated city after Cologne in the fifteenth and sixteenth cen-

bevölkerungsreichsten Stadt Deutschlands – mit der größten Flotte aller Hansestädte. Das architektonische Grundmuster mit fischgrätenartig angelegten Straßen, das heute nicht mehr Metropole, sondern trotz 215 000 Einwohnern Kleinstadt dokumentiert, wurde in kaum weniger als 200 mittelalterlichen Stadtgründungen übernommen – auch von Stockholm. In der Gründung der ersten deutschen Stadt an der Ostsee durch Heinrich den Löwen 1158/59 sind Vorgängersiedlungen aus slawischer und schauenburgischer Zeit aufgegangen. Burgbezirk, Kaufleutesiedlung mit Markt und Pfarrkirche und die Domimmunität liegen deutlich voneinander getrennt. Insofern täuscht das Bild der im 13. Jahrhundert einheitlich ummauerten Stadt. Immer liegen einer solchen Entwicklung jedoch eindeutige planerische Vorgaben zugrunde; das «Wachsen» einer Stadt ist kein biologischer Vorgang. Ausgangspunkt war eine bürgerliche Übereinkunft über den Grundbaustein der Stadt: Parzelle und Einzelgebäude. Diese Körnigkeit bestimmt die Stadt und hat seine Gültigkeit nicht verloren. In Lübeck hat das Ordnungsbild seine Wurzeln, nach dem Hans Stimmann in Berlin Chaos vermeidet und ein intellektuelles Gefüge schafft, in das Architektur einzuordnen ist. Das wirtschaftliche Erbe Lübecks trat in stürmischer Entwicklung nach 1500 Hamburg an. Im 17. Jahrhundert ließen Kopenhagen, Stockholm, Danzig und Riga Lübeck hinter sich, im 19. Jahrhundert schließlich auch Stettin. 1937 verlor Lübeck seine von Friedrich II. verliehene, 711 Jahre gültige Reichsfreiheit und wurde preußische Provinzstadt – ein Rachefeldzug Adolf Hitlers, der seine Wahlkampfreden außerhalb der Stadtgrenzen hatte halten müssen. Den Dreierbund der Städte Hamburg, Bremen und Lübeck hat das geistige Erbe der Hanse dennoch nie ganz verlassen. Nachdem Lübeck von seiner Isolation durch die Wiedervereinigung politisch befreit ist, muß die Stadt ihrer traditionellen Weitsicht neu gerecht werden.

turies, and possessed the largest fleet of all the Hanseatic cities. The layout of the city in a herringbone pattern, which creates a small-town feeling despite its 215,000 inhabitants, became a model for no less than 200 medieval town plans – in Stockholm, among others. When Henry the Lion founded the first German city on the Baltic Sea in 1158/59, existing settlements created by Slavs and later in the Schaumburg duchy were absorbed into it. The castle keep, the merchant district with market and parish church, and the dome district are clearly separate from one another. In this respect the image of the integrated city surrounded by a uniform wall in the thirteenth century is misleading. However, this kind of development cannot occur without deliberate town-planning directives; cities do not "grow" organically. It began with a civic consensus on the city's basic building blocks: the lot and the single dwelling. The resulting grid still defines the city and has lost none of its impact. The order – which Hans Stimmann applies to Berlin to avoid chaos and to create an intellectual construct into which architecture must be integrated – is rooted here in Lübeck. Hamburg became Lübeck's economic heir with dizzying speed in the sixteenth century, followed in the seventeenth century by Copenhagen, Stockholm, Danzig, and Riga (which all surpassed Lübeck) and, in the nineteenth century, finally even by Stettin. In 1937, Lübeck lost the Reichsfreiheit (free status) it had been granted by Frederick II and had enjoyed for 711 years. It was demoted to a Prussian provincial town, in a vengeful gesture by Hitler because he had been forced to hold his campaign speeches outside the city limits. Nevertheless, the spirit of the Hanseatic League is still very much alive in the triad of Hamburg, Bremen, and Lübeck. Now that reunification has freed Lübeck politically from isolation, the city must once again live up to its reputation for farsightedness.

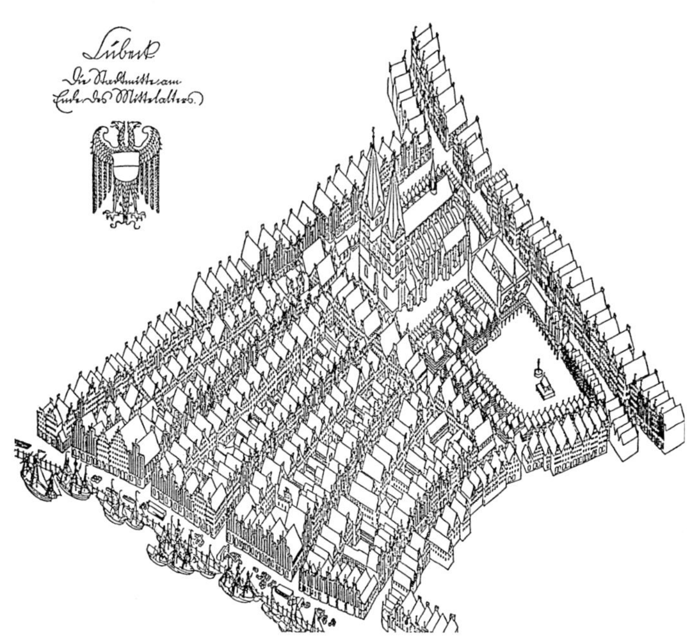

Neuordnung Marktplatz und Marienkirchplatz 1996

Spezifische dem Marktgeschehen gewidmete Gebäude rahmen historisch eine Platzsituation, die die Abfolge der Kaufmannshäuser mit ihren typischen Backsteingiebeln unterbricht. Der städtebauliche Entwurf ergänzt die mittelalterlichen Stadt- und Gebäudestrukturen und baut sie in zeitgemäßer Architektur weiter. Um dem Markt seine rechteckige Platzform zurückzugeben, wird der Neubau des Südriegels mit Läden, Büros und Wohnungen im Zuge des Straßenrückbaus am Kohlmarkt nach Süden gerückt. Der durchlässig gewordene westliche Platzrand erweitert das Marktgeschehen in die Arkade des alten dreiteiligen Postgebäudes. Im Süden schließt das ehemalige Stadthaus mit Restaurants, Läden und Büros die angrenzende Gasse ab und schreibt die Typologie des öffentlichen Hofs fort. Durchgänge in den Erdgeschossen und Einschnitte in der Dachlandschaft lösen die Großform in Einzelkörper auf und machen die ursprüngliche Parzellierung ablesbar. Die nördlich anschließenden Neubauten der Schlüsselbuden sind als moderne Handwerkerhäuser mit Arbeits- und Wohnflächen unter demselben Dach konzipiert. Sie orientieren sich an den ursprünglichen Baufluchten und bilden einen platzartigen Raum. Der glasüberdeckte alte Posthof wird seinem halböffentlichen Charakter gemäß als Veranstaltungs- und Kulturzentrum genutzt. Die Kapelle «Maria am Stegel» schließt das Ensemble im Norden ab. Eine niedrige Sitzmauer trennt den weltlichen vom kirchlichen Raum.

New Structures for Marktplatz and Marienkirchplatz 1996

Marktplatz and Marienkirchplatz, surrounded by market buildings, are unique urban and architectural sites amidst Lübeck's historic merchant buildings with their typical brick gables. The urban plan completes the medieval structures and continues these traditions in a contemporary style. To restore the rectangular shape to the market square, the addition to the slab building on the south side with retail shops, offices, and apartments, will be shifted further south as part of the Kohlmarkt area renewal. Now that the west side of the square has become more transparent, market activities spill over into the arcades of the old three-sectioned post office building. On the south side, the former town hall with restaurants, shops, and offices cuts the narrow lane off, keeping the typology of public courtyard intact. Passages at street level and a differentiated roof line break up the large structure into smaller units which reflect the historic lot parcels. The informal new buildings to the north are conceived as modern trade and craft buildings for working and living under one roof. They are oriented along historic building lines and create a kind of town square. The glass-covered former post office is set aside for events and as a cultural centre in keeping with its semi-public character. The Maria am Stegel chapel completes the ensemble to the north. A low wall separates secular and ecclesiastical areas.

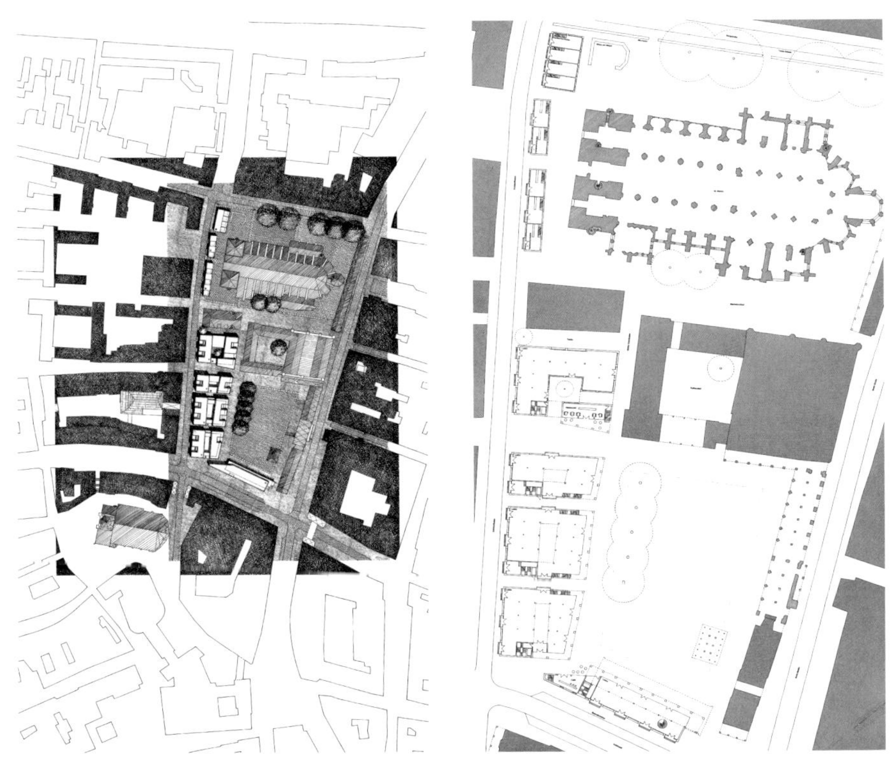

Rekonstruierter Stadtkern nach Gruber |
Reconstructed town core after Gruber
Historischer Straßenraum | Historic street
Stadtstruktur | City structure
Lageplan | Site plan 1 . 2500
Querschnitt mit Blick zum Kohlmarkt |
Cross section with view of Kohlmarkt 1 : 800
Querschnitt mit Blick auf das Rathaus |
Cross section with view of town hall 1 : 800

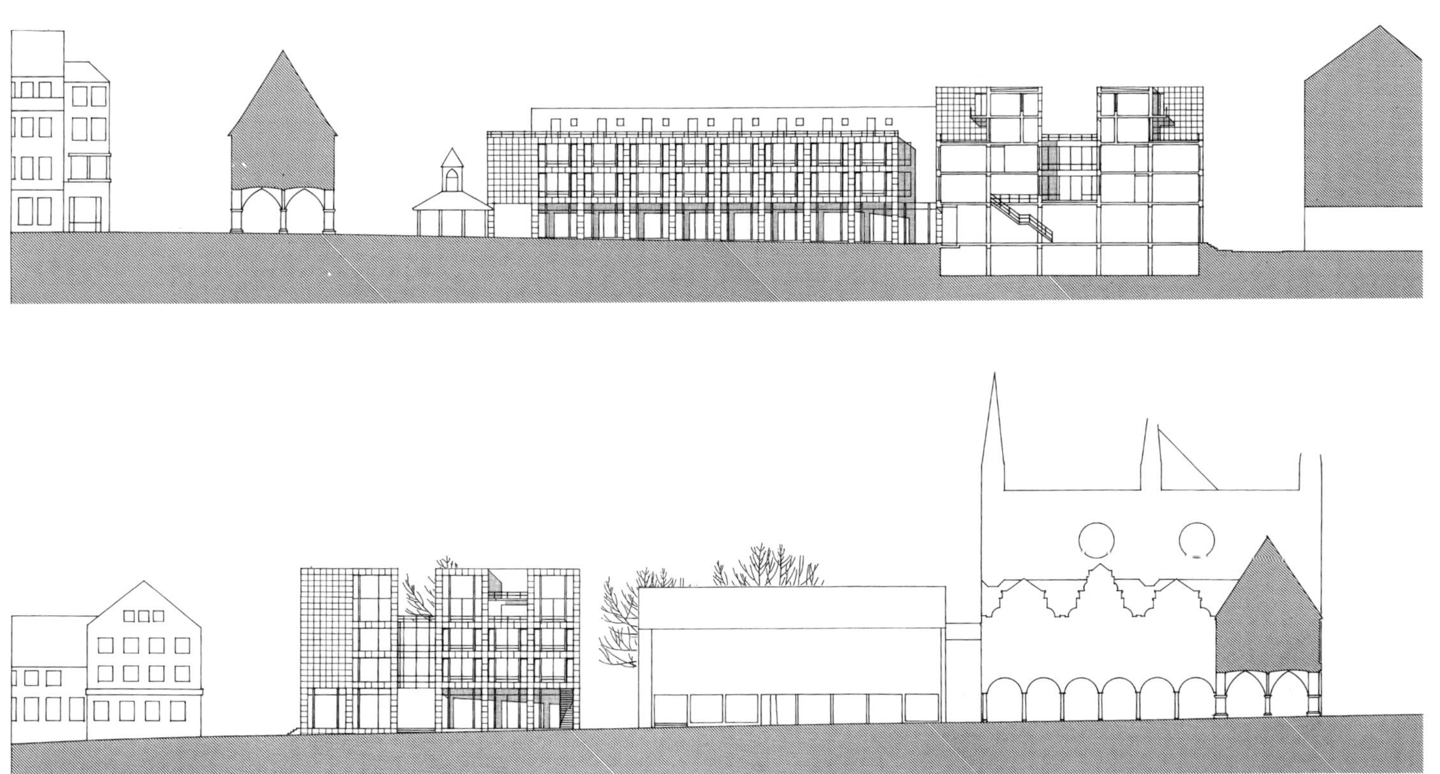

Neuordnung Zentrales Kurgebiet Travemünde 1997

Die besondere Atmosphäre des eleganten, Lübeck vorgelagerten Kurbades wird durch städtebauliche Ordnung neu herausgearbeitet. Die lineare Zonierung von Stadt- und Kurgebiet wird baulich oder landschaftlich akzentuiert. Durch Rückbau von Nebengebäuden und Erschließungswegen bleibt der Raum um den alten Leuchtturm frei. Auf der Wiesenlandschaft des freien Leuchtenfelds wird der Maritimkomplex mit Hotel, Sauna und Freizeitbad durch eine freie Form als Solitär verstanden. Die Neubauten für das Kurgebiet ordnen sich hingegen in ein das Ensemble zusammenschließendes grünes Rückgrat zwischen den städtischen Kanten ein. Vorhandene Lindenalleen werden ergänzt und spannen das Parkband zwischen Altstadt und Casino ein. Zwei Kuben fassen den nunmehr landschaftlich geprägten Bahnhofsvorplatz von Travemünde räumlich und nehmen neue Nutzungen auf. Die Schnittstelle Fährplatz zwischen Fischereihafen und «Vorderreihe» öffnet sich zu Hafen und Wasser wie eine Bühne und wird durch die Funktion Kino bzw. Veranstaltungsort zum städtischen Knotenpunkt. Die vorhandene Bebauung der «Vorderreihe» mit Läden wird durch Hinterhäuser ergänzt. Neubauten gegenüber thematisieren den Platz. Travepromenade und Ostseepromenade vervollständigen dieses Ensemble. Entsprechend ihrer Nutzung als Yachthafen wird die Travepromenade als Holzsteg ausgebildet. Die Ostseepromenade als Freitreppe zum Strand erhält eine direkte Verbindung zum Wasser.

A Facelift for Travemünde Spa 1997

The elegant spa town near Lübeck is receiving an urban facelift to newly enhance its unique atmosphere. The linear zoning into town and spa district will be accentuated, either architecturally or by landscaping. Space around the old lighthouse is freed up by setting back the annex buildings and access lanes. The spa complex (including hotel, sauna, and outdoor pool) is set apart as "solitary" on the meadow landscape of the Leuchtenfeld. The new buildings for the spa district, on the other hand, fit into a greenbelt that connects the complex across districts. Avenues lined with linden trees will be expanded, linking the stretches of parkland between old city centre and casino. Two cube-shaped buildings frame the square in front of Travemünde's train station and offer space for new uses. The Fährplatz, at the intersection of Fischereihafen and Vorderreihe lies like a stage on the water's edge; it is used for film screenings and other events and has become a new urban focal point. The existing buildings on the shore and their shops are being completed with rear buildings. The square provides the theme for new buildings on the opposite side. The Travepromenade and the Ostseepromenade complete this complex, the former is being turned into a boardwalk fitting for its use as a yacht harbour. The Ostseepromenade has a flight of steps to the beach and thus a direct link to the water.

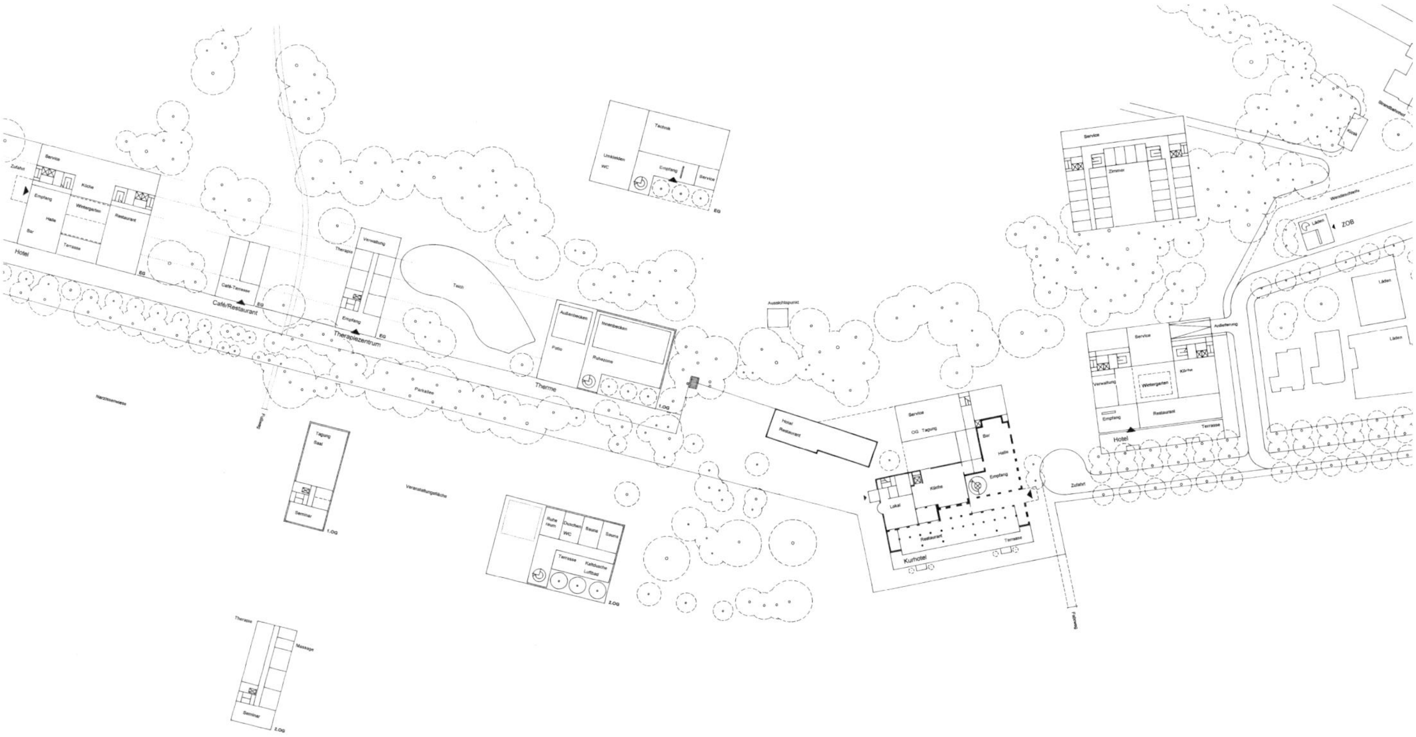

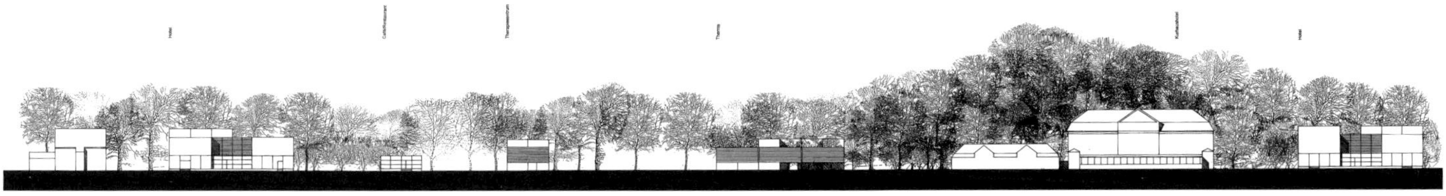

Stadtstruktur | City structure
Wettbewerbsmodell |
Competition model entry
Erdgeschoß | Ground floor 1 : 3 000
Aufriß | Elevation 1 : 3 000
Collage | Collage

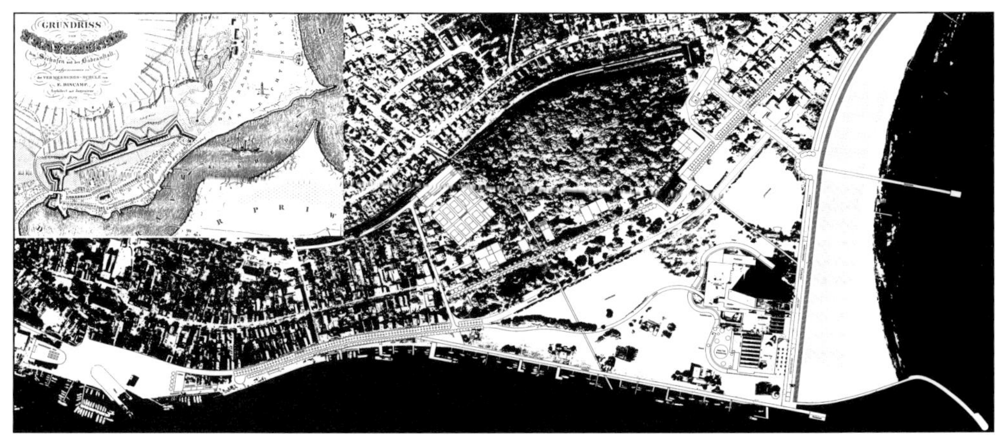

Neues Stadtquartier am Hauptbahnhof 1996–2000

Die Bebauung des ehemaligen Nutz- und Zuchtviehmarktes schafft an städtebaulich exponierter Stelle ein in sich ruhendes Quartier mit eigener Identität. Zwischen zwei unterschiedlich geprägten Plätzen erfüllt die neue Struktur für Wohnen und Gewerbe zeitgemäße Ansprüche und schafft durch Zurückhaltung und Flexibilität dennoch Anknüpfungspunkte zur vorhandenen Stadt. Die dreigeschossigen, Nord-Süd-orientierten Wohngebäude wenden sich der Sonne zu. Als Kreuzungs- und Zielpunkt im neuen Gebiet dient der zum Bahnhof orientierte Platz. Er schafft einen nördlichen Bahnhofsvorplatz und nimmt Läden, Restauration, Café, etwas zurückgesetzt eine Kindertagesstätte auf. Der ruhigere Quartiersplatz schließt an die Grünanlagen von Friedhof und Spielplatz an. Ein mit Obstbäumen besetzter Grünraum im Südosten bleibt unbebaut und bildet den Rahmen für das vorhandene malerische Wohnhaus im Katenstil. Eine Pappelreihe trennt die Bebauung im Norden vom Verkehr im Süden. Das neue Wegenetz greift ein klassisches Lübecker Thema auf: die nach ihrer Öffentlichkeit differenzierten Straßenräume. Besucherparkplätze liegen an der städtisch geprägten Haupterschließungsstraße im Süden, ebenso die «Handwerkerhöfe» der Gewerbebebauung. Der neu formulierte Platz im Norden bleibt von PKW- und Anlieferungsverkehr frei.

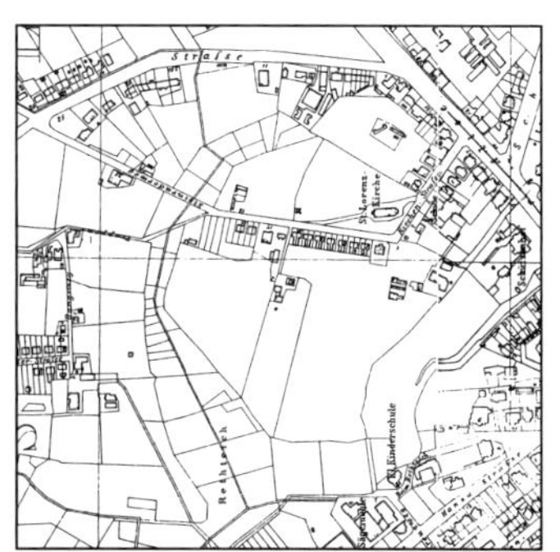

New Hauptbahnhof District 1996–2000

Developing the market square, formerly used as a trading market for stock and farm animals, creates an independent new district with an identity all its own on this exposed site in the urban landscape. Sandwiched between two squares with very different atmospheres, the new structure for mixed residential and commercial use meets contemporary urban demands, while providing an understated yet flexible link to the districts that surround it. The three-storey-high apartment buildings face north-south for light-filled interiors. The square itself, in line with the train station, becomes the main intersection and focus of the new district. There is a forecourt on the north side of the train station, as well as a restaurant, a café, and – set back – a childcare centre. The less animated local square borders onto the green areas of cemetery and playground. An open green space on the southeast side, planted with fruit trees, remains untouched and provides a fitting backdrop for the idyllic historic cottage. On the north side, a row of poplars separates the development from traffic on the artery to the south. The new path system echoes a pattern traditional to Lübeck, where streets are variably articulated depending on their public or private nature. Hence, the artery to the south has a "big city" feeling with curbside visitor parking and "artisan courtyards" as part of the commercial development, while the square on the north side is reserved for pedestrians only.

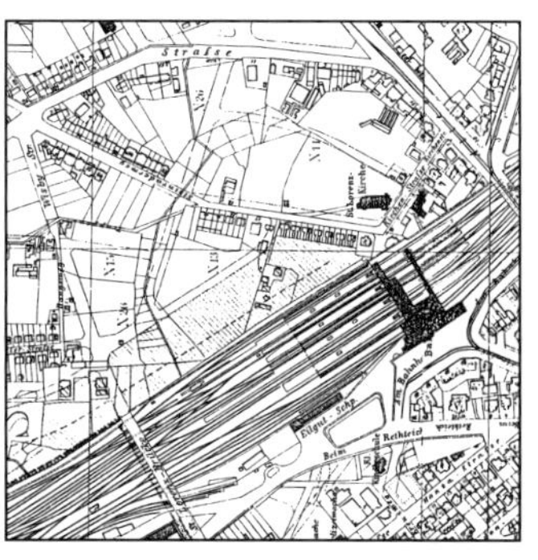

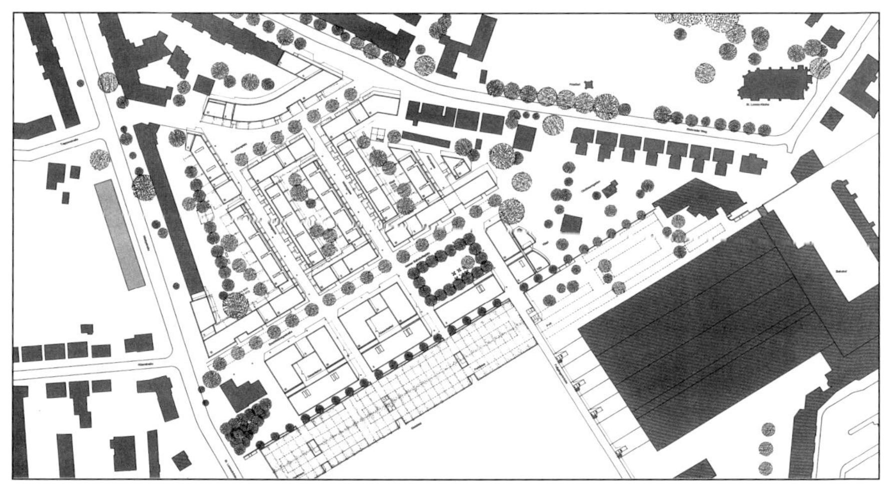

Stadtstruktur | City structure
Situation | Situation 1893
Situation | Situation 1910
Wohnquartier | Residential neighbourhood 1:1250
Lageplan | Site plan

Ausgangssituation | Before construction
1. Bauabschnitt | First building phase

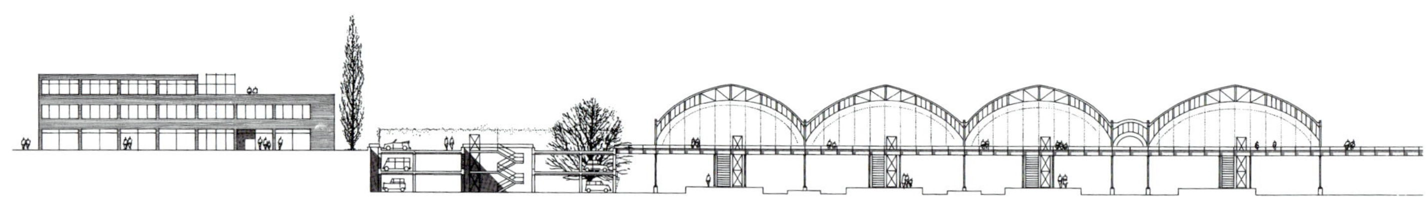

Übergang zum Bahnhof | Link to train station

Neuordnung Marktplatz und Marienkirchplatz |
New structures for Marktplatz and Marienkirchplatz

Wettbewerb | Competition: 1996, ein 1. Preis | a 1st Prize
Standort | Location: Rathausmarkt/Marienkirchhof, Altstadt
Bauvolumen | Size: 13 000 qm | m² BGF | gross area, 39 WE | units
Mitarbeit | Collaboration: S. Waselowsky, M. Deja,
M. Mecklenburg, M.-P. Reichwald
Landschaftsplanung | Landscape planning: Arbos, Hamburg
Auslober | Tender issued by: Hansestadt Lübeck

Neues Stadtquartier am Hauptbahnhof |
New Hauptbahnhof District 1996–2000

Wettbewerb | Competition: 1995, 1. Preis | 1st Prize
Standort | Location: Wisbystraße – ehemaliger Nutz- und
Zuchtviehmarkt, St. Lorenz
Bauvolumen | Size: 31 300 qm | m² BGF | gross area, 226 WE | units
Mitarbeit | Collaboration: S. Waselowsky,
M. Deja, I. Kraus, B. Smakowski
Bauherr | Client: Friedrich Schütt und Sohn
Baugesellschaft mbH, Lübeck

Wohnbebauung | Residential Development Mühlenberg 1995–1997

Auftrag nach Gutachten | Commission after expert's report 1993
Standort | Location: Kakenbarch, Travemünde
Bauvolumen | Size: 10 000 qm | m² BGF, 102 WE | units
Mitarbeit | Collaboration: A. Kruse, B. Smakowski, J. Schwarz,
G. Schönherr, S. Schrick, M. Schwieghusen, J. Hagenmeyer
Bauherr | Client: Hanseatische Bau- und
Betreuungsgesellschaft mbH & Co, Lübeck

Neuordnung zentrales Kurgebiet Travemünde |
A Facelift for Travemünde Spa

Wettbewerb | Competition 1997, 1. Preis | 1st Prize
Standort | Location: Kurpark Travemünde
Bauvolumen | Size: 62 000 qm | m² BGF | gross area, 36 WE | units
Mitarbeit | Collaboration: S. Waselowsky, M. Deja,
M.-P. Reichwald, P.-K. Schultz
Landschaftsplanung | Landscape planning: Arbos, Hamburg
Auslober | Tender issued by: Hansestadt Lübeck

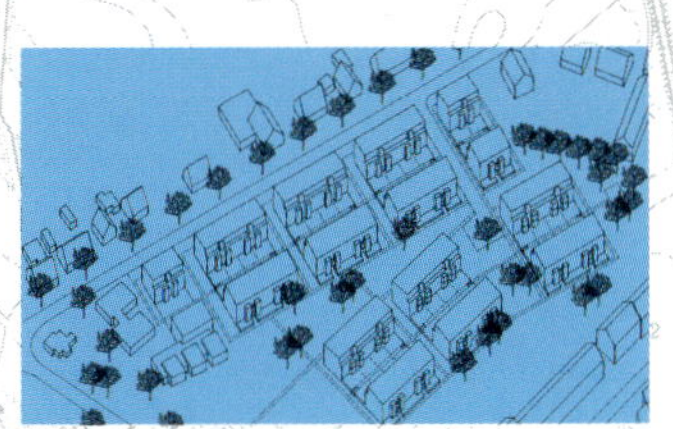

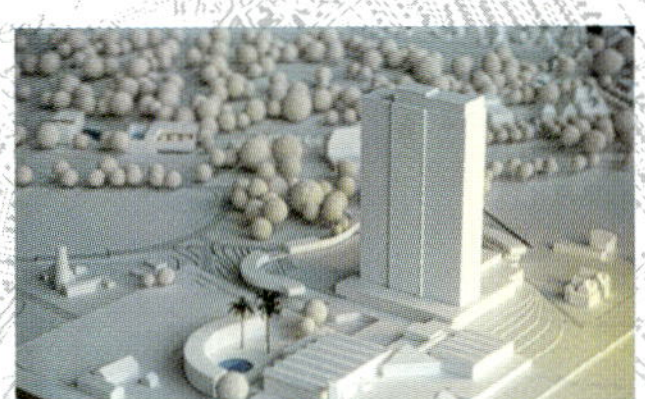

1989
Geschäftsviertel | Business District Kehrwiederspitze

1990–1992/1999–2000
Stadtrekonstruktion am Zeughausmarkt | Urban Reconstruction on Zeughausmarkt

1997–1998
Büro- und Wohnhaus Stadtkern Wandsbek | Office and Apartment Building, Wandsbek

1998
Channel Tower | Channel Tower

1999–2000
Wohnbebauung am Kiebitzfleet | Residential Development on Kiebitzfleet

1997
Stadtkante Heidberg | City Periphery, Heidberg

5

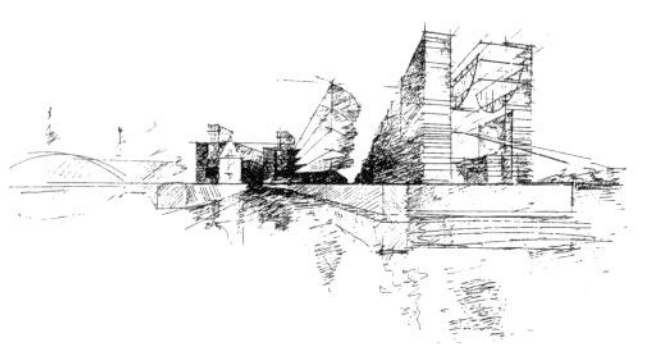

6

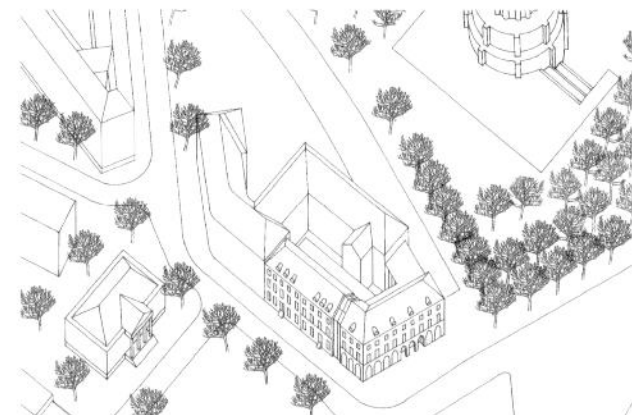

11

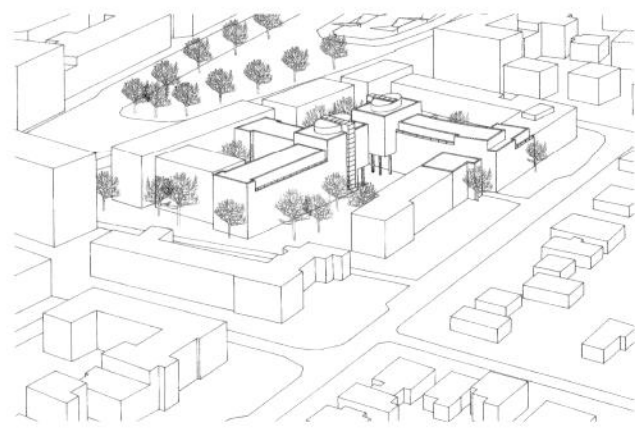

12

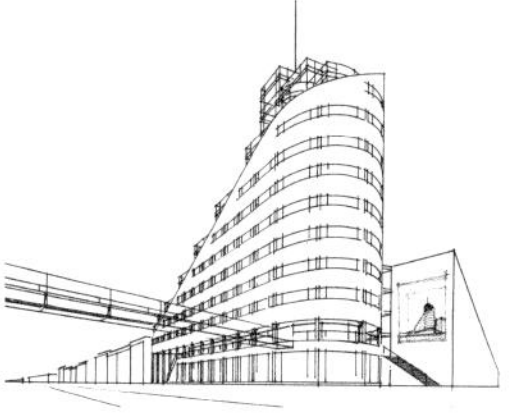

17

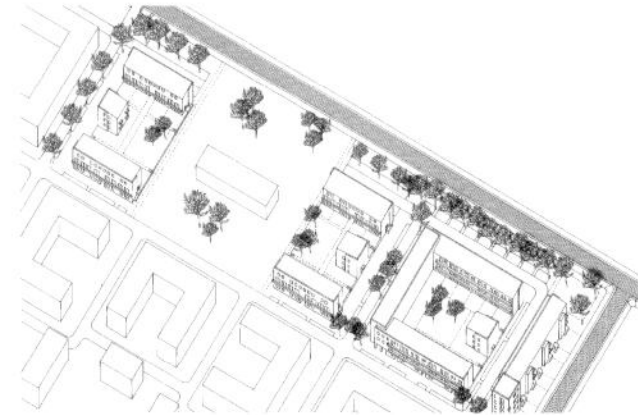

18

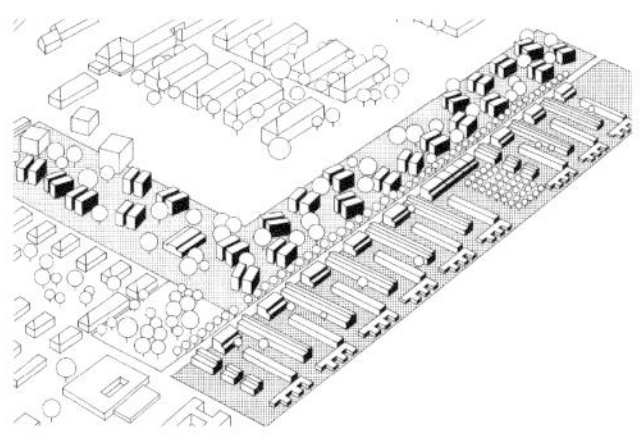

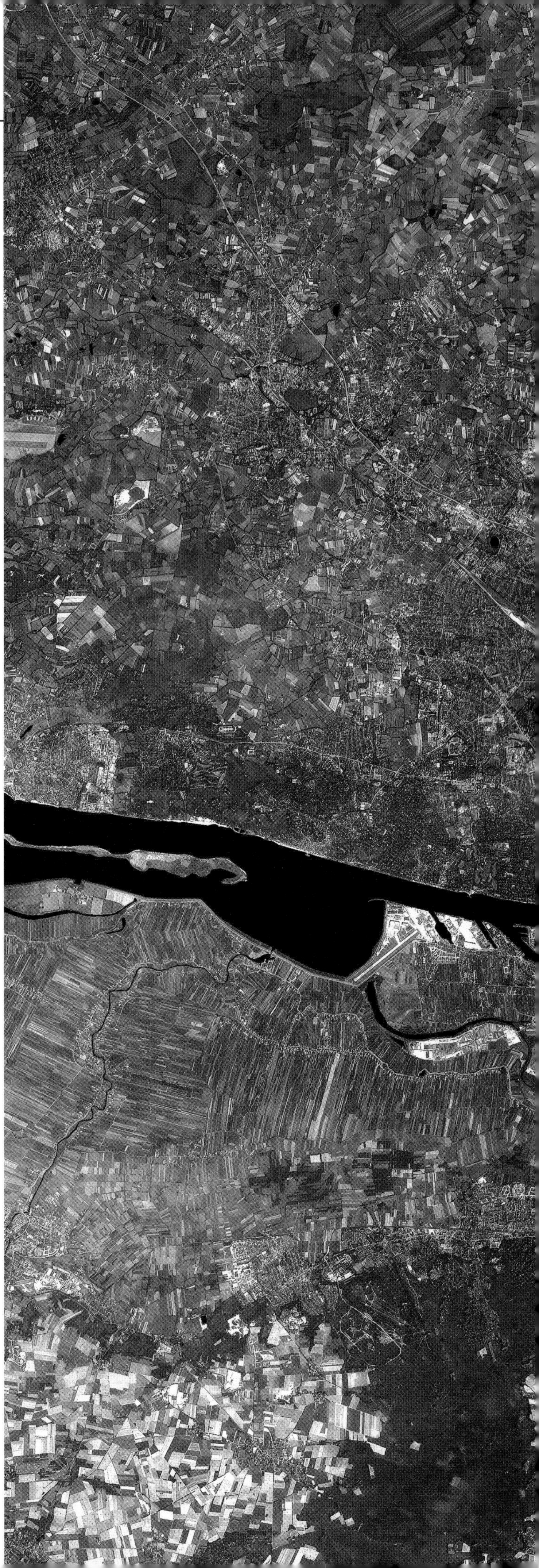

1990–1993
Innerstädtische Uferbe-
bauung | Urban Development,
Fleetachse/Fleetinsel

1992–1994
Medienhaus Rotherbaum |
Media Building Rotherbaum

1997–1999
Wohngebiet Rahlstedter
Höhe | Residential District,
Rahlstedter Höhe

1995–1997
Innenstadtquartier
Valentinskamp | Downtown
District, Valentinskamp

1998
Stadtverdichtung Berliner Tor |
Urbanization, Berliner Tor

1995–1996
Erweiterung und Neu-
ordnung | Expansion and Re-
newal Einkaufszentrum
Langenhorner Markt

1996–1998
Erweiterung und Neuformulie-
rung Hopfenhof | Expansion
and Renewal, Hopfenhof

1989–1997
Erweiterung Jarrestadt |
Jarrestadt Expansion

1994
Neues Stadtquartier
Höltigbaum | New Urban
District Höltigbaum

1997
Uferbebauung Alsterfleet |
Riverbank Development,
Alsterfleet

1994
Neues Quartier an der Bille |
New Distinction on the Bille

1993–1994 / 1996–1998
6 Straßen- und Fuß-
gängerbrücken | 6 Traffic and
Pedestrian Bridges

1

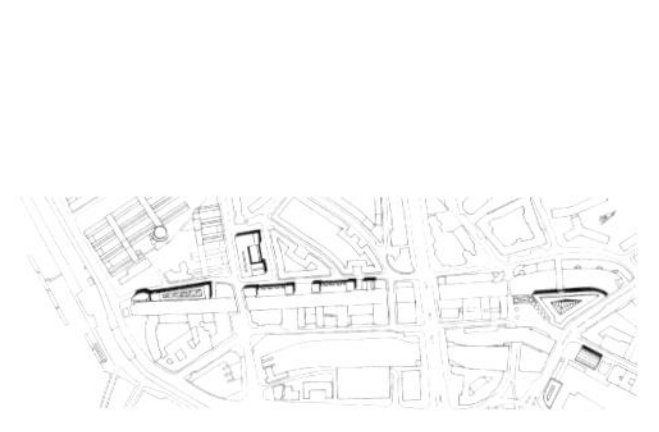

2

3

4

7

8

9

10

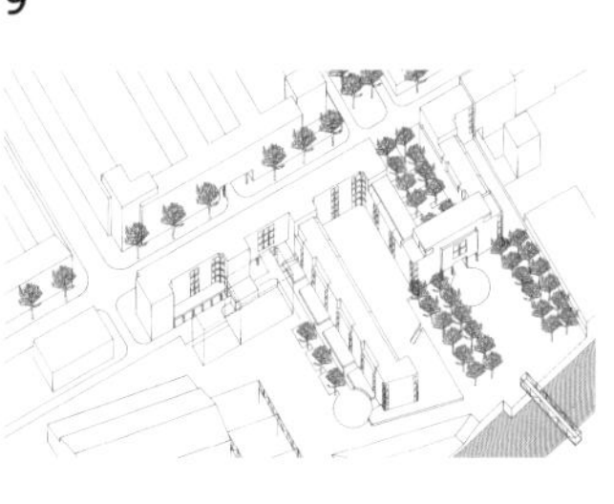

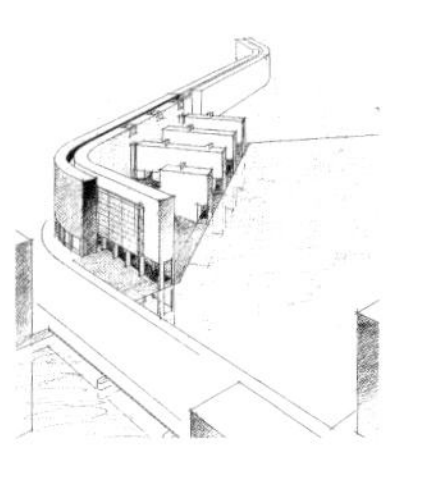

13

14

15

16

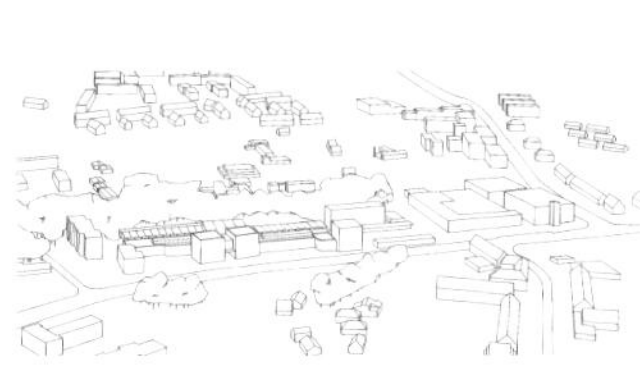

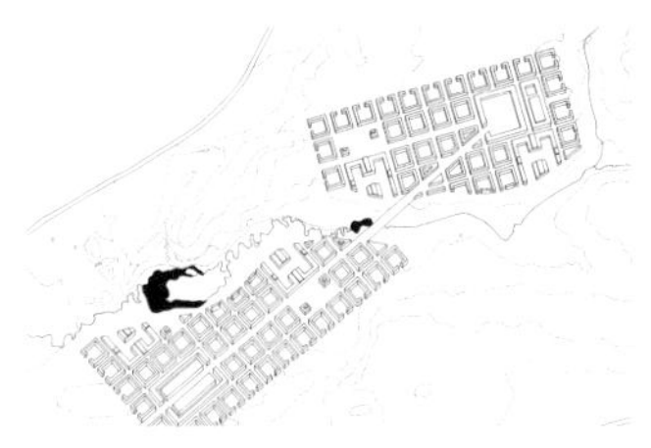

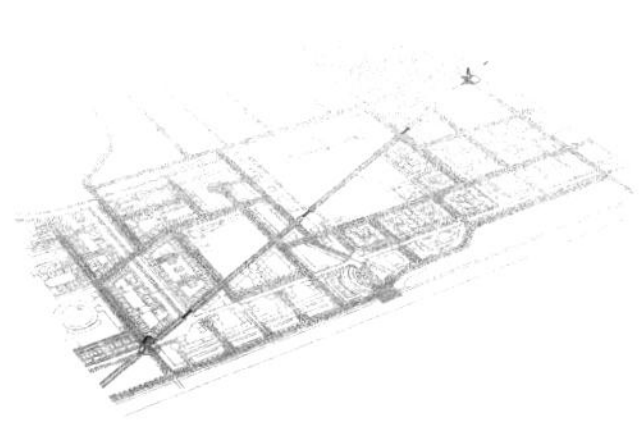

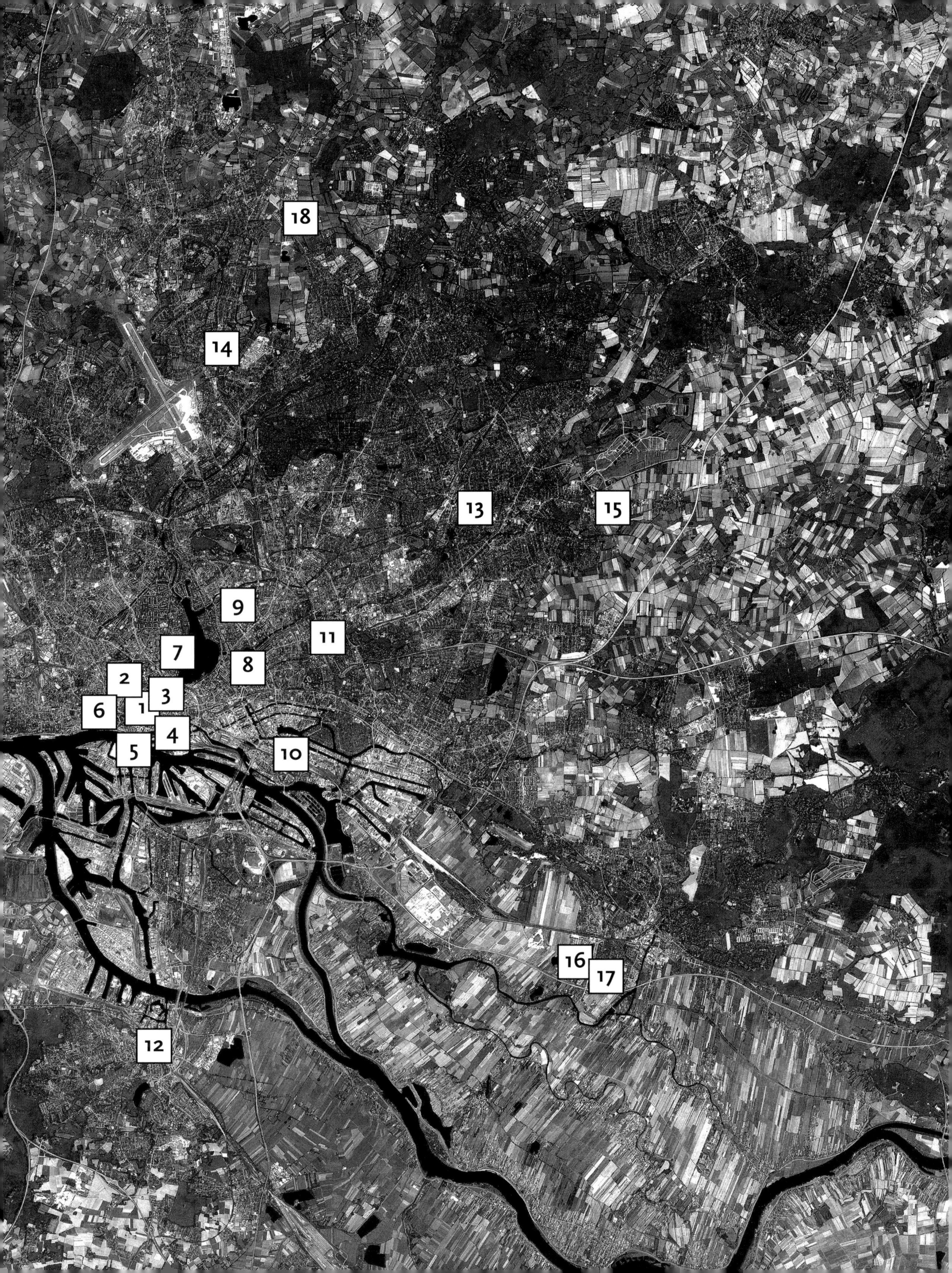

1
2
3
4
5
6
7
8
9
10
11
12
13
14
15
16
17
18

der tiefgreifend gestört. Zu Beginn des 19. Jahrhunderts durch die Franzosen und ihre Kontinentalsperre – der Tiefpunkt Hamburgs. Der große mehrtägige Brand von 1842 vernichtete ganze Stadtteile. Nach Norddeutschem Bund und Reichsgründung 1871 wehte auf Hamburgs Schiffen die preußische Flagge. Als entscheidende Basis für die weitere Entwicklung blieb jedoch der Freihafen erhalten. Den Höhenflug zur Millionenstadt mit dem nach London und New York drittgrößten Hafen der Welt stoppten schließlich Erster Weltkrieg und Weltwirtschaftskrise. Mietskasernen in «Schlitzbauweise» hatten zu Beginn unseres Jahrhunderts die Bevölkerung einzelner Stadtteile innerhalb von zehn Jahren verdoppelt. Aus Eimsbüttel wurde im Volksmund «Angstbüttel». Gleichzeitig verfügte die «Stadt der Dörfer» und «Adressen» aber über die größte Reederei der Welt. Nach dem Zweiten Weltkrieg zur Hälfte zerstört, wagte die Stadt wiederum den Neubeginn. Diesen Aufbruch markiert das erste geschlossene Hochhausviertel Deutschlands Anfang der 50er Jahre am «Grindel» – eine Typologie, die in jüngster Zeit wieder Interesse findet – vor allem aber die Rückbesinnung auf die städtebauliche Ordnung und die soziale wie architektonische Harmonie Fritz Schumachers. Diese Prinzipien der 20er Jahre wollten wir bei der Erweiterung der Jarrestadt auch sechzig Jahre später, entsprechend den heutigen sozialen Bedingungen, weiterführen.

Bundesland und bedeutende europäische Metropole gleichzeitig, liegt der wirtschaftliche, aber auch der städtebauliche Vorsprung Hamburgs heute im spezifischen Auftritt einer «Region», den lose Gebilde wie das Rhein-Main- oder das Rhein-Neckar-Gebiet erst mühsam finden müssen. «Stadtquartiere und Straßenräume», schreibt Wolf Jobst Siedler, «werden von dem Leben bestimmt, das dort einzieht, nicht von der Architektur, die preisgekrönt wird.» Das trifft ein konservatives Moment dieser Stadt, dem ich zustimme.

the Thirty Years' War. But the city faced many other obstacles, one being the French Continental System at the beginning of the nineteenth century – Hamburg's low point. A huge fire in 1842 destroyed entire neighbourhoods. After the North German Alliance and the founding of the Reichstag in 1871, Hamburg's fleet hoisted the Prussian flag, all the while preserving the free port as an important basis for future development. The First World War and the worldwide economic crisis brought the city's dizzying growth – into a big city with the third largest port after London and New York – to an abrupt end. "Slot construction" tenement housing doubled the population in parts of the city at the beginning of this century. One neighbourhood, Eimsbüttel, was nicknamed "Angstbüttel." On the other hand, this "city of villages" and of the "establishment" had the world's largest shipyard. After half the city was destroyed in the Second World War, it courageously faced up to starting all over again. The new beginning found visible expression in the early 1950s in Germany's first highrise district on the "Grindel" – a typology that has regained some popularity in recent times – but above all in a return to Fritz Schumacher's urban structure and to social as well as architectural harmony. Sixty years after these principles were first formulated in the 1920s, we want to apply them to the Jarrestadt expansion, albeit adjusted to contemporary social conditions. Hamburg is both a state and an important European city. It is a leader in economy and urban planning because of its readability as a "region." Amorphous areas such as the Rhine-Main or the Rhine-Neckar areas will have to work hard to achieve a similar specificity. "City districts and street spaces," writes Wolf Jobst Siedler, "are defined by the life in them and not by award-winning architecture." I agree with the city's reserve expressed in this statement.

Steinerne Welt
im und am Wasser

A Stone Environment
Surrounded by Water

«Das geben wir zu, ohne uns zu schämen: daß uns die Seewinde und die Stromnebel betört und behext haben, zu bleiben – hierzubleiben, hier zu bleiben!» (Wolfgang Borchert)

Der Inbegriff der Bürgergroßstadt, der «stolzeste Geldplatz» des Nordens, laut Heinrich Heine «Schacherstadt ohne das mindeste Gefühl für Poesie», aber der vor Brüssel und Frankfurt produktivste Wirtschaftsstandort der Europäischen Union, gemessen am Bruttoinlandsprodukt pro Kopf, ist aus seiner Lagegunst geboren. Der Hamburger Hafen und die Spuren des Überseehandels bis hin zu den 2200 Brücken geben der «amphibischen Stadt» noch heute ein signifikantes Gepräge. Mich Binnenländer, der sein Studium im Freihafen verdiente und der schon damals die Fleetachse im Kopf hatte, fasziniert das noch heute. Das holsteinische Flüßchen Alster wurde kurz vor seiner Mündung in die Elbe gestaut, um eine Mühle zu betreiben und Feinde abzuwehren. Damit war im 13. Jahrhundert die Uridee dieser Stadt- und Wasserlandschaft geboren, am Ort der karolingischen Grenzsiedlung von 810. Mit dem Freibrief von Kaiser Barbarossa am 7. Mai 1189 wurde der Hafen funktionsfähig. Mit zunehmendem Tiefgang der Schiffe wechselte der Warenumschlag aus den Fleeten in den heutigen Binnenhafen. 1321 trat Hamburg der Hanse bei. Der Versuch, sich aus dem damit verbundenen Schlagabtausch der Handelskriege herauszuhalten, ließ die stets auf Neutralität pochende «Freie und Hansestadt Hamburg» fast schon im Aufnahmeverfahren scheitern. Am Krieg gegen die Dänen, die den Hamburgern viel später die Stadt Altona mit eigenen Zollrechten, Privilegien und – aus reinem Trotz – der Prachtstraße «Palmaille» vor die Nase setzen sollten, beteiligte sich Hamburg dennoch nur finanziell. 1558, an Einwohnerstärke gleichauf mit Lübeck, gründet Hamburg die erste deutsche Börse. Die städtebaulich bedeutsame Trennung von Außenalster und Binnenalster bewirkt der Bau der Lombardsbrücke im Jahr 1620. Zu diesem Zeitpunkt, drei Jahrzehnte vor dem letzten Hansetag, ist Hamburg die stärkste Festung Nordeuropas und bleibt vom Dreißigjährigen Krieg verschont. Dennoch wurde der Aufschwung zur Weltstadt immer wie-

"This we admit without shame: that we have been enchanted and charmed by sea winds and river fogs into staying – to stay here, to keep on staying!" – Wolfgang Borchert

Out of this propitious location grew the quintessential bourgeois big city, described as the "proudest money place" of the north, or, – as Heinrich Heine said, "a city of hagglers without the slightest sense of poetry." Hamburg is the most productive economic location in the European Union, its per capita GDP outperforms Brussels and Frankfurt. The harbour, the visible signs of transatlantic trade, and the 2,200 bridges remain the hallmarks of this "amphibian city." For a landlubber like myself – having worked in the free portas a student, even then days full of ideas for the Fleetachse – the city has lost none of its fascination. The Alster, a small Holstein river, was initially dammed in the Elbe estuary to operate a mill and to repel enemies. With that, the seed for the future city- and waterscape was planted in the thirteenth century on the site of a Carolingian border settlement dating from 810. On May 7, 1189, Frederick Barbarossa issued a charter which opened the port for trade. As the size of sea-going ships increased, the movement of goods shifted from the canals (called "Fleet" in North German dialect) to today's inland port. In 1321, Hamburg joined the Hanseatic League. But the city had no wish to join in the League's trade wars and for this reason the neutral "Free Hansa City of Hamburg" barely gained admittance to the League. When the League fought against the Danes, Hamburg's support was financial only. The Danes later founded Altona immediately outside of Hamburg as a separate city with customs rights, privileges, and – out of spite – the glorious "Palmaille" boulevard. In 1558, with a population that matched Lübeck's, Hamburg founded the first German exchange. The Lombard Bridge was built in 1620, effectively dividing the Alster into Aussen- ("Outer") and Binnen- ("Inland") Alster – one of the most significant features of the city's urban plan. Around this time, three decades before the end of the Hanseatic League, Hamburg was northern Europe's strongest fortress and was spared the horrors of

Innerstädtische Uferbebauung Fleetachse und Fleetinsel 1990–1993

Mit Fleetinsel und Fleetrandbebauung am Herrengraben wird die wichtigste innerstädtische Achse zwischen Alster und Elbe wiederhergestellt. Am Übergang von Ost nach West, auf dem ehemaligen Grundstück des sogenannten Millionenbaus, eines der ersten reinen Kontorhäuser Hamburgs, steht heute der Fleethof. Das Bürohaus knüpft in moderner Sprache an die Hamburger Kontorhaustradition an und orientiert sich in Höhenentwicklung, Maßstäblichkeit und Material an der historischen Backsteinarchitektur. Weiter fleetabwärts folgen zwei Wohnhäuser und ein Bürohaus, die auf der Wasserseite mit rhythmischen Auskragungen in zeitgemäßen Formen an die Speicherarchitektur des nahen Hafens erinnern. Wenige Meter weiter, an der Einmündung des Herrengrabens in die Alster, steht das Bürogebäude Gruner + Jahr, seine transparenten Treppenhäuser sind eine moderne Antwort auf die runden massiven Fluchttürme der Speicherstadt. Das 1916 errichtete Plathaus in der Straße «Stubbenhuk» wurde instandgesetzt und in die Bebauung integriert. Den Auftakt zur Fleetrandbebauung bildet die zehngeschossige Spitze am Baumwall mit ihrer steinernen Fassade auf der Fleetseite und lichter Transparenz auf der anderen Seite. Der spitze Bug drängt in die Elbe nicht nur, um dem Schiffsverkehr maritime Signale zu senden, sondern auch, um mit dem runden Turm des Verlagshauses Gruner + Jahr von Otto Steidle und Uwe Kiessler zu korrespondieren.

Historische Situation | Historic setting

Urban Development for Fleetachse and Fleetinsel 1990–1993

The development on Fleetinsel and the block edge development on Herrengraben restore the city's foremost axis between the Alster and the Elbe. The transition point from city-east to city-west marks the former site of the so-called "Millionenbau," one of Hamburg's original storehouses. This is where the Fleethof now stands. The office building is a contemporary link to Hamburg's historic buildings for the shipping trade; height, scale, and material echo the traditional brick architecture. Farther down along the canal there are two apartment buildings and one office building, whose rhythmic projections on the canal side are a contemporary answer to the traditional storehouse architecture which characterized the nearby port in the past. Just a short distance away, where the Herrengraben canal flows into the Alster, is the Gruner + Jahr building with transparent staircases – again a contemporary response to the massive, round flight towers of the storehouse district. The Plathaus, built in 1916 in Stubbenhuk Strasse, has been restored and integrated into the development. The block edge development starts off with a 10-storey-high, prominent, and bow-shaped front building on Baumwall. It features a stone-clad façade on the canal side and is light and transparent on the opposite side. The bow projects into the Elbe River to signal to maritime traffic; it also provides a counterpoint to the round tower of the Gruner + Jahr publishing house designed by Otto Steidle and Uwe Kiessler.

Städtebauliche Einordnung | Urban integration
Fleethof vom Herrengrabenfleet |
Fleethof as seen from Herrengrabenfleet
Herrengrabenfleet vom Hafen |
Herrengrabenfleet as seen from the harbour

Herrengrabenfleet zum Hafen |
View of harbour from Herrengrabenfleet
Lodging House Madison | Madison lodging house

Geschäftshausviertel Kehrwiederspitze 1989

Wiederkehrende Gebäudeteile am nördlichen Rand des Hamburger Freihafens führen die Zeilen der historischen Speicherstadt mit einer Kopfausbildung nach Westen fort. Die Unterbrechung der Blockstruktur am Sandtorkai schafft eine Verkehrsverbindung zum gegenüberliegenden Kaiserhöft. Im oberen Bereich sind die Gebäudeteile durch eine Brückenkonstruktion gekoppelt, darunter ermöglicht ein ovaler Baukörper panoramaartigen Ausblick auf wichtige Punkte in der Stadt. Mit dem Ziegelmauerwerk im Sockelbereich und an den Kernen werden Motive der Speicherstadt aufgegriffen. Auf diese Weise gelingt es, den halbdurchlässigen Gebäudekomplex in die Ordnung der Speicherstadt einzufügen und ihm gleichzeitig eine unabhängige Gestalt zu geben, die an eine Addition von Docks erinnert. Da das Gebiet außerhalb des Hochwasserschutzes liegt, sind alle Erschließungsebenen 8,8 Meter über NN angeordnet, durch Brücken miteinander verbunden und als Läden, Gewerberäume und Gastronomiebetriebe geplant. Die Kaianlagen verbinden die halböffentlichen Räume in den Gebäuden mit den Anlegeplätzen und dem Yachthafen. Ein Apartmenthaus als Brückenauflager und die wiedererrichtete Zolldestille am Brückenwiderlager ergänzen die Kontorhausfläche. Höhepunkt ist die große Halle nach Westen, die mit ihrem auskragenden, brückenartigen Steg an die historische Situation des Kaiserspeichers mit Gezeitenturm erinnert – das leider zerstörte Wahrzeichen des Hamburger Hafens.

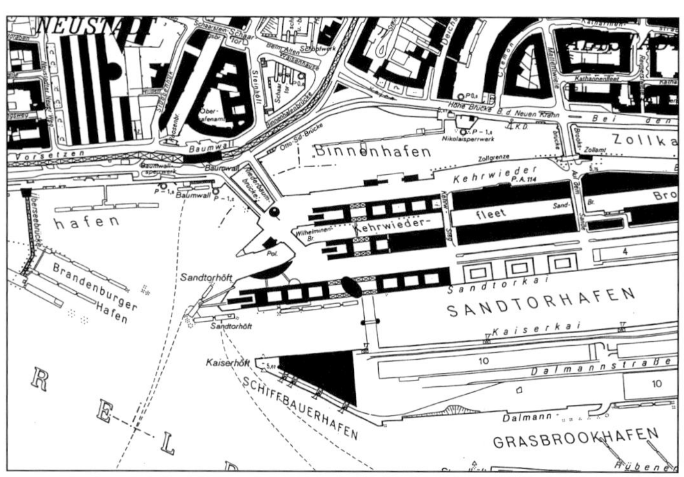

Historische Situation |
Historic situation
Lageplan | Site plan

Business District Kehrwiederspitze 1989

The development is conceived as building units in recurring patterns, thus continuing the rows of historic storehouses. The front building faces west. A gap in the block on Sandtor quay gives traffic access to the Kaiserhöft on the opposite side. On upper floors, the units are linked by a bridge stretching over an oval-shaped structure from which one has a view of the city's landmarks. The brick-work in the base and on the vertical cores recaptures motifs from historic storehouses. These features integrate the semi-transparent complex successfully into the order of the storehouse district; at the same time it has an independence and distinctiveness reminiscent of dock additions. Because the new development lies outside the flood control area, the communication levels are raised to 8.8 metres above MSL (mean sea level). They are linked by bridges and are planned for retail and commercial use and for restaurants. The quays connect the semi-public spaces inside the buildings with the berths and the yacht harbour. An apartment building as bridge bearing and the restored customs bar at the abutment complete the commercial area. The highlight of the complex is the large atrium facing west, whose cantilevered footbridge is a reminder of the historic Kaiser storehouse with tidal tower – Hamburg's former harbour landmark, now destroyed.

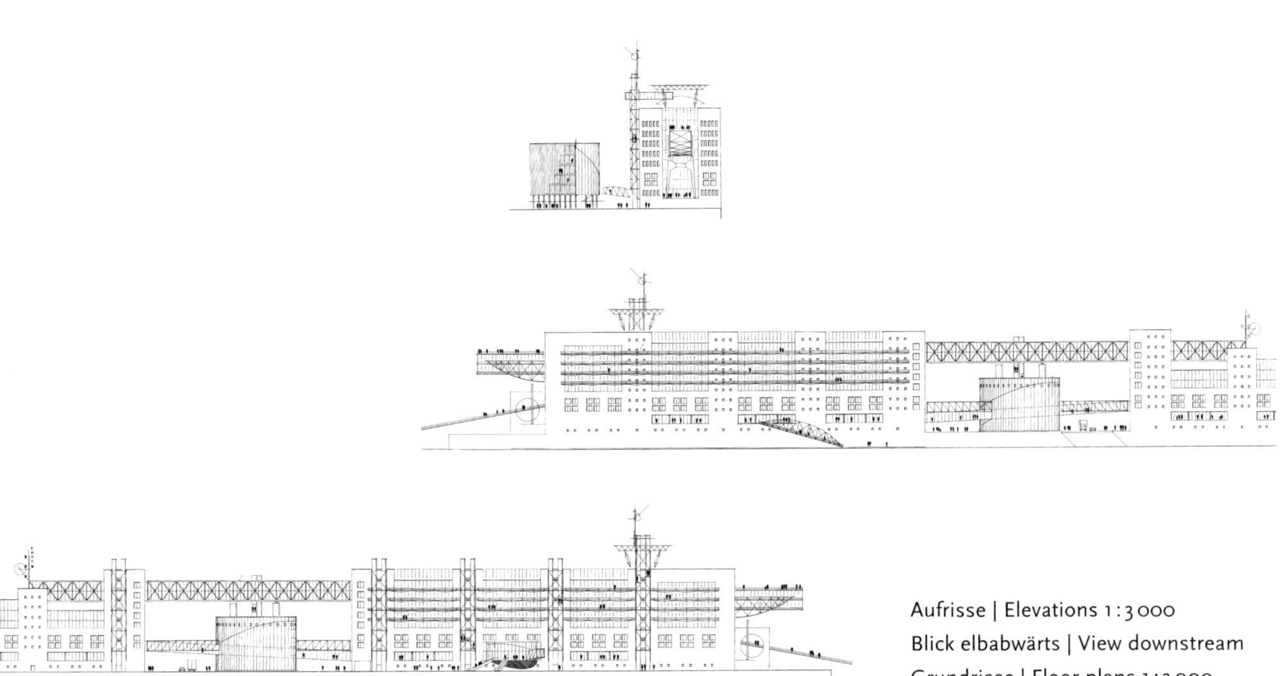

Aufrisse | Elevations 1:3000
Blick elbabwärts | View downstream
Grundrisse | Floor plans 1:3000

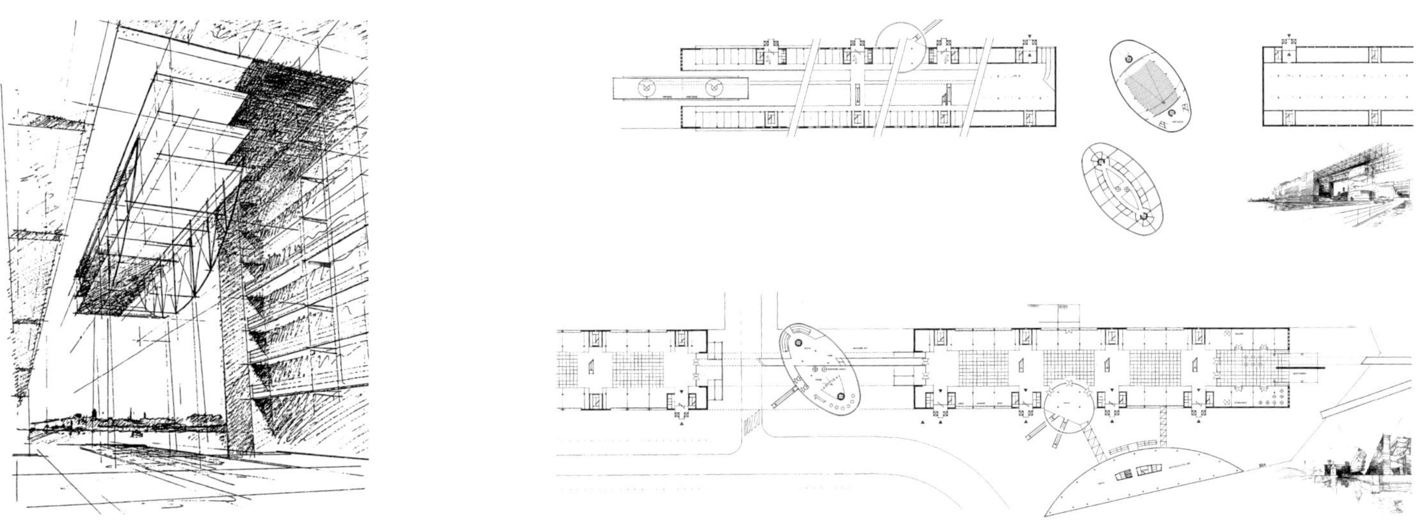

Channel Tower 1999

«Channel Harburg» bezeichnet im brachliegenden Harburger Hafen im Süden Hamburgs zwischen leerstehenden Silos und maroden Kränen eine neue Welt. Im unmittelbaren Ineinandergreifen sehr unterschiedlicher Epochen, Bauten und Architekturqualitäten bestätigt sich eine Grundannahme von Jane Jacobs aus dem Jahr 1961: der Fortbestand alter Industriereviere als unverzichtbares Fundament, «um neue primäre Nutzungen auszubrüten». Der moderne Technologie-Park, der die Kommunikation über Hafenkanäle ebenso einschließt wie die über Internet und dessen junge Firmen, die in einer Symbiose von Wissenschaft (TU Harburg) und Wirtschaft nicht wachsen, sondern explodieren, erhält mit dem Channel Tower sein Wahrzeichen. Wie ein Kliff in der Brandung setzt der sechzig bis siebzig Meter hohe Bau ein weithin sichtbares Zeichen. Dennoch nimmt die Dachlinie den Rhythmus der kleinteiligen, straßenbegleitenden Bebauung am «Karnapp" auf. Der Gebäudesockel verbindet die vorhandenen fußläufigen Verbindungen zu einem zentralen Knoten. Im ersten Obergeschoß öffnet sich eine eingezogene Passage für publikumsbezogene Funktionen wie Handel und Gastronomie. In einer Metamorphose von Industriearchitektur, Forschungslabor und moderner Büroarbeit verkörpert das einerseits gläserne, andererseits mit Langfenstern zwischen Kupferbahnen auftretende Hochhaus ebenso die Dynamik eines neuen «Silicon Valley» wie die alte Welt des Hafens und seiner Schiffe.

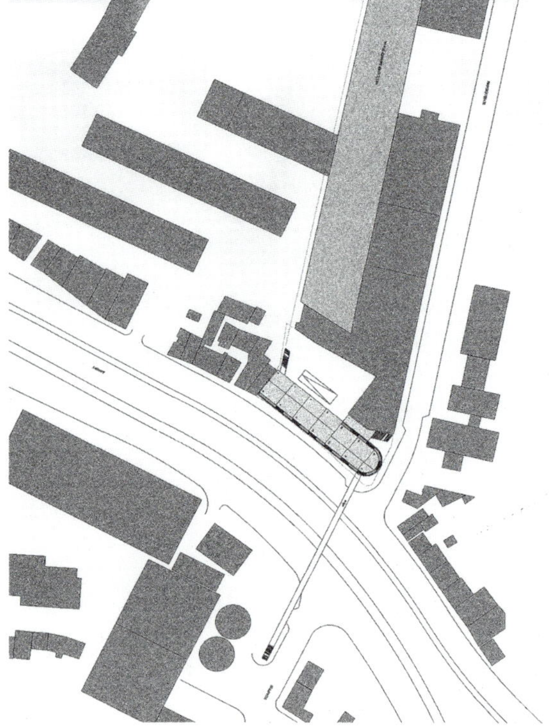

Channel Tower 1999

"Channel Harburg" signifies a new world for Harburg's shut-down harbour south of Hamburg, between vacant silos and derelict cranes. Within this mingling of buildings from distinctly different periods, here is confirmation of Jane Jacobs's premise from 1961: the preservation of old industrial districts is an indispensable prerequisite, "to incubate new primary diversity." The Channel Tower creates a landmark in this modern science park, which incorporates communication by harbour channel as well as by Internet, and whose up-and-coming firms are not only growing but literally exploding in a symbiosis of science (Technical University of Harburg) and the economy. Like a rock rising out of the breakers, the 60-70m-high structure is a highly visible symbol. Still, the roof line echoes the rhythm of the small-scale development on both sides of the Karnapp. The base of the building is a new central focus where the existing foot paths meet. On the second floor, a recessed arcade provides space for shops and restaurants. In a unique metamorphosis of industrial architecture, research laboratory, and modern office, this high-rise – curtain-walled on one side, and with long windows between copper bands on the other – embodies both the energy of a new Silicon Valley and the Old World sensibility of harbours and ships.

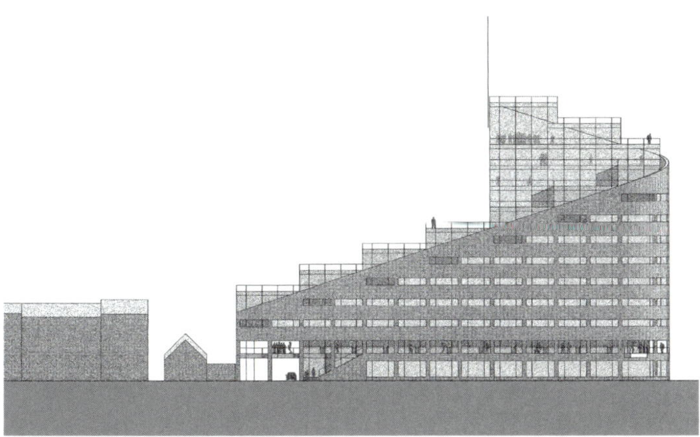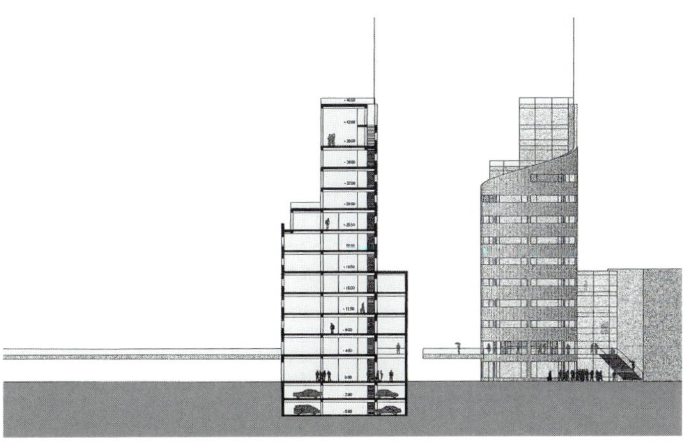

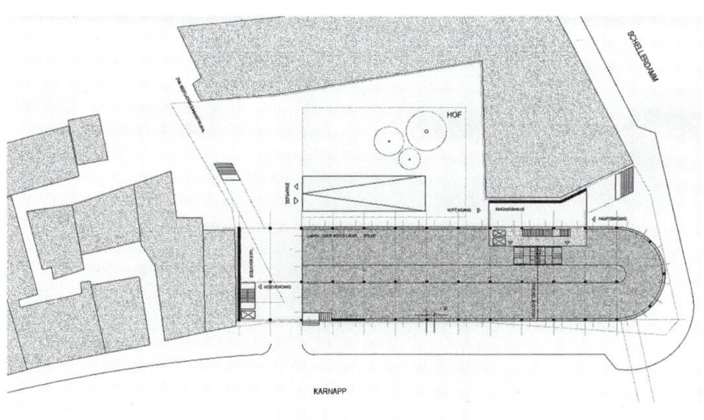

Modelle | Models
Aufriß «Karnapp» | Elevation Karnapp
Schnitt und Aufriß «Schellerdamm» |
Section and elevation Schellerdamm
Grundriß Erdgeschoß | Ground plan

Ausgangssituation | Before construction
Lageplan | Site plan

Medienhaus Rotherbaum 1992–1994

Das Bürogebäude in Alsternähe, auf einem ehemaligen Grundstück der alteingesessenen Hamburger Familie Fontenay, wird von der Werbeagentur Lintas-Deutschland genutzt, ist jedoch dank drei etwa gleichwertiger Eingänge teilbar. Vier Baukörper formulieren den Übergang von der lockeren Bebauung der «Moorweide» zur blockartigen Bebauung Harvestehudes. Durch Verschwenken des südlichen Baukörpers wird dieser den Raumkanten der «Moorweide» zugeordnet. Der mit einem Staffelgeschoß unter auskragendem Flugdach höhere nördliche Baukörper nimmt die Blockstrukturen Harvestehudes auf. Die Auflösung des südlichen Gebäudeflügels nimmt Rücksicht auf die Einzelbebauung der «Kleinen Fontenay». Der Turm wirkt als Gelenk der verschwenkten Gebäudefluchten und betont den zentralen Haupteingang mit Empfang und repräsentativem Treppenhaus in der Rotunde. Über dem transparent verglasten Treppenturm befindet sich ein Tagungsraum, der einen weiten Rundblick über die Außenalster und die Hamburger Dachlandschaft bietet. Das mit Naturstein verkleidete Gebäude steht in der Tradition der hellen Kontorhäuser nordischer Küstenstädte.

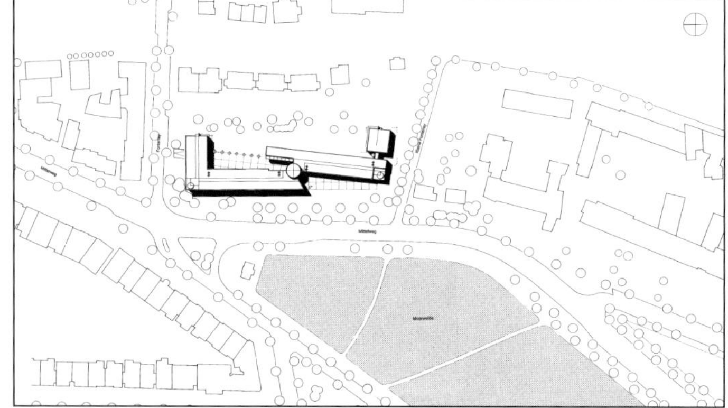

Media Building Rotherbaum 1992–1994

The office building near the Alster, situated on a property formerly belonging to the Fontenays – one of Hamburg's most established families – is now used by an advertising agency, Lintas-Germany. Three equally prominent entrances make it flexible for conversion. Four volumes soften the transition from the more transparent Moorweide development to the solid, block type development in Harvestehude. The volume on the south side is shifted to line up with the verges of Moorweide. The slightly higher building section to the north, with a stepped-back floor just below the projecting shed roof, echoes the block formation in Harvestehude. The dissolved treatment of the south wing responds to the detached and semi-detached houses in Klein Fontenay district. The tower joins the different frontage lines and emphasizes the main entrance with reception and central staircase in the rotunda. A conference room, located on top of the transparent glazed staircase tower, offers a panoramic view of Aussenalster and Hamburg's rooftops. The building is clad in natural stone in keeping with the tradition of the pale storehouses typical of the cities on the north coast.

Historische Situation |
Historic setting in 1955
Lageplan | Site plan

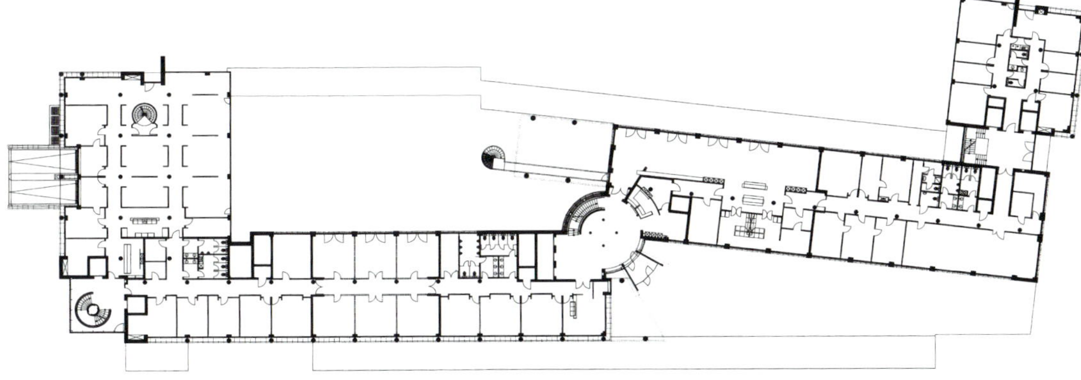

Haupteingang an der «Moorweide» |
Main entrance on Moorweide
Innere Erschließung | Internal access
Fassade zur «Fontenay» | Façade
overlooking the Fontenay
Erdgeschoß | Ground floor 1 : 1 000

Erweiterung und Neuformulierung Hopfenhof 1996–1998

Das Bank- und Verwaltungsgebäude der 60er Jahre steht im Zentrum von Hamburg in geschlossener Bebauung am «Kleinen Burstah» bzw. Hopfenmarkt und offener Bauweise an der Ost-West-Straße über einem geplanten U-Bahn-Tunnel. Um dem Haus eine neue Identität zu geben, wird das Ensemble um einen kontemplativen Innenhof konzentriert und in zwei Gebäudekörpern zu den verschiedenen Straßen mit Glas, Stahl und Naturstein differenziert gestaltet. Der dreigeschossige Bauteil an der Ost-West-Straße wird aufgestockt, die Traufhöhe an die erhaltenen historischen Gebäude der Umgebung angeglichen. Die Fassade des siebengeschossigen Gebäudes wird zur Ost-West-Straße geschwungen modelliert, am «Kleinen Burstah» hingegen beruhigt, so daß die bisher amorph erscheinende Gebäudegruppe eine eigenständige Komposition bildet. Die Bank wird vom «Kleinen Burstah» über einen Windfang erschlossen. Der von geschoßhohen Natursteinwänden begrenzte Innenhof erhält eine Wasserfläche, die das Tageslicht in die Eingangshalle reflektiert. Eine großzügige Treppe führt in den oberen Konferenzbereich mit zusammenschaltbaren Tagungsräumen. Die Vorstandsbüros im sechsten Stock orientieren sich nach Süden und bieten freien Ausblick über die Hafenkulisse. Darüber profitieren Konferenzbereich und Dachterrasse von einem weiten Ausblick auf Harburger Berge, Hafen, Kirchtürme und Hochhäuser.

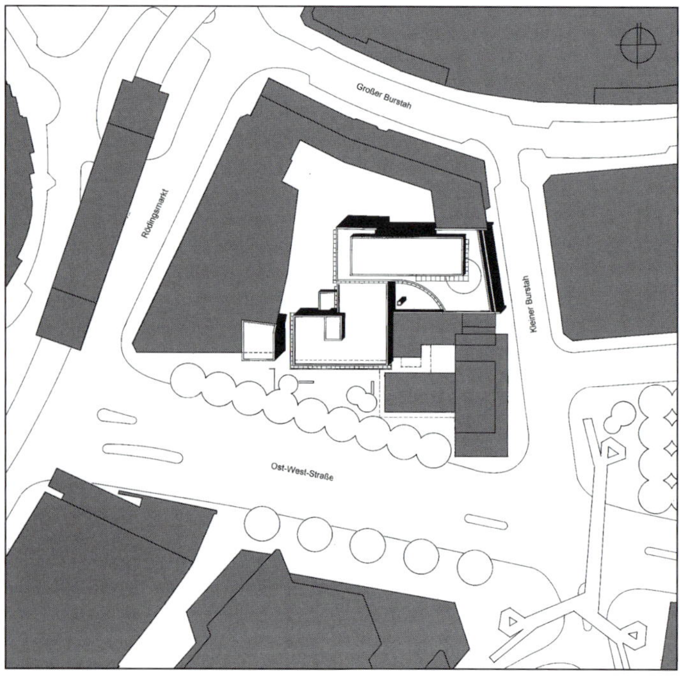

Expansion and Renewal, Hopfenhof 1996–1998

The banking and administration building from the 1960s in Hamburg's downtown is surrounded by the dense development in the Kleiner Burstah and Hopfenmarkt districts and a more open formation on Ost-West-Strasse above a new subway tunnel planned at this location. The aim of the basic renewal plan is to give the bank building a new identity; to this end, the complex has been arranged around a contemplative interior courtyard in two volumes with differentiated designs in glass, steel, and natural stone for the different street façades. The height of the three-storey section on Ost-West-Strasse is raised, matching the eaves height of the preserved historic buildings in the neighbourhood. The façade of the seven-storey section is modelled in curves on Ost-West-Strasse, but is toned down on the Kleiner Burstah side, giving an independent form to the previously somewhat formless group of buildings. From Kleiner Burstah one enters into the bank through a vestibule. Floor-height natural stone walls surround the courtyard, where a water surface reflects daylight back into the lobby. A wide flight of stairs leads to the conference area on the upper floor, where conference and seminar rooms can be divided or joined. The south-facing executive offices on the sixth floor benefit from a view of the harbour skyline. The conference area and the roof patio off the boardroom offer spectacular views of the Harburg mountains, the harbour, the church towers, and surrounding high-rises.

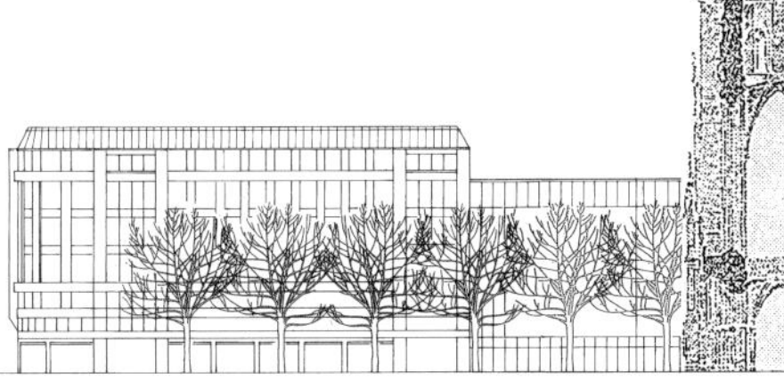

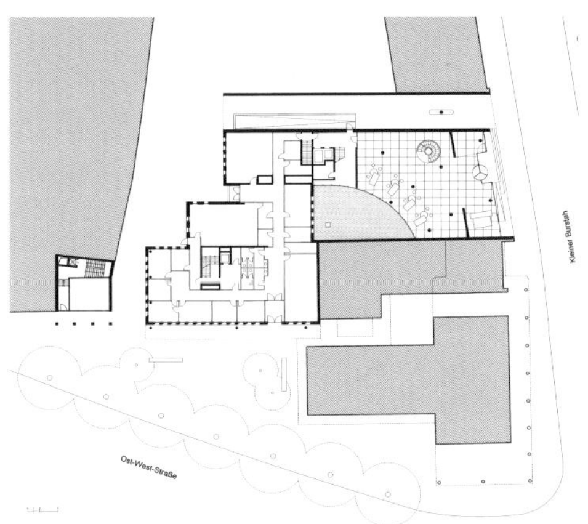

Ausgangssituation | Before construction
Lageplan | Site plan
Blick über die Ost-West-Straße
auf die Innenstadt | View of downtown across
Ost-West-Strasse
Aufriß | Elevation Rödingsmarkt/
Hopfenmarkt 1 : 3 000
Erdgeschoß | Ground floor 1 : 3 000

Büro- und Wohnhaus Stadtkern Wandsbek 1997–1998

Im Zuge der Postreform stand das ehemalige Postamt 70 in Hamburg Wandsbek zur Disposition. Das Gebäude wird als Verwaltungsgebäude erhalten und durch einen L-förmigen, fünfgeschossigen Hofanbau ergänzt. Das Gegenüber an der Bärenallee bildet ein U-förmiges, viergeschossiges Bürogebäude. Beide Gebäude erhalten in Verlängerung der Hofzufahrt von der Schloßstraße eine sechsgeschossige Eckbetonung und werden über die dort liegenden Haupteingänge erschlossen. Die Komposition lebt von der Spannung zwischen beiden gegenüberliegenden Türmen, die mit ihren ellipsenförmigen Staffeln in den Wandsbeker Markt hineinwirken. Ein- und Ausfahrt der Tiefgarage mit 234 Stellplätzen sind an der Schloßstraße in Szene gesetzt. Ein Wohnhaus neben dem Verwaltungsgebäude an der Bärenallee schließt die Anlage. Im Durchgang zwischen den beiden Gebäuden liegen der Eingang in das Wohnhaus und ein zweiter Eingang für die Verwaltung. Beide Verwaltungsbauten sind konventionell als Stahlskelettbauten angelegt. Ihre ruhigen Lochfassaden bestehen aus terrakottafarbenen Vormauerziegeln und lasierten Holzfenstern mit außenliegendem Sonnenschutz. Das Innere der Blöcke ist in Kontorhaustradition hell verputzt.

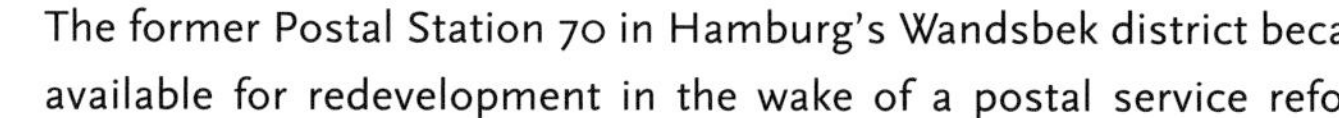

Office and Apartment Building in Downtown Wandsbek 1997–1998

The former Postal Station 70 in Hamburg's Wandsbek district became available for redevelopment in the wake of a postal service reform. The building remains essentially an administrative centre, to which an L-shaped, five-storey rear building is added. A U-shaped, four-storey office building faces the complex on Bärenallee. The courtyard access to both buildings is being extended from Schlossstrasse and a six-storey-high volume accentuates the corner where the main entrances to both buildings are located. The composition comes alive in the tension created between the two facing towers whose stepped-back "ellipses" act on the open space of Wandsbeker Markt. The entrance and exit ramps to an underground car park with a capacity for 234 cars give way onto Schlossstrasse. An apartment building on Bärenallee right next to the administration building completes the complex. The connecting passage between the two buildings contains two entrances: one for the apartments and another for the administration offices. Both administrative buildings are conventional steel-frame constructions. Their tranquil punctuated façades are faced in terracotta-coloured bricks, the windows have varnished wood frames and external sun screens. The block interior has a pale render finish in storehouse tradition.

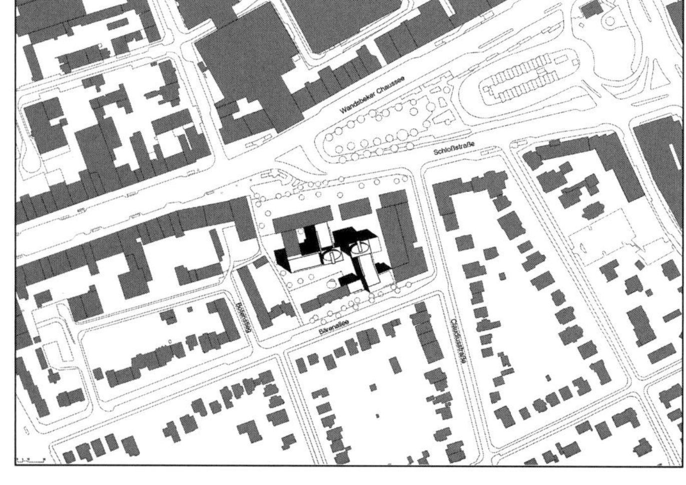

Kartenausschnitt 1805 |
Map detail from 1805
Lageplan | Site plan

Aufriß zum Innenhof |
Elevation on courtyard side 1 : 1 500
Eingangssituation vom Wandsbeker Markt |
Entrance from Wandsbeker Markt
Erdgeschoß | Ground floor 1 : 1 250

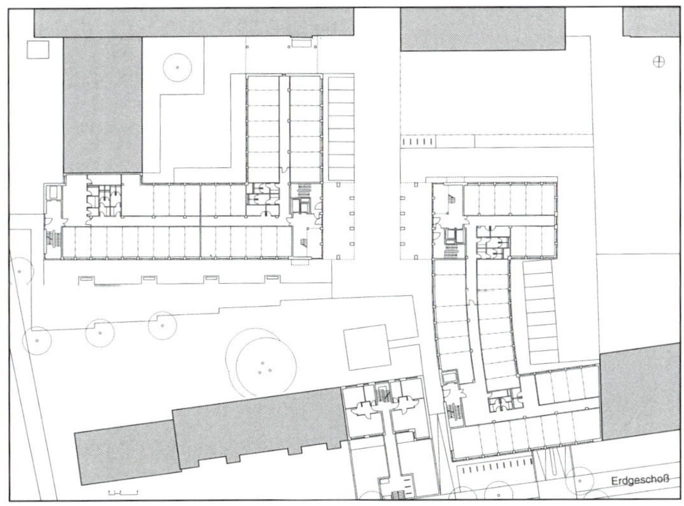

Innenstadtquartier Valentinskamp 1995–1997

Das neue Wohn- und Geschäftshaus am Valentinskamp liegt im Sanierungsgebiet Neustadt. Im Umfeld existieren Reste eines typischen Gängeviertels, das mit seiner historisch bedeutsamen Mischung aus Wohnen und Arbeiten erhalten wurde. Die Planung, die auf die unterschiedlichen Situationen der Nachbarschaft in Form einer Collage reagiert, zielt darauf, die innerstädtischen Wohnmöglichkeiten auszubauen und historische Gebäude zu restaurieren. Die eingeschossigen Gebäude am Valentinskamp wurden wegen ihres schlechten Zustands entfernt und durch eine fünfgeschossige Bebauung mit geputzter Lochfassade ersetzt. Über den Läden und Cafés im Erdgeschoß liegen im ersten Obergeschoß Büros, darüber Wohnungen. Zur Ecke «Bäckerbreitergang» ist der Neubau auf drei Geschosse plus Staffel abgestuft und in Ziegeln ausgeführt. Die überregional bekannte Diskothek «Madhouse» wird in das Kellergeschoß verlagert. Der Versatz der Gebäude markiert den Eingang zum neuen «Madhouse» und nimmt die Vertikalerschließung auf. Die Terrassenwohnbebauung in Sichtmauerwerk wird erhalten und saniert. Den Abschluß des Blocks bildet ein fünfgeschossiger Solitär, dessen Wohnungen über einen Laubengang an die Bebauung am «Bäckerbreitergang» anschließt. Innerhalb des Blocks ist eine eingeschossige Hofbebauung entstanden, die von einer Schauspielschule genutzt wird.

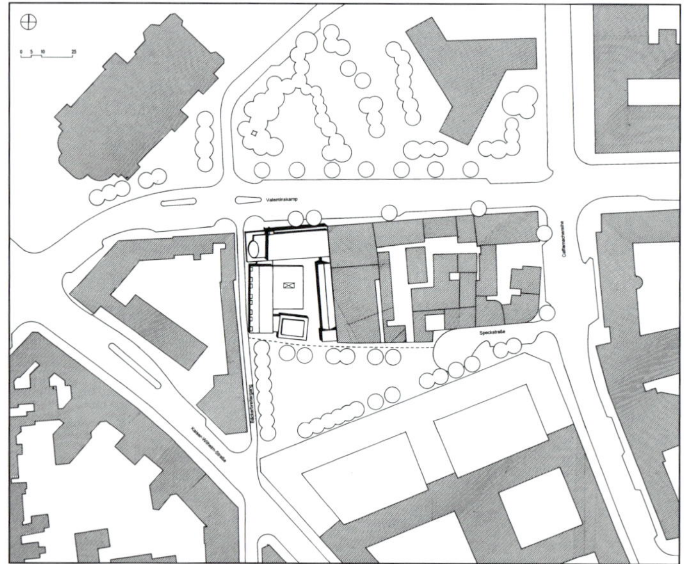

Downtown District Valentinskamp, 1995–1997

The new apartment and office building on Valentinskamp lies in Neustadt, a district marked for urban renewal. Some of the original narrow streets and lanes of the old quarter remain, giving the district a traditional urban vitality where living and working happen side by side. The renewal plan, reacting to this diversity with a kind of collage, aims to increase inner-city residential space and to restore the historic buildings. The single-storey buildings on Valentinskamp, however, had to be demolished and were replaced with a new five-storey structure with a rendered, punctuated façade. Shops and cafés on the ground floor are followed by offices on the second floor and apartments on the remaining upper floors. At the corner to Bäckerbreitergang the new brick-faced building is reduced to three floors plus one stepped-back floor. A popular disco called "Madhouse" has been moved to the basement. The step in the alignment marks the entrance to the new Madhouse and integrates the vertical communication cores. The terraced residential development in fair-faced masonry is maintained and restored where necessary. The block ends in a five-storey solitary building whose apartment units are connected by a roofed walk to the development on Bäckerbreitergang. A new single-storey building in the central courtyard is being used by an acting school.

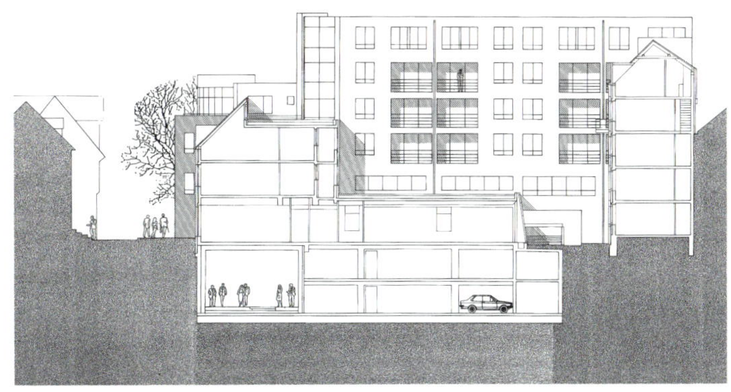

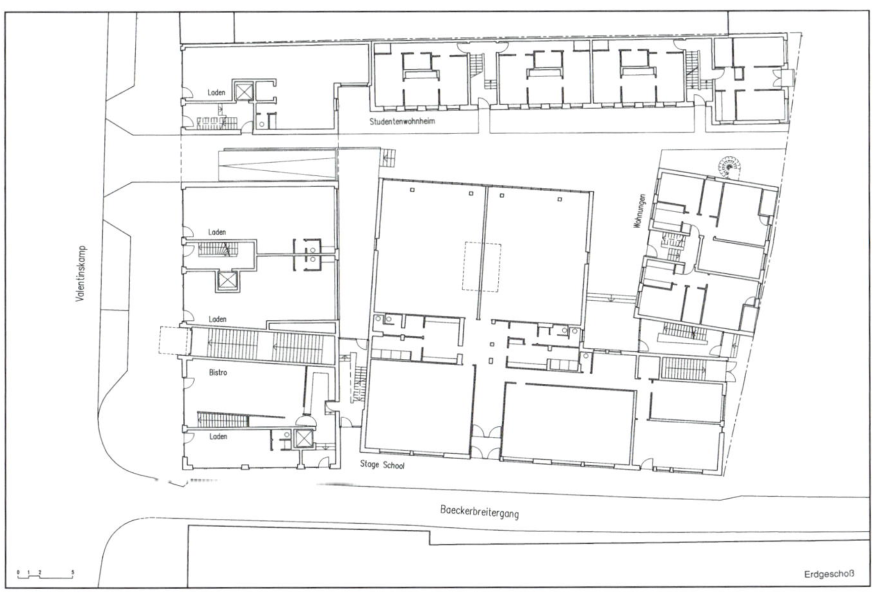

Ausgangssituation | Before construction
Lageplan | Site plan
Fassaden Valentinskamp |
Façades Valentinskamp
Schnitt durch den Innenhof | Section of courtyard
Innere Situation vor der Blockschließung |
Interior before block development
Blick in den «Bäckerbreitergang» |
View into Bäckerbreitergang
Erdgeschoß | Ground floor 1:1 250

Erweiterung und Neuordnung Einkaufszentrum
Langenhorner Markt 1995–1996

Das 1966 errichtete Einkaufszentrum Langenhorner Markt ist Hamburgs ältestes Einkaufszentrum. 1992 brannte die südliche Ladenzeile ab. Die neuen zweigeschossigen Gebäude mit Büro- und Geschäftsflächen hinter blaubunten Ziegelfassaden sind im südlichen Teil parallel zur bestehenden Ladenzeile angelegt. Zwischen Alt- und Neubau liegt eine 120 Meter lange überdachte Passagenzone in hochliegender Stahl-/Glaskonstruktion. Das die Gebäude überragende schwebende Dach bildet einen architektonisch hochwertigen Raum und vermittelt ein souveränes, von Zufälligkeiten der Reklame unabhängiges Erscheinungsbild. Zwei zentral angeordnete fünfgeschossige Bürogebäude markieren für das Gebiet den Beginn einer neuen Baustruktur und deuten auf die südliche Erweiterung jenseits des «Krohnstiegs» hin. Den Eingang zur Passage am Markt hebt das Gebäude einer Sparkasse hervor. Der Schnittpunkt der Achsen aus Ladenstraße und Passage ist als öffentlicher Platz konzipiert, der eine Bühne für vielerlei Aktivitäten bietet und kommunikativer Treffpunkt ist. Von hier aus gelangt man in die Tiefgarage mit 157 Stellplätzen, die sich unter der gesamten Anlage und einem gedeckten Teil der Passage befindet.

Expansion and Renewal Shopping Centre,
Langenhorner Markt 1995–1996

The Langenhorner Markt, built in 1966, is Hamburg's oldest shopping centre. The southern section burnt to the ground in 1992. The new two-storey-high buildings with areas for office and commercial use are faced in blue and multicoloured brick and run parallel to the existing row of retail shops. The old and new sections are divided by a 120-metre-long covered mall in a raised steel-and-glass construction. The floating roof above the buildings is an exceptional architectural feature which creates an autonomous presence that is independent of the image created by changing advertising. Two central five-storey office buildings announce the renewal in this district and point to the southern expansion on the far side of the "Krohnstieg." A savings bank nearby draws attention to the entrance into the covered mall from the market square. The intersection of shopping street and covered mall has been turned into a public space complete with a stage for various events. It has become a vital meeting place. From this public square access is provided to the underground car park, which has 157 parking spaces and which stretches beneath the entire complex and underneath a covered section of the passage.

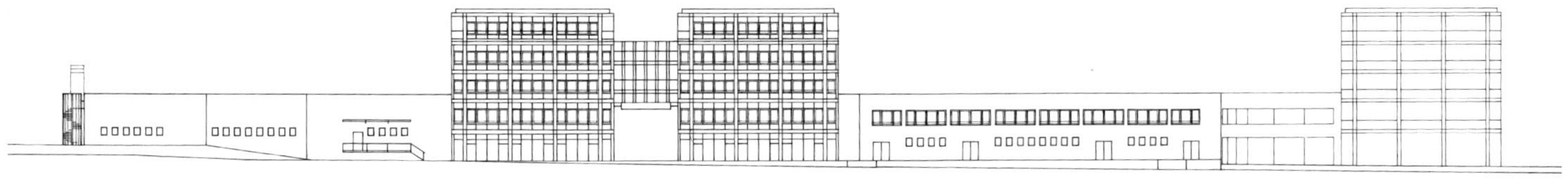

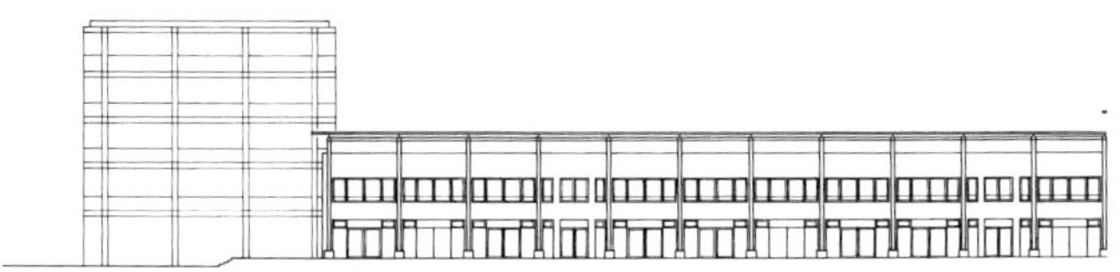

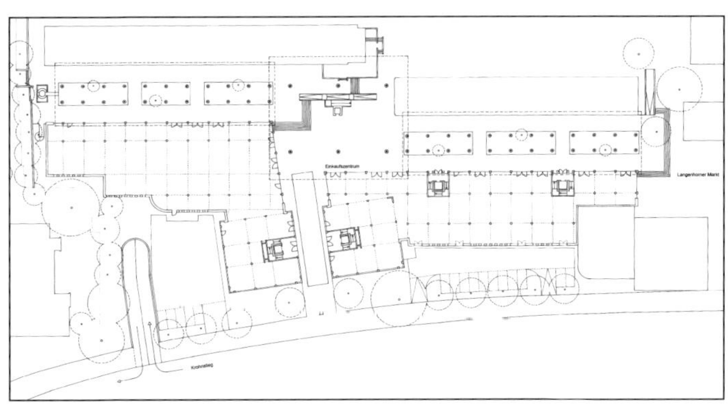

Lageplan | Site plan
Historische Situation | Historic setting in 1967
Luftaufnahme nach Fertigstellung |
Aerial view after completion
Blick in die Passage | View into covered mall
Verbindung zum «Krohnstieg» |
Connection to Krohnstieg

Aufriß «Krohnstieg» | Elevation Krohnstieg 1 : 1000
Ansicht zur Passage | View of covered mall
Erdgeschoß | Ground floor 1 : 2500

Stadtkante Heidberg 1997

Das neue Wohngebiet liegt in der Hummelsbüttlerfeldmark am Stadtrand. Um das vorhandene Krankenhaus und die Siedlung am Götkensweg entsteht eine moderne Gartenstadt im Sinne von Fritz Schumacher, die in verdichteter Form eine klare Kante zur umgebenden Natur schafft. Die Siedlung prägt der spannungsvolle Wechsel zwischen Einzelbebauung am Park und Wohnstraßen mit verdichtetem Wohnungsbau. Im Norden und Süden markieren zwei Wäldchen Anfang und Ende. Über eine neue Ringstraße werden Wohnstraßen mit kleineren Quartiersgemeinschaften für Familien erschlossen. Der steinerne Charakter der Straßenfronten mit ihren Vorgärten gibt dem gemeinschaftlichen Nebeneinander von Kinderspiel, Autoreparatur usw. Atmosphäre und Raum. Auf der Rückseite öffnen sich die Ketten-, Reihen- und Doppelhäuser in die privaten Gärten. Fußwege an den Enden der Wohnstraßen und Wirtschaftswege zwischen den Privatgärten vernetzen das Quartier mit der Landschaft. Die Geschoßwohnungen an der Bügelstraße sind als «Haus im Haus» individuell von der Straße aus zugänglich. Im Erdgeschoß sind den Wohnungen Gärten, darüber Dachterrassen zugeordnet. Die Kindertagesstätte am Park des Krankenhauses und einzelne kubische Stadthäuser sind von der Ringstraße über Fußwege zu erreichen. Einige Läden und das Gemeinschaftshaus der Kleingärtner befinden sich unter den Altenwohnungen am zentralen Quartierspark.

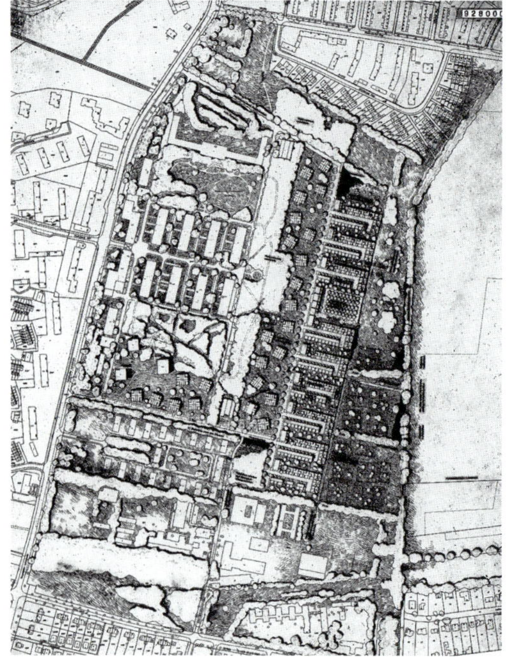

City Periphery, Heidberg 1997

The new residential area is located in Hamburg's suburban area called Hummelsbüttlerfeldmark. A modern garden city in the spirit of Fritz Schumacher is being developed around the existing hospital and Götkensweg quarter. The compact formation of the garden city creates a clear boundary to the surrounding landscape. The development is characterized by an interesting mix of detached houses on the park and residential streets with greater density. To the north and south the neighbourhood is bordered by two small wooded areas. A new ring road feeds into neighbourhood streets flanked by residential units. The "pale stone" character of the streets and small front yards create a sense of space and atmosphere compatible with the mix of commerce (the car repair shop) and life on the street (children playing). To the rear, the town-, row-, and duplex houses open onto private gardens. Footpaths at the end of each residential and commercial street connect the backyards to the surrounding landscape. The apartments on Bügelstrasse have separate entrances. The ground-floor apartments have private gardens, while roof patios are assigned to each apartment on the upper floors. The childcare facility next to the hospital grounds and individual cube-shaped townhouses for singles and couples are linked to the ring road by more footpaths. Some retail shops and the allotment holders' club are on the ground floor of the seniors' building, which is on the public park at the centre of the development.

Ausgangssituation | Before construction
Lageplan | Site plan

Städtebaulicher Entwurf und Gundrisse |
Urban plan and ground plans 1:1500
Aufrisse | Elevations 1:1500
Quartiersplatz und Wohnhöfe | Neighbourhood
square and apartment blocks

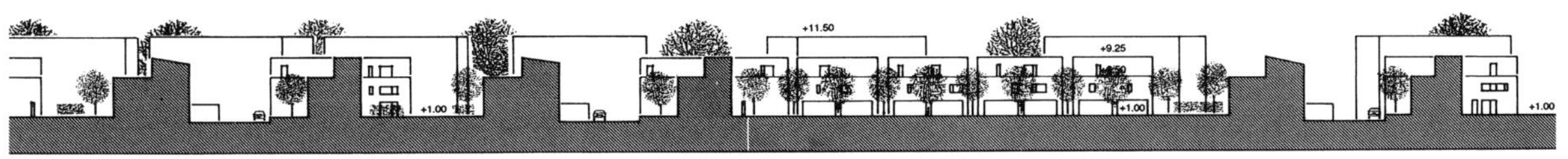

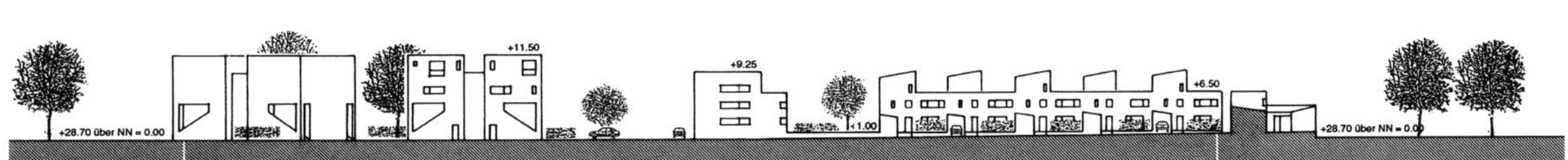

Neues Quartier an der Bille 1994

Hammerbrook mit seiner schroffen Mischung aus Wohnen und Gewerbe lebt von idyllischen Nischen an den Uferbereichen zwischen Güterumschlag und Laubenkolonien. Die Neubebauung wirkt als eigene, ruhige Struktur im heterogenen Umfeld. Maßstäbliche Variationen der viergeschossigen Gebäude, eingeschossige Verbindungsteile und fünfgeschossige Punkte bilden ein abwechslungsreiches Wohnumfeld. Die Ausrichtung folgt der nördlich anschließenden Zeilenbebauung und führt deren Grünräume weiter an die Bille heran. Zur Steinbeker Straße und Bille sind klassisch erschlossene Spännerwohnungen angeordnet. Zwischen diesen massiven Positionen spannen sich die Felder der Maisonettewohnungen. Diese sind nach Südwesten orientiert mit einem Durchwohnen nach Nordosten und haben mit ihren individuellen Eingängen direkten Bezug zu den gemeinsamen Erschließungshöfen. In der Mitte der Bebauung entsteht ein öffentlicher grüner Platz als schiefe Ebene zum Wasser. Der südliche Riegel ist als Tor mit Blick auf Bille und Billerhuder Insel aufgeständert. Den Übergang von der Straße zum Wasser bilden L-förmige Baukörper, welche die öffentliche Erschließung und private Höfe räumlich differenzieren. Der Niveausprung von Straße und Ufer wird für großzügige Rampen und Freitreppen zum Linear-Park und Billeufer genutzt. Das westliche Anschlußprojekt ergänzt dieses Projekt um Gewerbeflächen.

New District on the Bille 1994

Hammerbrook, characterized by a rugged mix of residential and commercial areas, comes to life in quaint corners on the water where cargo areas and allotment gardens meet. The new development is an autonomous, tranquil structure in heterogeneous surroundings. Scale variations in the four-storey buildings, flat communication sections, and five-storey-high accents create a varied living environment. The alignment follows the row of houses to the north down to the riverbank. Duplex units with traditional entrances flank Steinbeker Strasse and the Bille. Lots with maisonette apartment developments stretch between these markers. The floor plans of the southwest-oriented maisonette buildings lie on a north-east axis with separate entrances from common access courtyards. At the centre of the development a public green slopes down to the water's edge. The slab building on the south side is a framework structure, a kind of gate that overlooks the Bille and Billerhude Island. The transition from street to water is created by L-shaped buildings which divide public access areas and private courtyards. The difference in height between street level and riverbank is efficiently utilized for generous ramps and outdoor steps leading to Linear Park and riverfront. The complementary project to the west adds commercial space.

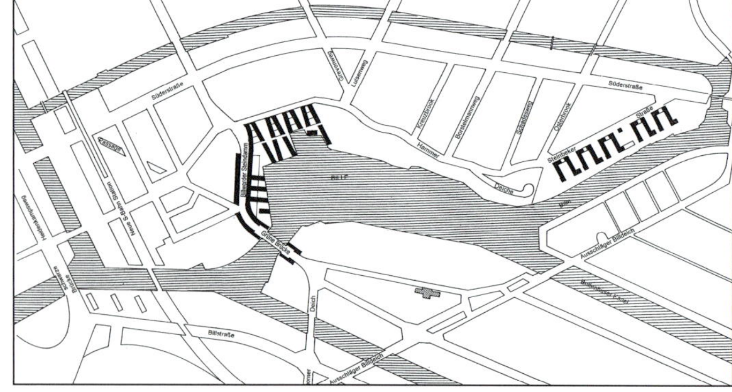

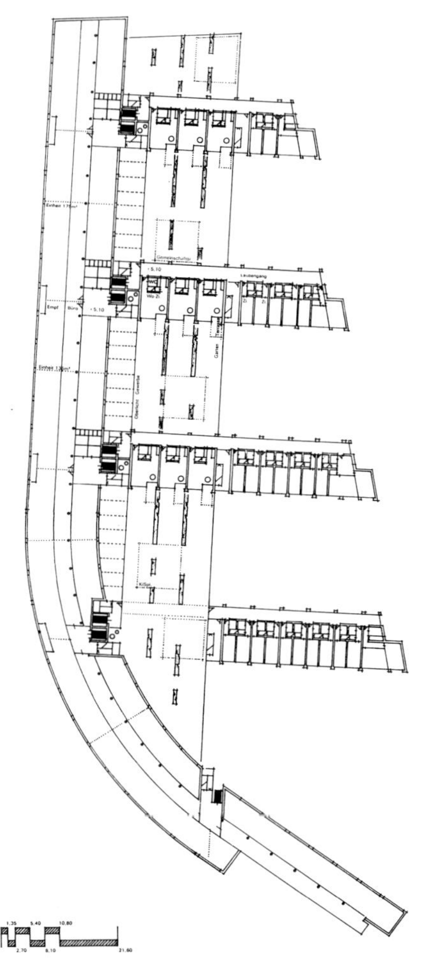

Ausgangssituation | Before construction
Lageplan | Site plan
Wohn- und Gewerbehöfe
«Billwerder Steindamm» | Apartment and
commercial blocks Billwerder Steindamm
1. Obergeschoß | Second floor 1:1250
Wohnquartier «Steinbeker Straße» | Apartment
buildings on Steinbeker Strasse 1:1500

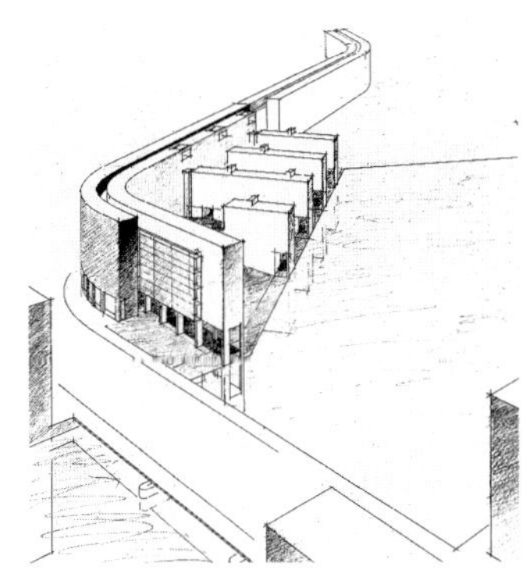

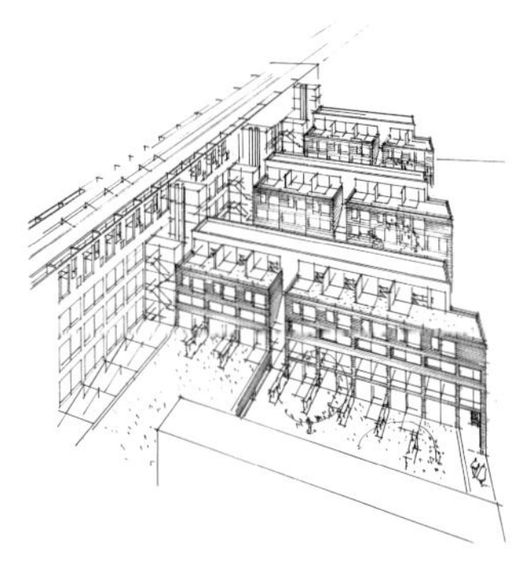

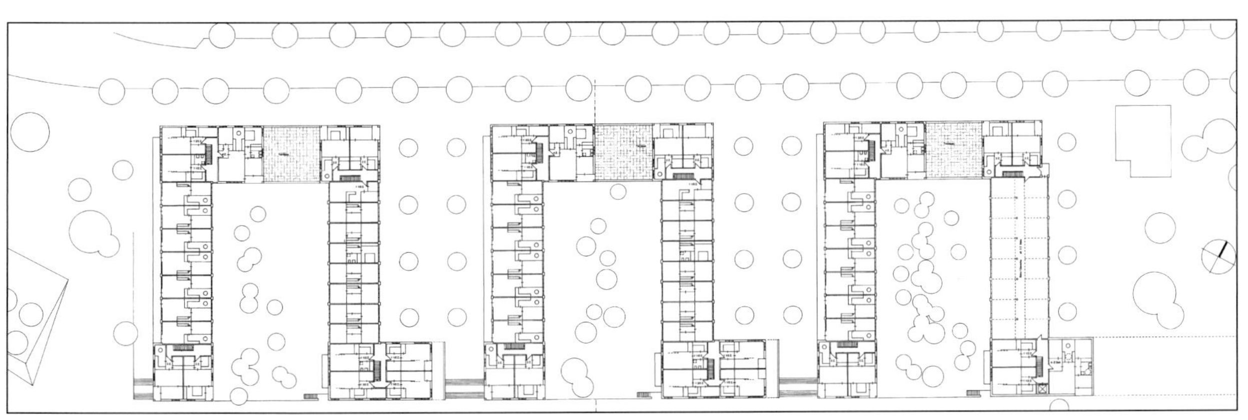

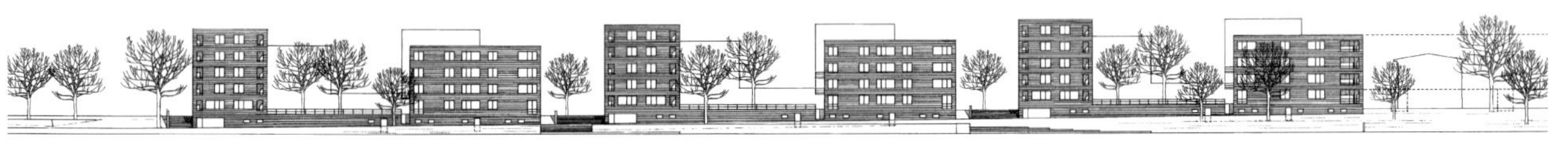

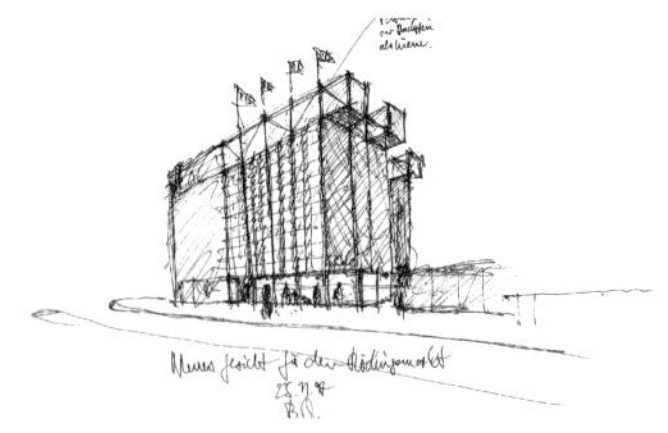

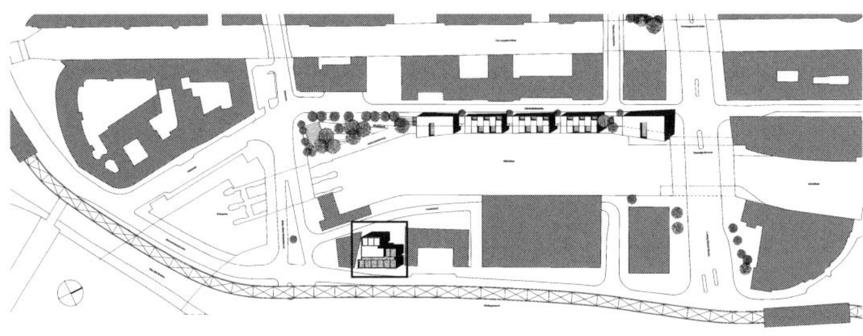

Uferbebauung Alsterfleet 1997

Die Neubebauung zwischen Alsterfleet und Admiralitätsstraße reagiert auf die wechselhafte Geschichte dieses Gebiets in der Hamburger Stadtentwicklung. Sie berücksichtigt die vorhandene Bebauung, definiert eine stadträumliche Kante am Fleet und hält Blickbeziehungen zur Stadt, zum Wasser sowie den Alsterwanderweg frei. Fünf Einzelbauten in Stein und Glas reihen sich zu einer plastischen städtebaulichen Figur in Gegenbewegung zur Krümmung des Steigenberger Hotels. Das Wechselspiel von Konvex und Konkav spiegelt sich auch in der Höhenentwicklung wider. Die Gebäude steigen vom mittleren Bereich der Admiralitätsstraße zur Ludwig-Erhard-Straße an und bilden dort den vierten «Brückenkopf» an der Slamatjenbrücke. Mit derselben Geste faßt der südliche Baukörper den Raum der kleinen Grünanlage beim alten Waisenhaus. Da die unteren Wohnungen größtenteils von der Straße aus erschlossen werden, sind die Treppenhäuser reduziert. Die darüberliegenden Maisonetten sind als «Haus im Haus» über eigene Treppen von einem Erschließungsdeck aus zugänglich. Zwar bestimmt das extrem schmale Grundstück die Ausrichtung der Baukörper, doch die Höhenstaffelung erlaubt, die oberen Maisonetten nach Süden zu orientieren. Versetzt angeordnete Loggien geben den Blick auf den Hamburger Hafen frei. Das im Grundriß herzförmige Bürohaus an der Ludwig-Erhard-Straße läßt dank seiner Gebäudetiefe Kombi-Büros und Einzel-Büros zu.

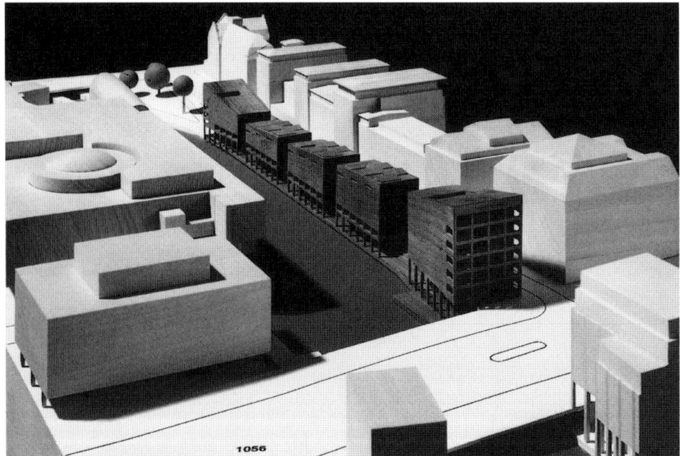

Riverbank Development, Alsterfleet 1997

The new construction between Alsterfleet and Admiralitätsstrasse reacts to the varied history of this district in Hamburg's urban development. It takes existing buildings into consideration, defines the urban stretch along the Fleet and keeps open vistas to the city, to the water, and to the hiking path along the Alster. The sculptural complex comprises five individual buildings which combine to create a strong urban figure as a counterpoint to the curved shape of Steigenberger Hotel. The interplay between convex and concave is also mirrored in the height development. The buildings rise from the central section on Admiralitätsstrasse in the direction of Ludwig-Erhard-Strasse where they form a fourth "bridgehead" at Slamatjen Bridge. The same gesture is used in the building on the south side to frame a small park near the old orphanage. As the lower apartments are mostly accessible from the street, stairwells are reduced to a minimum. Access to the maisonette units above, conceived as a "house-within-a-house," is provided via separate stairs from a common platform. While the extremely narrow lot determines the orientation of the buildings in the complex, the differentiated eaves height allows for the upper maisonette apartments to face south. Stepped loggias provide a view of Hamburg Harbour. The office building on Ludwig-Erhard-Strasse, with a heart-shaped ground plan, features a building depth that can accommodate single as well as open-plan office spaces.

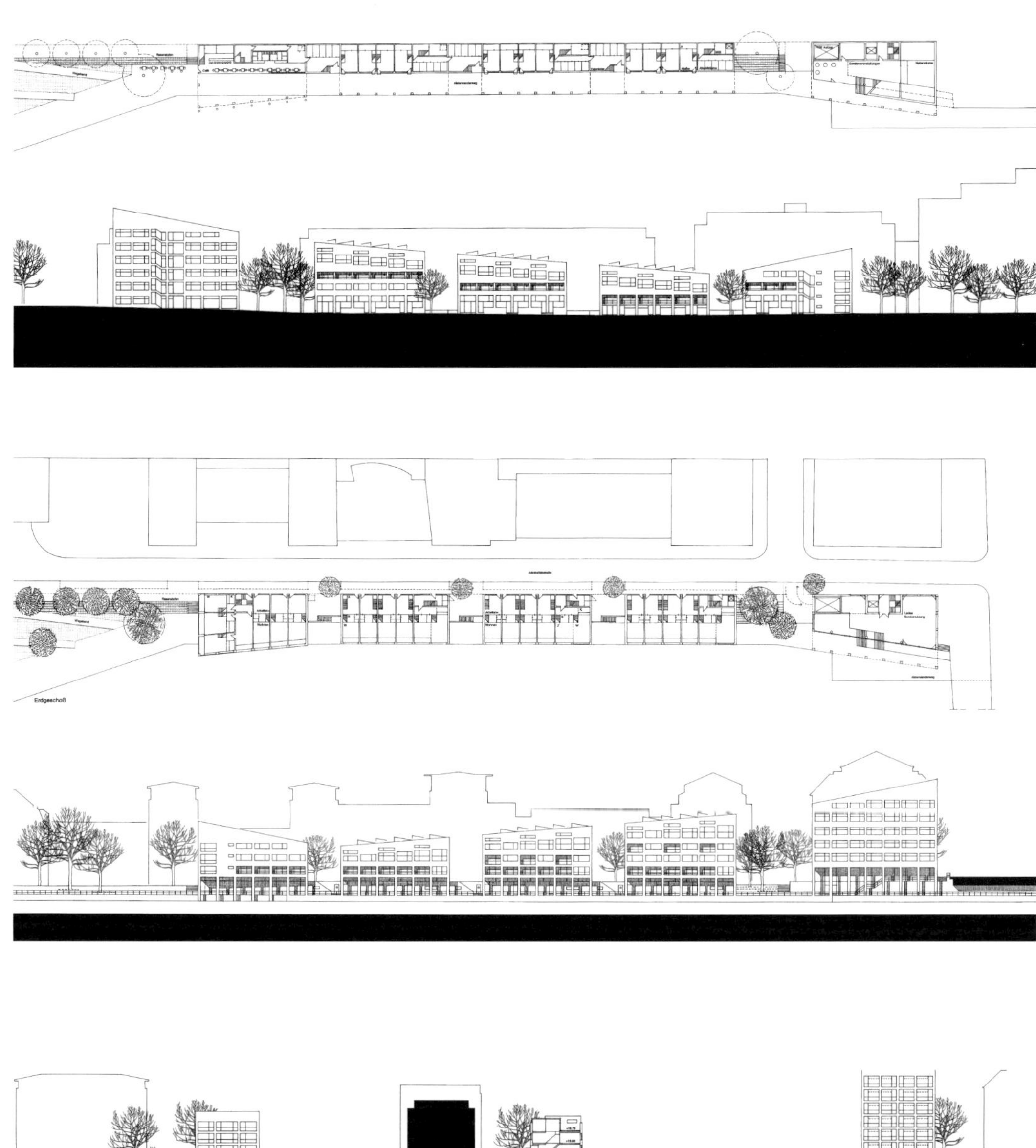

Skizze Aufstockung Rödingsmarkt |
Sketch of height addition Rödingsmarkt
Lageplan | Site plan
Blick über die Ludwig-Erhard-Straße zum Hafen |
View of harbour across Ludwig-Erhard-Strasse
Sockelgeschoß | Stepped-back level 1 : 1 000
Aufriß Admiralitätsstraße |
Elevation Admiralitätsstrasse 1 : 1 000
Erdgeschoß | Ground floor 1 : 1 000
Aufriß Alsterfleet | Elevation Alsterfleet 1 : 1 000
Aufriß Schartor | Elevation Schartor 1 : 1 000
Querschnitt | Section 1 : 1 000
Aufriß Ludwig-Erhard-Straße | Elevation
Ludwig-Erhard-Strasse 1 : 1 000

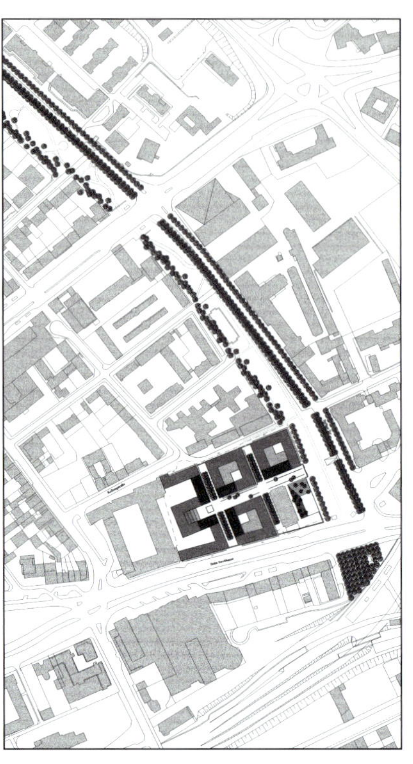

Stadtverdichtung Berliner Tor 1998

Der strukturelle Entwurf versucht, das heterogene Umfeld am östlichen City-Zugang durch einen neuen großstädtischen Schwerpunkt stärker zusammenzubinden. Das bestehende Hochhaus wird freigestellt, das Grundstück in sechs Felder geteilt. Aus den fünfgeschossigen Sockeln der Blöcke, orientiert an den benachbarten Bauhöhen, erwächst im Grundstücksinneren eine vierteilige Hochhausgruppe, ein fünftes ist im Rücken des Polizeihochhauses positioniert. Die Höhenentwicklung der Hochhäuser orientiert sich am entfernten Umfeld des Stadtteils St. Georg mit dem Philips-Haus und anderen Gebäuden am Steindamm. Um die Eigenständigkeit des Quartiers zu stärken, sind die Gebäude gegenüber der Umgebung leicht angehoben. Sämtliche Gebäudezugänge sind den vorhandenen bzw. neu gebildeten öffentlichen Räumen zugewandt. Die ruhigen, begrünten Höfe bleiben den Nutzern vorbehalten. Die Erschließung der Häuser erfolgt über jeweils zwei Kerne, von denen einer dem jeweiligen Hochhaus zugeordnet ist. Die Büros weisen ein Achsraster von 4 Metern auf, so daß ein Ausbauraster von 1.33 Meter entsteht sowie ein Stützraster von 8 x 8 Metern für die Tiefgaragen mit eigenen, blockbezogenen Zufahrten. Eine offene Treppenanlage schafft einen neuen Zugang zum U-Bahnhof im Südosten. Mit der Integration der U-Bahn-Zugänge in die Neubebauung beim Strohhaus wird die Anbindung des Grundstücks an den öffentlichen Personennahverkehr aufgewertet.

Urbanization, Berliner Tor 1998

The structural design aims to unify the heterogeneous surroundings near the east entrance into the city by giving the district a new urban focus. The existing high-rise will make way for the new development; the site it now occupies will be divided into six fields. Rising from the five-storey base of the building blocks, whose height is in keeping with the surrounding buildings, a group of four high-rises is planned at the core of the site, while a fifth high-rise is planned to the rear of the police tower. The height of the high-rises mirrors those in the distant St. Georg district with the Philips building and others on Steindamm. To strengthen the autonomy of the district the buildings in this complex are slightly elevated from the surroundings. All entrances give onto existing or newly created public spaces. The sheltered green courtyards are reserved for tenant-use only. The buildings can be accessed via two cores attached to the corresponding high-rise. The offices are based on a 4-metre axis grid, resulting in a completion grid of 1,33 metres and columns spaced at 8 by 8 metres in the underground car park, with separate entrances for each block. Exterior stairs provide a new pedestrian link to the subway station on the south-east corner. By integrating the subway entrances into the new complex at the Strohhaus corner, the complex benefits from an improved link to public transport.

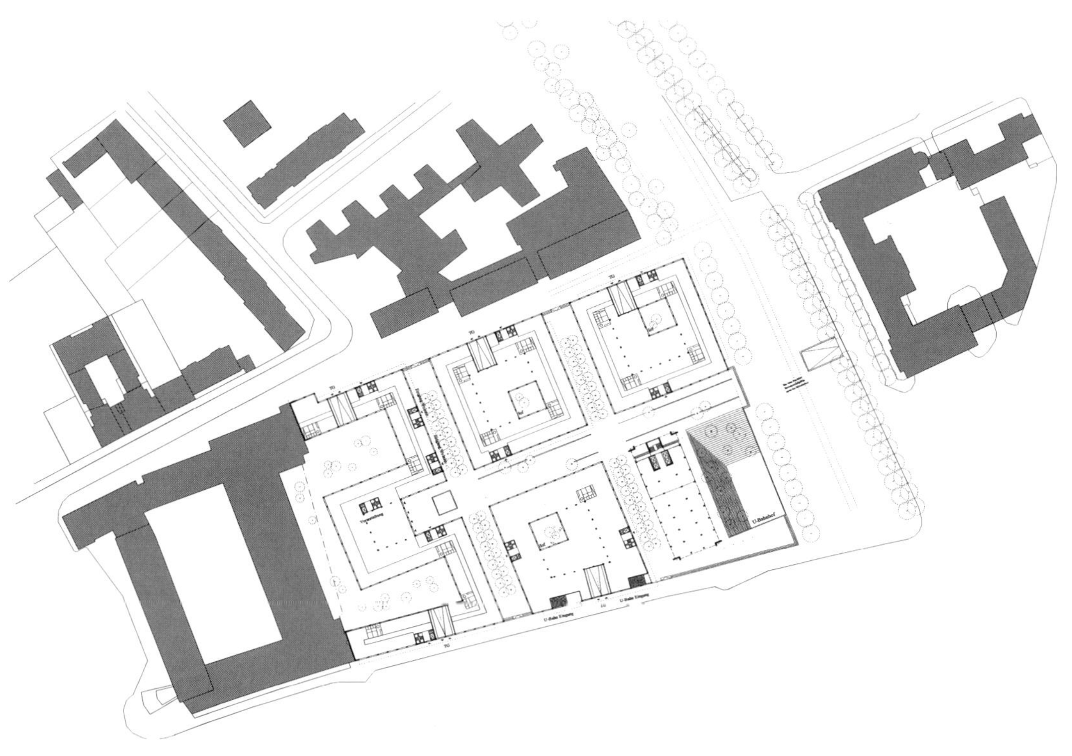

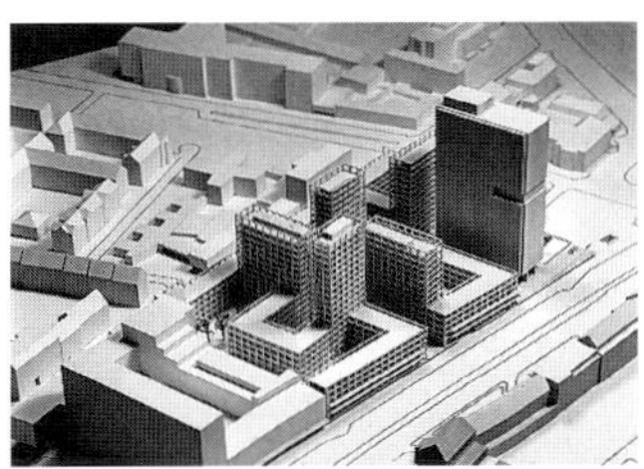

Lageplan | Site plan
Ausgangssituation | Before construction
Erdgeschoß | Ground floor 1:3 000
Blick über das Berliner Tor zur Alster |
View of Alster through Berliner Tor
Aufriß «Beim Strohhause» |
Elevation "Beim Strohhause" 1:3 000

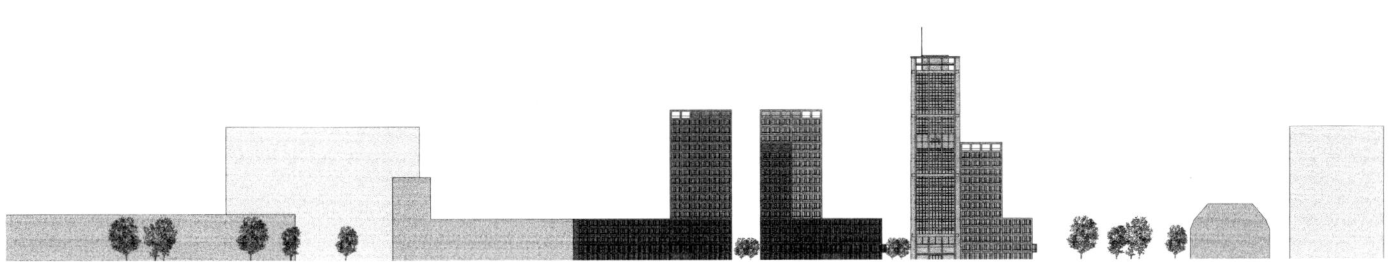

Innerstädtische Uferbebauung Fleetachse und Fleetinsel |
Urban Development for Fleetachse and Fleetinsel 1990–1993
Verlagsgebäude Gruner + Jahr | Publishing House Head-
quarters Gruner + Jahr (Patschan, Winking)
Auswahlverfahren | Area sampling: 1989 (Patschan, Winking)
Standort | Location: Stubbenhuk 3–9, Neustadt
Bauvolumen | Size: 20 000 qm | m² BGF | gross area
Mitarbeit | Collaboration: H. Henke, C. Auksutat,
K. Böckler, H. Franz, R. Grigoleit, J. Kraege, A. Schulz,
M. Schwieghusen, U. Zeiger, V. Bastian, B. Ehlers,
P. Engelhardt, A. Fleuchhaus, J. Gehrs, P. Krebs, J. Landmeyer,
U. Majewski, S. Minte, T. Möller, C. H. Rabausch,
K. Salzwede, J. Schwarz, O. Schweitzer, F. Weigert, M. Wolodko
Bauherr | Client: Gruner + Jahr AG & Co, Hamburg

Innerstädtische Uferbebauung Fleetachse und Fleetinsel |
Urban Development for Fleetachse and Fleetinsel
Wohn- und Kontorhäuser | Apartment and Office Buildings
1990–1993 (Patschan, Winking)
Auftrag | Commission: 1984, 1. Platz | 1st Place
(Patschan, Werner, Winking)
Standort | Location: Herrengraben 23–31, Neustadt
Bauvolumen | Size: 15 130 qm | m² BGF | gross area, 70 WE | units
Mitarbeit | Collaboration: A. Braun, M. Deja, S. Winter, A. Wacker,
H. Franz, G. Hamann, C. Henkel, J. Kraege, U. Majewski, K. Trabitzsch,
J. Vieth, M. Wolodko, G. Schönherr, M. Schwieghusen
Bauherr | Client: Hanseatica, Hamburg
Landschaftsplanung | Landscape planning:
Gerhard Schäfer, Babenhausen

Erweiterung und Neuformulierung Hopfenhof |
Expansion and Renewal, Hopfenhof 1996–1998
Gutachten | Expert's report: 1994, 1. Platz | 1st Place
Standort | Location: Kleiner Burstah 6–10/
Ost-West-Straße 72–74, Neustadt
Bauvolumen | Size: 8 370 qm | m² BGF | gross area
Mitarbeit | Collaboration: K. Petters, F. Weitendorf,
H. Franz, M. Mecklenburg, A. Rowold, V. Roemer
Bauherr | Client: Norddeutsche Hypotheken- und Wechselbank,
Hamburg

Uferbebauung Alsterfleet |
Riverbank Development, Alsterfleet
Wettbewerb | Competition: 1997, 5. Preis | 5th Prize
Standort | Location: Admiralitätstraße, Neustadt
Bauvolumen | Size: 7 680 qm | m² BGF | gross area, 52 WE | units
Mitarbeit | Collaboration: S. Waselowsky, M. Deja,
S. Kosemund, U. Ellenberger
Auslober | Tender issued by: De Waal Immobilien
und Hanseatica, Hamburg

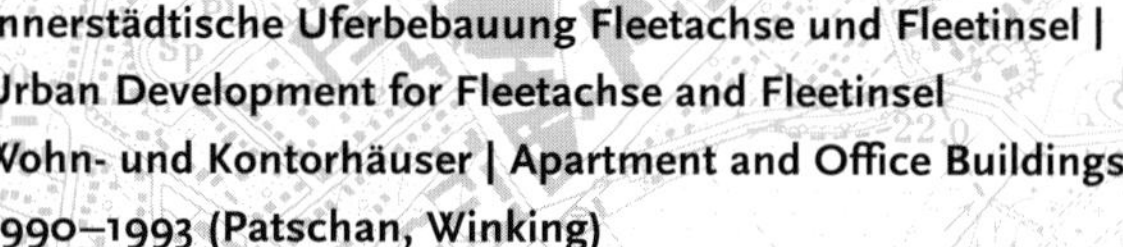

**Innerstädtische Uferbebauung Fleetachse und Fleetinsel |
Urban Development for Fleetachse and Fleetinsel**
Kontorhaus | Office Building Fleethof 1991–1993 (Patschan, Winking)

Wettbewerb | Competition: Fleetinsel 1982,
2. Preis | 2nd Prize (Patschan, Werner, Winking)
Standort | Location: Stadthausbrücke 1–3, Neustadt
Bauvolumen | Size: 31 000 qm | m² BGF | gross area
Mitarbeit | Collaboration: V. Schmiedel, U. Kirschner, S. Al Abdulla,
F. Dröge, H. Franz, C. Henkel, H. Henke, C. Jungk, J. Kraege,
M. Lodde, S. Mahlstedt, U. Majewski, S. Minte, B. Nissen, H. C. Reese,
M. Schaub, A. Schulz, G. Schümann, J. Schwarz, H. Thimian,
K. Trabitzsch, B. Voigt, L. Weinmann, U. Zeiger
Bauherr | Client: GLU Gebäude- und Liegenschaften-
Verwaltung, Hamburg
Auszeichnungen | Awards: BDA-Preis Hamburg 1996,
3. Preisrang | 3rd place

**Geschäftsviertel Kehrwiederspitze |
Business District Kehrwiederspitze (Patschan, Winking)**

Wettbewerb | Competition: 1989, ein 1. Platz | a 1st Place
Standort | Location: Sandtorhöft-Speicherstadt
Bauvolumen | Size: 87 000 qm | m² BGF | gross area
Mitarbeit | Collaboration: C. Auksutat, M. Deja, F. Weitendorf
Auslober | Tender issued by: Stadtentwicklungs-
behörde Hamburg

**Innenstadtquartier Valentinskamp |
Downtown District Valentinskamp 1995–1997**

Auftrag | Commission: 1989
Standort | Location: Valentinskamp 44–48, Neustadt
Bauvolumen | Size: 9 300 qm | m² BGF | gross area, 35 WE | units
Mitarbeit | Collaboration: V. Schmiedel, U. Zeiger,
F. Leumann, C. Springmeier, B. Voigt, T. Skoetz, G. Schönherr,
C. Schmidt, K. Böckler
Bauherr | Client: Hanseatica, Hamburg

**Stadtrekonstruktion am Zeughausmarkt | Urban Reconstruction
on Zeughausmarkt 1990–1992 (Patschan, Winking), 1999-2000**

Auftrag | Commission: 1987 und | and 1998
Standort | Location: Zeughausmarkt 37 und | and 33/34, Neustadt
Bauvolumen | Size: 2 400 und | and 1 700 qm | m² BGF | gross area
Mitarbeit | Collaboration: B. G. Fink, I. Spitzner-Kracht,
O. Poloschek, J. Sprondel, M. Wolodko, U. Zeiger, K. Petters, M. Deja
Bauherr | Client: Robert Vogel GmbH & Co. KG, Hamburg

**Medienhaus Rotherbaum | Media Building
Rotherbaum 1992–1994 (Patschan, Winking)**
Wettbewerb | Competition: 1990, 1. Preis, 1st Prize
Standort | Location: Mittelweg 177–180, Rotherbaum
Bauvolumen | Size: 15 035 qm | m² BGF | gross area
Mitarbeit | Collaboration: M. Schaub, C. Auksutat, F. Weitendorf,
H. Franz, J. Iversen, M. Lübke, A. Schulz, M. Deja
Bauherr | Client: Robert Vogel GmbH & Co. KG, Hamburg

Stadtverdichtung Berliner Tor | Urbanization, Berliner Tor
Wettberb | Competition: 1998, Ankauf | Purchase
Standort | Location: Beim Strohhause, St. Georg
Bauvolumen | Size: 87 000 qm | m² BGF | gross area,
davon 48 WE | including 48 units
Mitarbeit | Collaboration: M. Deja, S. Waselowsky,
M. Mecklenburg, I. Grünert
Landschaftsplanung | Landscape planning: Arbos, Hamburg
Auslober | Tender issued by: Dieter Becken Investitions- und
Vermögensverwaltung, Hamburg

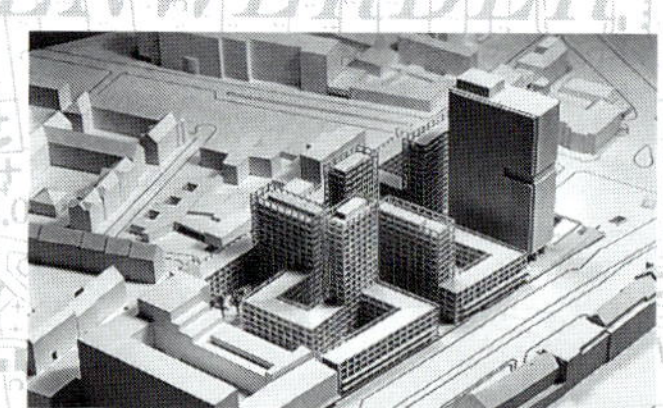

**Büro- und Wohnhaus Stadtkern Wandsbek |
Office and Apartment Building, Downtown Wandsbek 1997–1998**
Auftrag nach Gutachten | Commission after expert's report: 1996
Standort | Location: Schloßstraße/Bärenallee, Wandsbek
Bauvolumen | Size: 11 390 qm | m² BGF | gross area, 8 WE | units
Mitarbeit | Collaboration: M. Froh, H. Henke,
H. Franz, A. Höver, M. Mecklenburg, B. Schlegel, T. Wiedmann
Bauherr | Client: Hanseatica, Hamburg

Channel Tower | Channel Tower 1999
Wettbewerb | Competition: 1998, 1. Platz | 1st Place
Standort | Location: Karnapp/Schellerdamm, Harburg
Bauvolumen | Size: 9 500 qm | m² BGF | gross area
Mitarbeit | Collaboration: M. Deja, S. Waselowsky
Auslober | Tender issued by:
Harburger Binnenhafen GmbH + Co KG, Hamburg

Erweiterung Jarrestadt | Jarrestadt Expansion 1989–1997
(Patschan, Winking)
Wettbewerb | Competition: 1982, 1. Preis | 1st Prize
(Patschan, Werner, Winking)
Standort | Location: Jarrestraße 28–40, Winterhude
Bauvolumen | Size: 16 250 qm | m² BGF, 181 WE | units
Mitarbeit | Collaboration: B. Smakowski,
S. Winter, P. Wilde, B. Gundermann, H. Haun, D. v. Kügelgen,
C. Moskalenko, I. Spitzner-Kracht, J. Sprondel
Bauherr | Client: Deutsches Heim Union, Hamburg
und Baugenossenschaft Dennerstraße Selbsthilfe, Hamburg
Auszeichnungen | Awards: AIV Bauwerk des Jahres 1991
BDA-Preis Hamburg 1996, 3. Preisrang | 3rd prize category

Wohngebiet | Residential District, Rahlstedter Höhe 1997–1999
Auftrag nach Gutachten | Commission after expert's report: 1996
Standort | Location: Kühlungsborner Straße, Boltenhagener Straße,
Neuhagener Straße, ehemalige Boehn Kaserne, Wandsbek
Bauvolumen | Size: 14 240 qm | m² BGF, 136 WE | units
Mitarbeit | Collaboration: M. Froh, C. Auksutat, A. Kruse,
B. Smakowski, J. Zecher, U. Muckermann, H. Franz
Landschaftsplanung | Landscape planning: Landschaft und Objekt
mit Susanne Dresl, Hamburg und Dieter Schoppe, Hamburg
Bauherr | Client: Baugenossenschaft Deutsches Heim Union, Hamburg
und HPE Hanseatische Projektierungsgesellschaft mbH

Neues Quartier an der Bille |
New District on the Bille 1994
Auftrag nach Gutachten | Commission after expert's report 1994
und | and Wettbewerb | Competition: 1996
Standort | Location: Steinbeker Straße
und Billwerder Steindamm, Hammerbrook-Ost
Bauvolumen | Size: 60 000 qm | m² BGF | gross area, 410 WE | units
Mitarbeit | Collaboration: S. Waselowsky, M. Deja,
B. Smakowski, F. Weitendorf, R. Matthiessen, E. Panescu
Landschaftsplanung | Landscape planning:
Martin Diekmann, Hannover
Auslober | Tender issued by: Baugenosenschaft
freier Gewerkschafter und Hanseatische Projektierungsgesellschaft mbH, Hamburg und Knabes
Transporte GmbH, Hamburg

Erweiterung und Neuordnung Einkaufszentrum
Langenhorner Markt | Expansion and Renewal of Shopping Centre,
Langenhorner Markt 1995–1996
Auftrag | Commission: 1994
Standort | Location: Langenhorner Markt 5–21, Langenhorn
Bauvolumen | Size: 11 560 qm | m² BGF | gross area
Mitarbeit | Collaboration: H. Henke, H. Franz, R. Grigoleit,
A. Höver, I. Kraus, M. Schaub, A. Zimmer
Bauherr | Client: Robert Vogel GmbH & Co. KG, Hamburg
Auszeichnungen | Awards: BDA-Preis Hamburg 1996, 2. Preisrang

Neues Stadtquartier | New Urban District Höltigbaum

Gutachten | Expert's report: 1993
Standort | Location: ehemaliger Truppenübungsplatz |
former military training area Höltigbaum, Wandsbek
Bauvolumen | Size: 112 ha | hectare
Mitarbeit | Collaboration: U. Kirschner
Auftraggeber | Client: Stadtentwicklungs-
behörde Hamburg

6 Straßen- und Fußgängerbrücken |
6 Traffic and Pedestrian Bridges 1993–1994/1996–1998

Auftrag | Commission: 1992 und | and 1994
Standort | Location: diagonale Siedlungs-
promenade in Neuallermöhe-West
Spannweite | Span: 4 x 17,50 m, 1 x 50,00 m, 1 x 63,00 m
Mitarbeit | Collaboration: V. Schmiedel,
M. Deja, A. Wacker, F. Leumann
Ingenieure | Engineers: Grassl, Hamburg und Kobarg, Hamburg
Bauherr | Client: Freie und Hansestadt Hamburg, Brückenbauamt

Handelshaus Neuer Wall | Business House Neuer Wall

Auftrag | Commission: 1995, 2. Platz | 2nd Place
Standort | Location: Neuer Wall 64, Neustadt
Bauvolumen | Size: 11 251 qm | m² BGF | gross area
Mitarbeit | Collaboration: C. Auksutat
Auslober | Tender issued by:
Vereins- und Westbank AG, Hamburg

Erweiterung Museum für Kunst und Gewerbe – Schümannflügel |
Expansion, Museum of Arts and Crafts – Schümann Wing

Wettbewerb | Competition: 1996; 1. Runde, ein 1. Platz,
2. Runde 2. Platz | 1st Round a 1st Place, 2nd Round, 2nd Place
Standort | Location: Brockesstraße, St. Georg
Bauvolumen | Size: 4 800 qm | m² BGF | gross area
Mitarbeit | Collaboration: M. Deja, F. Weitendorf
Landschaftsplanung | Landscape planning: Arbos, Hamburg
Auslober | Tender issued by: Justus Brinckmann
Gesellschaft, Hamburg

Wohnbebauung am Kiebitzfleet |
Residential Development on Kiebitzfleet 1999–2000
Auftrag | Commission: 1995
Standort | Location: Felix-Jud-Ring/Otto-Groth-Straße
in Neuallermöhe-West
Bauvolumen | Size: 15 350 qm | m² BGF | gross area, 158 WE | units
Mitarbeit | Collaboration: M. Deja, A. Kruse, B. Smakowski
Bauherr | Client: Dieter Becken, Hamburg und
Rohde Grundstücksgesellschaft, Hamburg

Stadtkante Heidberg | City Periphery, Heidberg
Wettbewerb | Competition: 1997, 2. Preis | 2nd Prize
Standort | Location: ehemalige Kaserne am Krankenhaus |
former barracks next to hospital in Heidberg, Langenhorn
Bauvolumen | Size: 55 680 qm | m² BGF | gross area, 506 WE | units
Mitarbeit | Collaboration: M. Deja, C. Auksutat, U. Ellenberger
Landschaftsplanung | Landscape planning: WES, Hamburg
Auslober | Tender issued by: Stadtentwicklungsbehörde Hamburg

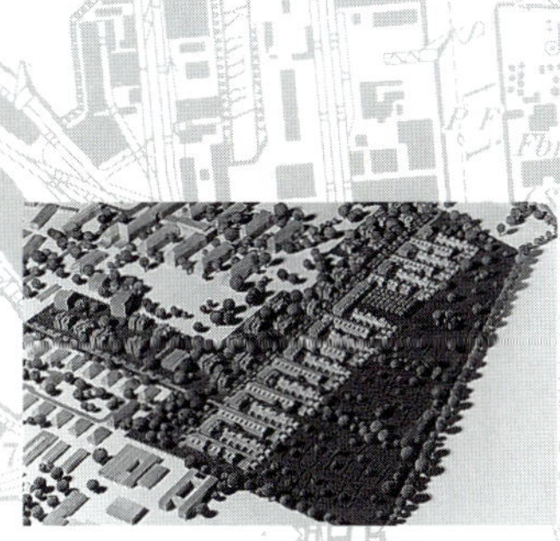

Gewerbegebiet | Commercial District Südwest-/Indiahafen
Auftrag | Commission: 1992
Standort | Location: Veddeler Damm
Bauvolumen | Size: 105 000 qm | m² BGF | gross area
Mitarbeit | Collaboration: M. Froh, I. Janssen, A. Höver
Auftraggeber | Client: Freie und Hansestadt Hamburg,
Wirtschaftsbehörde Strom- und Hafenbau

Villa am Leinpfad | Villa on Leinpfad
Bürointerner Wettbewerb | Internal competition: 1996
Standort | Location: Am Leinpfad
Bauvolumen | Size: 500 qm | m² BGF | gross area, 2 WE | units
Mitarbeit | Collaboration: M. Froh, 1. Preis | 1st price
Bauherr | Client: Familie Pingel, Hamburg

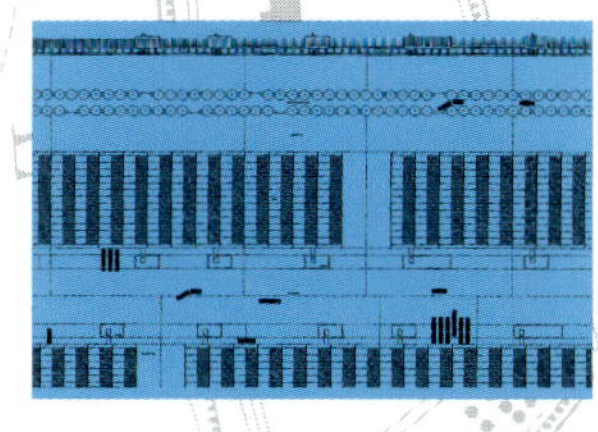

Schwerin

1991
Burgseegalerie |
Burgsee Gallery

1992
Stadterweiterung am
Ostorfer See | Urban Expansion
on Ostorfer Lake

1993
Wohnbebauung Knaudt-
straße | Residential Develop-
ment, Knaudtstrasse

1995
Wohn- und Ladengasse
Heinrich-Mann-Straße |
Residential and Retail Lane,
Heinrich-Mann-Strasse

1993–1994
Wohn- und Geschäfts-
haus Werderhof | Apartment
and Commercial Building,
Werderhof

1997
Stadterweiterung Äußerer
Ziegelsee | Urban Expansion,
Äusserer Ziegelsee lake

1

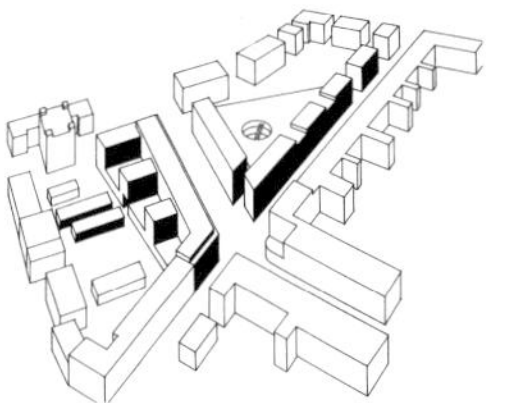

2

3

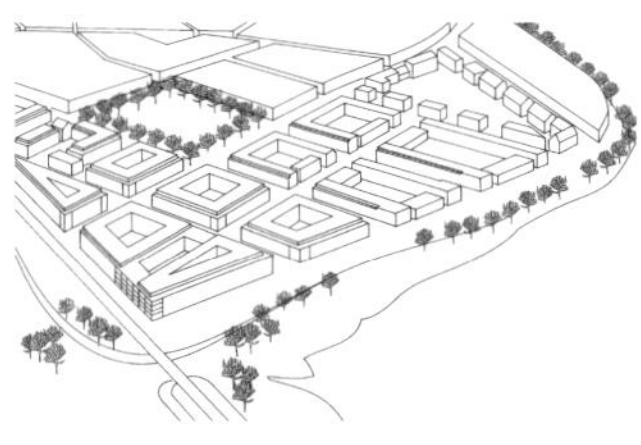

4

5

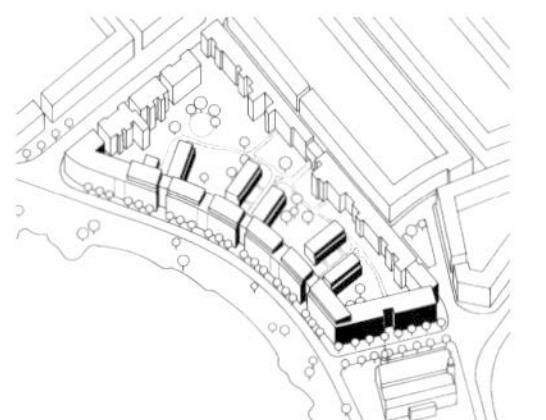

6

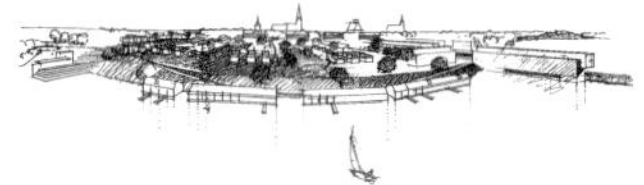

6
5
4
1
2

Hauptstadt am Wasser jenseits der Stille

Beyond Silence: Capital by the Water

Schwerin, mit 130 000 Einwohnern nur halb so groß wie Rostock, dank Gründung durch Heinrich den Löwen aber nach Lübeck die älteste deutsche Stadt östlich der Elbe, wurde im Herbst 1990, sehr zum Ärger des geschäftigen Konkurrenten, Landeshauptstadt. Kampflos den Amerikanern übergeben, ist die Stadt im Krieg kaum zerstört worden. Drei verheerende Brände im 16. Jahrhundert vernichteten allerdings die mittelalterlichen Spuren der Stadt – bis auf ihren Stadtplan. Ihre endgültige Ausformung als typische Beamten- und Behördenstadt konnte die Stadt erst im 18. und 19. Jahrhundert annehmen. 70 Prozent Schwerins standen vor der Wende auf der bezirklichen Denkmalsliste. Dennoch wurden zahllose Häuser dem Verfall und schließlich dem Abriß überantwortet. In der 1705 begonnenen Schelfstadt stehen sich Verfall und Aufbruch besonders markant gegenüber. 1160 bekam Schwerin das Stadtrecht, schon sieben Jahre später wurde die Stadt Sitz eines Grafen, weitere vier Jahre später Bischofssitz. Bei aller Gunst der Stunde wußte die Stadt mit ihren Rechten und Chancen aber nicht allzuviel anzufangen. Nur 30 Kilometer von Wismar entfernt wurde Schwerin, obwohl in den allerersten Ursprüngen Kaufmannssiedlung am Fuße einer slawischen Burg, nie Hansestadt. Als die Preußen eine Eisenbahn von Berlin nach Hamburg bauten, verzichtete Schwerin auf die wirtschaftlich so wichtige Linie nach Lübeck. Die Gutsbesitzer befürchteten eine Verschmutzung ihrer Wiesen durch den Eisenbahnverkehr – aber heute wollen sie den Transrapid. So stand die Stadt, die sich damals eher abkapselte als öffnete und noch zu DDR-Zeiten als «große Kleinstadt» galt, gegenüber der «kleinen Großstadt» Rostock, im Schatten von Dom und Schloß, begnügte sich lange Zeit mit der Versorgung von Hof und Kirche. Großherzoglicher Hoflieferant zu sein galt Handwerkern wie Kaufleuten als Inbegriff des Erfolgs. Schon 1932 hatte Schwerin eine nationalsozialistische Regierung, ein Zeichen dafür, wie sehr die Stadt durch die Landwirtschaft der Umgebung bzw. deren Armut und Zurückgezogenheit geprägt war. Im Jahr 1358 hatten die Herzöge von Mecklenburg Schwerin erworben und machten es für ein halbes Jahrtausend zur Residenz – bis 1918. Von 1756 bis 1837 zogen sie allerdings ihr verträumtes Schloß in Ludwigslust, erdacht als mecklenburgisches Versailles und doch in den Säulen und im Zierrat des «Goldenen Saals» unerkannt aus Pappmaché, dem Stadtsitz vor. Mit ihrer Rückkehr, nun als Großherzöge, wurden alle Anstrengungen unternommen, den neu-

With 130,000 inhabitants Schwerin is only half the size of Rostock. Its foundation was laid, however, by Henry the Lion and this makes it Germany's second oldest city east of the Elbe, with Lübeck being the oldest. In the fall of 1990, Schwerin was chosen as Mecklenburg's capital, much to the dismay of its bustling competitors. The city was largely untouched by the war, having been ceded to the Americans without a struggle. But three devastating fires in the sixteenth century destroyed the medieval fabric, leaving only the town plan intact. Schwerin's defining characteristic as a town of civil servants and government authorities emerged late, in the eighteenth and nineteenth centuries. Before reunification, 70 percent of the city was on the regional list of protected heritage buildings. Nevertheless, countless buildings were left to fall into disrepair and then were demolished. In the waterfront areas, where building had begun in 1705, decay and new beginnings stand in stark contrast. Schwerin was granted city status in 1160, became a count's residence seven years later, and was chosen as the seat of a bishopric four years after that. And yet the city seemed unable to profit by these privileges and opportunities. A mere 30 km south of Wismar, Schwerin never joined the Hanseatic League, although it had originally been a trading post at the foot of a Slavic fortress. When the Prussians built a railway from Berlin to Hamburg, Schwerin voted against the economically important link to Lübeck. Landowners feared that their fields would be polluted by the railway traffic passing by – but today they are all in favour of the Transrapid (a high-speed intercity train). More introverted than extroverted, known during the GDR era as the "big small town" – as opposed to Rostock, which was the "small big town" – Schwerin continued to exist quietly in the shadow of cathedral and castle, content to serve Church and Court. In fact, being a supplier to the ducal court was considered the ultimate success for craftsmen and merchants. Schwerin's municipal government was National Socialist as early as 1932, an indicator of how much the town had been shaped by its rural surroundings, by poverty and isolation. The Dukes of Mecklenburg acquired Schwerin in 1358 and set up residence there for nearly 500 years – until 1918. But between 1756 and 1837 the ducal family preferred its fairytale castle in Ludwigslust to the residence in the city. Ludwigslust had been designed as a Mecklenburgian version of Versailles, albeit with camouflaged paper-mâché columns and ornamentation in the "golden

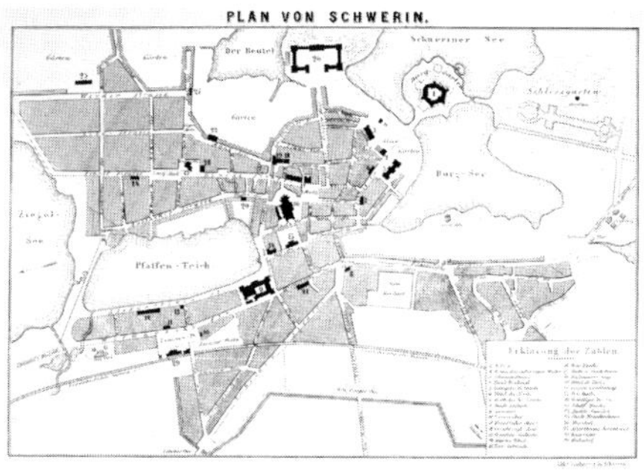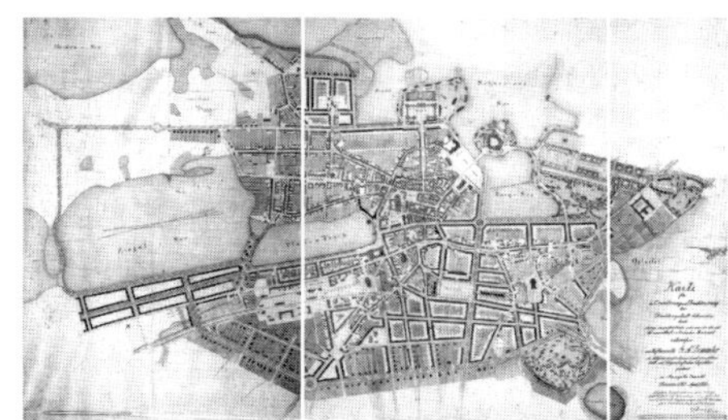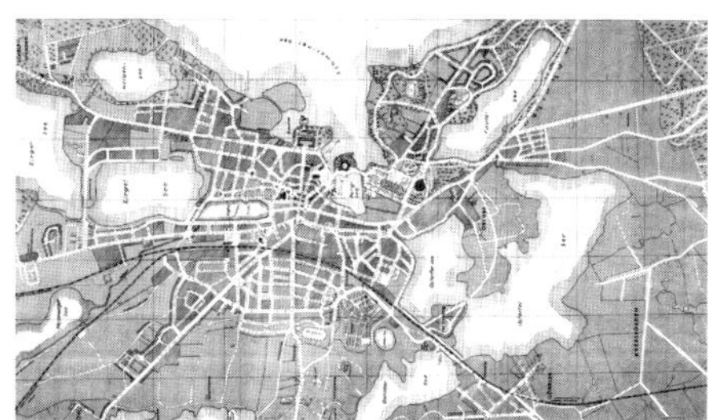

en Rang baulich zu dokumentieren. Für den Umbau und Ausbau des Schlosses war Chambord an der Loire das Vorbild, Georg Adolf Demmler durfte sein Werk wegen demokratischer Umtriebe 1848 aber nicht selbst vollenden. Die braven Schweriner nahmen den einst von Schinkel geförderten Baumeister und späteren Reichstagsabgeordneten darauf ebenso in den Bann und erteilten ihm kaum noch Aufträge. In dieser engen Anlehnung an die reine Residenz- und ab 1918 Hauptstadtfunktion blieben die größten Betriebe Schwerins lange Zeit die Brauereien. Großkapitalisten waren durch das DDR-Regime nach 1945 nicht zu enteignen: Es gab gar keine. Kurz nach der Wende konnten Dieter Patschan und ich mit ein paar Studenten und einem kleinen Planerstab unter Axel Höhn einen Strategieplan für Schwerin entwickeln, der zu meiner Freude noch heute Bezugspunkt ist und die Grundlage bildete für einen der ersten Entwicklungspläne in den neuen Ländern. Für mich ist diese Stadt der Inbegriff der Vermählung von Stadt und Wasser, eine einmalige Stadtlandschaft, durchdrungen von Wasser – im 16. Jahrhundert das «nordische Florenz». An der neuen Stadtkante des Ziegelsees, auf dem ehemaligen Molkereigelände, haben wir dieses Motiv in einer Landzunge und einem Pier doppelt besetzt. Von den großen Stadterweiterungen des Sozialismus weitgehend unbeeinträchtigt, bemüht sich die Stadt darum, die eigene Geschichte zu entdecken. Bedeutung hat das Spezifische, Unverwechselbare. Geschichte ist nicht mehr belanglose Vorgeschichte, sondern Ausgangspunkt jeder Veränderung.

hall." When the family (now promoted to Grand Dukes) returned, all efforts were undertaken to reflect the new status in the architecture. Chambord castle on the Loire served as the model for the renovation; but architect Georg Adolf Demmler was prevented from completing his work by the upheavals of 1848. The townsfolk of Schwerin, obedient as ever, toed the line and Demmler, who had enjoyed Schinkel's patronage, was suddenly left with hardly any commissions. For a long time, the breweries were the main economic force in this city that remained so faithful to its role as residence and – after 1918 – as capital. The GDR regime had no need, after 1945, to expropriate any megacapitalists: there were none. Shortly after reunification, Dieter Patschan and I worked with a group of students and a small staff of planners led by Axel Höhn to develop a strategic plan for Schwerin. I am happy to say that it provides a major reference point to this day and has become a model as one of the earliest plans for urban development in the newly reunified Länder (or federal states). To my eyes, this city represents a true marriage of city and water – the sixteenth century "Florence of the North." We have worked with this motif in a twofold manner by creating a peninsula and a pier on the Ziegelsee waterfront property of a former dairy co-operative. Largely untouched by the urban expansions during the socialist period, the city now strives to discover its own history. Every special and unique feature is treated as important. History is no longer seen as trivial prehistory, but as a point of departure towards change.

Wohn- und Geschäftshaus Werderhof 1993–1994

Das direkt am See gelegene Wohn- und Geschäftshaus ist der erste realisierte Bau des Strukturplans «Neue Stadtkante» in der Nähe des Altstadtkerns von Schwerin und nimmt eine wichtige Position im Dreh- und Angelpunkt zwischen innerer Stadt, Schelfstadt und Seeufer ein. Der fünfgeschossige Gebäudekubus mit Geschäften im Erdgeschoß, Büros in den Obergeschossen und Wohnungen im zurückgesetzten Staffelgeschoß orientiert sich auf drei Seiten zur Stadt. Geparkt wird halbversenkt im Untergeschoß. Der Baukörper folgt den Baufluchten der Werderstraße und bildet mit der geplanten Neubebauung Werderstraße/Grüne Straße einen Platzraum, der sich im Süden zum See öffnet. An der Werderstraße führen zwei doppelgeschossige Tordurchgänge zum inneren Atrium, das Bezug zur Blickachse der Jahnstraße nimmt und den Ziegenmarkt mit dem Seeufer verbindet. Ein freigestellter Einzelbau an der Seeseite ist für gastronomische Einrichtungen vorgesehen. Die repräsentative Seeufer-Terrasse sowie eine großzügige Treppenanlage gleichen das Geländegefälle zur Seeseite aus.

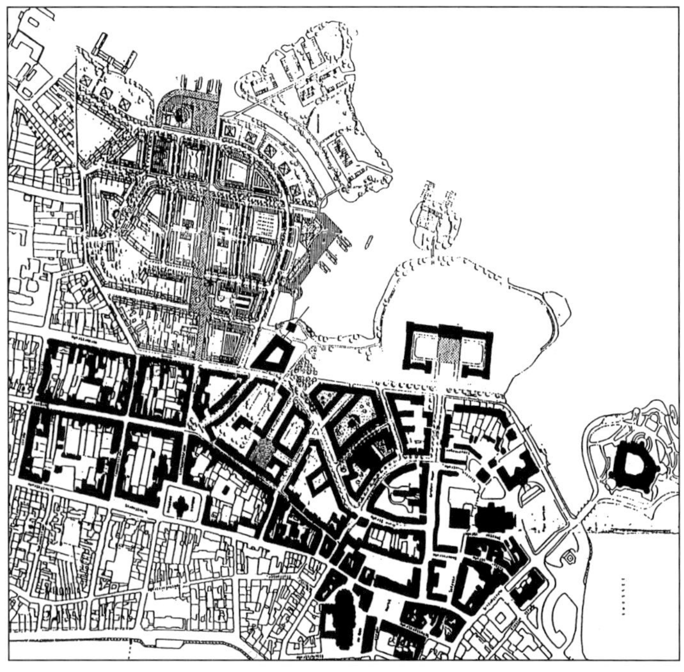

Apartment and Commercial Building, Werderhof 1993–1994

The Werderhof on the shore of the lake is the first completed building of the urban development planned for the new district near Schwerin's historic centre. It occupies an important position between downtown, Schelfstadt, and lakeshore. The five-storey cube, with three sides facing the city, features retail areas on the ground floor, offices on the upper floors, and apartment units on the stepped-back top floor. Parking is provided in a partially recessed garage on the lower level. The building follows the line of development along Werderstrasse and, together with the projected building for the corner of Werderstrasse and Grüne Strasse, creates a city square whose south side opens onto the lake. On Werderstrasse, two two-storey-high gates lead to the inner atrium visually linked to Jahnstrasse, connecting the Ziegenmarkt with the lakefront. A single building on the lakefront is slated for use as a restaurant. An elegant patio and generously proportioned steps cover the difference in height to the shoreline.

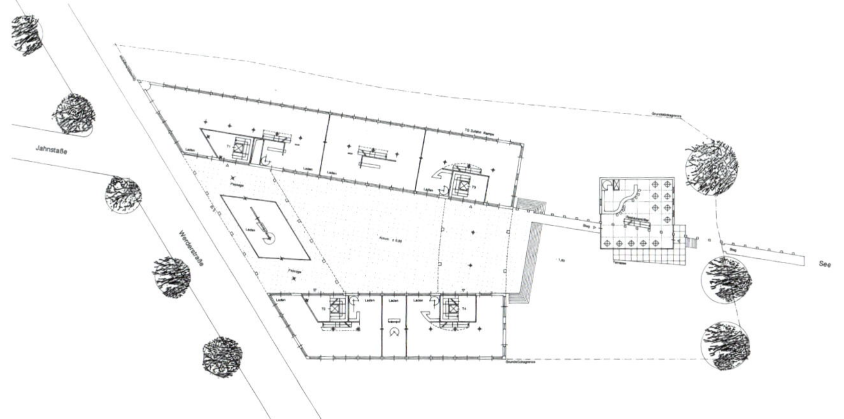

Kartenausschnitt | Detail of map 1862
Stadtstruktur | Urban structure
Blick in die Werderstraße zum Schloß |
View ofcastle along Werderstrasse
Fassade zum Schweriner See |
Façade overlooking Lake Schwerin
Erdgeschoß | Ground floor 1:1250
Staffelgeschoß | Stepped-back floor 1:1250

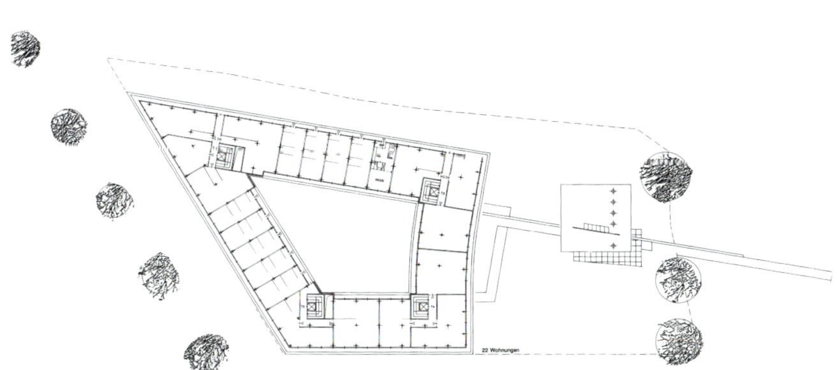

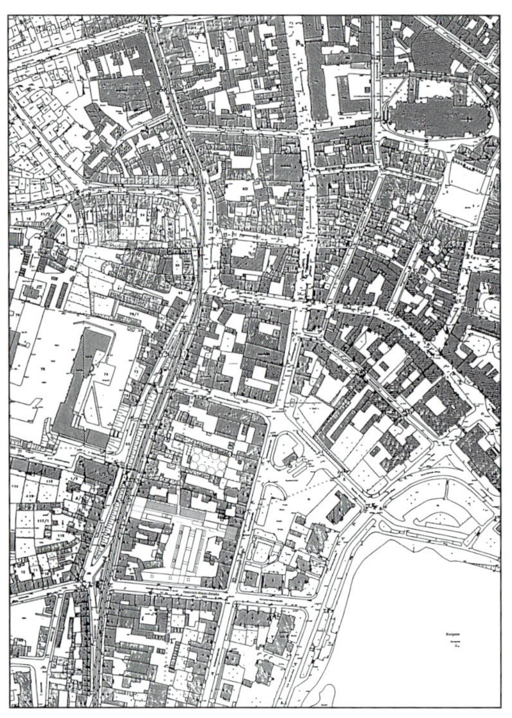

Wohn- und Ladengasse Heinrich-Mann-Straße 1995

Der Entwurf für das Gebiet zwischen Heinrich-Mann-Straße, Mecklenburgstraße und Goethestraße schafft ein neues Stadtquartier im Zentrum. Ausgehend von der straßenbegleitenden Blockrandbebauung entwickeln sich senkrecht dazu stehende Hintergebäude in die Tiefe der Blöcke. Ein kleinerer Turm für die zentrale Erschließung der Hauptebenen schiebt sich sowohl in Ost-West- wie auch in Nord-Süd-Richtung in die Blickachse. Das zum Café umgenutzte Haus an der Mecklenburgstraße bildet den Auftakt zu einer Einkaufspassage, die das Grundstück in Ost-West-Richtung durchquert. Hier wie auch am Zugang zur neuen Wohngasse in Nord-Süd-Richtung an der Heinrich-Mann-Straße sind zweigeschossige Läden mit darüberliegenden Büroeinheiten angeordnet. Die innere Wohnbebauung ist entsprechend der unterschiedlichen Charakteristik der Straßen differenziert in Maisonettewohnungen an der Goethestraße, Zweispännertypen an der Heinrich-Mann-Straße sowie Back-to-back-Typen zur neuen Wohngasse. Die sanierten Wohnungen in der Mecklenburgstraße entsprechen dem Altbau. Die meisten Treppenhäuser sind direkt an die Tiefgarage angebunden, die von der Heinrich-Mann-Straße aus befahren werden kann. Für Besucher und Kunden besteht ein besonderer Ausgang am zentralen Platz, der den Geländesprung innerhalb des Quartiers durch eine geschwungene Rampe behindertengerecht ausgleicht.

Residential and Retail Lane, Heinrich-Mann-Strasse 1995

The design for the area bordered by Heinrich-Mann-Strasse, Mecklenburgstrasse and Goethestrasse creates a new district in the centre of Schwerin. To the rear of the block development vertical buildings rise from the courtyards and accentuate the depth of the blocks. A smaller tower for central access to all main levels can be seen from both the east-west and the north-south perspective. The house on Mecklenburgstrasse, transformed into a café, marks the entrance into a shopping passage which bisects the site from east to west. Here, as at the entrance to the new residential passage along the north-south axis on Heinrich-Mann-Strasse, there are two-storey retail shops with office units above. The residential units themselves have varying designs which reflect the different characteristics in the streets of this district: maisonette apartments on Goethestrasse, and buildings with 2 staircase-access units per floor, and back-to-back units along the new residential passage on Heinrich-Mann-Strasse. The apartments in Mecklenburgstrasse have been renovated, preserving their original character and structure. Most staircases lead directly to the underground car park with a street entrance from Heinrich-Mann-Strasse. Guests and customers may use a separate entrance from the central square, where a ramp covers the incline in the terrain and makes the area wheelchair-accessible.

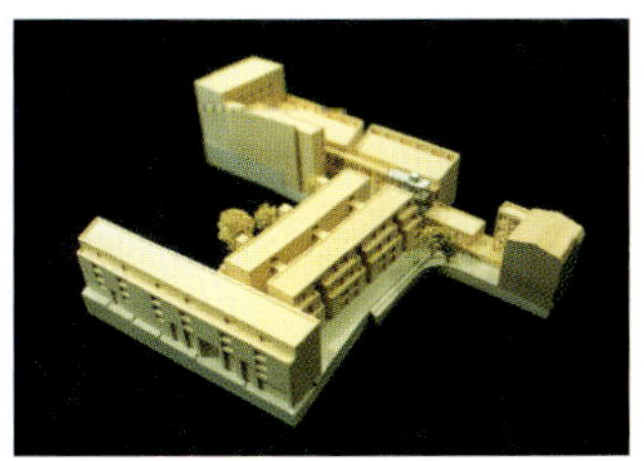

Stadtstruktur | Urban structure
Ansicht Wohngasse/Schnitt Ladengasse |
View of residential lane/section of retail lane
Bestand Hofsituation und Heinrich-
Mann-Straße | Courtyard and Heinrich-Mann-
Strasse before new construction
Erdgeschoß | Ground floor 1 : 1 000
Lageplan | Site plan
Wettbewerbsmodell | Competition model

Stadterweiterung Äußerer Ziegelsee 1997

Das exponierte Grundstück in unmittelbarer Stadtnähe liegt auf einer halbinselartigen Ausbuchtung, die dreiseitig vom Ziegelsee umschlossen ist und einen weiten, unverbaubaren Ausblick bietet. Die beiden Achsen der aus dem ehemaligen Hafengebiet kommenden Speicher- und der Planstraße werden als Autostraße sowie als Fuß- und Radweg zum Wasser fortgeführt, wo ein Café/Restaurant, Sitzstufen zum Wasser, ein Quartiersplatz und eine Arkade entlang der Kaimauer, fortgeführt als Pier, eine Landmarke bilden. Quer zu den beiden Hauptachsen geplante Erschliessungsstraßen teilen das Quartier in Bereiche unterschiedlicher Nutzungen. Der Geometrie der Halbinsel folgend, geben vielfältige Haus- und Wohnformen mit Terrassen und Gärten der nördlichen Quartiershälfte den Charakter einer modernen Gartenstadt. Familien mit Kindern bietet die Nähe der offenen Landschaft ein großes natürliches Spielumfeld. Die zeilenförmige Wohnbebauung um den kleinen Yachthafen ist für Singles und Paare gedacht, die von der Nähe der Stadt profitieren wollen. Eine zusätzliche Allee trennt die südliche Hälfte des Quartiers von der lärmintensiven Möwenburgstraße. Dieses Gebiet eignet sich für eine Mischung von ruhigem Gewerbe und öffentlich gefördertem Geschoßwohnungsbau, der sich in Maßstab und Dichte auf die ehemalige Bebauung des Hafenareals bezieht.

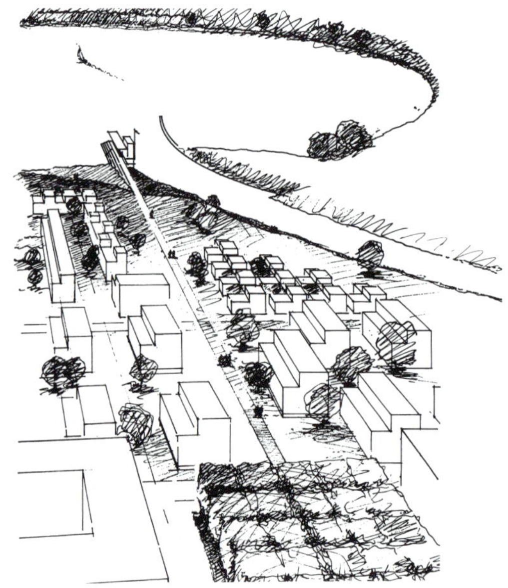

Urban Expansion Äusserer Ziegelsee Lake 1997

This high-profile site close to downtown lies on a peninsula surrounded on three sides by Ziegelsee lake and benefits from a wide-open view across the water that will never change. The two existing lines created by Speicherstrasse and Planstrasse, coming from the direction of the former port district, are extended onto the peninsula for motorists, pedestrians, and cyclists, improving access to the water's edge where a café/restaurant, wide steps for seating, a town square, and an arcade on the quay embankment (complete with pier extension) combine to form a new landmark. Further access roads are planned to intersect with these main arteries, thus dividing the district into areas designated for varying uses. A multiplicity of residential home and apartment building designs, with gardens or patios, follow the shape of the peninsula, whereby the northern half of the district is developed like a modern garden city. The open landscape nearby offers a natural recreation area for families with children. The row development around the small yacht harbour is conceived for singles and couples who value proximity to the city. A wide boulevard separates the southern half of the district from the high-traffic Möwenburgstrasse. This section of the peninsula is ideal for a mix of low-noise trades and subsidized apartment buildings whose scale and density reflect the original architecture in this harbour district.

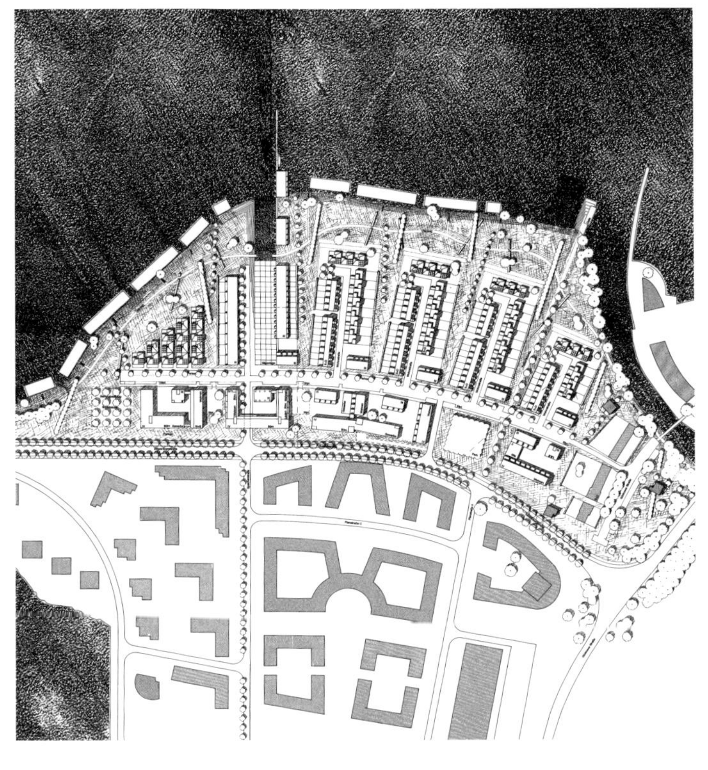

Ausgangssituation | Before construction
Städtebauliche Konzeption am Werderkanal |
Urban concept on Werder canal
Lageplan | Site plan
Pier in den Äußeren Ziegelsee | Pier on
Äusserer Ziegelsee lake
Aufriß Wohnhof | Elevation courtyard flats 1 : 800

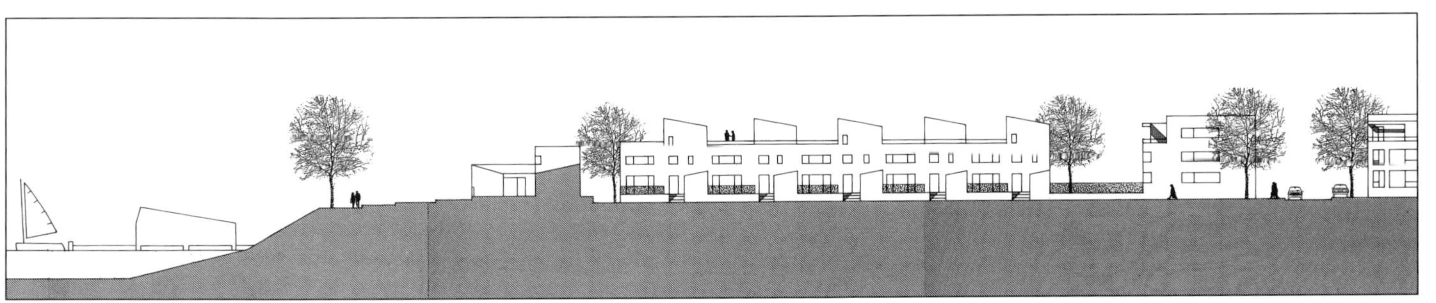

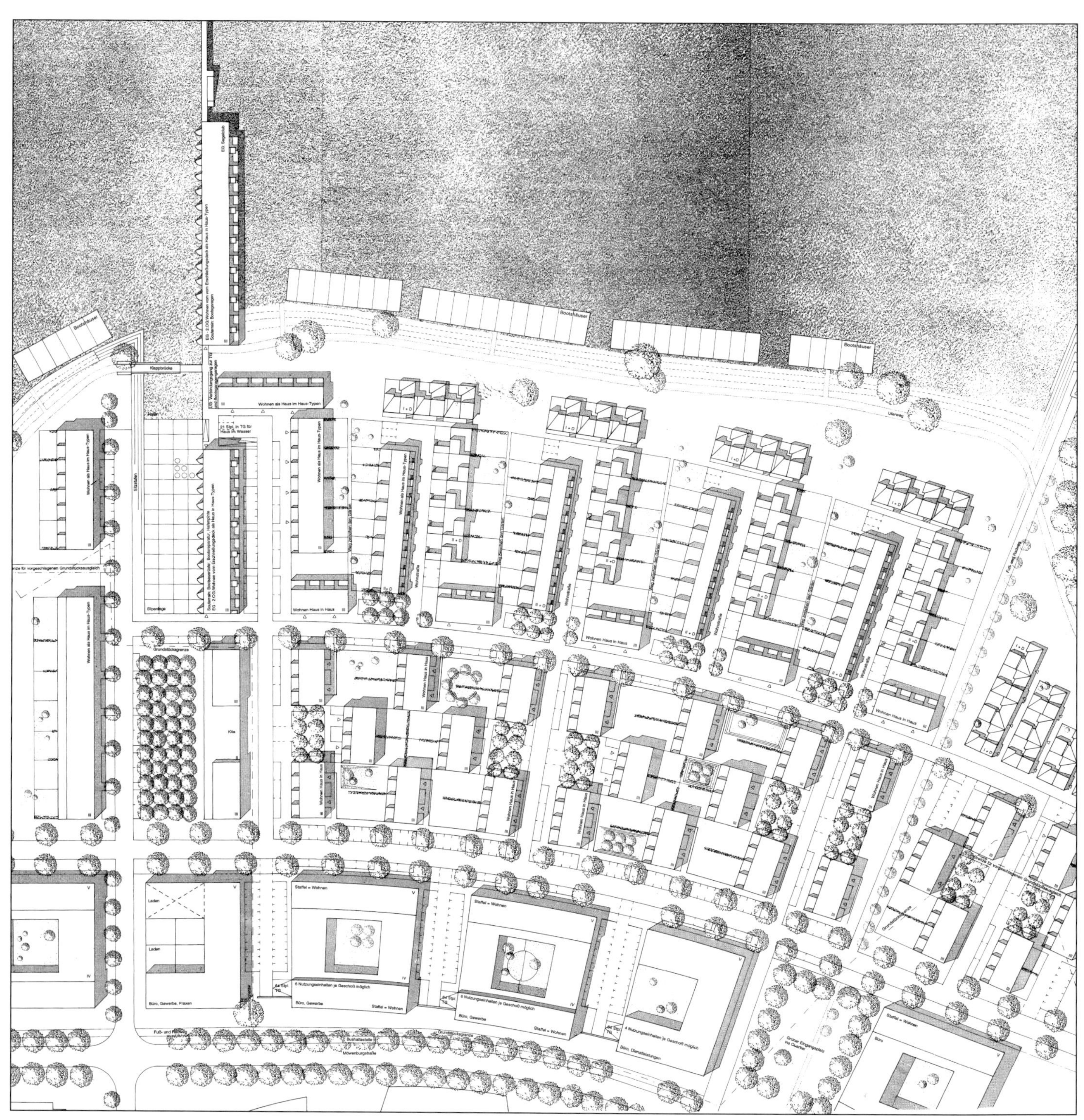

Städtebaulicher Entwurf | Urban design 1 : 2 000

Grundriß Wohnhöfe | Floor plan courtyard flats 1 : 1000

Burgseegalerie | Burgsee Gallery | (Patschan, Winking)

Wettbewerb und Bearbeitung | Competition
and Treatment 1991–1995, 1. Preis | 1st Prize
Standort | Location: Mecklenburgstraße, Altstadt
Bauvolumen | Size: 29 700 qm | m² BGF | gross area
Mitarbeit | Collaboration: M. Deja, V. Schmiedel,
S. Schrick, F. Vegas
Bauherr | Client: Karstadt AG, Essen

Wohn- und Ladengasse Heinrich-Mann-Straße | Residential and Retail Lane, Heinrich-Mann-Strasse

Wettberb | Competition: 1995, 1. Preis | 1st Prize
Standort | Location: Heinrich-Mann-Straße/Goethestraße, Feldstadt
Bauvolumen | Size: 11 510 qm | m² BGF | gross area, 86 WE | units
Mitarbeit | Collaboration: M. Deja, R. Matthiesen
Auslober | Tender issued by: Dr. Görlich GmbH, Berlin

Wohnbebauung Knaudtstraße | Residential Development, Knaudtstrasse

Wettbewerb | Competition: 1993, 2. Preis | 2nd Prize
Standort | Location: Knaudtstraße/Schelfstraße, Schelfstadt
Bauvolumen | Size: 21 360 qm | m² BGF | gross area,
davon 140 WE | including 140 units
Mitarbeit | Collaboration: A. Kruse, J. Hagenmeyer,
S. Schrick, M. Schwieghusen
Landschaftsplanung | Landscape planning: Arbos, Hamburg
Auslober | Tender issued by: Spieltordamm Grundstücks-
gesellschaft mbH & Co KG, Schwerin

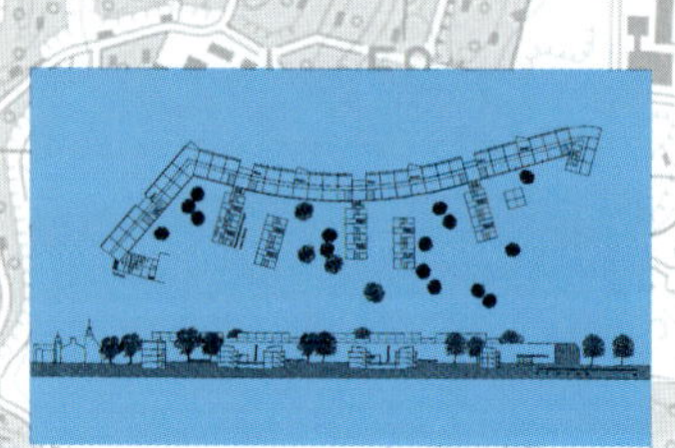

Stadterweiterung Äußerer Ziegelsee | Urban Expansion, Äußerer Ziegelsee lake

Wettbewerb | Competition: 1997, 1. Preis | 1st Prize
Standort | Location: Möwenburgstraße
Bauvolumen | Size: 55 470 qm | m² BGF | gross area, 323 WE | units
Mitarbeit | Collaboration: C. Auksutat,
S. Waselowsky, B. Voigt, G. Ruoff, S. Kosemund
Landschaftsplanung | Landscape planning: Arbos, Hamburg
Auslober | Tender issued by: Hansa-Milch, Upahl

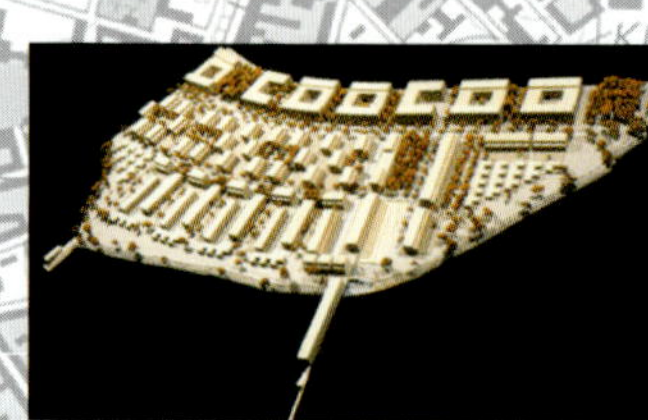

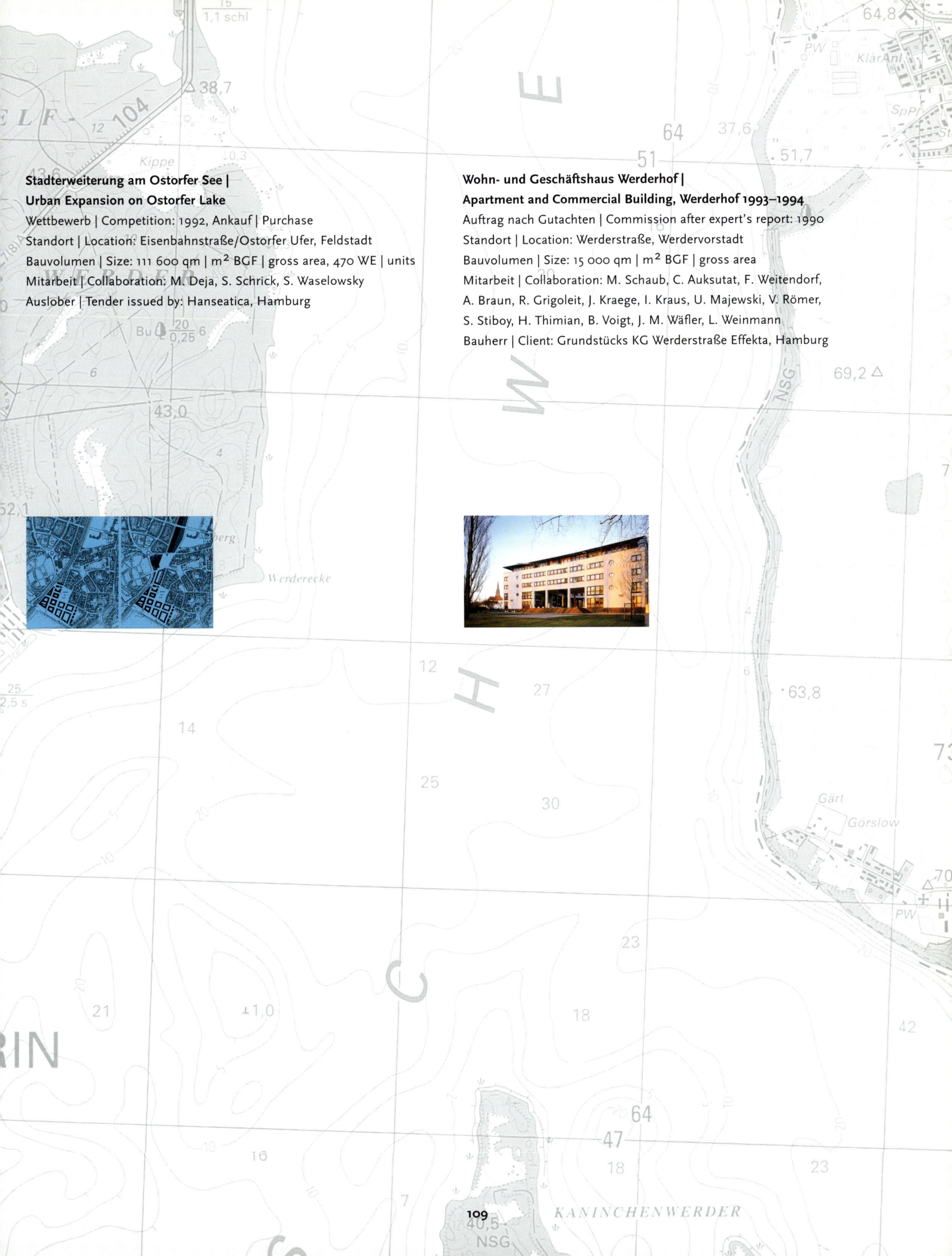

Stadterweiterung am Ostorfer See |
Urban Expansion on Ostorfer Lake
Wettbewerb | Competition: 1992, Ankauf | Purchase
Standort | Location: Eisenbahnstraße/Ostorfer Ufer, Feldstadt
Bauvolumen | Size: 111 600 qm | m² BGF | gross area, 470 WE | units
Mitarbeit | Collaboration: M. Deja, S. Schrick, S. Waselowsky
Auslober | Tender issued by: Hanseatica, Hamburg

Wohn- und Geschäftshaus Werderhof |
Apartment and Commercial Building, Werderhof 1993–1994
Auftrag nach Gutachten | Commission after expert's report: 1990
Standort | Location: Werderstraße, Werdervorstadt
Bauvolumen | Size: 15 000 qm | m² BGF | gross area
Mitarbeit | Collaboration: M. Schaub, C. Auksutat, F. Weitendorf,
A. Braun, R. Grigoleit, J. Kraege, I. Kraus, U. Majewski, V. Römer,
S. Stiboy, H. Thimian, B. Voigt, J. M. Wäfler, L. Weinmann
Bauherr | Client: Grundstücks KG Werderstraße Effekta, Hamburg

Güstrow

1994
Neues Stadtquartier Stahlhof |
New Urban Quarter, Stahlhof

1

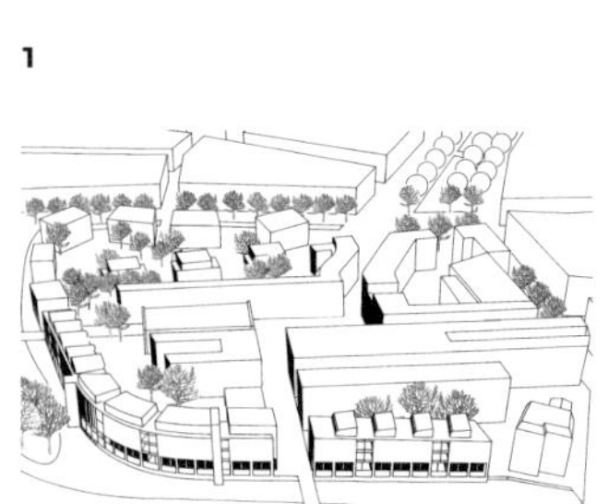

1

Begrenzte Stadt im Land

A Finite City in the Country

«Die Stadt, die an der anderen Seite der Seebucht geduckt dasaß, mit niedrigen Hauszeilen am Wasser zu höheren Dächern bis zum rostroten Klumpen des Domturms ...» So beschrieb Uwe Johnson 1960 die Stadt Güstrow alias «Wendisch Burg», in der sein Erstlingsroman spielt und in der er 1952 sein Abitur machte. Die heutige Kreisstadt, 1226 als Marktflecken angelegt und zwei Jahre später mit dem Stadtrecht versehen, war Residenz der Fürsten von Werle-Güstrow und später der Herzöge von Mecklenburg. Damit verbanden sich wirtschaftliche wie politische Macht und Stabilität. Die kulturelle Vielfalt, die diese planmäßig und nahezu kreisförmig angelegte Stadt von heute 37 000 Einwohnern in ihrer beinahe 800jährigen Geschichte hervorgebracht hat – unter Wallenstein laut Ricarda Huch fast von der Ackerbürgerstadt zur kaiserlichen Residenz getrieben –, ist beachtenswert. Dom und Schloß bilden die Pole, um die einmal alles Leben kreiste. Erst am Ende des 18. Jahrhunderts konnte die Stadt ihre heute sichtbare Form finden. Besser, als bei einem Johnson-Biographen nachzulesen, läßt sich das nicht beschreiben: «Alles zuhauf und eng beeinander: das größte Renaissanceschloß im Norden, lombardischer Einfluß, kurze Zeit Wallensteins Lager, und der Dom, die mächtige Stadtpfarrkirche, Backsteingiebel und Zunftzeichen, eine geschlossene Einheit, das meiste davon restaurierbar über die Zeit gebracht, so daß kaum Lücken und Schneisen für sozialistisches Baubemühen entstanden.»[1] Zwischen gut erhaltenen Bürgerhäusern im norddeutschen Stil, «bei aller Zweistöckigkeit angenehm schlichte Häuser mit Zurückhaltung und Verläßlichkeit» (Uwe Johnson), liegen rund um den historischen, dank glücklicher Umstände vom Krieg verschonten Stadtkern Baudenkmäler aus Gotik, Renaissance und Klassizismus. Die Bedeutung der einstigen Residenzstadt, so typisch für das eigentliche Mecklenburg «landein», ist nach wie vor zu spüren. Der älteste Mecklenburger Theaterbau, an dem Hans Albers im «Wilhelm Tell» debütierte, steht seit 1828 in Güstrow – und verwandelte sich doch in den Sommermonaten regelmäßig zum Magazin für Schafwolle. Urbane Kultur und landwirtschaftliche Basis waren enger nicht zusammenzubringen. Heute trägt der Bau Georg Adolf Demmlers den Namen des von den Nationalsozialisten geächteten Bildhauers Ernst Barlach, der von 1910

"The city which crouched on the far side of the bay, the low rows of houses near the shore rising to higher roofs and on to the rusty-red hump of the cathedral tower ... " Thus began Johnson's description of Güstrow – which he nicknamed "Wendisch Burg" – the setting for his first novel in 1960 and the town where he had graduated from high school in 1952. Now the main district town, Güstrow was founded in 1226 as a small market town, receiving its city charter two years later. It was the seat of the princes of Werle-Güstrow and later the dukes of Mecklenburg. This brought economic and political power and stability. The cultural diversity that has emerged in its 800-year history is astonishing. With 37,000 inhabitants today, the town was systematically developed on a circular city plan, growing "explosively," as Ricarda Huch puts it, from a small farming community to imperial residence under Wallenstein. The cathedral and the castle were the focal points of life in the town, whose present-day appearance dates from the eighteenth century. A biography of Uwe Johnson provides us with the best description: "Everything in abundance and crowded together: the largest Renaissance castle of the north, Lombardic influences, for a short period Wallenstein's camp, and the cathedral, the powerful parish church, brick gables and guild symbols, a closed unit, most of it sufficiently intact over the passage of time to be renovated, so that very few gaps and corridors existed for socialist construction."[1] The well-preserved upper-middle-class homes in North German style ("despite their two storeys, agreeably plain homes characterized by restraint and dependability," according to Uwe Johnson) are interspersed with historic buildings in Gothic, Renaissance, and Classic styles, all near the city centre and fortuitously undamaged by war. The stature of the former residence city, so typical of Mecklenburg's interior, is still noticeable today. The oldest theatre building in Mecklenburg (designed by Georg Adolf Demmlers and where Hans Albers made his debut in a production of "Wilhelm Tell" has been a part of Güstrow since 1828, although in the early days it regularly performed double duty as a wool storehouse in the summer months. Now the building is named after sculptor Ernst Barlach, one of the many artists blacklisted during the Third Reich. Güstrow is where he created his greatest

bis 1938 hier seine wichtigsten Werke schuf – ohne je sein großes Ziel, ein Atelier in der Gertrudenkapelle, zu erreichen. Die Bronzeskulptur «Der Schwebende», 1944 von den Nazis zu Rüstungszwecken eingeschmolzen und 1952 neu gegossen, hängt als Kopie wieder im Dom. Was seine Wahlheimat anging, war sich der aus Wedel stammende Künstler sehr sicher. In einem Brief schrieb er dazu: «An Berlin denke ich mit Schauder und Graus, und Italien war ein trister Aufenthalt gegen Güstrow.» Die Leidenschaft für diese begrenzte Stadt im Land, die er mit Johnson teilte, ließ Barlach auch in seinem Güstrower Tagebuch erkennen, in dem er die enge räumliche Nähe von Stadt und Land immer wieder sehr romantisch beschreibt. Vor diesem Hintergrund, der markanten Endlichkeit und Begrenztheit dieser Stadt, haben wir den Stahlhof – ein aufgebenes Stahlrevier, vorgesehen für Handel, Gewerbe, Freizeit und Wohnen – städtebaulich als Kontrapunkt des Schlosses begriffen, um dem «Klein Paris» des 19. Jahrhunderts die Randlosigkeit der Metropole von heute zu ersparen: eine spezifische Ausnahmesituation unmittelbar vor der historischen Stadt mit besonderer Funktion, Muster für eine kontrollierte Peripherie.

works between 1910 and 1938, although he never achieved his goal of setting up a studio in the Gertrude chapel. Barlach's bronze sculpture "Der Schwebende", melted down in 1944 by the Nazis for arms manufacturing, was recast in 1952 and its reproduction is once again installed in the cathedral. The artist from Wedel never doubted his chosen home. In a letter he wrote: "When I think of Berlin I shudder, and Italy was a sad place to be by comparison to Güstrow." Barlach's passion for this compact city-in-the-country, a passion he shared with Uwe Johnson, is evident in his Güstrow Diary in which he repeatedly eulogizes the close proximity of city and country. Against this background of a striking finiteness and delimitation, we interpret the Stahlhof – a district of abandoned steelworks intended for commerce, trade, recreation, and residential use – as an urban counterpoint to the castle, to spare this nineteenth century "little Paris" the lack of definition that typifies the modern city. This exceptional situation right on the edge of the historic city fulfills a special function and provides a model for a controlled periphery.

1 Wilfried F. Schoeller: Eine Täuschung wie Heimat. In: du, Oktober 1992
(Uwe Johnson: Jahrestage in Mecklenburg), S. 27

1 Wilfried F. Schoeller: "Eine Täuschung wie Heimat". In: du, October 1992
(Uwe Johnson, Jahrestage in Mecklenburg), p. 27

Neues Stadtquartier Stahlhof 1994

Das Gelände des Stahlhofs ist durch seine Lage vor der historischen Stadt und seine großmaßstäblichen industriellen Strukturen geprägt. Ein Wasserlauf, die Nebel, umgrenzt das Gebiet gegenüber der Stadt. Der Entwurf nutzt die besondere Situation am Fluß und bricht die Abgeschlossenheit des Quartiers gegenüber der historischen Stadt auf. Er knüpft an die vorhandenen Stadtstrukturen an, indem er das Thema Straßenraum und Platzsequenz aus der Altstadt übernimmt und über den Stahlhof hinaus weiterentwickelt. Die Aufweitung des alten Festungsgrabens macht den Standort der alten Bastion wieder sichtbar. Von dort führt der Weg direkt auf den Stahlhof. Dieser zentrale Platz bündelt alle Wege und wird von der Van Tongelschen Halle als Markt und kulturellem Treffpunkt geprägt. Ein neuer Stahlturm erinnert an die Geschichte des Ortes und setzt ein Zeichen nach außen. Im Norden führt die Hauptwegeverbindung direkt zum Bahnhof und in die Neustadt. Der Uferweg an der Nebel wird von der Hafenstraße kommend durch die Arkade der neuen Stadtkante mit ihren rhythmisierten Ziegelfassaden geführt und mündet in die Freiflächen des Rosengartens, in das «Paradies». Die Anbindung an die Eisenbahnstraße erfolgt im nördlichen Bereich des Kinos. Restauration und Läden im Erdgeschoß begleiten die neuen Erschließungsachsen. Getrennt von den öffentlichen Wegen entstehen im Inneren des neuen Gebietes private Höfe für die Bewohner.

New Urban Quarter, Stahlhof 1994

The Stahlhof site's main features are its location, just outside of the historic city, and its large industrial structures. It is separated from the city by a small river, the Nebel. The design utilizes this unique river location and opens up the previously closed-off district towards the city. It establishes a link to existing urban structures by recreating the rhythm of streets and open squares in the old town centre and continuing the pattern beyond to Stahlhof district. The moat around the old fortress has been widened and the fortress is now more visible. From there a path leads directly to Stahlhof. All the paths meet at this central square, which has become an outdoor market and cultural meeting place dominated by the Van Tongelsche hall. A new steel tower is a reminder of the site's history and provides a landmark. To the north the main path leads directly to train station and to the new city. The lakeshore path on the banks of the Nebel leads from the direction of Hafenstrasse through the arcades of the new suburb with its varied brick façades into the so-called "Paradies," a public park with rose gardens. North of the cinema, the path connects to the railway road. Restaurants and retail shops on the ground floor border the new access roads. Secluded from the public paths, private courtyards for local residents are created in the centre of the new district.

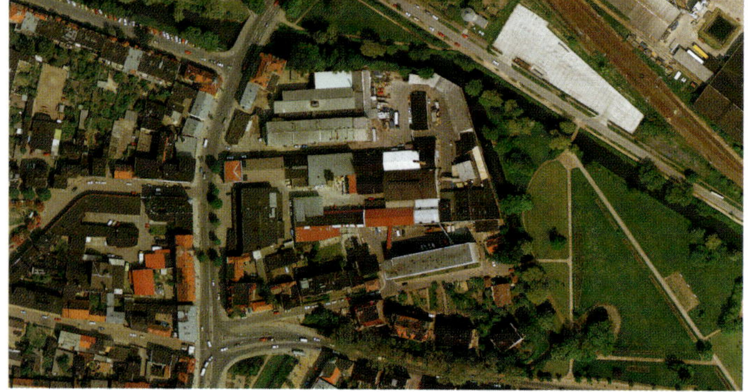

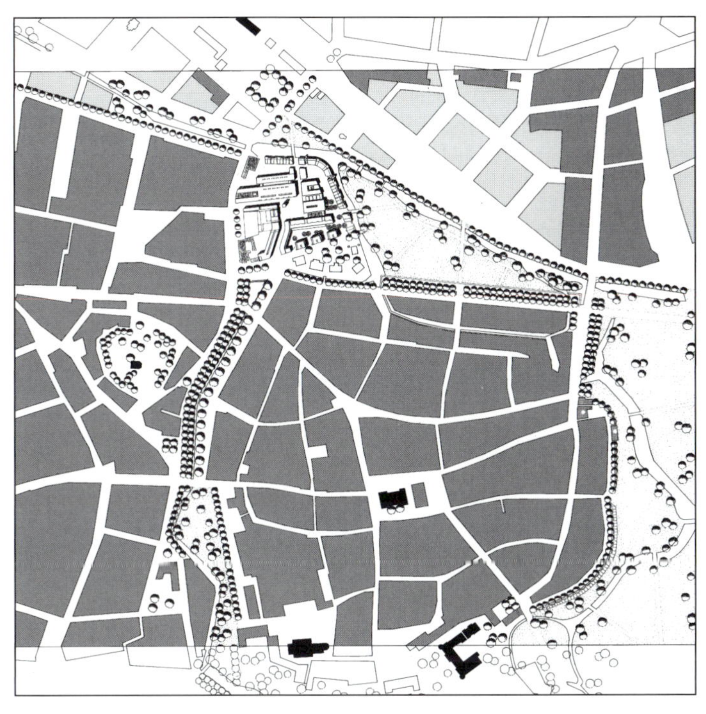

Historische Situation um 1900 |
Historic situation circa 1900
Ausgangssituation | Before construction
Lageplan | Site plan
Wettbewerbsmodell | Competition model
Städtebaulicher Entwurf/Obergeschoß |
Urban design/upper floor 1:1500

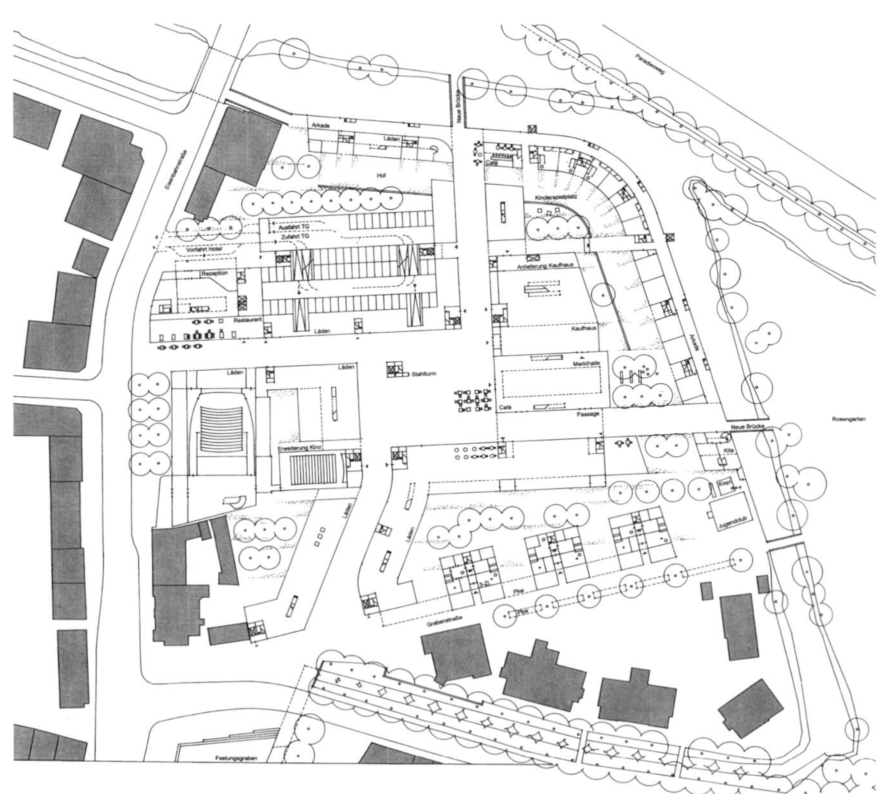

Auf- und Grundrisse Wohnbebauung
an der Nebel | Elevations and floor plans
residential development on the Nebel
Auf- und Grundriß der Häuser an der
Grabenstraße | Elevation and ground plan
of houses on Grabenstrasse
Städtebaulicher Entwurf/Erdgeschoß |
Urban design/ground floor 1:1500

Neues Stadtquartier Stahlhof | New Urban Quarter, Stahlhof
Wettbewerb | Competition: 1994, 1. Preis | 1st Prize
Standort | Location: ehemaliger Stahlhof
Bauvolumen | Size: 43 600 qm | m² BGF | gross area, 150 WE | units
Mitarbeit | Collaboration: S. Waselowsky, M. Deja, J. Hagemeyer,
Landschaftsplanung | Landscape planning: Arbos, Hamburg
Auslober | Tender issued by: Stadt Güstrow und
Hochtief AG, Hamburg

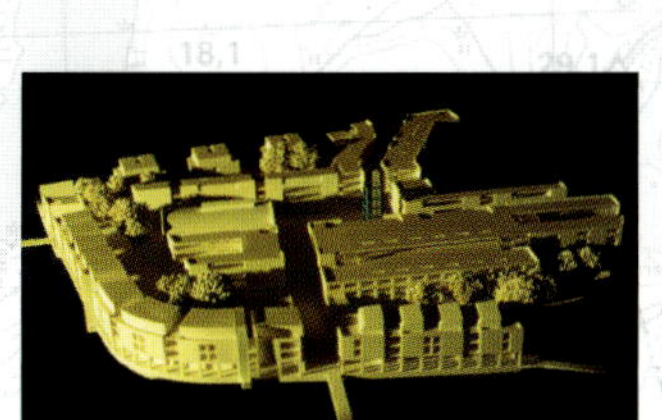

Rostock

1995–1997
Bank und Wohnhaus Leibniz-
platz | Bank and Apartment
Tower, Leibnizplatz

1993, 1998–1999
Neues Quartier in der
Kröpeliner Vorstadt | New
District in Kröpelin Suburb

1993
Marina | Marina

1997
Gartenstadt Gehlsdorf |
Garden City, Gehlsdorf

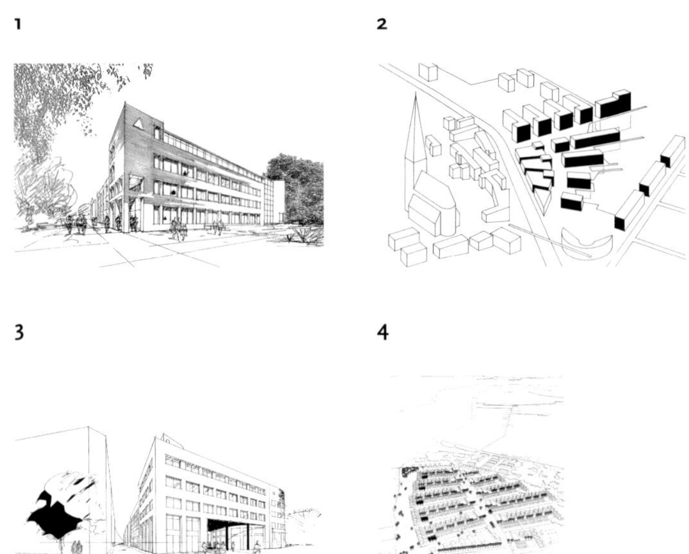

1
2
3

Stadt der Widersprüche und des Aufbruchs

City of Contradictions and New Departures

Das trotz seiner Größe und Bedeutung, die immer von Handel und Schiffahrt bestimmt war, in der Konkurrenz um die Landeshauptstadt unterlegene Rostock entstand im Jahr 1265 aus drei eigenständigen Siedlungen, die noch heute im Stadtkern an Märkten und Plätzen ablesbar sind. Als eine der bedeutendsten Hansestädte im Ostseeraum erlebte die Stadt ihre Blüte im 14. und 15. Jahrhundert und gründete im Jahr 1419 die erste Universität Nordeuropas. Nach Hamburg und Bremen belegte die Segelschiff-Flotte Rostocks bis zur Mitte des 19. Jahrhunderts den dritten Rang, obwohl der wirtschaftliche Niedergang der Stadt vom 17. bis zum ausgehenden 19. Jahrhundert bestimmend blieb. Ein erneuter wirtschaftlicher Aufbruch setzte nach dem Ersten Weltkrieg ein, stand jedoch mit der Rüstungsindustrie des Dritten Reichs unter unguten Vorzeichen. Die Schöpfungsgeschichte der Stadt aus Ostsee, Hanse und Backstein dominieren nach den ersten industriellen Stadterweiterungen zu Beginn des Jahrhunderts heute «Schlafstädte», deren Wohnungen zu DDR-Zeiten im Volksmund nur «Arbeiterschließfach» hießen. Von 220000 Einwohnern ingesamt leben mehr als 150000 in Plattenbausiedlungen, die von 1959 an bis weit in die 80er Jahre in das Umland wucherten. Dennoch bleiben alte Stadt und Wallanlage präsent und ablesbar. Das Prestige-Bauwerk der Stadt, Symbol des «sozialistischen Aufbaus» aus den frühen 50er Jahren, die Lange Straße, entstammt mit seinen Giebel- und Speicher-Motiven dagegen einer Verbindung von Backstein-Gotik und Moderne, die mich in ihrer Eigenständigkeit innerhalb der Typologie sozialistischen Städtebaus immer wieder beeindruckt. Die breit angelegte Magistrale bietet den direktesten Weg in die Eigenarten dieser Stadt, der Harmonie und Geschlossenheit mit der Zerstörung im Zweiten Weltkrieg abhanden gekommen waren. Trotz Backstein-Verblendung erinnern die sechs- bis elfgeschossigen Monumentalbauten — wie von Ulbricht beabsichtigt — eher an die Berliner Karl-Marx-Allee als an hanseatischen Städtebau. Heute schreiben sich die Denkmalpfleger den Erhalt dieser Achse auf die Fahnen, weil von den Kaufhaus-Bauten und Bürohäusern der «Landvermesser aus dem Westen» nichts Besseres zu erwarten sei. Darin sehe ich einen Gradmesser für die Bedeu-

Despite its size and importance based on trade and shipping, Rostock, founded in 1265 from three amalgamated autonomous settlements, never became the state's capital. Open air markets and town squares in the city's centre are remnants of the original three settlements. One of the foremost Hansa cities on the Baltic Sea, the city flourished in the fourteenth and fifteenth centuries and in 1419 became the site of the first university in Northern Europe. Rostock had the third-largest fleet of trading ships after Hamburg and Bremen until the middle of the nineteenth century, although economic decline dominated life in the city from the seventeenth to the end of the nineteenth century. When economic revival finally re-animated the city after the First World War, it was clouded by a bad omen: it was driven by the armaments industry of the Third Reich. The city, with a genesis characterized by the Baltic Sea, the Hanseatic League, brick buildings, and a first wave of industrial development in the early part of the century, is today dominated by suburbs whose apartments were dubbed "workers' lockers" in the GDR era. More than 150,000 of the 220,000 inhabitants live in sprawling, faceless slab blocks which spread around the city from 1959 until the late 1980s. Still, the old core and the town rampart have survived. The city's most prestigious feature, the Lange Strasse, is a symbol of "socialist reconstruction" practiced in the early 1950s. It owes much to a combination of brick Gothic and Modernism evident in the gables and the storehouse motif whose autonomy in the context of a socialist typology of urban planning never fails to impress me. The wide thoroughfare offers the best view of the city's unique qualities, where harmony and unity were lost as a result of the destruction during the Second World War. The brick walls notwithstanding, the six- to eleven-storey blocks are more reminiscent — as Ulbricht intended — of Berlin's Karl-Marx-Allee than of Hanseatic urban plans. Today, advocates of historic monuments actively pursue the preservation of this stretch of buildings. In their view the department stores and office buildings which the "land surveyors from the West" are sure to erect will hardly be an improvement. This attitude seems to me a measure of how important coherent urban planning

"

tung einer städtebaulichen und architektonischen Konsequenz, die inmitten divergierender Ziele auch heute möglich sein sollte. Dazu kommt in dieser offenen und regen Stadt eine Vitalität und Risikobereitschaft, die mit der sprichwörtlichen Langsamkeit Mecklenburgs und dem Bismarck zugeschriebenen Slogan: «Wenn die Welt einmal untergehen sollte, dann gehe ich nach Mecklenburg, denn dort kommt alles hundert Jahre später», nichts mehr zu tun hat. Alles Streben dieser Stadt, heißt es, sei stets auf schnöden Mammon gerichtet gewesen, belegt noch ein Jahrhundert nach dem Ende der Hanse 1669 in dem Satz Friedrichs des Großen: «Die Stadt ist wie ein Mehlsack, wenn man draufhaut, staubt's ...». Schon kurz nach der Wende hatte Europas größtes schwimmendes Einkaufszentrum in Rostock festgemacht. Das «Tor zur Welt», das die DDR 1960 schaffen wollte, das aber in Anbetracht verschlossener Türen damals lediglich zur Emanzipation von den ostdeutschen Hanse-Schwestern führen konnte, braucht für den Neubeginn jedoch wirtschaftliche Stärke. Das hanseatisch Zupackende, die realistische und pragmatische Kaufmannsart dieser Menschen liegt mir als Hamburger, der auch mit Bremen und Lübeck vertraut ist, sehr nahe. Bezeichnend ist, daß man in Rostock auch von freien Unternehmern zu Architekten-Wettbewerben eingeladen wird. Wie alle Hansestädte der Ostsee zeigt Rostock, nach Öffnung des zu DDR-Zeiten abgeschotteten Überseehafens wieder Stadt am Meer, nicht nur Treppengiebel und Speicher, Bürgerstolz und Tradition, sondern unermüdlich auch Aufbruchstimmung.

and architecture are, and that they should still be possible today, regardless of divergent goals. Furthermore, this open and active city exhibits a vitality and a readiness to take risks which has little in common with Mecklenburg's proverbial lethargy or with what Bismarck is reported to have said: "Should the world come to an end, then I'll go to Mecklenburg, because they are always a hundred years behind." The city has a reputation for having always been a slave to mammon; as Frederick the Great put it a full century after the end of the Hanseatic League in 1669: "The city is like a sack of flour. When you hit it, there's dust ..." Shortly after reunification, Europe's biggest floating shopping centre moored in Rostock. In 1960 ambitious plans were underway in former East Germany to create a "gate to the world" here, managing only to facilitate the emancipation from the East German Hansa sister because of the many closed doors it encountered. Today, Rostock needs the economic strength for a new beginning. As a native of Hamburg with close ties also to Bremen and Lübeck, I feel a great kinship with the Hanseatic vigour, the realism, and pragmatism of the local people. It is significant that in Rostock even independent entrepreneurs tender invitations to architecture competitions. Like all Hanseatic League cities on the Baltic Sea, Rostock, active again after the reopening of the international port which had been neglected and shut down in the GDR years, exhibits not only stepped gables and storehouses, but an untiring openness to new departures.

Bank und Wohnhaus Leibnizplatz 1995–1997

Die Hauptfiliale der Dresdner Bank liegt in der Steintorvorstadt, einem Villenviertel am Übergang zu einer straßenbegleitenden geschlossenen Bebauung. Der dem Grundstückszuschnitt folgende dreieckige Neubau greift den offenen Charakter der Straße und die typischen Eckbetonungen an Plätzen und Straßenmündungen auf. Seine Baumasse gliedert sich gemäß der vormaligen Bebauung mit drei Villen in drei massive Gebäudeflügel, die durch gläserne Zäsuren und Versprünge voneinander getrennt sind. Die beiden Flügel zur Rosa-Luxemburg-Straße sowie zu den angrenzenden Bauten schließen die Villenbebauung mit ihren Putzfassaden ab. Als Auftakt der geschlossenen Bebauung ist der Flügel an der Ecke Graf-Schack-Straße/Rosa-Luxemburg-Straße» in Backstein ausgeführt, auch im Inneren. Quadratische Felder bilden den Rahmen für das große Wandgemälde von Gerhard Merz. Der Haupteingang an dieser städtebaulich wichtigen Ecke wird durch das Überschreiten der Bauflucht betont. Zwei in sich abgeschlossene Treppenräume erschließen das Gebäude. Eine durch alle Geschosse reichende, basilikal belichtete Halle im Zentrum prägt das lichtdurchflutete Innere der Bank. Alle Büroräume liegen an den Außenseiten der Obergeschosse, um künstliche Belichtung und Belüftung zu vermeiden, und sind über Galerien mit der Halle verbunden. Das Grundstück an der St.-Georg-Straße ist mit einem Wohnhaus bebaut worden.

Bank and Apartment Tower, Leibnizplatz 1995–1997

The main branch of the Dresdner Bank is located in Steintorvorstadt, a villa district, where residential suburbs give way to closed urban development. The new building, whose ground plan duplicates the triangular shape of the site, responds to the open character of the street and to the accents on street corners and squares so typical of this area. The mass of the building is divided into three large wings – tracing the former use of the site for three villas – separated from each other by glazed surfaces that break up the façades, and by changes in the line of development. The two wings on Rosa-Luxemburg-Strasse and the adjoining buildings complete the villa development in the district with rendered façades. To mark the transition between suburb and urban section, the third wing, on the corner of Graf-Schack-Strasse and Rosa-Luxemburg-Strasse, is brick-faced, even in the interior. Squares frame the large mural by Gerhard Merz. The main entrance at this busy urban intersection is emphasized by its projection from the line of development. Two connected and fully enclosed staircases provide access to the building. A glass-covered atrium across all floors in the centre of the building creates a bright, light-flooded interior for the bank. All offices and consultation rooms are located on the periphery of the upper floors to avoid the use of artificial lighting and ventilation, and are connected to the atrium via galleries. A private family home has been constructed on the site on St.-Georg-Strasse.

Historische Situation | Historic situation
Lageplan | Site plan
Fassade des Bankhauses an der Rosa-Luxemburg-Straße |
Façade of bank building on Rosa-Luxemburg-Strasse
Blick auf das Wohnhaus in der St.-Georg-Straße |
View of residential building on St.-Georg-Strasse

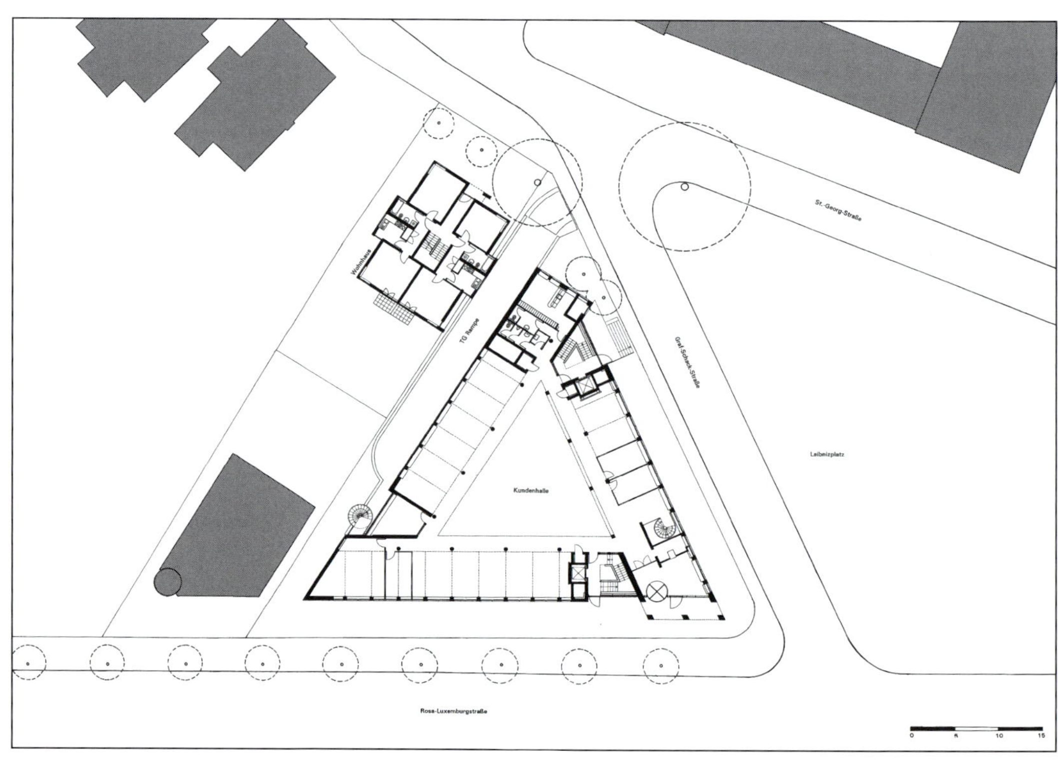

Blick vom Leibnizplatz in die
Rosa-Luxemburg-Straße | View from
Leibnizplatz into Rosa-Luxemburg-Strasse
Erdgeschoß | Ground floor 1:1000
Wandgestaltung von Gerhard Merz
in der Schalterhalle | Wall design by
Gerhard Merz in teller hall
Schnitt | Section 1:400

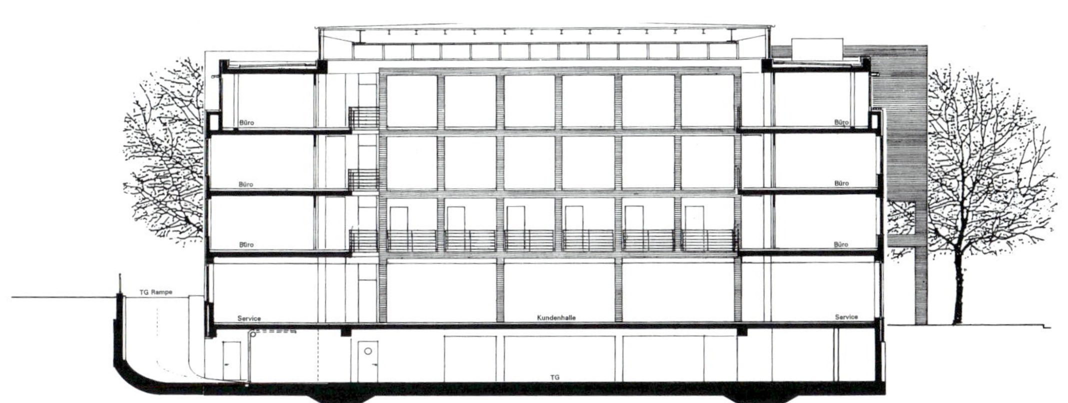

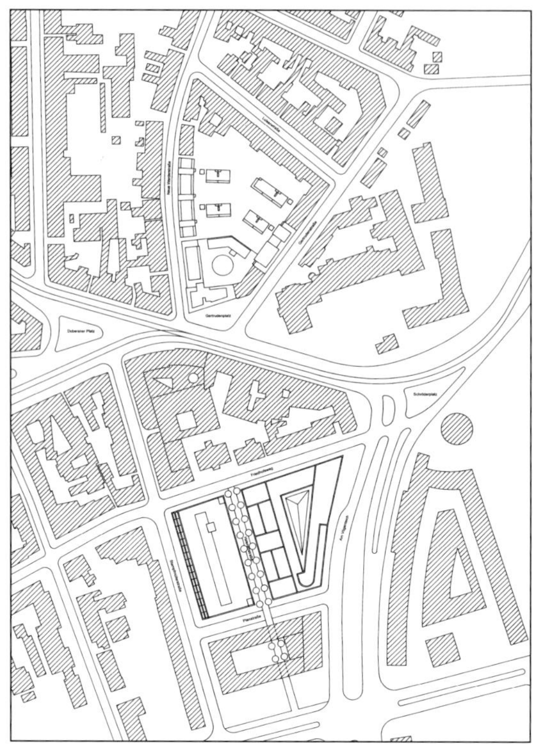

Neues Quartier in der Kröpeliner Vorstadt 1993, 1998–1999

Die geplanten Geschäftsgebäude rund um den Gertrudenplatz (Gertrudenquartier) und um den Schröderplatz stellen im Zusammenspiel mit dem gegenüberliegenden «Doberaner Hof» eine lebendige Ergänzung der Rostocker Innenstadt dar. Unter Berücksichtigung bestehender Strukturen werden Lücken geschlossen und vorhandene Nutzungen ergänzt. Die Ostseesparkasse mit einer Fassade aus Gotländer Kalkstein, im Ostseeraum seit Jahrhunderten gebräuchlich, setzt dafür im Knickpunkt der Straße ein markantes Zeichen und stellt den Übergang von der inneren Altstadt zur Kröpliner Vorstadt her. Der im spitzen Winkel erschlossene, den Straßenknick skulptural nachvollziehende Baukörper mit zentraler dreieckiger Kassenhalle, sechsgeschossiger Eckbetonung und Staffelgeschoß im Süden gibt dem Haus an städtebaulich prägnantem Standort eine unverwechselbare Identität. Ein Restaurant nutzt die beiden offenen Höfe der Kammbebauung im Übergang zum westlich anschließenden Parkhaus als Gartenterrasse bzw. Lichthof für die Wirtschaftsräume. Die Möglichkeit, den mittleren Flügel des Kamms aufzustocken, läßt trotz beengter Grundstücksverhältnisse Erweiterbarkeit zu. In den Vorstandsräumen ganz oben reicht der Blick über Terrassen bis zur Altstadt. Das Parkhaus mit Ladenzone und einem Stahlskelett-Turm, der signalhaft an die historische Feuerwache an diesem Standort erinnert, wird durch eine reduzierte, nach oben aufgelöste Stahlbetonstruktur rhythmisiert.

Lageplan | Site plan
Historische Situation |
Historic situation

New District in Kröpelin Suburb 1993, 1998–1999

The new commercial buildings on Gertrudenplatz (Gertruden district) and on Schröderplatz in combination with the Doberaner Hof hotel on the opposite side, bring Rostock's downtown to life. The development fills gaps in the district and opens up new uses. The Ostseesparkasse savings bank creates a strong accent at the sharp bend in the street; it is faced in Gotland limestone, commonly used in the Baltic Sea region for centuries, and creates a transition from the historic town to the Kröpelin suburb. The flatiron building seems like a three-dimensional projection of the sharp bend, and its features – a central triangular teller hall, a six-storey-high corner accent, a stepped-back floor on the south side – give the building a distinctive identity at this prominent site. A restaurant utilizes the two open courtyards at the transition to the car park on the west side as a garden patio or light well. A height addition is very feasible for the centre wing, offering a potential for expansion despite cramped lot dimensions. The board rooms on the top floor offer views of the old town from rooftop patios. The multistorey car park with loading zone and a steel grid tower – a symbolic reminder of the historic fire station at this site – is articulated through a reduced reinforced concrete structure that diminishes towards the top.

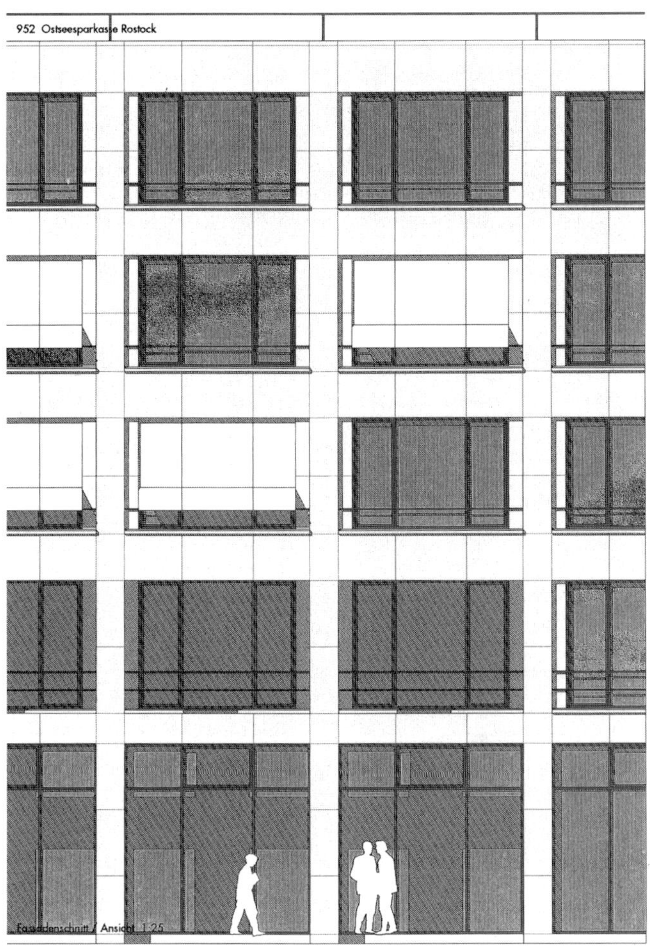

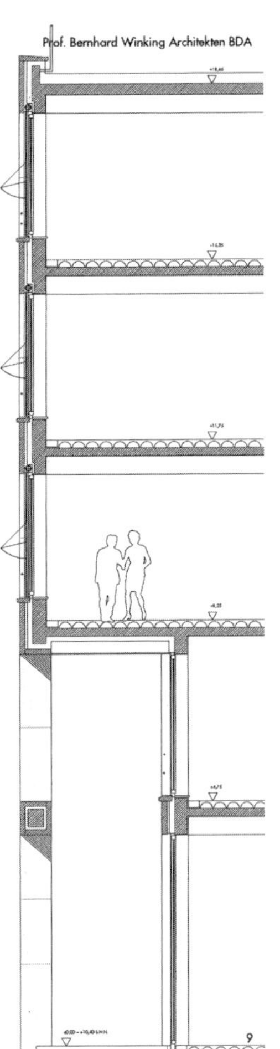

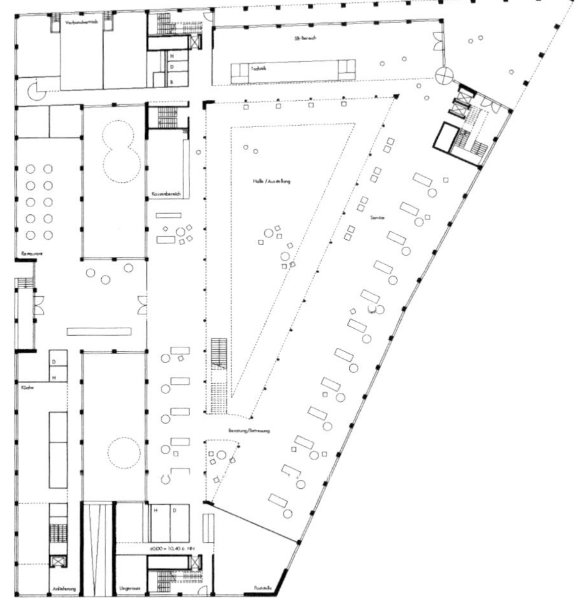

Fassadenentwurf | Façade design
Erdgeschoß | Ground floor 1:1000
Fassade Friedhofsweg | Façade on Friedhofsweg
Eingangssituation | Entrance situation

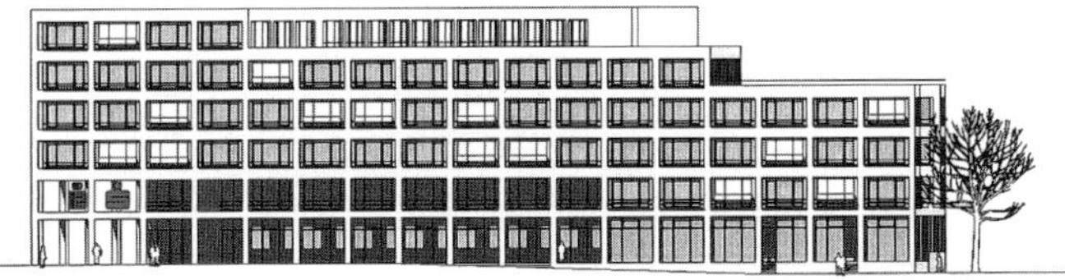

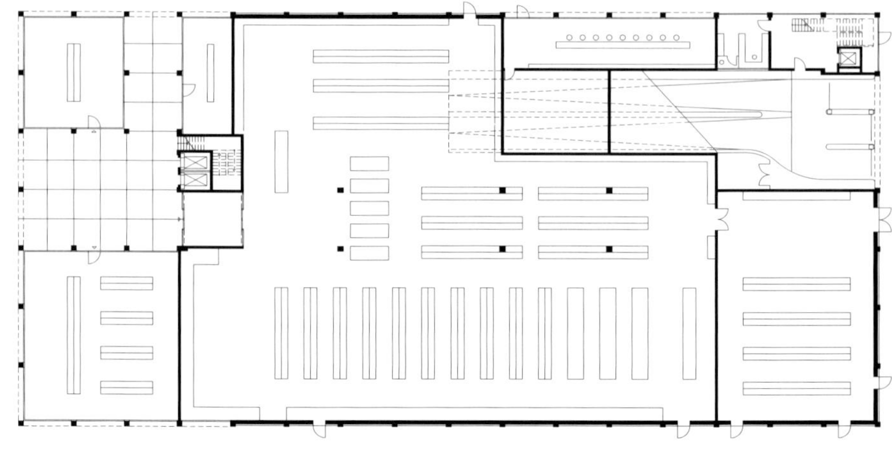

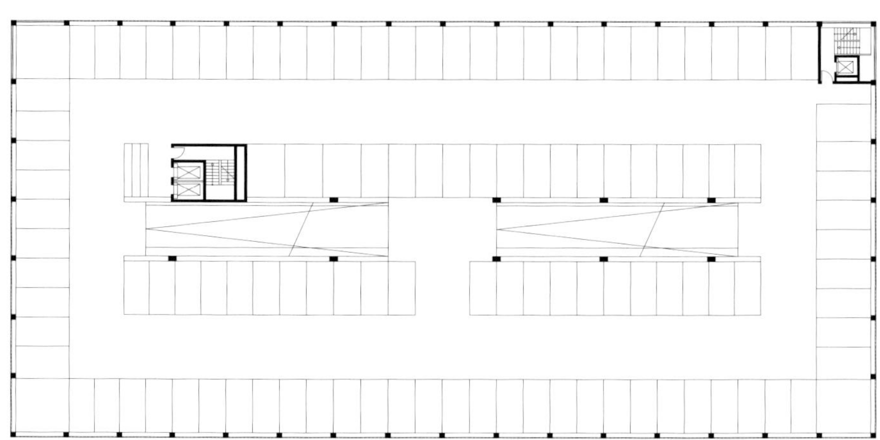

Ladengeschoß | Retail level 1 : 750
Parkgeschoß | Parking level 1 : 750
Blick vom Doberaner in die Stumpfmüllerstraße |
View from Doberaner Platz into Stumpfmüllerstrasse
Eingangssituation an der Stumpfmüllerstraße |
Entrance from Stumpfmüllerstrasse
Querschnitt Parkhaus | Section of parking garage

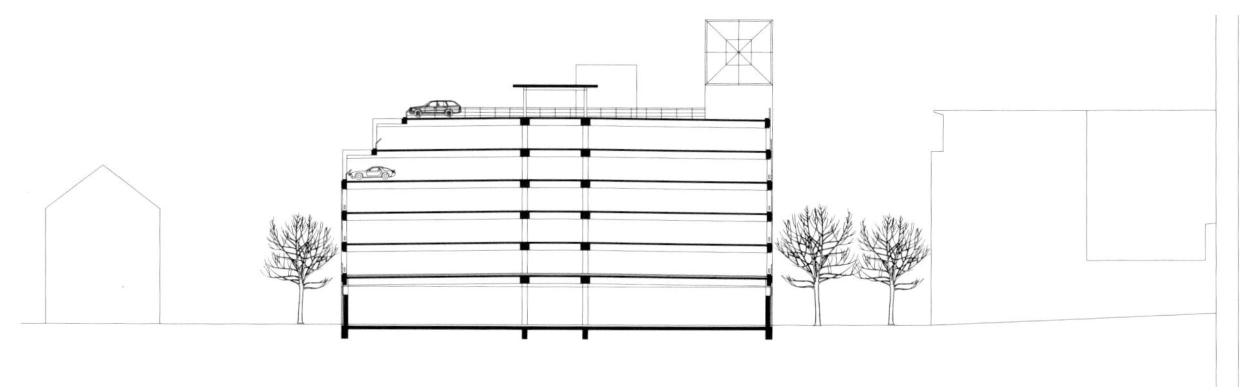

Bank und Wohnhaus Leibnizplatz |
Bank and Apartment Tower, Leibnizplatz 1995–1997
Auftrag | Commission: 1993
Standort | Location: Leibnizplatz 1, Steintorvorstadt
Bauvolumen | Size: 3 820 qm | m² und |
and 1 035 qm | m² BGF | gross area, 7 WE | units
Mitarbeit | Collaboration: S. Stiboy, K. Böckler,
F. Weitendorf, B. Voigt, J. Iwanski, A. Rowold
Landschaftsplanung | Landscape planning: Möller Tradowski, Hamburg
Kunst | Art: Professor Gerhard Merz, Berlin/Pescia
Bauherr | Client: Merkur Grundstücksgesellschaft, Berlin
Auszeichnungen | Awards: Landesbaupreis Mecklenburg-Vorpommern
1998, Anerkennung | honorable mention

Marina | Marina
Gutachten | Expert's report: 1993, 2. Platz | 2nd Place
Standort | Location: Am Strande 7, Hafen
Bauvolumen | Size: 31 900 qm | m² BGF | gross area, 113 WE | units
Mitarbeit | Collaboration: M. Deja, J. Iversen,
V. Schmiedel, J. Schwarz, C. Springmeier, V. Römer
Auftraggeber | Client: Ludewig Wasserbau
und Werft GmbH, Rostock

Neues Quartier in der Kröpeliner Vorstadt |
New District in Kröpelin Suburb
Parkhaus Alte Feuerwache mit Einkaufsgalerie |
Alte Feuerwache Parking Garage
with Shopping Centre 1998–1999
Auftrag nach Gutachten | Commission after expert's report: 1997
Standort | Location: Alte Feuerwache Friedhofsweg/Stampfmüllerstraße
Bauvolumen | Size: 18 270 qm | m² BGF | gross area,
davon | therefrom 576 Stellplätze | parking spaces
Mitarbeit | Collaboration: M. Froh, L. Maaranen,
T. Wiedmann, J. Zecher, K. Böckler, A. Schröter
Bauherr | Client: Arne Weber, Hamburg

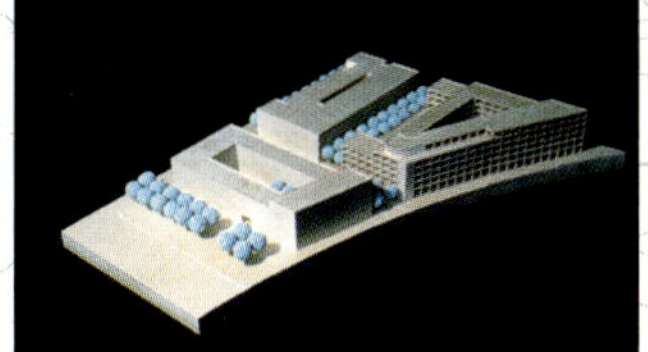

Gartenstadt Gehlsdorf | Garden City, Gehlsdorf
Wettbewerb | Competition: 1997
Standort | Location: Pressintin Straße, Gehlsdorf
Bauvolumen | Size: 13 600 qm | m² BGF | gross area
Mitarbeit | Collaboration: B. Schlegel, T. Butzko, L. Maaranen, V. Thiele
Landschaftsplanung | Landscape planning: Ariane Röntz, Berlin
Auslober | Tender issued by: Rostocker Gesellschaft, Rostock

1997
Bundespressekonferenz |
Federal Press Conference
Centre

1995–1998
Alice-Salomon-Fachhochschule
für Sozialpädagogik und
Sozialarbeit | Alice Salomon
School of Social Education
and Social Work

1997
Landesvertretung
Rheinland-Pfalz | Permanent
Representation, Rhineland-
Palatinate

1995
Stadtreparatur Köpenick |
Urban Renewal, Köpenick

5

6

11

12

Berlin

1996–1998
Palais am Pariser Platz |
Palais on Pariser Platz

1994
Wohn- und Geschäftshaus
am Pariser Platz |
Apartment and Office Building,
Pariser Platz

1998
Straßenmöbel Unter
den Linden | Urban Fixtures
for Unter den Linden

1994
Bundeskanzleramt |
Federal Chancellery

1991
Kommunikationszentrum
und Börse | Communications
Centre and Stock Exchange

1996
Neuordnung Stuttgarter
Platz/Bahnhof Charlottenburg |
Urban Renewal, Stuttgarter
Platz/Bahnhof Charlottenburg

1993
Zentralbibliothek Technische
Fachhochschule | Central
Library, Polytechnic

1992
Olympiahallen Berlin 2000 |
Olympic Halls Berlin 2000

1994
Stadtvilla am Wenden-
schloß | Urban Villa near
Wendenschloß Castle

1995
Rekonstruktion eines Vier-
seitenhofes | Reconstruction of
Farmhouse Quadrangle

1994
Schulzentrum für Sozial-
pädagogik und -pflege |
School Complex for Social
Education and Social Work

1

2

3

4

7

8

9

10

13

14

15

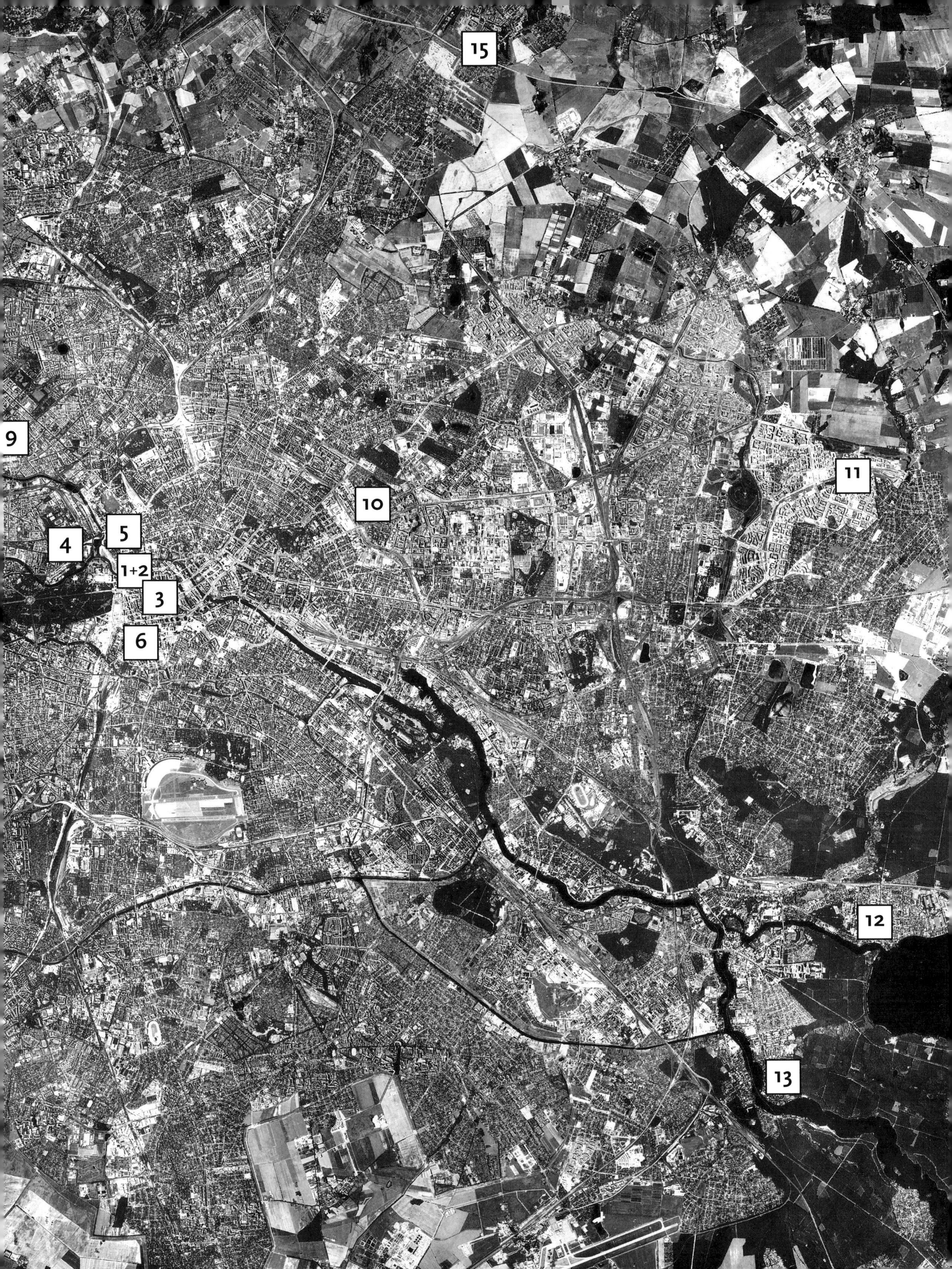

9
4
5
1+2
3
6
10
15
11
12
13

Verdichtung nach Expansion und Auflösung

Berlin ist riesig, interessant, wild und rauh – nach der Einwohnerzahl aber nicht einmal halb so groß wie Paris, Madrid oder New York. Begünstigt durch immense Brachflächen im Zentrum, entwickelte die Stadt nach dem Fall der Mauer uralte Stadtqualitäten. Nach viel Schelte zu Beginn zeigt sich heute, daß die Angst vor einem Rückfall in das 19. Jahrhundert unbegründet war. Das Ergebnis mag unerwartet, ja ungewöhnlich sein, wie der Potsdamer Platz in seiner europäisch strukturierten Internationalität. Aber gerade darin zeigt sich nicht Vergangenheit, sondern Veränderung und Neubeginn: Dichte und Kompaktheit der Straßenräume, Kreuzungen und Plätze mit ambitionierten Randbebauungen. In Berlin ist man mit der Tradition schon immer ruppig umgegangen. Man löste die Frage der baulichen Tradition durch Abriß. So erging es auch der markantesten städtebaulichen Struktur: der Berliner Mauer. Berlin dokumentiert nach kaum mehr als 500 Jahren ganzheitlicher Entwicklung nicht Einheit, sondern Kontraste, auch in Form widerstreitender Städtebau- und Architektur-Ideologien. Die Spannung der Stadt liegt in den Gegensätzen, in den «Kämpfen» und Auseinandersetzungen, die das Stadtbild prägen. Gerade das ist der besondere Charakter, heute aber auch die Chance dieser Stadt. Zwischen den vielen Anfängen Übergänge zu finden macht für mich den großen Reiz dieser Stadt aus. Dabei wollen wir aufgeregte Situationen in den Brennpunkten authentischer fassen. Im Vergleich zu Paris, London, Wien – Rom ohnehin – ist Berlin der Benjamin. Erst im 12. Jahrhundert bildeten sich um die Burgen Köpenick und Spandau erste Siedlungen. Etwa 1237 entstand die Fernhandelssiedlung Kölln auf der heutigen Museumsinsel, und auf dem rechten Spree-Ufer gründeten die Markgrafen von Brandenburg Berlin. Zu einer Doppelstadt zusammengewachsen, trat Berlin-Kölln 1359 der Hanse bei. 1432 wurden beide Städte vereint und waren ab 1470 Residenzstadt der Kurfürsten von Hohenzollern. Im Wirtschaftsboom der wilhelminischen Gründerzeit profitierte die Stadt von ihrer Lage im Mittelpunkt eines großen Eisenbahnnetzes. Zerstörung von etwa 50 000 Gebäuden im Zweiten Weltkrieg und die dramatische Teilung der Stadt 1961 sind noch heute prägend. Neben seiner vielfach gebrochenen Entwicklungslinie und explodierenden demographischen Daten waren für Berlin immer Toleranz und Offenheit kennzeichnend, ohne die der Anspruch Weltstadt und Metropole nicht zu denken ist.

Density Follows Expansion and Dissolution

Berlin is big, interesting, wild, and rough. And yet by population alone, it is only half the size of Paris, Madrid, or New York. After the fall of the Wall, vast stretches of wasteland in the city's centre facilitated a revival of old city habits. After initial misgivings, we can today see that the fear of a relapse into nineteenth-century mannerisms was unfounded. The result may be unexpected, even unusual, such as the internationalism of Potsdamer Platz in a uniquely European context. And yet it reveals not the past, but change and a new beginning: dense and compact street corridors, intersections and city squares with ambitious block edge developments. Berlin has always dealt roughly with tradition. Whenever traditional architecture posed a problem, demolition seemed the ready answer. The same fate befell that most striking of urban features: the Berlin Wall. Five hundred years or more of integrated development have created a Berlin whose face is not one of unity; instead it is dominated by contrasts, not least of all in the form of conflicting ideologies on urbanity and architecture. The city's tension arises from these contrasts, from the "struggles" and debates which define its image today. Therein lies the unique character of the city and, now, its unique chance. Finding transitions between the many beginnings is my greatest attraction to the city. In doing so, the unsettled relationships at key sites of the city need to be framed in more authentic ways. Berlin is relatively young compared to Paris, London, Vienna, and especially Rome. First settlements near the castles at Köpenick and Spandau appeared only in the twelfth century. Kölln, a regional trading settlement, was founded circa 1237 on what is today known as the museum island, while the margraves of Brandenburg founded Berlin proper on the right bank of the Spree. In 1359 Berlin-Kölln, by then a twin city, joined the Hanseatic League. The cities were united in 1432 and, from 1470 onward, became the capital of the Hohenzollern dynasty. Towards the end of the nineteenth century – in what is generally known as the Gründerzeit or promotion period, a period of great economic growth under Wilhelm II – the city's position at the centre of a large rail network proved very advantageous. The Second World War brought destruction to some 50,000 buildings and was followed by the dramatic division in 1961, still dominant in the city's presence even today. In addition to its sporadic and uneven development, coupled with a demographic explosion, Berlin

Architektonisch zeigt Berlin traditionell Härte, eine nüchterne und unsentimentale Einstellung gegenüber allem Gebauten, die Nutzwert immer über baukünstlerischem Sturm und Drang ansiedelte. Schon der Übergang zur Ziegelbauweise im 14. Jahrhundert hinterläßt als Backsteingotik in Berlin nur wenige Spuren, wohl aber in Brandenburg an der Havel oder in Frankfurt an der Oder. Zum Inbegriff des preußisch-berlinischen Bauens wurde Karl Friedrich Schinkel, obwohl viele seiner Entwürfe unrealisiert blieben, obwohl viele seiner Bauten dem Krieg oder törichter Zerstörungswut anheimfielen. Schinkel war kein Genie, so der Bauhistoriker Goerd Peschken, aber ein grundanständiger Mensch und ein grundanständiger Architekt, der der Stadt mit großer Sorgfalt und viel Einfühlungsvermögen zu Einheit und Maßstab verhalf. Tugenden, die mit Inbrunst unbequeme Architekten heute bequem von sich weisen. Das sozial geprägte, schmucklose Neue Bauen unter Martin Wagner knüpfte an die alten, später bei den monströsen Planungen zur Welthauptstadt «Germania» schnell vergessenen berlinisch-märkischen Traditionen an. Der antistädtischen Stadtlandschaft Scharouns nach dem Zweiten Weltkrieg und der punktuellen Stadtreparatur der Postmoderne folgte nach der Wiedervereinigung der schwierige und langwierige Weg zur Kritischen Rekonstruktion des historischen Zentrums, zur Rekonstruktion der nationalen Mitte – von der raumauflösenden Dynamik zu einer spezifischen Raumgestalt nach dem Vorbild der «Halbzeit der Moderne». Noch einmal gilt, was Ernst Bloch formulierte: «In Berlin ist mutatis mutandis immer Gründerzeit.»

has always aspired to tolerance and openness, essential characteristics for any city that hopes to be a true metropolis. Architecturally speaking, Berlin traditionally shows a tough side, a sober and unsentimental attitude towards any kind of building, in which utility is prized above the emotional charge of an architecture inspired by Sturm und Drang. Thus the transition to brick construction in the fourteenth century left few traces of brick Gothic in Berlin in contrast to Brandenburg an der Havel or Frankfurt an der Oder. Karl Friedrich Schinkel emerged as the quintessential Berlin architect in the Prussian era – even though many of his designs were never realized and, of those that were, many fell prey to either war or whim. According to Goerd Peschken, an historian of architecture, Schinkel was no genius. But he was a very decent human being and a very decent architect, whose care and sensitivity invested the city with unity and scale. Schinkel's virtues are all too easily dismissed by today's "difficult" architects. The plain, socialist Neues Bauen (New Building) under Martin Wagner picked up the thread where the traditions of Berlin and Mark Brandenburg had left off, quickly forgotten in the monstrous planning for a world metropolis, "Germania." Scharoun's post-Second World War anti-urban cityscape and isolated postmodern urban restoration projects were followed, after reunification, by a long and difficult path towards a critical restoration of the historic centre, a reconstruction of the national core – from dissolving space to designing space. One might coin a motto: "Half-time of Modernism." Ernst Bloch's statement "Mutatis mutandis, Berlin is perpetually in a state of foundation," is as true as ever.

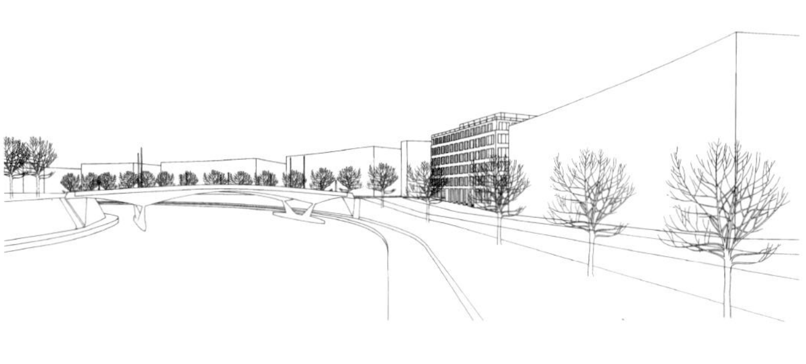

Bundespressekonferenz 1997

Im Bereich des nördlichen Spreebogens wird entlang der südlichen Grundstücksgrenze ein zusätzlicher Durchbruch zur Spree vorgeschlagen. Die neue «Wassergasse» schafft Luft für einen Solitär und eigenen Block. Dessen Erscheinung in Stein und Glas knüpft an die Tradition moderner Gewerkschafts- und Verbandshäuser im Berlin der 20er und 30er Jahre an. Tonfarbenes Terrakotta als hinterlüftete Vormauerschale mit Mörtelfugen im Kreuzverband gibt dem Haus eine beständige und robuste Hülle. Über dem zurückspringenden obersten Geschoß liegt das gläserne Dachgeschoß, das als Krone des Hauses den Innenhof akzentuiert. Im Gegensatz zur äußeren Geometrie des Hauses, die die städtebaulichen Konturen der historischen Straßen, der Spree und des Bahndamms aufnimmt, steht die Strenge des quadratischen Eingangshofs. Um ihn gruppieren sich der Pressesaal im Norden, Presseclub und Konferenzräume im Süden sowie das dazwischen liegende Presse-Restaurant mit Clubraum. Die Presse- und Restaurant-Terrasse gewährt einen weiten Blick über die Spree auf den Tiergarten und das Kanzleramt. Vier gleiche Treppenkerne erschließen die zweibündigen Bürogeschosse. Jeweils vor den Kernen sind offene Empfangs-, Service- und Kommunikationsbereiche angeordnet. Der dreieckige Lichthof im östlichen Gebäudeteil gibt dem Haus Transparenz und Tiefe. Das Restaurant mit Tageslichtdecke wird in die Betriebsamkeit des Hauses einbezogen.

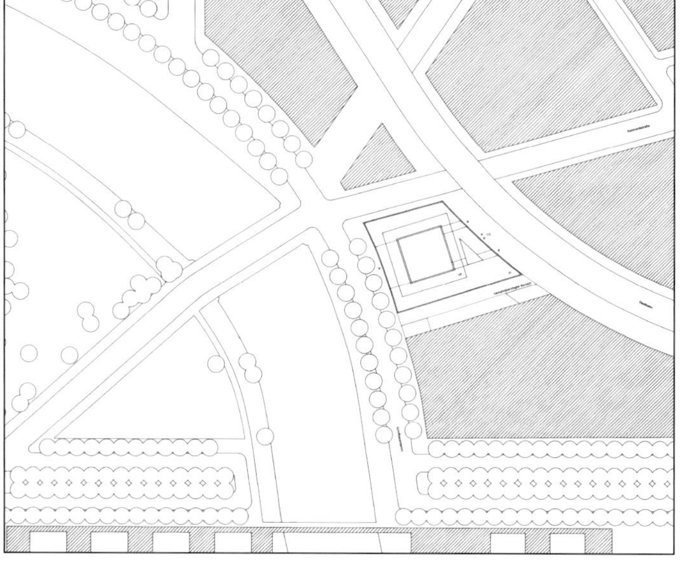

Federal Press Conference Centre 1997

It has been suggested that a new penetration be created between the site's edge on the south and the Spree. A new waterway would create a breathing space for the free-standing Federal Press Conference Centre developed as an autonomous city block. Its stone and glass design continues the tradition of trade union and guild buildings of 1920s and 1930s Berlin. An earth-tone terracotta facing for a ventilated frost-proof skin with mortar joints in cross bond provides the building with a permanent and robust exterior. The recessed top floor is covered by a glass loft that crowns the interior courtyard. The rigour of the square entrance court stands in contrast to the exterior geometry of the building, which follows the urban contours found in the historic surroundings of the neighbourhood, the Spree, and the railway embankment. The courtyard is bordered on the north side by the press conference hall, and on the south, by the press club and conference rooms, with the press restaurant and club room in the middle. The press restaurant patio offers a panoramic view across the Spree onto Tiergarten Park and the chancellery. Four identical communication cores provide access to the double-depth office floors. Open-concept reception, service, and common areas are located in front of each staircase. The triangular glass-covered patio in the east section of the building creates transparency and depth. The restaurant with glass ceiling is integrated into the busy life of the complex.

Blick über die Spree auf den
Schiffbauerdamm | View across
the Spree River onto Schiffbauerdamm
Historische Situation 1905 |
Historic situation circa 1905
Lageplan | Site plan

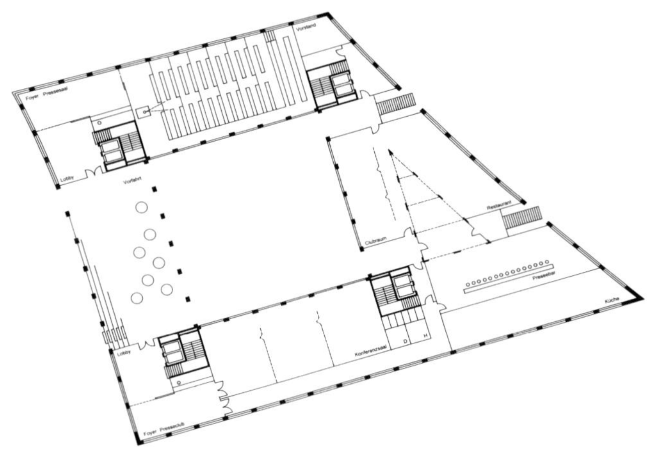

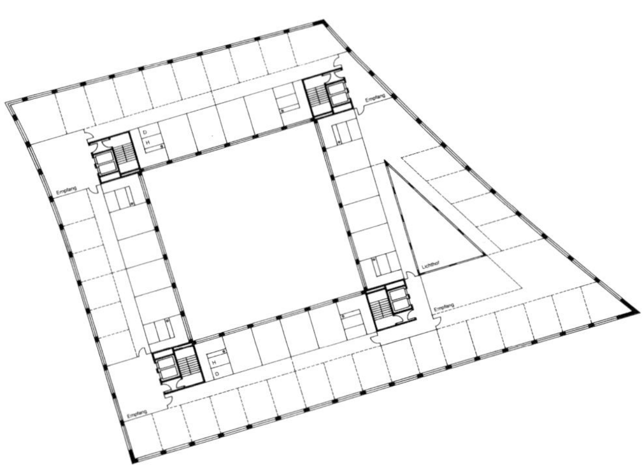

Aufrisse Schiffbauerdamm und
Reinhardtstraße | Elevations Schiffbauerdamm and
Reinhardtstrasse 1 : 1000
Erdgeschoß und Regelgeschoß | Ground floor
and standard floor 1 : 1000

Landesvertretung Rheinland-Pfalz 1997

Der Neubau der Landesvertretung von Rheinland-Pfalz in Berlin vereint in sich die Bautypen der Villa und des Verwaltungsgebäudes. In
seiner Erscheinung spiegeln sich sowohl regionale Eigenart als auch
das selbstbewußte Einfügen in die Berliner Szene. Eine großzügige
Pforte mit Blick in das Atrium mit Wasserfläche erschließt das Haus
von Süden. Seitlich liegen eine Weinstube mit Freisitz im Atrium
sowie der Übergang zum Foyer mit Besuchergarderobe. Hinter dem
Foyer befinden sich die beiden wichtigen Säle mit eigenem Zugang in
den Garten. Zwei Treppenanlagen mit verglasten Aufzügen führen in
die unterschiedlichen Bereiche des Hauses. Der vordere Kern mit
Büros, Wohn- und Gästebereichen ist direkt von der Tiefgarage aus
zugänglich. Im zweiten Obergeschoß befindet sich die Leitungsebene
mit Balkon zur Gartenseite. Zentrale Dienste liegen zur Eingangsseite
und zum Atrium. Die Wohnbereiche im dritten Obergeschoß sind
zum Garten und zum Atrium orientiert. Kamin- und Eßzimmer im
vierten Obergeschoß sind nur durch Glaswände vom Dachgarten
getrennt, der als klassische Terrasse wie das Atrium den Typus des
römischen Hauses zitiert und einen weiten Rundblick in Richtung
Tiergarten, auf das Brandenburger Tor und den Reichstag gewährt. Ein
Stück weit Pfalz oder Residenz des «Landesfürsten» in metropolitaner
Umgebung.

Permanent Representation, Rhineland-Palatinate 1997

The new building for the permanent representation of Rhineland-
Palatinate in Berlin is a combination of villa and administrative building. Its exterior expresses regional character and a confident integration into Berlin's scene. The main, south entrance to the building is a
generous portal offering a glimpse into atrium and water basin. Once
inside, visitors can step into a wine bar with open seating in the atrium. Here, too, is the link to the main lobby with a visitors' coatcheck.
The lobby has entrances to the two main lecture halls of the building
with additional exits that lead into the garden. Two stairwells with
glass elevators link the various areas of the building. The foremost
section, with office, residential, and guest areas, is connected to the
underground car park. The third floor contains the executive offices
with a balcony that overlooks the garden. Central services are located
on the entrance and atrium sides of the building. The residential units
on the fourth floor face onto garden and atrium. Floor-to-ceiling glass
walls separate the sitting room with fireplace and dining room on the
fifth floor from the roof garden, whose classic style in combination
with the atrium create a reference to a Roman style of architecture. At
the same time, this suite offers a panoramic view of Tiergarten Park,
the Brandenburg Gate, and the Reichstag. This building is a piece of
the Palatinate in Berlin. One could also call it a "sovereign's" residence in metropolitan surroundings.

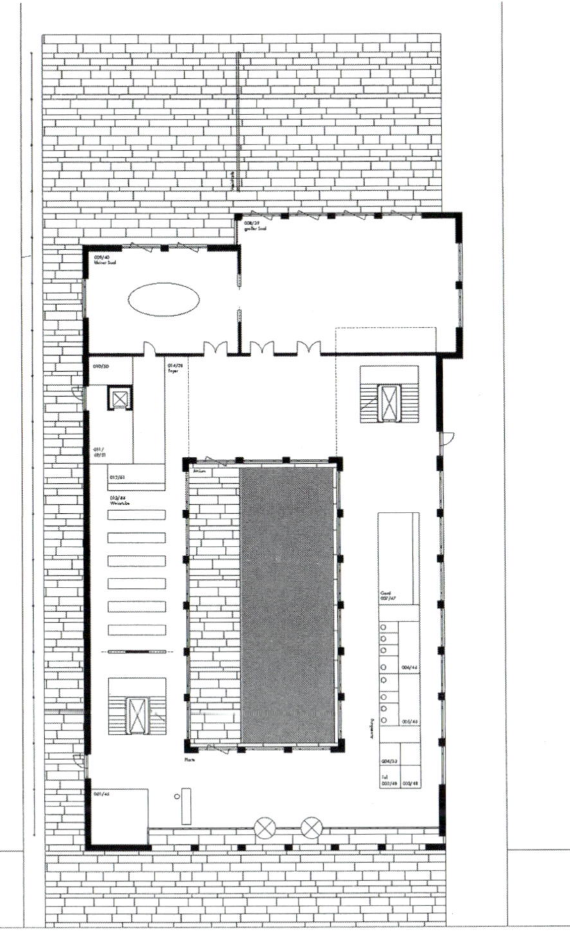

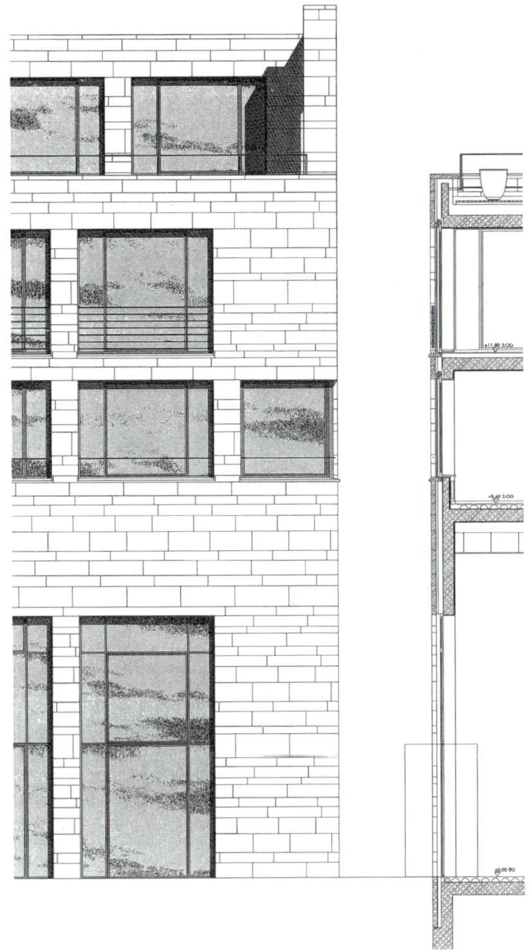

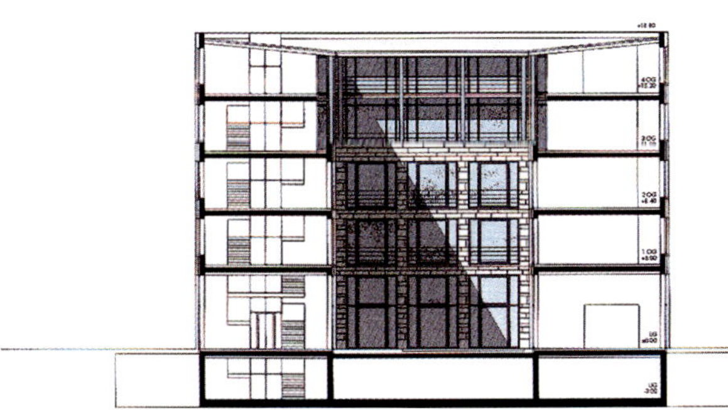

Casa dei Vetti in Pompeji | Casa dei Vetti in Pompeji
Lageplan | Site plan
Erdgeschoß | Ground floor 1 : 600
Fassadenentwurf | Façade design
Ostfassade | East façade 1 : 600
Gartenfassade | Garden façade 1 : 600
Schnitt durch das Atrium |
Section of atrium 1 : 600

Neuordnung Stuttgarter Platz/Bahnhof Charlottenburg 1996

Im Gefüge der Charlottenburger Platzanlagen gilt der Stuttgarter Platz als der bedeutende große steinerne Platz. Der Entwurf stärkt seine Funktion als Bahnhofsvorplatz und Stadtplatz im Norden. Im Süden wird ein linearer Park vorgeschlagen. Die Bahnhofshalle ist an den vorhandenen Personentunnel angeschlossen und in einem zweigeschossigen Baukörper entlang des Bahndamms untergebracht. Daran schließen Ladenlokale, Bars und Cafés an. Eine neue Stützmauer der verlagerten S-Bahnsteige ist als Ladenarkade konzipiert. Über einen Gang mit Läden und Kiosken im Untergeschoß wird der neue Bahnhof an den U-Bahn-Tunnel der Wilmersdorfer Straße angeschlossen. Zwei Bürohäuser im Norden und Süden markieren als Torbauten den Ein- und Ausgang des Platzes. Die Nordseite wird wie eine Bühne als befestigte steinerne Fläche angelegt, Straßenzüge werden niveaugleich in den Platz integriert. Die Südseite als Refugium im Stadtgetriebe ist von vorhandener Vegetation und angrenzender Wohnnutzung geprägt. Aus einer fünf Meter hohen Rotbuchenhecke am Bahndamm werden Sitzlauben ausgeschnitten, während auf dem vorgelagerten Rasenband die Bäume als Solitäre freigestellt werden. Nah an den U- und S-Bahn-Zugängen gelegene Bushaltestellen halten die Umsteigewege kurz. Um das Umfeld vom Autoverkehr zu entlasten, wird die Straße Stuttgarter Platz zurückgebaut, Parkplätze liegen in einer Tiefgarage unter dem östlichen Bahnhofsvorplatz.

Urban Renewal, Stuttgarter Platz/Bahnhof Charlottenburg 1996

Of all the public squares in Charlottenburg, Stuttgarter Platz is the most prominent. This renewal plan enhances its function as forecourt to the train station and as city square on the north side. A long, narrow park is planned on the south side. The train station – a two-storey-high structure that runs parallel to the railway embankment – is connected to the existing pedestrian underpass. The convenience shop at the end of the hall introduces the retail section with food concessions, bars, and cafés. A retaining wall for the newly placed subway platforms is designed as a shopping arcade. The train station is connected to the subway tunnel for Wilmersdorfer Strasse via an underground mall with shops and kiosks. Two office buildings on the north and south sides mark the entrance and exit of the square. The north side is solidly paved, setting the stage for daily scenes of urban life, and roads crossing the square are level with the paving to fully integrate them into the square. To the south side is an oasis in the urban bustle behind a screen of foliage and bordering onto residential streets. South-facing arbours are cut into a five-metre-high beech hedge on the embankment and the stretch of lawn has been planted with solitary trees. Bus stops are close to subway entrances, for convenient passenger transfer. To relieve the traffic congestion in the area, Stuttgarter Platz Street will be reduced and parking is available in an underground car park on the east side.

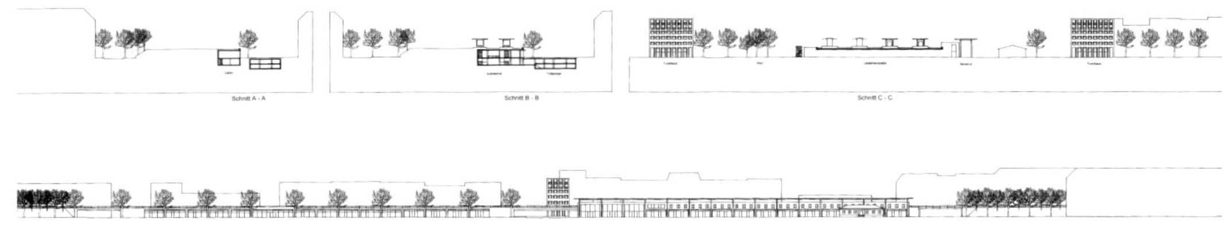

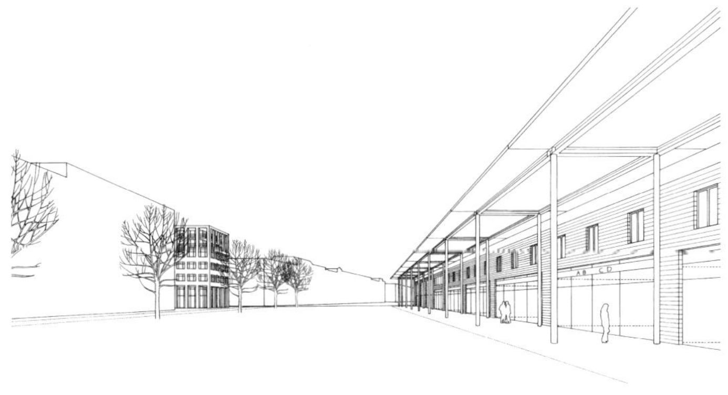

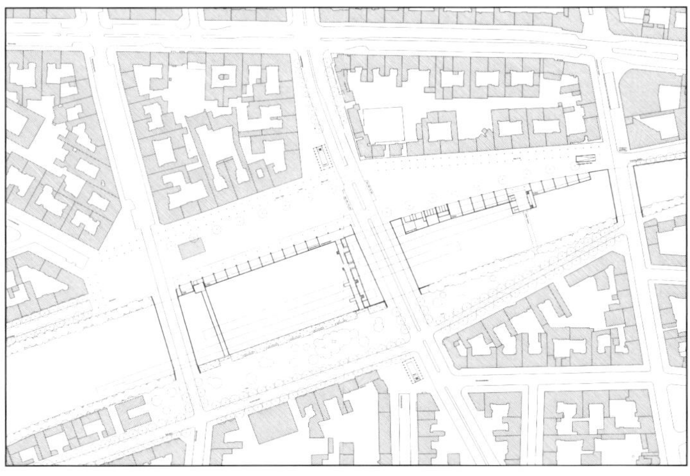

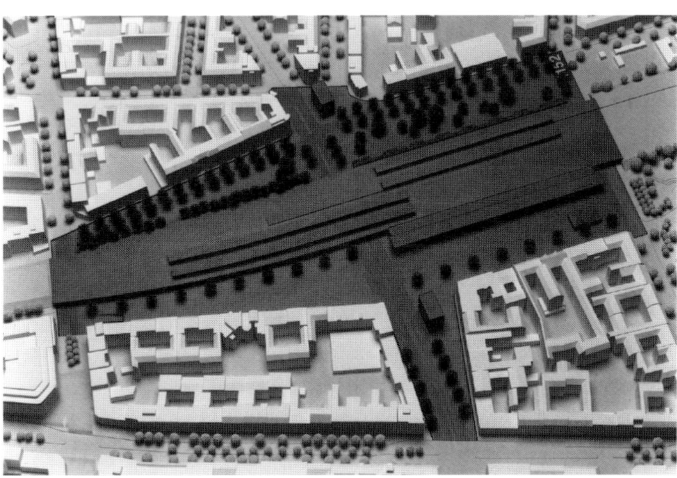

Historische Situation um 1900 |
Historic setting circa 1900
Plätze in Berlin-Charlottenburg |
Public squares in Berlin-Charlottenburg

Aufrisse | Elevations 1:1500
Ausgangssituation | Before construction
Neukonzeption | New urban concept
Lageplan | Site plan
Wettbewerbsmodell | Competition model

Wohn- und Geschäftshaus am Pariser Platz 1994

Das Gebäude der Dresdner Bank interpretiert den historischen Grundstückszuschnitt, indem es auf zwei ungleich große Parzellen mit einem glasgedeckten Atrium und einem offenen Hof reagiert. Am Pariser Platz zeigt es sich als großes Bankhaus mit Sandsteinfassade und Granitsockel. Haupteingang und Hofdurchfahrt analog zu alten Berliner Stadthäusern weisen auf asymmetrische Anordnung und ehemalige Grundstückszuschnitte hin. Durch die gegenüber dem Straßenniveau erhöhte Halle reicht der Blick in das für Ausstellungen, Empfänge und Konzerte vorgesehene Atrium. Zum Pariser Platz liegen das Konsulat und die Clubräume. Um das Atrium gruppieren sich die Beratungsräume. Der an der Seite gelegene vertikale Erschließungskern steigert die Privatheit der oberen Geschosse, während eine Freitreppe die Cafeteria im Sockelgeschoß öffnet. Ein zweiter Eingang über den Hof erschließt den rückwärtigen Teil des Gebäudes. Die Normalgeschosse mit Büros sind zum Pariser Platz und im Mittelflügel zweibündig, zu den Brandwänden einbündig organisiert. Jeweils am Kern liegen Empfang und Sekretariat. Rückwärtig erweitern sich die Flure zu Kommunikationsinseln mit Teeküchen. In jedem Geschoß ist ein Besprechungsraum zum Hof angeordnet, im dritten Obergeschoß die Niederlassungsleitung mit Foyer, Konferenzraum und Speiseraum. Das Staffelgeschoß oberhalb des Glasdachs enthält Gästewohnungen – ein typisches Stadthaus mit gemischter Nutzung.

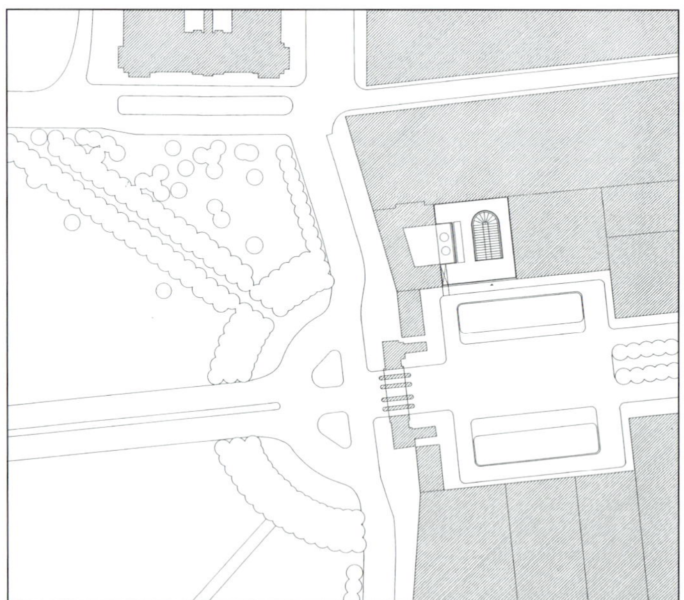

Fassadenentwurf |
Façade design
Lageplan | Site plan

Apartment and Office Building on Pariser Platz 1994

The Dresdner Bank building responds to the historic proportions of the site and compensates for the uneven lot dimensions with a glass-covered atrium and an open courtyard. Seen from Pariser Platz it appears as a large bank building with stone-clad façade and granite base. The main entrance and yard driveway are designed in keeping with traditional large residences in Berlin, by referring to the asymmetrical placement and lot geometries of those traditional homes. From the main lobby, slightly elevated from street level, one can look right into the atrium intended for exhibitions, receptions, and concerts. The consulate and clubrooms overlook Pariser Platz. Consultation rooms are grouped around the atrium. The vertical access core has been placed off-centre to increase privacy for the upper floors, while an open staircase provides public access to the cafeteria on the mezzanine. Employees and deliveries enter from the rear via a yard entrance. The standard floors with offices overlooking Pariser Platz and those in the centre wing are double-depth, on the fire wall side they are single-depth. Reception and secretarial areas are grouped around the core of each level. Towards the rear the hallways widen into a common area with tea kitchens. Each floor features a meeting room overlooking the yard. Executive offices and lobby, conference room, and dining room are located on the fourth floor. The stepped-back floor above the glass roof contains guest apartments – a typical city house for mixed use.

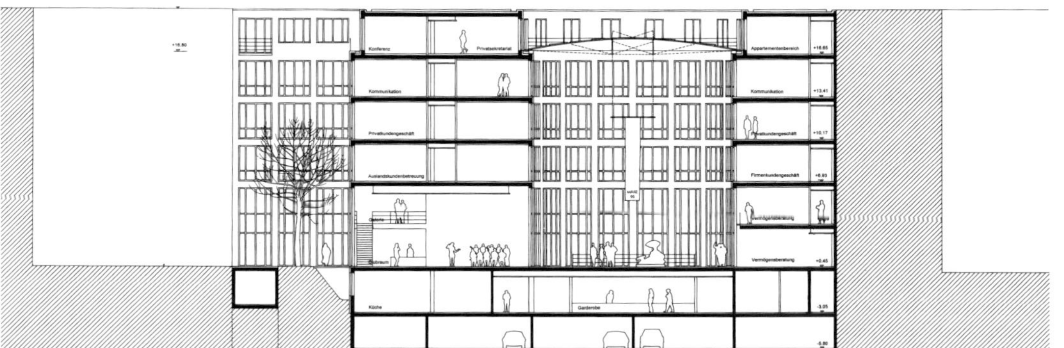

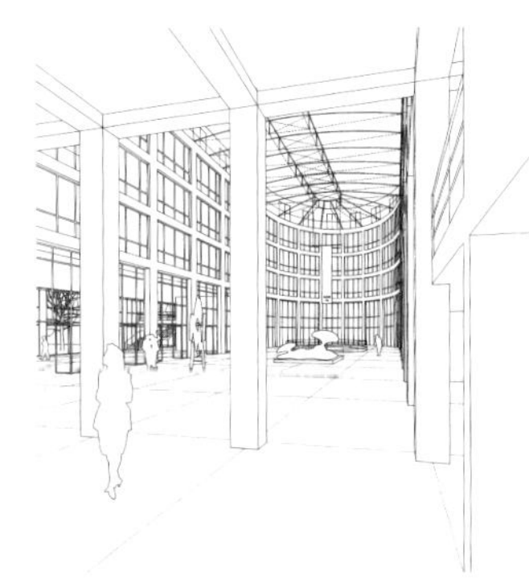

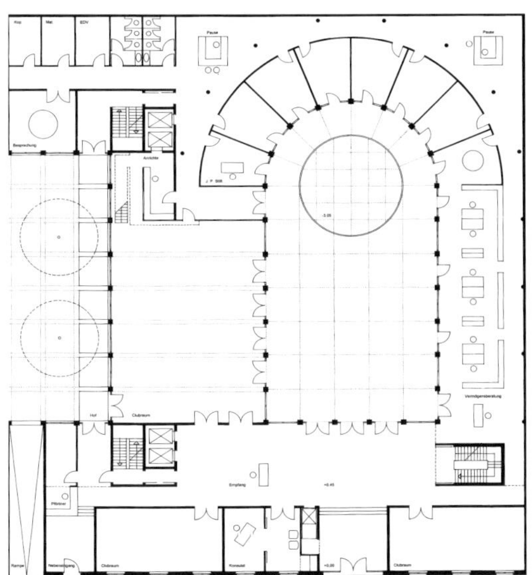

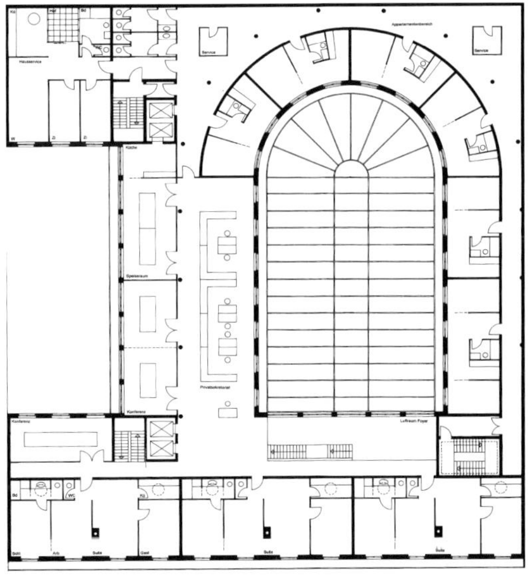

Aufriß Pariser Platz | Elevation Pariser Platz
Schnitt durch Innenhof und Halle |
Section of courtyard and atrium

Blick in die Halle | View into atrium
Erdgeschoß | Ground floor 1 : 750
Staffelgeschoß | Stepped-back floor 1 : 750

Palais am Pariser Platz 1996–1998

Am Pariser Platz, zwischen Parlament und Regierungsbauten im Tiergarten und der inneren Stadt, entsteht ein lebendiges Haus zum Wohnen und Arbeiten. Das steinerne Haus in schlesischem Sandstein mit Granitsockel formuliert seine Erscheinung als zeitgemäße Rekonstruktion der historischen Anlage August Stülers. Zentrale Entwurfselemente sind die Eingangsloggia am Pariser Platz, der Turm mit dem repräsentativen Treppenhaus und der öffentlich zugängliche Innenhof mit Ladenlokalen. Die Normalgeschosse mit den Bürobereichen sind zum Pariser Platz und zur Ebertstraße zweibündig, an den Brandwänden einbündig organisiert. Im Turm sowie im dritten und vierten Obergeschoß an der Ebertstraße sind fünfzehn Wohneinheiten untergebracht. Größen und Teilungen der Fenster sind klassisch, sie nehmen Bezug auf die historischen Bauten Stülers und die am Platz geplanten Neubauten. Zur Ebertstraße erscheint das Gebäude als ein Haus, in seiner Gliederung verweist es aber darauf, daß an dieser Stelle historisch drei Häuser standen: der Turm als Ausdruck der Italien-Sehnsucht Stülers, der Mittelteil mit zurückgesetzter Staffel und Arkaden im Erdgeschoß, abschließend ein in der Fläche bleibender schmaler Gebäudeteil als Übergang zu den Dorotheenblöcken.

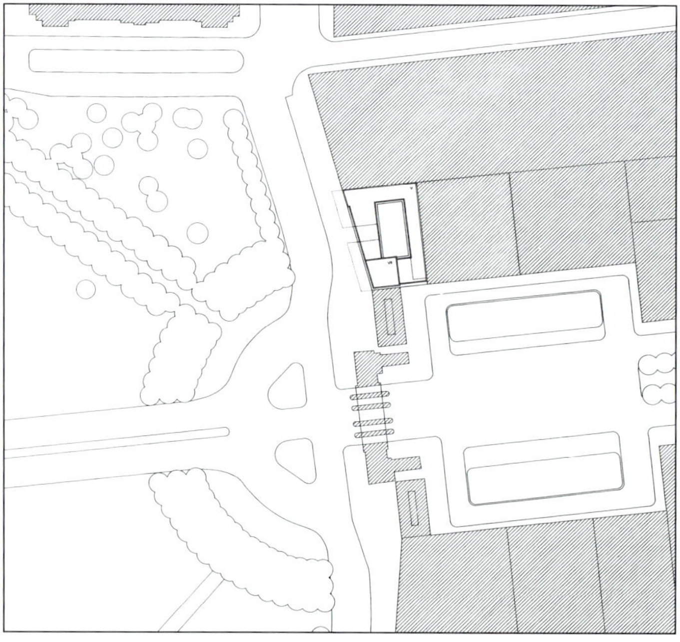

Palais on Pariser Platz 1996–1998

A vibrant building for living and working is being erected on Pariser Platz between parliament and government buildings in the Tiergarten district and the city centre. The house, clad in Schlesian sandstone with a granite base, is a contemporary reconstruction of August Stüler's historic building. The loggia on Pariser Platz, the tower with formal staircase, and the public access to the interior courtyard with retail stores are the main design features. The standard office floors overlooking Pariser Platz and those facing Ebertstrasse are single depth, the floors on the fire wall side are double depth. Fifteen apartment units are housed in the tower and on the fourth and fifth floors overlooking Ebertstrasse. The windows and sections are classic in scale and design, a clear reference to Stüler's historic buildings and to the new buildings planned for this square. From Ebertstrasse, the building has the look of a solitary structure, but its sectioned design reminds us that three buildings used to stand on this site. There is the tower (a reminder of Stüler's yearning for Italy), the middle section with recessed split level and arcades on the ground floor, and finally, a narrow section that acts as a transition to the block development on Dorotheenstrasse.

Ausgangssituation 1989 | Before construction 1989
Lageplan | Site plan
Blick auf das Brandenburger Tor 1935 und 1998 |
View of Brandenburg Gate 1935 and 1998
Nordwestliche Platzkante 1901 und 1998 |
North-west corner of square 1901 and 1998

Gesamtsituation 1997/98 | Overall view 1997/98
Historische Situation Ebertstraße 1931 und
nach Bebauung 1999 | Historic setting 1931 and
situation Ebertstrasse after construction 1999

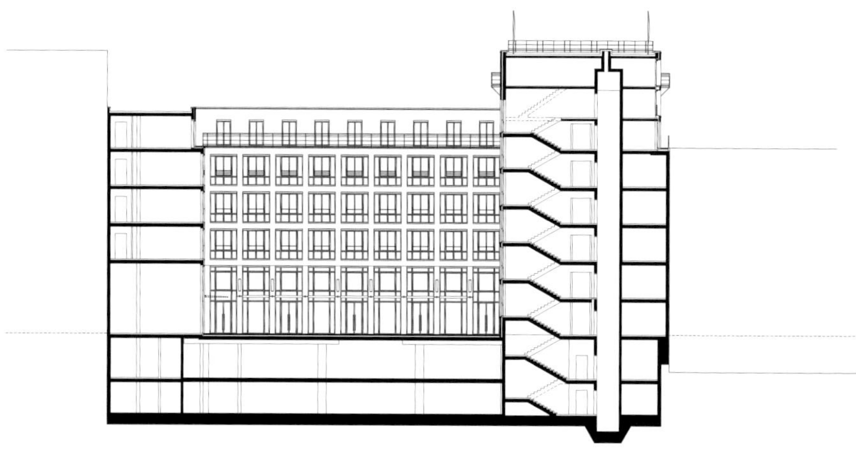

Aufriß Pariser Platz | Elevation, Pariser Platz
Aufriß Ebertstraße | Elevation, Ebertstrasse
Längsschnitt | Longitudinal section

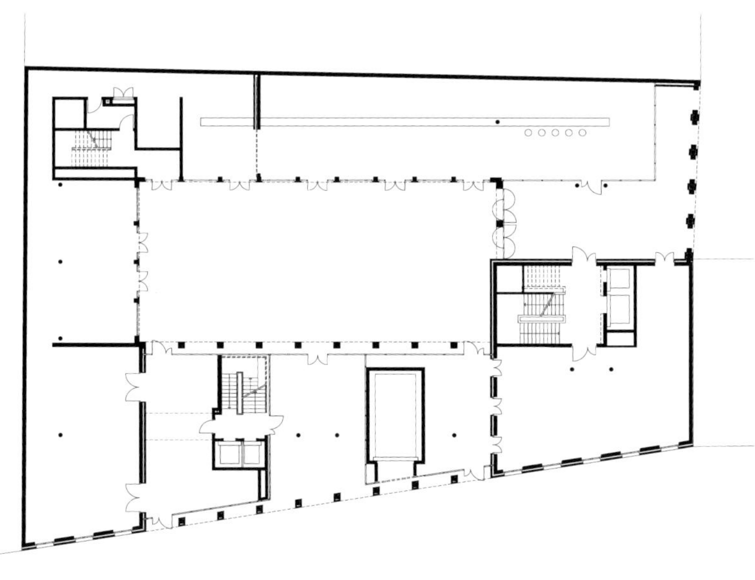

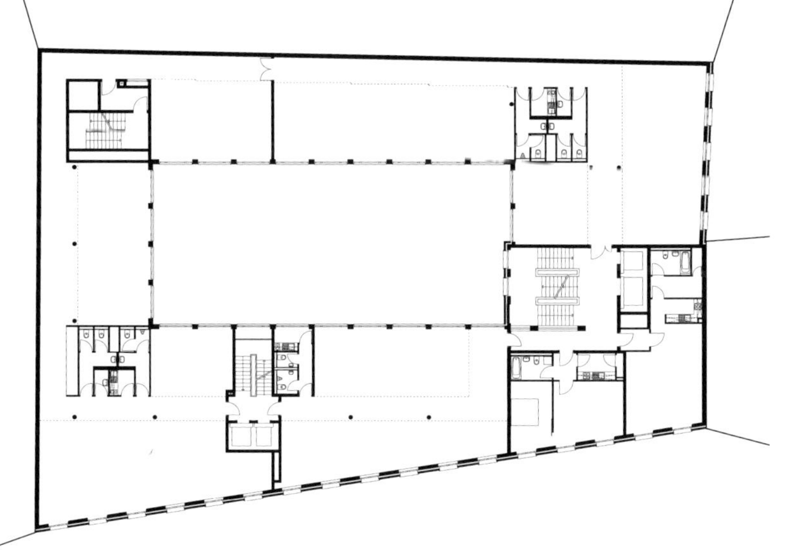

Erdgeschoß | Ground floor 1:600
Bürogeschoß | Office floor 1:600
Büro- und Wohngeschoß |
Office and apartment floor 1:600

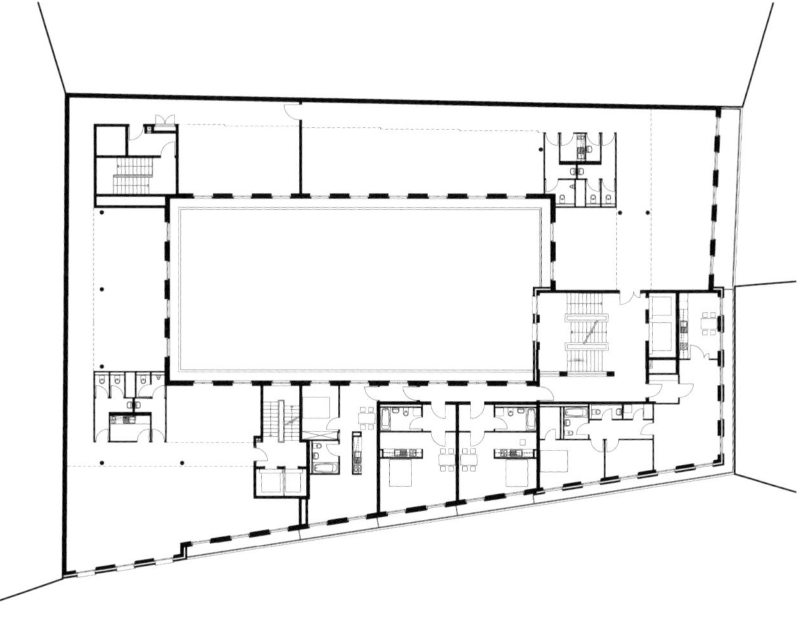

Nordwestliche Platzkante |
North-west corner of square
Zeus vor Wallenstein |
Zeus in front of Wallenstein

Innenhof mit Skulptur
von Stephan Balkenhol | Courtyard with
sculpture by Stephan Balkenhol
Büroraum | Office
Haupttreppenhaus | Main stairwell
Wandgestaltung von Gerhard Merz |
Wall design by Gerhard Merz

Straßenmöbel «Unter den Linden» 1998

Die Geschichte zeigt, daß der Straßenzug immer nach den Anforderungen der Zeit gestaltet war. Der Entwurf knüpft an die «Linden» als Boulevard in den 20er und 30er Jahren an. Die Standorte für die Kioske befinden sich in den östlichen Kreuzungsbereichen, um den Blick auf das Brandenburger Tor nicht einzuschränken. Die Gehwegseiten erhalten Schupmann-Kandelaber. In den seitlichen Baumachsen sind Bushaltestellen, Telefonzellen, Stadtinformationen sowie die künftigen U-Bahn-Aufzüge und Treppen angeordnet. Quadratische gußeiserne Baumscheiben ergänzen das Programm. Der Platzcharakter des «Forum Fridericianum» wird durch neue Lichtstelen in der Folge der Straßenbeleuchtung «Unter den Linden» gestärkt. An den vorhandenen Standorten der Straßenlaternen auf dem Bebelplatz und an der «Neuen Wache» wird ebenfalls der neue Leuchtentyp eingesetzt. Die Sitzbänke an der «Neuen Wache» werden ausgetauscht. Im Bereich des Forums wird auf reine Straßenbeleuchtung verzichtet, um die Raumkonturen der nachts illuminierten historischen Bauten zu betonen und das Reiterstandbild sowie die Schloßbrücke lichttechnisch herauszuheben. Alle Objekte werden aus Fertigteilen in hellem, sandfarbenem Sichtbeton mit filigranen Abmessungen in Kontrast zu Bronze ausgeführt. Betonfertigteil und Bronzedetail führen so die unterschiedliche Ausprägung kultureller Anliegen der beiden ehemaligen Teile Deutschlands zusammen.

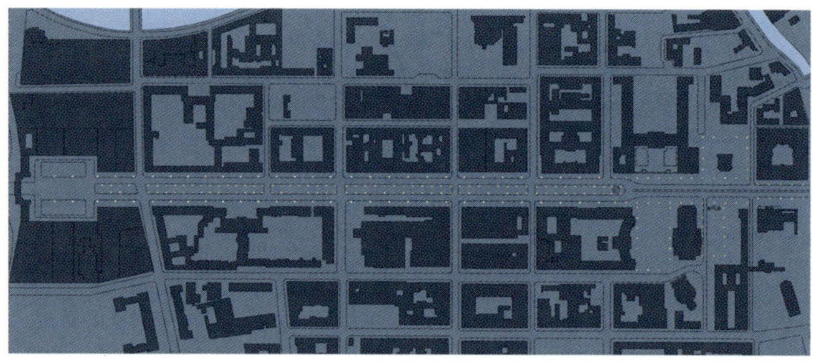

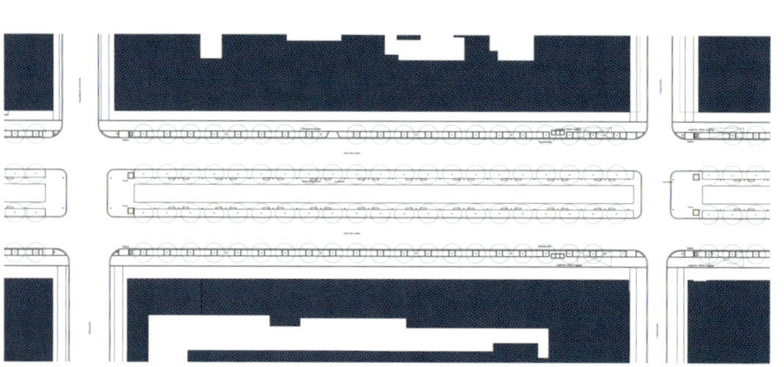

Urban Fixtures for Unter den Linden 1998

History shows that Unter den Linden has always been accessorized to reflect the demands of each era. The design picks up where the history of the "Linden" as a boulevard left off in the 1920s and 1930s. The kiosks are located on the east side of the intersections for an unfettered view of the Brandenburg Gate. The sidewalks will feature Schupmann lampposts. Bus stops, telephone booths, and visitor information stands (as well as future subway entrances with stairs and elevators) are all located along the tree-lined axes of the boulevard. Square, cast-iron grilles at the base of trees and complement the overall design concept. The character of the Forum Fridericianum is enhanced with new lampposts along Unter den Linden. The new lighting will also to replace existing lampposts on Bebelplatz and at the Neue Wache. The benches in front of the Neue Wache will be replaced. Near the forum overhead street lighting has been omitted to give full effect to special illumination at night which emphasizes the contours of the historic buildings, the equestrian statue, and the castle bridge. All fixtures are executed from prefabricated sand-coloured exposed concrete components with filigree dimensions contrasting with bronze. The prefabricated concrete components and the details in bronze mediate between the diverse development of cultural themes in the two former sections of Germany.

Historische Situation 1901 |
Historic situation 1901
Lageplan | Site plan
Anordnung der Straßenmöblierung |
Placement of urban fixtures

Entwurf Leuchte und Bank |
Design for street lamp and bench
Entwurf Kiosk | Kiosk design 1 : 50
Perspektiven zum Schloßplatz |
Perspective views of Schlossplatz

Alice-Salomon-Fachhochschule für Sozialpädagogik und Sozialarbeit 1995–1998

Ziegelfassaden und Gebäudedimensionen fügen sich in das städtebauliche Grundkonzept von Andreas Brandt und Rudolf Böttcher. Die Hochschule am zentralen Spanischen Platz, seit kurzem Alice-Salomon-Platz, folgt der Blockgeometrie zwischen Diagonale im Norden und Hellersdorfer Straße im Süden. Der vorgegebene Block umschließt den Innenhof nach dem Leitbild eines kontemplativen Klosterhofs als Gegenstück zur öffentlichen «Plaza Major», von der aus die Hochschule erschlossen wird. Die Eingangshalle hinter den Arkaden des Hauptplatzes birgt die Mensa mit Cafeteria und erschließt alle wichtigen, auch der Öffentlichkeit zugänglichen Bereiche wie Bibliothek, Seminarräume und Werkstätten. Am Eingang mit Information und Pförtner erschließt eine breite Treppe über eine dreigeschossige, offene Galerie die wichtigsten Hochschulbereiche. Die Aula sowie Räume für Medien, Tanz und Musik liegen in den ersten beiden Obergeschossen, während die drei oberen Etagen internen Funktionen von Verwaltung und Forschung zugeordnet sind. Die Hauptfassade im Innenhof wird durch die Halle geprägt und zeigt wie die Ansichten in den Gassen und Straßen einen werkstattartigen Charakter. Die geplante Nord-Süd-Gasse wird von zwei Wohnhöfen flankiert, dahinter liegt das Oberstufenzentrum. Die Blockecken der Hochschul- und Wohnbebauung nehmen Bezug auf den Stadtteilplatz Pariser Platz.

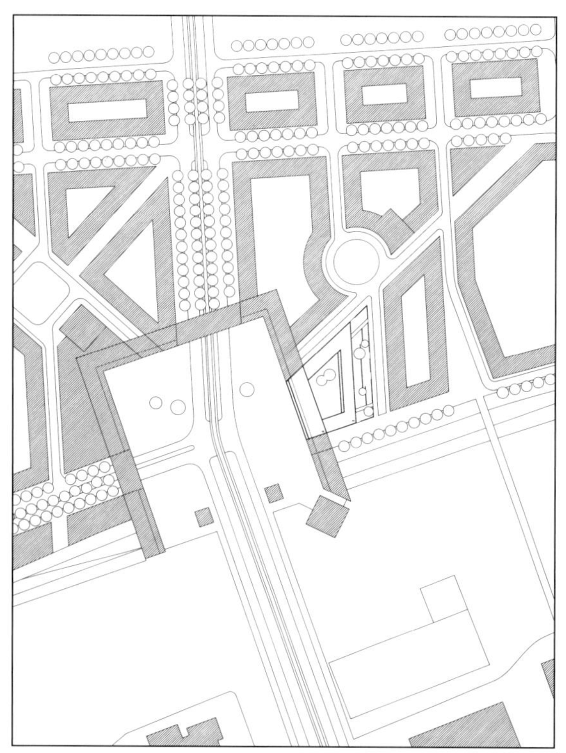

Alice Salomon School of Social Education and Social Work 1995–1998

The brick façades and dimensions are in harmony with the urban concept developed by architects Andreas Brandt and Rudolf Böttcher. The school is a new urban component on the central Spanischer Platz, recently renamed Alice-Salomon-Platz, continuing the block geometries between the diagonal to the north and Hellersdorfer Strasse to the south. The block surrounds an interior courtyard which is almost "monastic" by comparison to the public "plaza major" where the school entrance lies. The entrance lobby behind the arcades on the main square houses the mensa and cafeteria, and provides access to the school's main facilities which are also open to the public, such as library, main lecture halls, and workshops. From the entrance, complete with porter and information desk, wide stairs lead to main school areas across a three-storey open gallery. This is where the auditorium, media room, and dance and music studios are found on the second and third floors, while the fourth to sixth floors are reserved for internal functions such as administration, research, and use by professors, students, and tutors. The main elevation on the courtyard side is dominated by an atrium and has the air of a workshop, as do the other sides of the building. The projected north-south pedestrian walkway is flanked by two apartment buildings with secondary-school facilities at the rear. The block corner units of the school and of the residential development create a visual link to Pariser Platz.

Städtebauliches Grundkonzept (Brandt/Böttcher) |
Basic urban concept (Brandt/Böttcher)
Lageplan | Site plan
Front zum Alice-Salomon-Platz |
Façade on Alice Salomon-Platz
Fassade zur Nord-Süd-Gasse |
Façade on North-Süd-Gasse
Längsschnitt | Longitudinal section 1:500

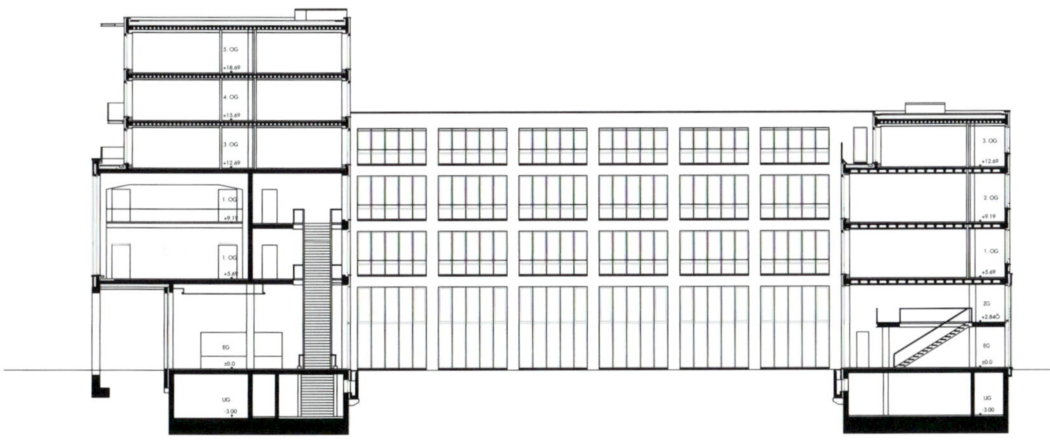

Kokoschka Straße
Peter-Weiss-Gasse
Alice-Salomon-Platz

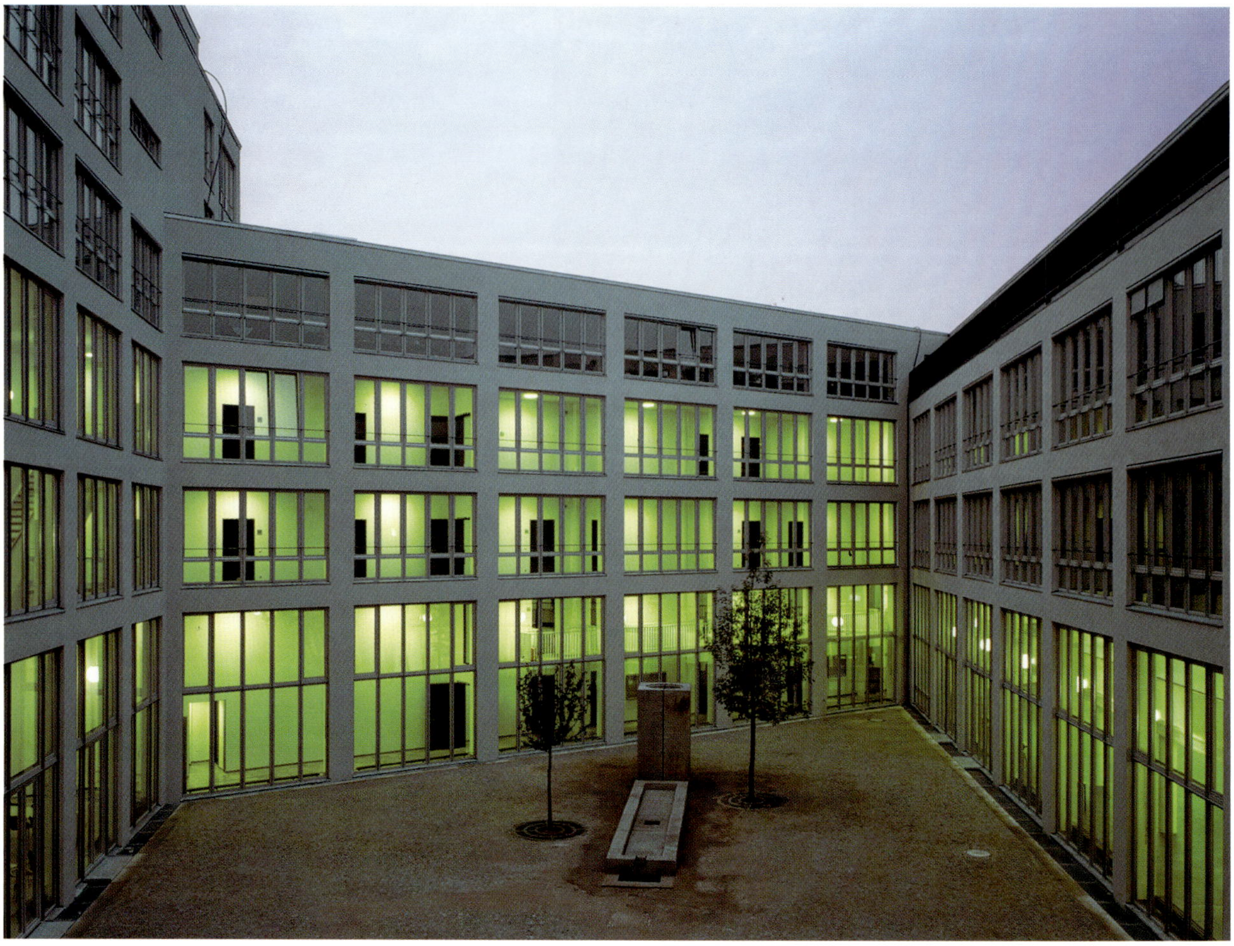

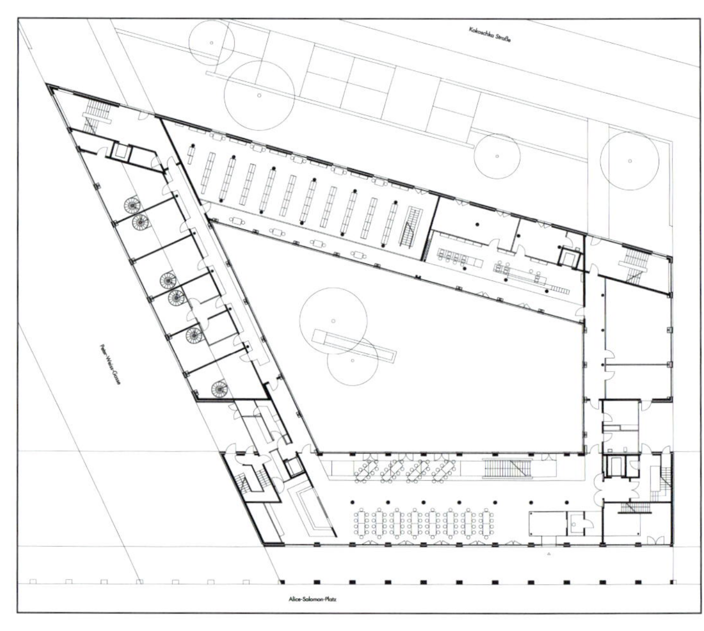

Innenhof mit Brunnen | Courtyard with fountain
Erdgeschoß mit Mensa und Bibliothek |
Ground floor with cafeteria and library 1:1000
Blick auf die Galerien mit einer Wand-
gestaltung von Gerhard Merz | View of galleries
with wall design by Gerhard Merz
1. Obergeschoss mit Aula | Second floor with
auditorium 1:1000

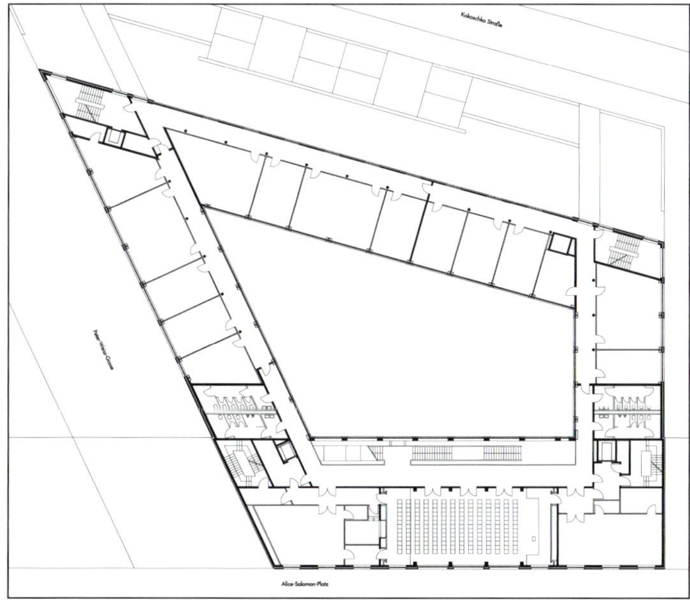

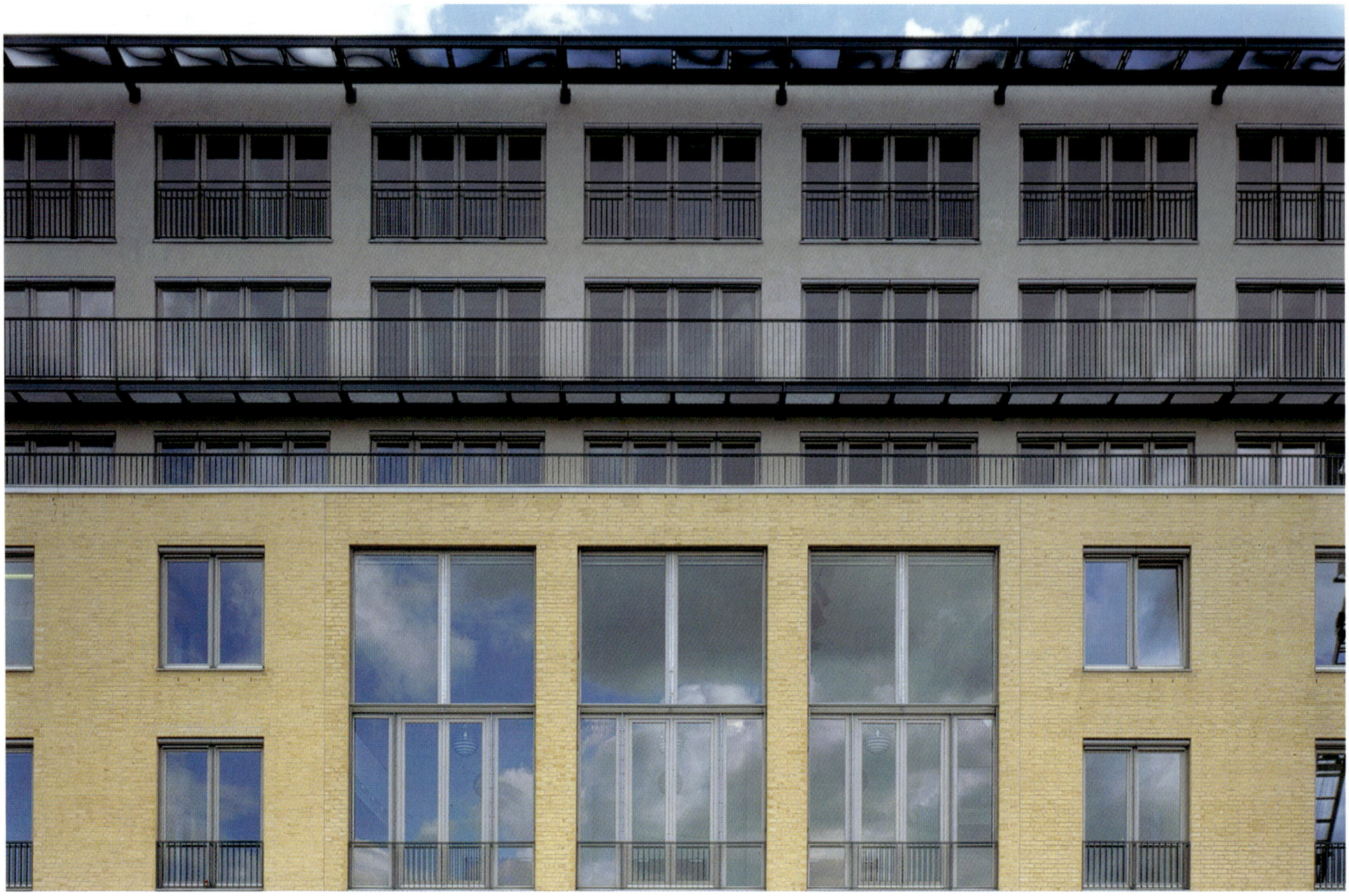

Fassadenausschnitt | Façade detail
Schnittperspektive | Cutaway drawing

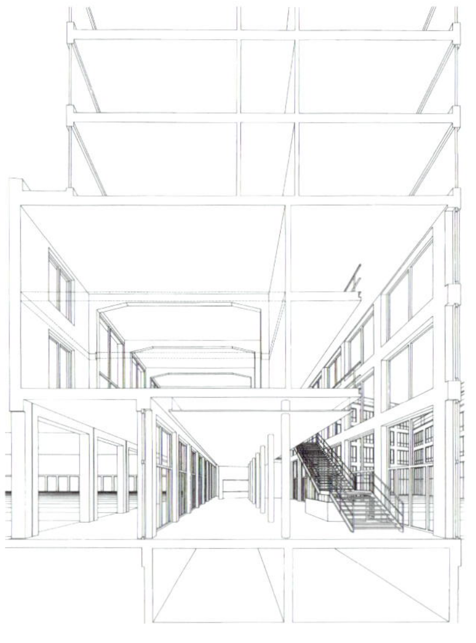

Haupttreppe zu den Galerien |
Main stairs to galleries
Wandgestaltung von Gerhard Merz |
Wall design by Gerhard Merz
Aula | Auditorium

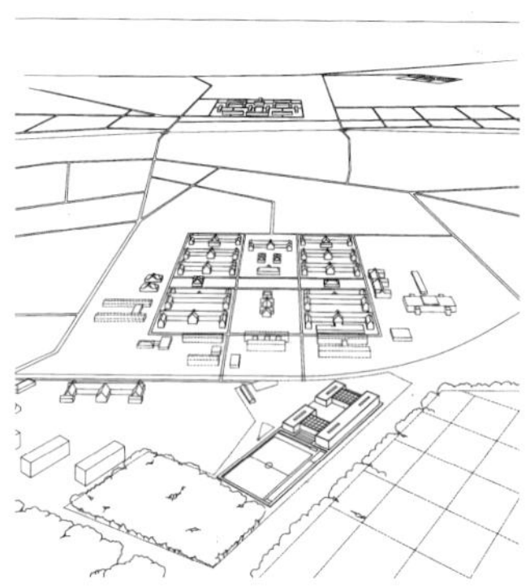

Schulzentrum für Sozialpädagogik und Sozialpflege 1994

Die Kliniken in Buch liegen als in sich abgeschlossene Welten frei im Landschaftsraum. Im Inneren folgen sie ihrer eigenen Geometrie, während sie nach außen markante Grenzen aufweisen und sich auf ihre städtebauliche Situation beziehen. Entsprechend dieser Haltung bildet das neue Schulzentrum eine kleine, in sich klar formulierte räumliche Einheit. Der verwendete, bewährte Typ des College mit Innenhof wurde von den halboffenen Höfen der Kliniken angeregt. Das Gebäude aus Stahlbeton mit blauroter Ziegelfassade und farbigen Stahlfenstern bildet mit dem Eingangshof im Westen und seiner großen Sportanlage im Norden in der gestalterischen Gesamtheit eine Insel. Die Erschließung erfolgt von Westen in Verlängerung der vorhandenen Straße. Als Pausenfläche dient der freie Vorbereich im Westen. Die Abfolge der Räume – öffentlich an der Straße, halböffentlich auf der Pausenfläche und halbprivat auf dem Campus – wird im Inneren der Schule aufgenommen. Transparenter Eingang, Pausenhalle und Cafeteria sowie Sporthalle gruppieren sich zweigeschossig um den Hof und ermöglichen den Blick quer durch die Anlage. Die einzelnen Geschosse der Schule sind nach Fachbereichen geordnet: Musik, Sport, Freizeit und Verwaltung befinden sich im Erdgeschoß, allgemeine Unterrichtsräume im ersten Obergeschoß, Bibliothek und Mediothek im Zwischenbau sowie Räume für Kunst und Pädagogik im zweiten Obergeschoß.

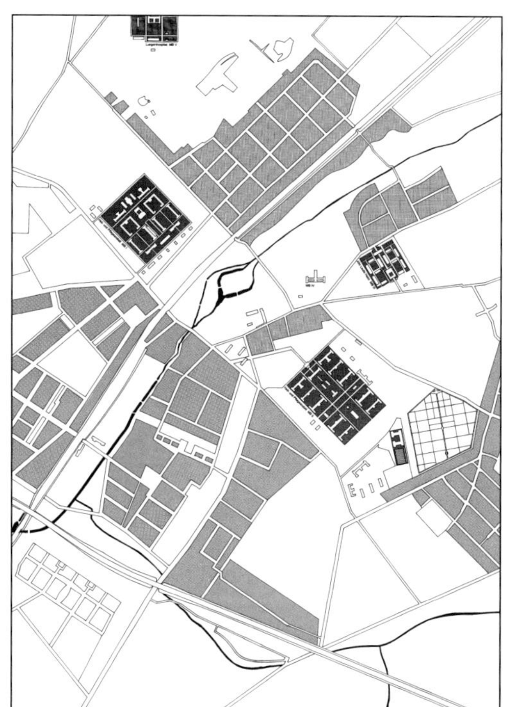

School Complex for Social Education and Social Work 1994

The clinics in the Buch district are small worlds unto themselves in an open landscape. Internally, they follow their own spatial logic. Outwardly, however, they establish definite boundaries in reaction to their urban placement. With regard to this situation, the new training centre stands as a small, clearly formulated spatial unit. The style is both familiar and popular: a college with central courtyard. It is also inspired by the semi-open courtyards of the clinics. With a main building of reinforced concrete, blue-red brick façade, and windows in multicoloured steel frames; an entrance courtyard to the west; and a large athletic complex to the north, the centre takes on an insular character. A road to the west has been lengthened for access. The open field on the west side is used during recess. The spatial disposition – public on the street side, semi-public on the recess area, and semi-private on the campus – is repeated in the school's interior. A transparent entrance, recess atrium, and cafeteria, as well as the gymnasium, are grouped in a two-storey formation around the courtyard and offer a view across the entire complex. The individual floors are assigned to the school's departments: music, physical education, recreation, and administration are housed on the ground floor; classrooms on the second floor, with library and media library in the connecting wing; and classrooms for art and pedagogy on the third floor.

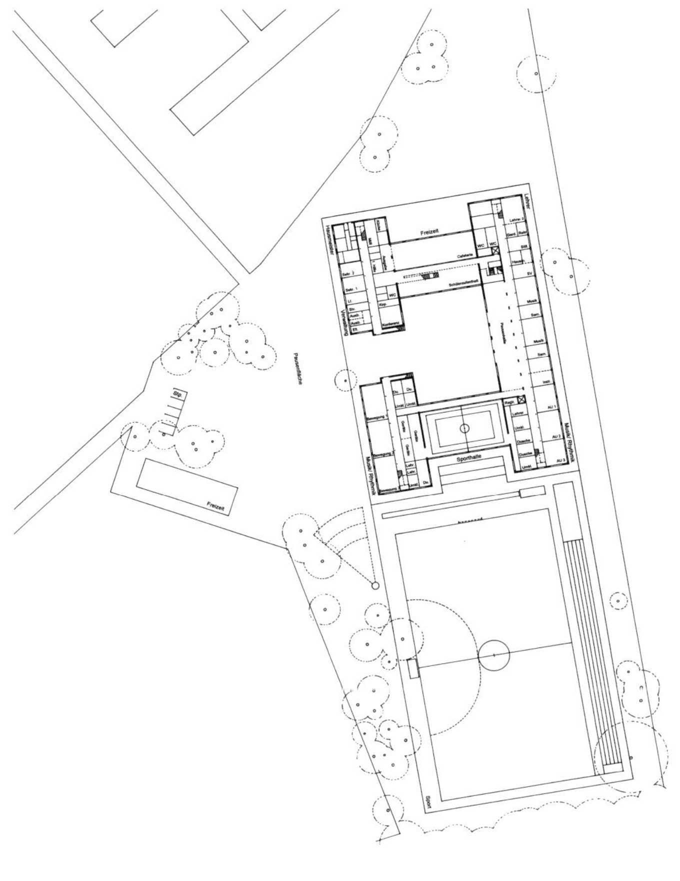

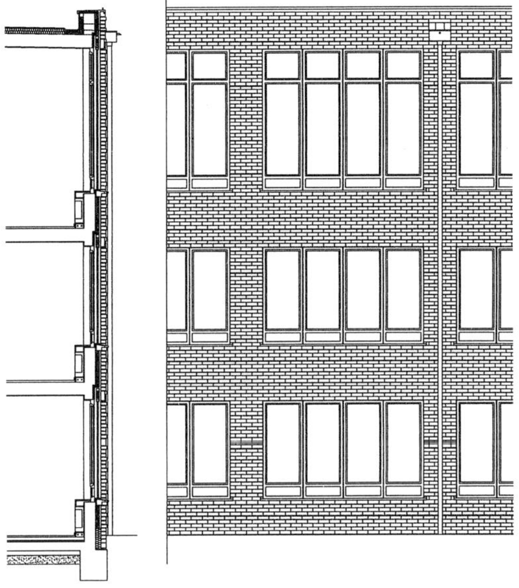

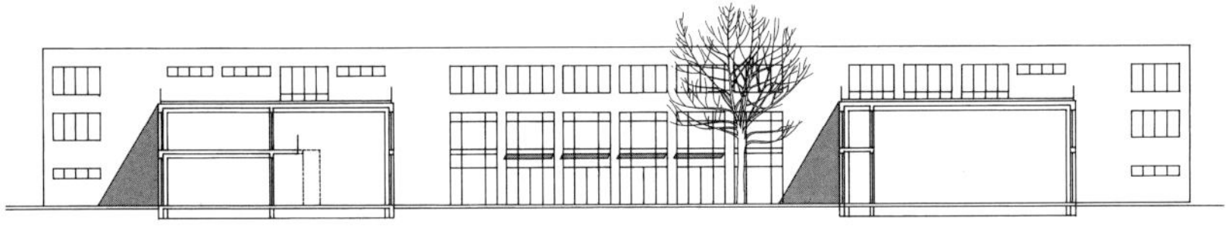

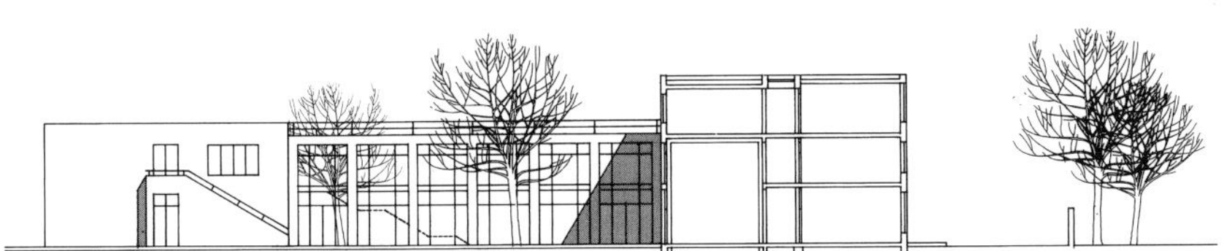

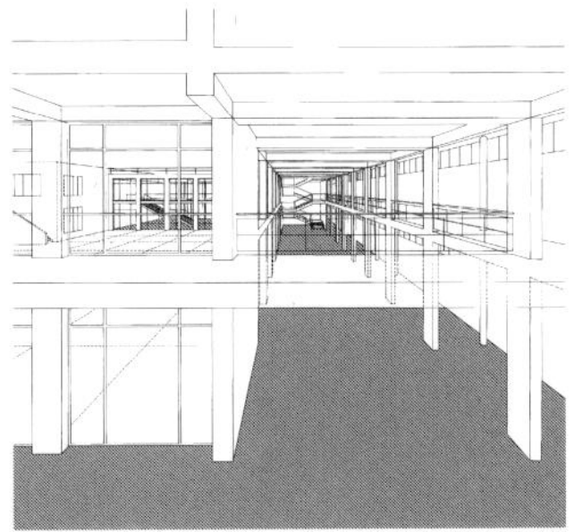

Großstrukturen in Berlin-Buch |
Large buildings in Berlin-Buch
Historische Klinik |
Historic hospital building
Lageplan | Site plan

Erdgeschoß | Ground floor 1 : 2 500
Fassadenentwurf | Façade design
Eingangsfassade | Entrance façade
Querschnitt | Cross section
Blick in die Eingangshalle | View into entrance hall

Stadtreparatur Köpenick 1995–1998

Die Bebauungen Bölschestraße 2, 67 und 137 antworten in mehreren Schichten auf die vorhandenen Maßstäbe und die Parzellenstruktur der Umgebung. Eingeschossige Kolonistenhäuser Friedrichs II. aus dem 18. Jahrhundert, Gebäude im Stil des Historismus, der Gründerzeit, der modernen Sachlichkeit und im Hintergrund sozialistischer Wohnungsbau illustrieren die Baugeschichte der vergangenen 250 Jahre. In der neuen Wohnbebauung Bölschestraße 67 nimmt die erste Schicht Bezug auf Post und Nachbargebäude, der Zwischenbau bezieht sich auf das expressionistische eingeschossige Gebäude aus dem Jahr 1920, während in zweiter Ebene zurückhaltend auf das Gründerzeithaus angespielt wird. Mit dem bereits realisierten Bau Bölschestraße 137 wird das Motiv der Kolonistenhäuser durch zwei unterschiedliche Giebelbauten neu interpretiert. Die Übergänge zur Anschlußbebauung sind dem Bestand am Müggelseedamm entsprechend niedrig und werden zum übermächtigen Gründerzeithaus im Westen höher. An den öffentlichen Kanten sind Läden vorgesehen, darüber liegen zur Bölschestraße und zum Hof orientierte Wohnungen. Wintergärten schirmen die Wohnungen zum Müggelseedamm gegen die lebhafte Straße ab.

Urban Renewal, Köpenick 1995–1998

The developments on Bölschestrasse 2, 67, and 137 respond on several levels to the existing scale and the lot fragmentation of the surroundings. Frederik II's single-storey colonial houses from the eighteenth century; buildings in the styles of Historicism, Gründerzeit (promotion period), and moderne Sachlichkeit (modern functionalism), and – in the background – socialist housing estates, illustrate the area's architectural history of the past 250 years. In the new residential development on Bölschestrasse 67, the first layer creates a link to the post office and the neighbouring buildings, the connecting wing is a reference to a single-storey Expressionist building dating from 1920, while the second floor gently evokes the Gründerzeit house. The already completed building at Bölschestrasse 137 offers a new interpretation of the colonial houses, incorporating two different gable structures. At transition points to surrounding buildings the eaves height is kept relatively low to harmonize with the existing buildings on Müggelseedamm, and rises near the overpowering Gründerzeit building in the west. The public areas are reserved for as retail use with apartments in the upper levels on Bölschestrasse and on the courtyard side. Winter gardens on Müggelseedamm protect the apartments from street noise.

Stadtstruktur um 1913 | Urban structure circa 1913
Lageplan Bölschestraße 137 und 2 | Site plan
Bölschestrasse No. 137 and No. 2
Blick auf die Eckbebauung Bölschestraße 137 | View of
corner development at Bölschestrasse No. 137

Historische Situation Bölschestraße 137 |
Historic situation, Bölschestrasse No. 137
Bölschestraße 2 und 137 |
Bölschestrasse, No. 2 and No. 137
Bölschestraße 137 und 2 |
Bölschestrasse No. 137 and No. 2
Bölschestraße 67 | Bölschestrasse No. 67

Rekonstruktion eines Vierseitenhofes 1995

Auf dem Grundstück eines landwirtschaftlich genutzten Vierseitenhofes sind sechs Wohneinheiten mit Wohnflächen zwischen 67 und 146 Quadratmetern geplant. Die Anlage aus der Mitte des 19. Jahrhunderts besteht aus einem Wohnhaus mit Ställen, Wagenschuppen und einer Scheune. Wegen ihrer schlechten Bausubstanz sind alle Nebengebäude abzutragen, die Hofsituation wird durch Neubauten rekonstruiert. Das dem Dorfanger zugewandte Wohnhaus wird instandgesetzt und modernisiert. Die Giebelwand der Waschküche sowie die Hofeingangssituation bleiben erhalten. Alle Gebäude im Hof werden neu errichtet. Die Planung sieht vor, daß das Erscheinungsbild des Hofs weitgehend bestehen bleibt. Kubatur, Traufhöhen und Dachformen bleiben unverändert. Die Neuplanung berücksichtigt einerseits die Anforderungen an zeitgemäßen Wohnraum und zitiert andererseits Motive der ehemals landwirtschaftlich genutzten Anlage mit großen Wagen- und Scheunentoren neben kleinen Fensteröffnungen. Das Ziegelmaterial aus dem Abbruch wird wiederverwendet.

Reconstruction of a Farmhouse Quadrangle 1995

The site of an old farmhouse quadrangle has been chosen for the development of six residential units with living areas ranging from 67 to 146 square metres. This is a nineteenth-century building comprising a farmhouse, stables, a coach house, and a barn. The outbuildings are beyond repair and must be demolished; however, the placement of new buildings will recreate the original layout of the quadrangle. The farmhouse, which faces the village green, will be renovated and modernized. The gable wall of the wash house and the entrance into the yard remain intact. All other buildings inside the complex will be newly constructed based on a planning concept which envisions maintaining the appearance of the farm as much as possible. Cubage, eaves height, and roof profile remain unchanged. The new design takes into consideration the requirements for contemporary living while creating references to the quadrangle's former use as a traditionally run farm, where large coach and barn doors alternate with small window openings. The bricks from the demolished buildings will be recycled.

Ausgangssituation | Before construction
Dorfstruktur | Village structure
Lageplan | Site plan
Schnitt durch den Wohnhof | Section
Erdgeschoß | Ground floor 1:700

Palais am Pariser Platz |
Palais on Pariser Platz 1996–1998

Wettbewerb | Competition: 1995, 1. Preis | 1st Prize
Standort | Location: Pariser Platz 6a/Ebertstraße 24, Mitte
Bauvolumen | Size: 7 010 qm | m² BGF | gross area, 13 WE | units
Mitarbeit | Collaboration: M. Froh, H. v. Glasenapp,
W. Flegel, L. Maaranen, J. Zecher, B. Chaput, P. Botev, T. Butzko
Kunst | Art: Professor Gerhard Merz, Berlin/Pescia,
Stephan Balkenhol, Hamburg
Bauherr | Client: Tascon GmbH, Hamburg;
Allgemeine Hypothekenbank, Frankfurt

Wohn- und Geschäftshaus am Pariser Platz |
Apartment and Office Building, Pariser Platz

Wettbewerb | Competition: 1994, 1. Runde ein 1. Preis,
2. Runde 2. Preis | 1st Round a 1st Prize; 2nd Round a 2nd prize
Standort | Location: Pariser Platz 5a/6, Mitte
Bauvolumen | Size: 9 300 qm | m² BGF | gross area,
(6 380 qm | m² HNF | usable floor area)
Mitarbeit | Collaboration: M. Froh, L. Maaranen, B. Chaput, P. Botev
Auslober | Tender issued by: Dresdner Bank AG, Frankfurt

Bundespressekonferenz | Federal Press Conference Centre

Wettbewerb | Competition: 1997, ein 3. Preis | a 3rd Prize
Standort | Location: Schiffbauerdamm/Reinhardtstraße, Mitte
Bauvolumen | Size: 14 000 qm | m² BGF | gross area
Mitarbeit | Collaboration: M. Froh, M. Widmaier
Auslober | Tender issued by: Allianz, Stuttgart

Landesvertretung Rheinland-Pfalz | Permanent Representation,
Rhineland-Palatinate

Wettbewerb | Competition: 1997, 2. Runde | 2nd Round
Standort | Location: Voßstraße, Mitte
Bauvolumen | Size: 4 530 qm | m² BGF | gross area
Mitarbeit | Collaboration: M. Froh, M. Wiedmaier, T. Wiedmann
Landschaftsplanung | Landscape planning: WES und Partner, Hamburg
Auslober | Tender issued by: Land Rheinland-Pfalz

**Straßenmöbel Unter den Linden |
Urban Fixtures for Unter den Linden**
Wettbewerb | Competition: 1998, 5. Preis | 5th Prize
Standort | Location: Unter den Linden, Berlin Mitte
Mitarbeit | Collaboration: M. Froh, M. Widmaier, J. Zecher, A. Pietrek
Auftraggeber | Client: Land Berlin Senatsverwaltung
für Bauen, Wohnen und Verkehr

Bundeskanzleramt | Federal Chancellery
Wettbewerb | Competition: 1994, Ankauf | Purchase
Standort | Location: Spreebogen, Tiergarten
Bauvolumen | Size: 22 800 qm | m² BGF | gross area
Mitarbeit | Collaboration: M. Froh, A. Höver,
L. Maaranen, T. Wiedmann, P. Botev, L. Jensen
Landschaftsplanung | Landscape planning: Arbos, Hamburg
Auslober | Tender issued by: Bundesrepublik Deutschland

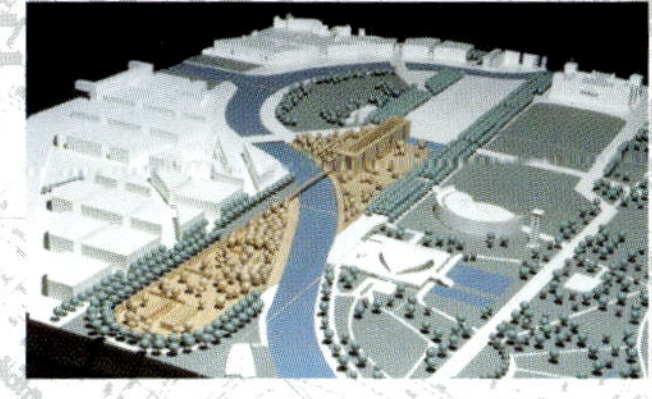

**Kommunikationszentrum und Börse |
Communications Centre and Stock Exchange**
Wettbewerb | Competition: 1991, 2. Preis | 2nd Prize
Standort | Location: Fasanenstraße, Charlottenburg
Bauvolumen | Size: 17 900 qm | m² BGF | gross area
Mitarbeit | Collaboration: M. Deja, S. Schrick, F. Vegas
Landschaftsplanung | Landscape planning: Arbos, Hamburg
Auslober | Tender issued by: Industrie und
Handelskammer Berlin

**Neuordnung Stuttgarter Platz/Bahnhof Charlottenburg |
Urban Renewal, Stuttgarter Platz/Bahnhof Charlottenburg**
Wettbewerb | Competition: 1996, 4. Preis | 4th Prize
Standort | Location: Stuttgarter Platz, Charlottenburg
Bauvolumen | Size: 9 870 qm | m² BGF | gross area
Mitarbeit | Collaboration: M. Froh, P. Botev, L. Maaranen, B. Schlegel
Landschaftsplanung | Landscape planning: Arbos, Hamburg
Auslober | Tender issued by: Land Berlin, Senatsverwaltung
für Stadtentwicklung, Umwelt und Technologie;
Deutsche Bahn AG, Frankfurt

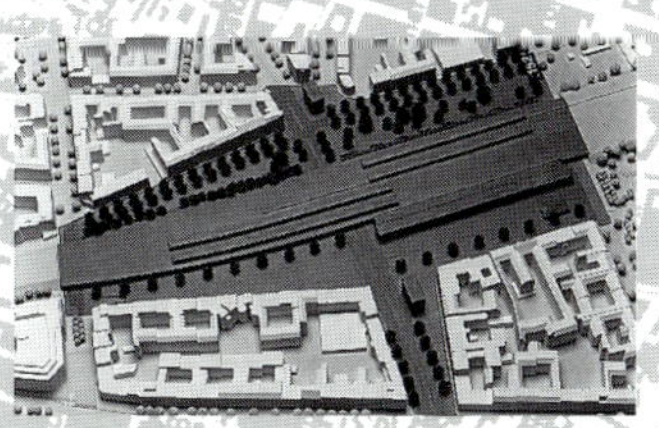

Zentralbibliothek Technische Fachhochschule |
Central Library, Polytechnic

Wettbewerb | Competition: 1993, Ankauf | Purchase
Standort | Location: Luxemburger Straße, Wedding
Bauvolumen | Size: 10 000 qm | m² BGF | gross area
Mitarbeit | Collaboration: M. Froh, A. Höver, I. Janssen
Auslober | Tender issued by: Land Berlin,
Senatsverwaltung für Bau- und Wohnungswesen

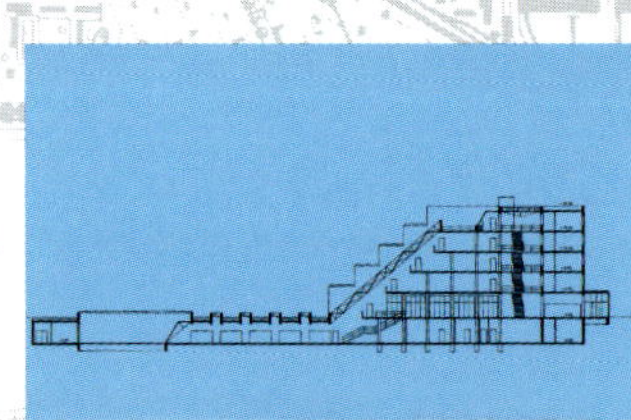

Olympiahallen Berlin 2000 | Olympic Halls Berlin 2000

Wettbewerb | Competition: 1992
Standort | Location: Landsberger Allee/Riedel Straße, Prenzlauer Berg
Bauvolumen | Size: 75 000 qm | m² BGF | gross area
Mitarbeit | Collaboration: M. Deja, S. Schrick, S. Waselowsky
Landschaftsplanung | Landscape planning: Arbos, Hamburg
Tragwerksplanung | Structural planning: Professor Pichler, Berlin
Auslober | Tender issued by: Land Berlin

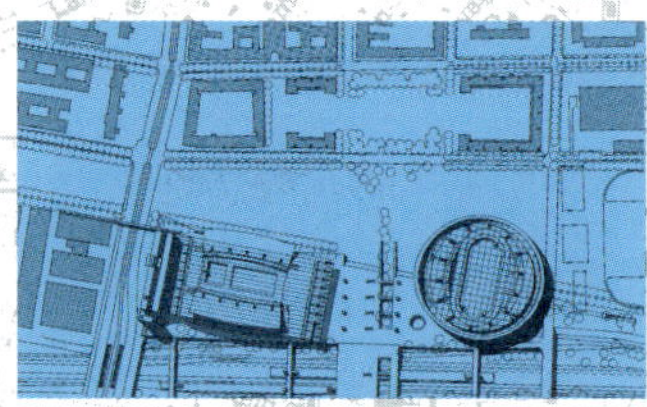

Stadtvilla am Wendenschloß |
Urban Villa near Wendenschloß castle

Auftrag | Commission: 1994
Standort | Location: Möllhausenufer 8, Köpenick
Bauvolumen | Size: 1 070 qm | m²
BGF | gross area, 8 WE | units
Mitarbeit | Collaboration: M. Froh, L. Jensen,
P. Seufert, J. Zecher
Bauherr | Client: Multicon Bau- und
Boden Invest, Berlin

Rekonstruktion eines Vierseitenhofes |
Reconstruction of Farmhouse Quadrangle

Auftrag | Commission: 1995
Standort | Location: Am Dorfplatz 6, Stahnsdorf
Bauvolumen | Size: 1 280 qm | m² BGF | gross area, 16 WE | units
Mitarbeit | Collaboration: M. Froh, B. Schlegel
Bauherr | Client: Steinacker Projektsteuerungs KG, Berlin

Alice-Salomon-Fachhochschule für Sozialpädagogik und Sozialarbeit | Alice Salomon School of Social Education and Social Work 1995–1998

Gutachten | Expert's report: 1993, 1. Platz | 1st Prize
Standort | Location: Alice-Salomon-Platz 5, Hellersdorf
Bauvolumen | Size: 11 800 qm | m² BGF | gross area
Mitarbeit | Collaboration: M. Froh, T. Wiedmann,
H. Brummerstedt, L. Maaranen, B. Chaput
Landschaftsplanung | Landscape planning: Arbos, Hamburg
Kunst | Art: Professor Gerhard Merz, Berlin/Pescia
Bauherr | Client: Land Berlin, Senatsverwaltung
für Wissenschaft und Forschung

Schulzentrum für Sozialpädagogik und -pflege | School Complex for Social Education and Social Work

Gutachten | Expert's report: 1994, 1. Preis | 1st Prize
Standort | Location: Lindenberger Weg, Buch
Bauvolumen | Size: 9 200 qm | m² BGF | gross area
Mitarbeit | Collaboration: M. Froh, W. Flegel,
L. Maaranen, B. Chaput, C. Savidou
Landschaftsplanung | Landscape planning: Arbos, Hamburg
Auslober | Tender issued by: Land Berlin, Senatsverwaltung
für Bau- und Wohnungswesen

Stadtreparatur Köpenick | Urban Renewal, Köpenick 1995–1998
Wohn- und Geschäftshäuser | Apartment and Office Buildings

Auftrag nach Gutachten | Commission after expert's report: 1994
Standort | Location: Bölsche Straße 67, 2 und 137/Müggelseedamm
Am Goldmannpark 1 und 5, Friedrichshagen
Bauvolumen | Size: 13 680 qm | m² BGF | gross area, 69 WE | units
Mitarbeit | Collaboration: M. Froh, B. Chaput,
L. Maaranen, J. Zecher, J. Wiedmann
Bauherr | Client: Multicon Bau- und Boden-Invest, Berlin

Das städtische Haus (mit Oevermann GmbH) | The Urban House (with Oevermann GmbH)

Wettbewerb | Competition: 1997
Standort | Location: ohne Ort, am Stadtrand |
no specific location, on the periphery
Bauvolumen | Size: 125 qm (m²) BGF | gross area
Mitarbeit | Collaboration: M. Froh, V. Thiele
Auftraggeber | Client: Land Berlin, Senatsverwaltung
für Bauen, Wohnen und Verkehr

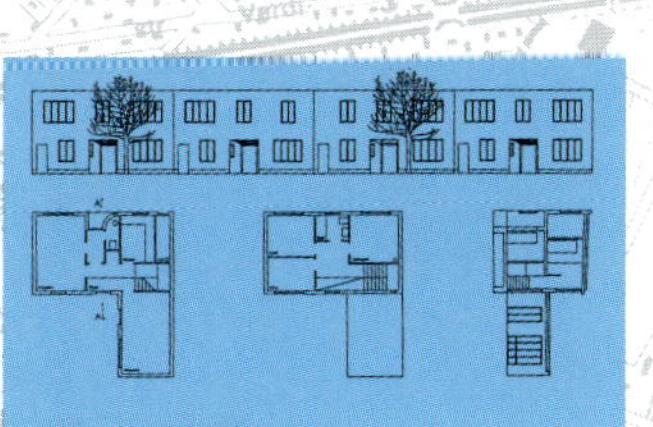

Cottbus

1996
Behördenzentrum Nord |
Public Administration Centre,
North

1999–2000
Finanzrechenzentrum |
Finance Computer Centre

1

2

1
2

Kiefern und Kasernen

Das zweisprachige Cottbus bzw. Chosebuz, am Rand der größten Abbaugrube der Welt und nahe der Grenze zu Polen die einzige deutsche Stadt mit sorbisch-deutscher Bevölkerung, gehörte schon vor 1989 zu den Städten Ostdeutschlands, deren Bedeutung zunahm. Im wirtschaftlichen und kulturellen Zentrum der Niederlausitz, Tor zum wasserreichen Spreewald, mit mehr als 300 Wasserarmen ein brandenburgisches Amazonien, konnten wenigstens Teile der Altstadt erhalten werden. Den riesigen Kohlebaggern, den Tentakeln der Braunkohle-Verstromung, fiel dagegen schon manches sorbische Bauerndorf der Umgebung zum Opfer. Um so unantastbarer wird andererseits der Landschaftsschutz des Spreewalds und des Branitzer Parks, eines eindrucksvollen englischen Gartens des Fürsten Hermann von Pückler-Muskau, eines geistreichen Lebenskünstlers und Reiseschriftstellers mit großer Leidenschaft für die Landschafts- und Gartengestaltung. Künstlerisch widmete sich der 1798 in Cottbus geborene Maler Carl Blechen dem Thema, ein Zeitgenosse Caspar David Friedrichs und laut Theodor Fontane der «Vater der märkischen Landschaftsmalerei». Mit dem Altmarkt im Kreuzungspunkt wichtiger Fernhandelsstraßen entwickelte sich Cottbus (bis 1903 Kottbus) zu einem bedeutenden Handels- und Herstellungsort vor allem von Tuchmachern und Leinewebern. Die Stadtanlage, im Jahr 1156 erstmals in Urkunden erwähnt, entwickelte sich planmäßig in Gitterform. Schon 1405 verfügte Cottbus über das Gewandmacher-Privileg. Der Spremberger Turm, ein noch existierender Bestandteil der mittelalterlichen Befestigung, dessen Zinnenkrone nach Plänen von Karl Friedrich Schinkel enstand, ist heute das Wahrzeichen der Großstadt, die um 1900 erst 40000 Einwohner zählte. Im Dreißigjährigen Krieg fiel Cottbus plündernden kaiserlichen, schwedischen und sächsischen Truppen zum Opfer. Nach dem Stadtbrand von 1671 wurden die Häuser am Altmarkt in sächsischem Barock errichtet. Das Ensemble mit Fleischerscharren und 1586 gegründeter Löwenapotheke steht unter Denkmalschutz. Einen Entwicklungssprung sollte die Stadt nach der Ansiedlung von Pfälzern, besonders aber mit der 1701 von Hugenotten gegründeten französischen Kolonie erleben, um die sich Friedrich Wilhelm, der Große Kurfürst, schon seit 1685 bemüht hatte. Die Neubür-

Pine Trees and Barracks

Cottbus or Chosebuz is a bilingual town on the edge of the world's biggest quarry and near the border to Poland. It is the only town in Germany with a Sorbian and German population and it was one of East Germany's cities of growing importance even prior to 1989. At least some of the historic core of this town located in the economic and cultural centre of Niederlausitz – a gateway to the Spree forest whose 300 water courses make it an "amazonia of Brandenburg" – has been preserved. Some of the smaller Sorbian farmtowns nearby were less lucky, falling prey to the huge coal excavators and to the tentacles created for converting coal into electrical power. Consequently the Spree forest and Branitzer Park are all the more preciously guarded conservation areas, the latter being an impressive park landscaped in the English style by Count Hermann von Pückler-Muskau, a clever bon vivant and travel writer with a passion for landscape and garden design. The landscape theme was intensively explored by Caspar David Friedrich's contemporary Carl Blechen, born in Cottbus in 1798 and, according to Theodor Fontane, the "father of landscape painting in the Mark Brandenburg." As a market town at the intersection of major trade routes, Cottbus (until 1903 Kottbus) developed into an important trade and manufacturing centre above all for weavers of cloth and linen. The town, mentioned for the first time in documents in 1156, was developed on a carefully planned grid. Cottbus was granted cloth-making privileges as early as 1405. The Spremberger Tower, a preserved section of the medieval ramparts, whose crenellated crown was based on plans by Karl Friedrich Schinkel, has become the town landmark of what is today a big city, although even in 1900 the population was still only 40,000. During the Thirty Years' War, Cottbus was raided by plundering Imperial, Swedish, and Saxon troops. After the great fire of 1671 the houses on the Altmarkt were rebuilt in Saxonian Baroque style. The complex with the historic butcher's stall and the Löwenapotheke, an apothecary founded in 1586, has been put under preservation order. The town's development profited from an influx of settlers from the Palatinate, and above all from the foundation of a Huguenot French colony in 1701, which Friedrich Wilhelm, the Great Elector, had already tried to promote in 1685. The new citizens helped

ger halfen dabei, die im Dreißigjährigen Krieg verwüstete Stadt wieder aufzubauen. Insbesondere wurde die barocke Schloßkirche von Hugenotten errichtet. Fundierte Kenntnisse in der Seidenraupenzucht, in der Herstellung von Tapisserien und Gobelins, Samt, Spitzen und Bändern machten es den Hugenotten leicht, die Cottbuser Textilindustrie zu begründen. Der wirtschaftliche Erfolg brauchte allerdings einen langen Atem, gab es doch in der klassischen Tuchmacherregion zunächst keinen Markt für derlei Luxusartikel. Die 1763 aus dem Siebenjährigen Krieg resultierende Schuldenlast Preußen gegenüber wurde darum mit einem anderen Exportschlager abgetragen. Schon 1560 hatte es in der Stadt 130 Brauhäuser mit einem jährlichen Ausstoß von 30 000 Hektolitern gegeben. Durch einen Aufschlag von einem Pfennig auf das Viertel Bier war der Tribut an Preußens Gloria darum nach 19 Jahren getilgt. Der Boom der Textilindustrie, dokumentiert in den ziegelroten Fabriken des alten Textilviertels, noch eindrucksvoller aber am Reichtum des angrenzenden Tuchmacherviertels der Altstadt abzulesen, kam erst im 19. Jahrhundert zustande. 1925 war die Zahl der Tuchfabriken auf 60 angestiegen. Diesen Aufstieg belegt nicht zuletzt das 1908 im Jugendstil erbaute Stadttheater von Bernhard Sehring. Unsere Behördenbauten in Cottbus sind dagegen mit der belasteten jüngeren Vergangenheit konfrontiert: beim vorerst nicht realisierten Behördenzentrum die «terra incognita» der Staatssicherheit, beim Rechenzentrum ein in Teilen zur Fachhochschule umgenutztes Kasernengelände aus nationalsozialistischer Zeit. Eine Gratwanderung, die Bürgernähe ebenso im Blick behalten muß wie einen modernen Ausdruck fern jeder Blut-und-Boden-Romantik. Das Rathaus im Zentrum, nach den Kriegszerstörungen als Zeugnis der Moderne beschworen, ist dafür ein schlüssiges Beispiel.

rebuild the town devastated by the Thirty Years' War and the Baroque Schlosskirche was built entirely by Huguenots. Their expertise in sericulture, in the manufacture of tapestries and Gobelins, velvet, lace, and ribbons enabled the Huguenots to establish the textile industry in Cottbus. Economic success, however, took a long time coming, as this region of weavers had no ready market for such luxury articles. The debt to Prussia in 1763 after the Seven Years' War was therefore paid off by levying an export toll. As early as 1560, there were 130 brewing houses in the city with an annual yield of 30,000 hectoliters. By imposing a surcharge of one penny per quart of beer, the tribute to Prussia's glory was paid off over a period of 19 years. The real boom of the textile industry, manifest in the red brick factory buildings of the old textile quarter, and even more impressively in the affluence of the adjoining cloth manufacturers neighbourhood in the historic centre, came only in the nineteenth century. By 1925, the number of cloth manufacturing factories had climbed to 60. This economic rise is also expressed in the Art Nouveau Stadttheater designed by Bernhard Sehring in 1908. Our government buildings in Cottbus, however, are confronted with the burdens of a more recent history: the administration centre, as yet unrealized, has to come to terms with the "terra incognita" of national security, and the computer centre sits on grounds that housed barracks in National Socialist days, since then partially converted into a post secondary school. Both buildings must achieve a balancing act between keeping a close relationship with the people while avoiding a misguided modern version of "blood and soil" romanticism. The town hall at the centre, intended to stand as a beacon of modernity after the destructions of war, is a case in point.

Behördenzentrum Nord 1996

Der unprätentiöse Neubau bezieht sich formal auf den ländlichen Charakter des ehemaligen Gutsbezirks und bindet die großmaßstäblichen Plattenbauten aus sozialistischer Zeit ein. Durch das Aneinanderreihen unterschiedlicher Abteilungen und Funktionen entsteht ein hufeisenförmiger Straßenraum, die «Palmaille». Rechts liegt der erste Eingang in den Präsidialbereich mit Bibliothek im Erdgeschoß. Ein Durchgang erschließt in Verlängerung der Rosa-Luxemburg-Straße die dahinter liegenden Freiflächen mit wertvollem Baumbestand. Der nächste Eingang erschließt die Bundesvermögensabteilung im Erdgeschoß und ersten Obergeschoß sowie die darüber liegende Bauabteilung im Halbrund. Ein weiterer Durchgang im Nordwesten führt zu den Stellplätzen und dem Finanzrechenzentrum. Am Ende der «Palmaille» liegen größere Besprechungsräume, teilweise mit Emporen, sowie die Kantine mit eingezogener Galerie und Besprechungsraum. Die eingeschossige Küche bindet den Bestand an dieser Stelle ein. Absicht war, auf einer «terra incognita» mit unrühmlicher Vergangenheit ein Haus ohne Schwellen zu schaffen. Der Bürger soll spüren, daß er der Staat ist, daß es keine imaginäre Macht über ihm gibt. Deshalb die einladende Geste der städtebaulichen Figur, die niedrige Geschoßzahl und die unsymmetrisch angelegten dezentralen Zugänge zum gemeinsamen Eingangshof oder in die Landschaft: ein offenes «Schloß» für die Bürger.

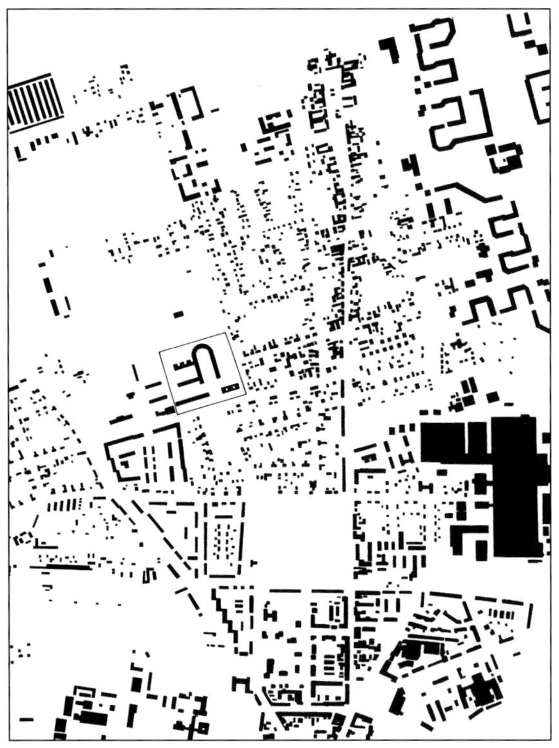

Public Administration Centre, North 1996

The unpretentious new government building retains much of the rural character of this former estate district, while integrating the large-scale panel buildings from the socialist era. Different departments and functions of the building are arranged in a row, creating a horseshoe-shaped street space, the "Palmaille". The first entrance leading into the main offices with library on the ground floor is located to the right. Rosa-Luxemburg-Strasse is connected to a passageway which leads to the open space at the rear, where there are beautiful mature trees. The next entrance provides access to the Federal Funds Department on the ground and second floors as well as to the offices for the building authority in the half-round. Another passageway on the north-west side leads to parking spaces and to the Finance Computer Centre. At the end of the "Palmaille" are large meeting rooms, some with galleries, as well as a canteen with recessed gallery and meeting room. Here, the complex ends in the kitchen on the ground floor. The aim was to create on a strip of "no man's land" with an inglorious past a new open-spirited and welcoming building. All members of the public should feel that they are the state, that there is no imaginary power above them. Hence the inviting gesture of this urban figure, the moderate number of floors, and the asymmetrical and decentralized entrances that lead to a common entrance yard or to the surrounding landscape: an open "castle" for citizens.

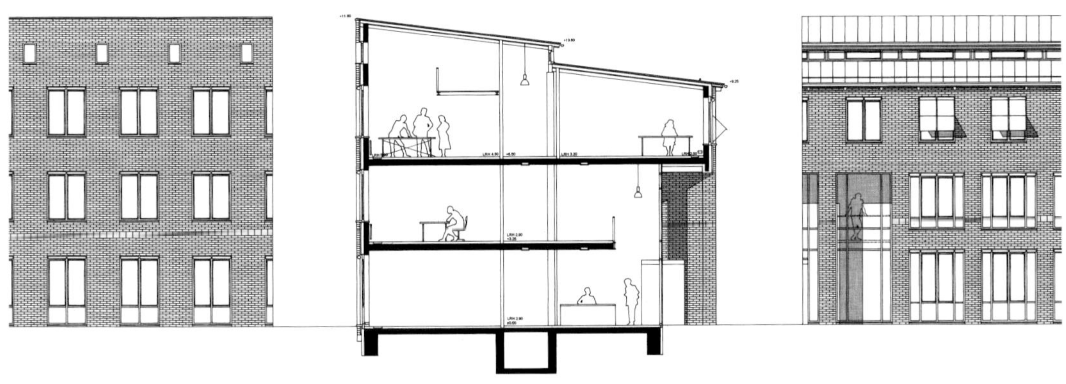

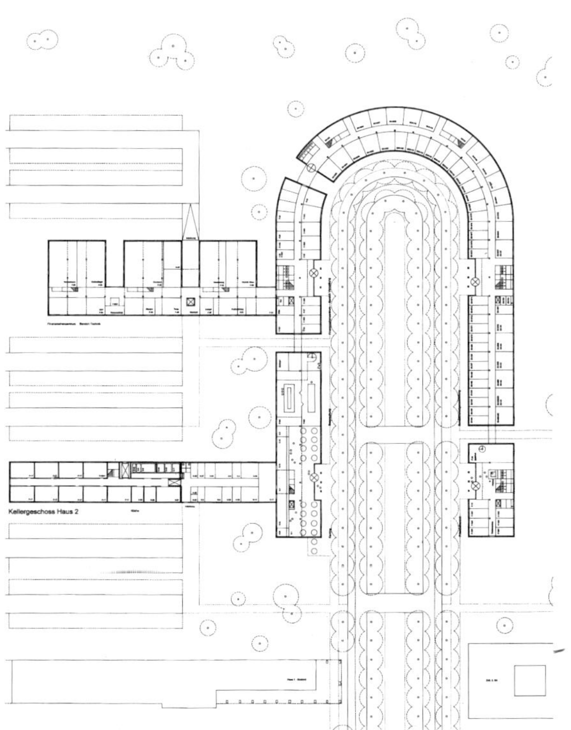

Ausgangssituation | Before construction
Stadtstruktur | Urban structure
Fassadenentwurf mit Querschnitt |
Façade design and cross-section
Eingangsgeschoß | Entrance floor 1 : 2 000
Blick in den Eingangshof |
View into entrance courtyard

Finanzrechenzentrum 1999–2000

Der Neubau liegt auf einer kieferbestandenen Freifläche vor der ehemaligen Kasernenanlage aus den 30er Jahren. Eine zentrale Blickachse führt von der Lipezker Straße auf das mittig stehende Hauptgebäude der Anlage. Seit den 90er Jahren werden die nördlichen Gebäude von der Fachhochschule Lausitz genutzt, eines dient als Studentenwohnheim. Die südlichen Gebäude werden zur Verwaltung der Oberfinanzdirektion Brandenburg umgebaut. Der kubische Baukörper des neuen Rechenzentrums macht sich frei von der starren Symmetrie der zwei- und dreigeschossigen Walmdachbauten, ohne mit ihnen zu konkurrieren. Mit seiner dunkelroten Klinkerfassade fügt er sich in den weitgehend erhaltenen Baumbestand ein. Der Zugang im Südosten des Neubaus orientiert sich zur Lipezker Straße. Die Erschließung ist rings um einen Kern mit Nebenräumen und Aufzug organisiert. Zwei Treppenhäuser in den Gebäudeecken verbinden die Geschosse. Unterschiedlicher Tageslichtbedarf sowie differierende Anforderungen an den technischen Standard führen zu einer Aufteilung der Funktionen in mehrere Ebenen. Das Rechenzentrum stellt eine Analogie her zu dem heute klaren, dem Geist der Moderne verpflichteten Rathaus von 1937, welches sich als Ziegelbau in der historischen Stadtmitte von Cottbus aus sich selbst heraus behauptet und sich dennoch in seine Umgebung einfügt.

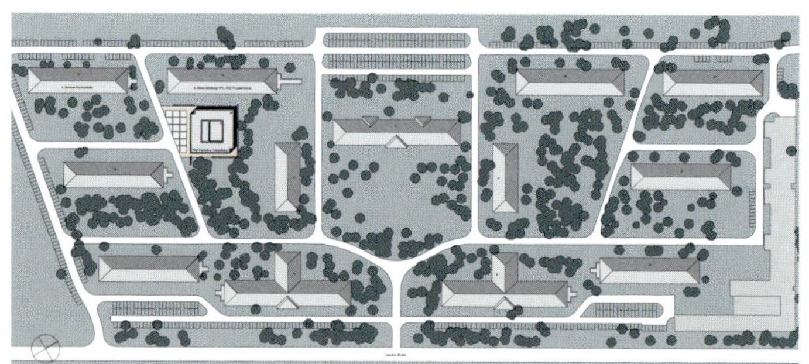

Technisches Rathaus Cottbus |
Technical town hall in Cottbus
Lageplan | Site plan

Finance Computer Centre 1999–2000

The new building stands on an open site planted with fir trees in front of a former barracks complex from the 1930s. A central line of sight leads from Lipezker Strasse to the main building of the new complex located in the middle. The buildings on the north side have been used by the Lausitz Post-Secondary School since 1990; one of the buildings is a student residence. The buildings on the south side are being renovated to accommodate the administration offices for the Regional Finance Office of Brandenburg. The cube of the new computer centre breaks free from the static symmetry of the two- and three-storey hipped-roof buildings, without competing with them. The dark-red clinker-brick façade allows the building to blend in with the mature trees on the site. The south-east entrance to the new building faces toward Lipezker Strasse. The development is arranged in a circle around a core with service rooms and elevator. Two stairwells on the corners connect the floors. The internal functions have been divided across several floors because of different requirements for daylight and technical services. The computer centre has a quality similar to the Cottbus town hall, built in 1937. This brick building, too, can hold its own in the historic town centre of Cottbus, and yet manages to merge harmoniously with the surroundings.

Behördenzentrum Nord | Administrative Centre, North
Wettbewerb | Competition: 1996, 1. Preis | 1st Prize
Standort | Location: Am Nordrand 45, Schmellwitz
Bauvolumen | Size: 22 704 qm | m² BGF | gross area
Mitarbeit | Collaboration: M. Froh, B. Schlegel,
T. Wiedmann, P. Botev, L. Maaranen
Auslober | Tender issued by: Land Brandenburg,
Landesbauamt Cottbus

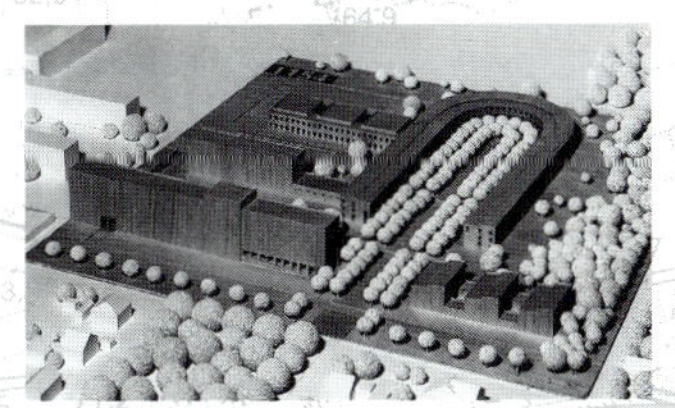

Finanzrechenzentrum |
Finance Computer Centre 1999–2000
Auftrag nach Wettbewerb Behördenzentrum |
Commission after competition Administration centre: 1997
Standort | Location: Sachsendorf-Kasernen
Bauvolumen | Size: 4 000 qm² | m² BGF | gross area
Mitarbeit | Collaboration: M. Froh, K. Böckler,
B. Schlegel, T. Wiedmann, A Schröter
Bauherr | Client: Ministerium der Finanzen, Potsdam

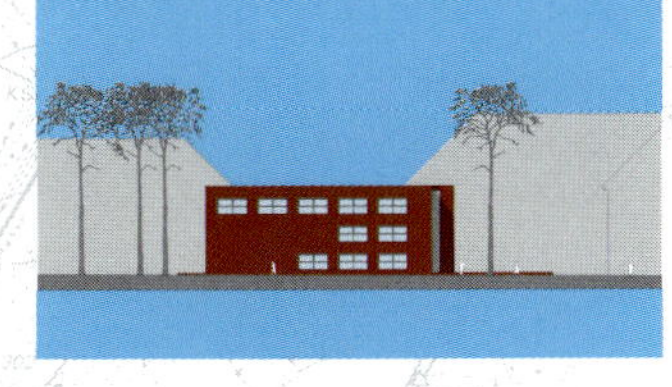

Marl

1988–1989
Bunkerumbauung Garmannstraße | Bunker Surround, Garmannstrasse

1992–1993
Wohnbebauung Martin-Luther-Straße | Housing Development, Martin-Luther-Strasse

1994–1995
Bunkerumbauung und Neuordnung Marktplatz Brassert | Bunker Surround and Urban Renewal, Marktplatz Brassert

1994
Neuordnung Marktplatz Hüls | Urban Renewal, Marktplatz Hüls

1997–1998
Bunkerumbauung und Stadteingang Sinsen | Bunker Surround and Gateway to the City, Sinsen

1983–1984
Wohnbebauung Johannes-Brahms-Straße | Residential Development, Johannes-Brahms-Strasse

1

2

3

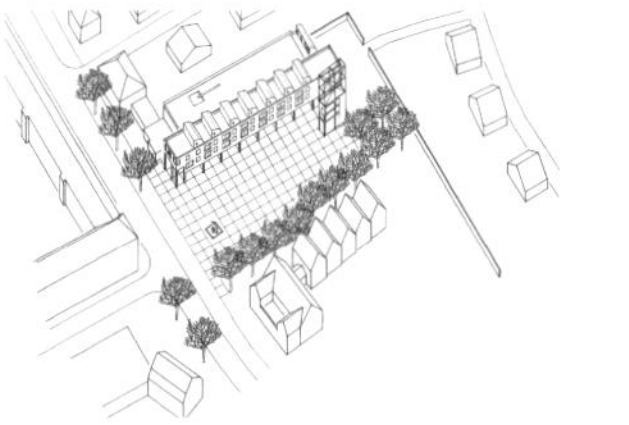

4

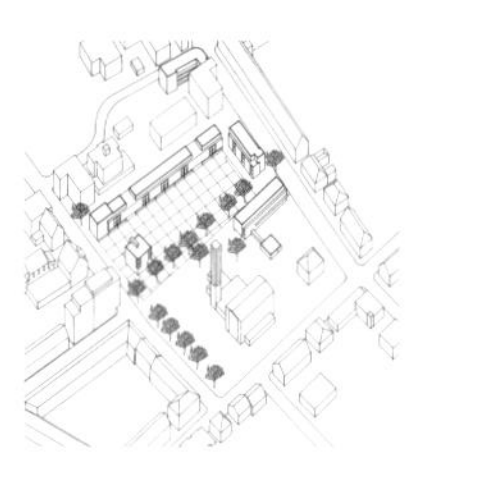

5

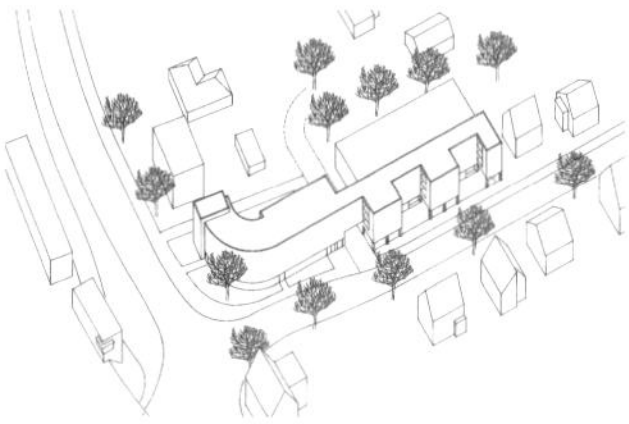

6

Lauter kleine Heimaten

Trostlos, uralt, verrostet und dazwischen gelegentlich hinreißend modern. Das ist der typische Eigensinn des Ruhrgebiets, Schmelztiegel für Eisen und Stahl, aber auch für Menschen unterschiedlichster Herkunft und Nationalität. In Marl, das über einen Hafen am Wesel-Datteln-Kanal verfügt, ist seit vierzig Jahren das ungarische Exilorchester Philharmonia Hungaria zu Hause. In seiner Tradition des beständigen Wandels steht der größte industrielle Ballungsraum Europas heute erneut an der Schwelle zur Modernität. Weder landschaftlich noch historisch oder politisch eine Einheit, wurde das «Ruhrgebiet», Planungsbereich der ersten deutschen Raumplanungsbehörde, erst nach den kommunistischen Unruhen des Jahres 1920 zu einem Begriff. Entstanden aus karolingischen Königshöfen zum Schutz der Handelsstraße «Hellweg», schlossen sich die ursprünglich in weiter Landschaft vereinzelten Ruhrstädte im 14. Jahrhundert der Hanse an. Mit deren Niedergang Ende des 15. Jahrhunderts bestimmte zunehmend die damals im Tagebau gewonnene Steinkohle die weitere wirtschaftliche Entwicklung. Abseits der alten Handelswege machte das westfälische Marl, um 900 erstmals erwähnt, aber erst 1936 mit dem Stadtrecht versehen, nur durch eine 1230 errichtete Wassermühle, die Loemühle, von sich reden – eine der ältesten Deutschlands. Von der «Ruhrzone» über die «Hellwegzone» und die «Emscherzone» schritten die Grubenbauten nach Norden in immer größere Tiefen vor. Die Schiffbarmachung der Ruhr ab 1780 und der Bau der Eisenbahn ab 1860 erschlossen neue Märkte und beschleunigten das Wachstum. Von 1860 bis 1913 stieg die Steinkohleförderung von 1.6 auf 114 Millionen Tonnen. Im gleichen Zeitraum steigerte sich die Zahl der Bergarbeiter um den Faktor 40: von 13 000 auf 500 000. Marl, bis 1900 ein unbedeutendes Heidedorf, etablierte sich erst in der letzten Phase des Booms – mit dem Vordringen der Zechen in die nördliche «Lippezone». Neben wenigen Großzechen prägen Kraftwerke und chemische Großindustrie im Wechsel mit ausgedehnten Wald- und Agrarflächen das Bild. Nach dem Niedergang der Montanindustrie, der die relative Bedeutung des Nordreviers stärkte, müssen in einem über weite Strecken wenig urbanen, dezentralen Beziehungsnetz voller Löcher und inzwischen sehr unterschiedlicher Aktivitäten und Dichten, der sogenannten «Zwischenstadt» (Thomas Sieverts), die übergeordneten

A Cluster of Homes in Exile

Dreary, ancient, rusty and occasionally enchantingly modern: obstinacy is typical for the Ruhr – a melting pot for iron and steel but also for people of many backgrounds and nationalities. Marl, which has a harbour on the Wesel-Datteln Canal, has been the home of Hungary's orchestra in exile, the Philharmonia Hungaria, for the past forty years. In keeping with a tradition of constant change, the Ruhr, as Europe's largest industrial centre, is once again at the forefront of modernity. Without uniformity in landscape, history, or politics, the Ruhr first burst into public consciousness with the communist upheavals in 1920 and it became the first region on which the Germany's original regional planning authority focussed its efforts. Historically, Carolingian royals set up courts on the Hellweg road to protect this vital trade route. The towns, which were scattered across the open landscape of the Ruhr, joined the Hanseatic League in the fourteenth century. When the League collapsed at the end of the fifteenth century, strip mining of hard coal became the driving force of the region's economy. Marl, a little-known Westphalian town off the beaten track of major trade routes, is first mentioned around 900 and received its city charter as late as 1936. Its only claim to fame seems to have been the Loemühle: built in 1230, this is thought to be Germany's oldest water mill. The strip mines expanded north, exploring ever greater depths, from the Ruhr to the Hellweg district and on to the Emscher region. When the Ruhr River opened to ship traffic in 1780, and the railway was completed in 1860, the region gained access to new markets and the economy boomed. Between 1860 and 1913 hard coal extraction leaped from 1,6 to 114 million tonnes. Over the same period, the number of miners increased forty-fold: from 13,000 to 500,000. Marl, which until 1900 had been an insignificant little heath-land village, profited from this boom only during the final stages – when the pits reached the northern part of Lippe. Today the area is characterized by a few remaining large pits, by power stations and heavy industry alternating with stretches of forest and farmland. The mining industry had been so vital to the Ruhr coal fields; now that it has declined, we must find a new embodiment of universal goals for this region to promote a new, innovative, and flexible economic structure. All this across an underdeveloped, decentralized, uneven expanse, with a great diversity in

Ziele aller, nicht nur einiger Lebensbereiche des Ruhrgebiets neu verankert werden, um den Aufbau einer neuen, innovativen und flexiblen Wirtschaftsstruktur zu beschleunigen. Marl, das deutsche Klein-Brasilia im Einzugsbereich von Recklinghausen und in der Nachbarschaft von Wulfen, eine der wenigen neuen Stadtgründungen der Bundesrepublik, verfolgt dieses Ziel schon seit den 60er Jahren. Umgeben von verkarsteten Feldern und den fernen Silhouetten der Großindustrie, begann man damals, an einer Traumstadt für die Zukunft zu bauen: eine Schule von Hans Scharoun, auf freiem Feld eines der kühnsten und verwegensten deutschen Rathäuser in Form einer Skyline (J. H. van den Broek / J. B. Bakema), umgeben von einer stattlichen Sammlung moderner Großskulpturen, und die Hügelhäuser von Peter Faller, Hermann Schröder und Roland Frey mit integrierten Gärten, Terrassen und Garagen. So wie sich die IBA Emscher Park heute nicht als Architektur-Ausstellung, sondern vielmehr als «Landschaftsbauausstellung» (Karl Ganser) versteht, kann auch in Marl das Stadtbild nur von den Freiräumen aus neu fixiert und verdichtet werden – zwar nicht unbedingt im Anklang an die vorindustrielle Überschaubarkeit der Stadt, dafür ist das Neubauvolumen heute zu gering, aber im Sinne einer Strukturierung des Chaos an den Rändern durch punktuelle gestalterische Interventionen. An der Konkurrenz eines nach verkehrsstrategischen Gesichtspunkten übergeordneten Funktionsgefüges werden die historischen Stadtkerne dann nicht scheitern, wenn sie ureigene Qualitäten und neue Funktionen dagegensetzen. Im Rahmen dieser Strategie nehmen spezifische «Orte» in Gestalt inselartiger, komplexer Entwicklungsgebiete dank ihrer neuen Orientierungen und ihrer Identität stiftenden Ausstrahlung unmittelbaren Einfluß auf das städtebauliche und architektonische Niveau ihrer Umgebung.

both activity and density, or as Thomas Sieverts puts it, an "interim city." These goals should stand for the entire Ruhr, not only for selected areas within it. Marl, Germany's Little Brasilia located in the catchment area of Recklinghausen and in the neighbourhood of Wulfen, one of the few new towns in the Federal Republik of Germany, has been pursuing this goal since the 1960s. Surrounded by fallow fields and with a view of big industrial silhouettes in the distance, Marl began to build its dream city for the future: a school by Hans Scharoun; on an open field, one of the most daring town halls (by J. H. van den Broek / J. B. Bakema), shaped like a skyline and surrounded by an impressive collection of modern outdoor sculptures; and the hill houses by Peter Faller, Hermann Schröder, and Roland Frey with integrated yards, patios, and garages. Like the IBA (International Building Exhibition) in Emscher Park, which does not define itself as a forum for architecture but rather as a "landscape and architecture exhibition" (as Karl Ganser noted), Marl's image can only gain new focus and coherence by working inward from its open spaces, not necessarily in adherence to the town's pre-industrial openness – the volume of construction today is too small – but by setting strong design accents to structure the chaos on the periphery. The historic town cores can withstand the competition of a new functional structure subordinate to traffic strategies, if they counteract it with their own unique qualities and new functions. Amidst the strategic development, specific "sites" stand out like insular markers full of complexity. Setting a new direction and possessing a charisma that creates identity, these sites have direct impact on the urban and architectural standards of their environment.

Bunkerumbauung und Neuordnung
Marktplatz Brassert 1994–1995

Der Marktplatz wird auf einer Seite von einer Straßenrandbebauung mit Läden umgeben, auf der anderen von Ziegelbauten aus den 70er und 80er Jahren und einem Bunker. Dem Luftschutzbunker wurde ein schlanker, dreigeschossiger Wohnriegel auf Stützen vorgestellt. Durch die Aufständerung des Gebäudes entsteht eine offene Markthalle als Ergänzung zum Wochenmarkt. Shedartige Dachaufbauten mit Dachterrassen für die größeren Wohnungen variieren das Giebelmotiv der gegenüberliegenden Bebauung in zeitgemäßer Sprache. Die Erschließung ist als von oben belichtete, transparente Trennfuge zum Bunker ausgeführt. Ein neuer Marktturm mit Aufzug und Treppenhaus dient als Zugang zu den Wohngeschossen. In Erinnerung an die Zechengebäude der Umgebung wurde er im unteren Bereich massiv ausgeführt und löst sich oben in ein Stahlgerüst auf. Das neue Wahrzeichen von Brassert trägt zur Identität des Ortes bei.

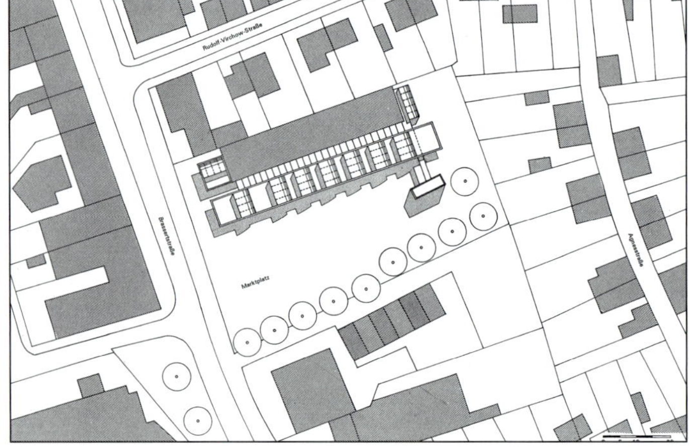

Bunker Surround and Urban Renewal,
Marktplatz Brassert 1994–1995

The market square is surrounded by a block edge development with retail stores on one side, by brick buildings from the 1970s and 1980s, and a bunker on the other side. A slender, three-storey residential slab elevated on pilotis has been placed in front of the bunker. Raising the building has created an open market hall which is used in addition to the weekly outdoor market. Shed-like roof additions and roof gardens for the larger apartments are a contemporary response to the gable motif in the building on the opposite side. The development has been executed as a top-lit, transparent structure in front of the bunker. A new market tower with elevator and stairwell provides access to the apartment levels. The tower is massive and solid on the bottom, a visual reference to former guild buildings in the region, while dissolving into a steel scaffold on the top. Brassert's new landmark contributes to the town's identity.

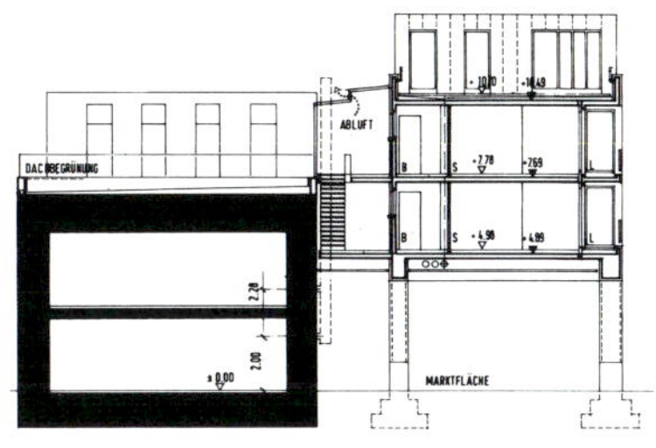

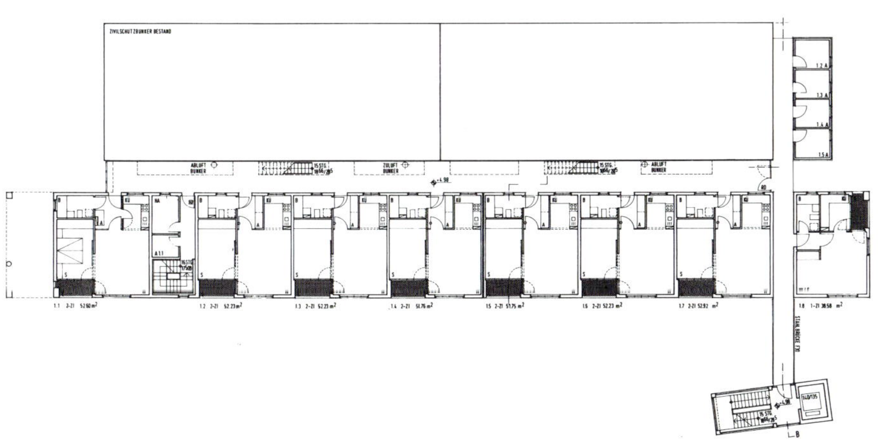

Ausgangssituation | Before construction
Lageplan | Site plan
Blick auf den Marktplatz | View of Marktplatz
Fassade zum Marktplatz | Façade on Marktplatz
Querschnitt | Cross section 1:500
1. Obergeschoß | Second floor 1:500

Wohnbebauung Martin-Luther-Straße 1992–1993

Das dreigeschossige Wohngebäude folgt dem Ziel einer Weiterentwicklung der Moderne. Das teilweise aufgeständerte Gebäude bezieht sich städtebaulich einerseits auf das großmaßstäbliche Zentrum von Marl aus den 60er und 70er Jahren und bildet andererseits einen ruhigen Abschluß der Zeilenbebauung an der Martin-Luther-Straße. Unter der aufgeständerten Straßenfront des Gebäudes befinden sich offene Parkplätze, während zum Garten ebenerdige Wohnungen liegen. Auf diese Weise können auch die Freiflächen vor dem Haus aktiv von den Bewohnern genutzt werden. Wohnungen für Behinderte sind in einem niedrigeren, kubischen Gebäudeteil angeordnet, der sich im Maßstab auf die Einzelhausbebauung und den Kindergarten der Umgebung bezieht. Der langgestreckte, klar gegliederte Baukörper des aufgeständerten Wohnhauses ist hell verputzt, während der dreigeschossige Baukörper im Westen in blau-rot-buntem Sichtmauerwerk ausgeführt ist.

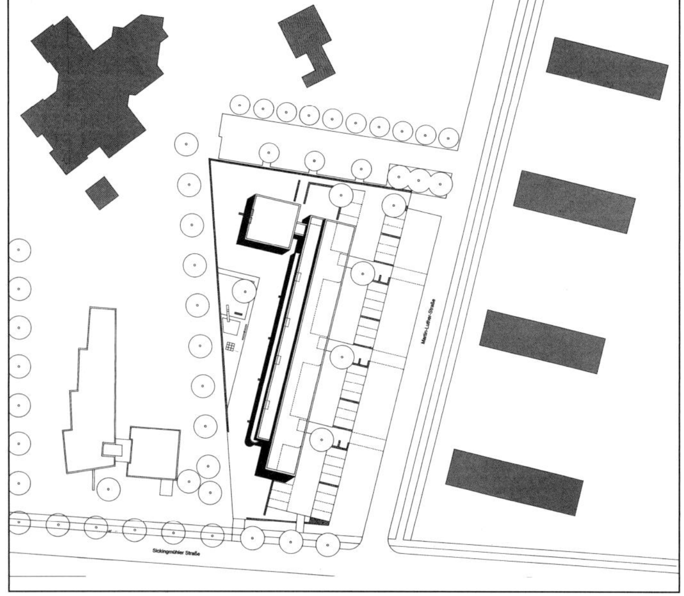

Housing Development, Martin-Luther-Strasse 1992–1993

The three-storey residential building aims to further develop Modernism. From an urban-planning perspective, the partially elevated building is a reference to Marl's large downtown core developed in the 1960s and 1970s. On the other hand it is also a quiet complement to the row development on Martin-Luther-Strasse. Outdoor parking is provided below the elevated section along the street, while the apartments are oriented towards the garden. This enables residents to utilize the open space in front of the building as well. Apartments for the disabled have been created in a lower, cube-shaped section of the building whose scale echoes the single-family homes and the kindergarten in the neighbourhood. The long, clearly articulated volume of the elevated apartment building has a pale render finish, while the three-storey building to the west features a colourful blue-red fairfaced brick exterior.

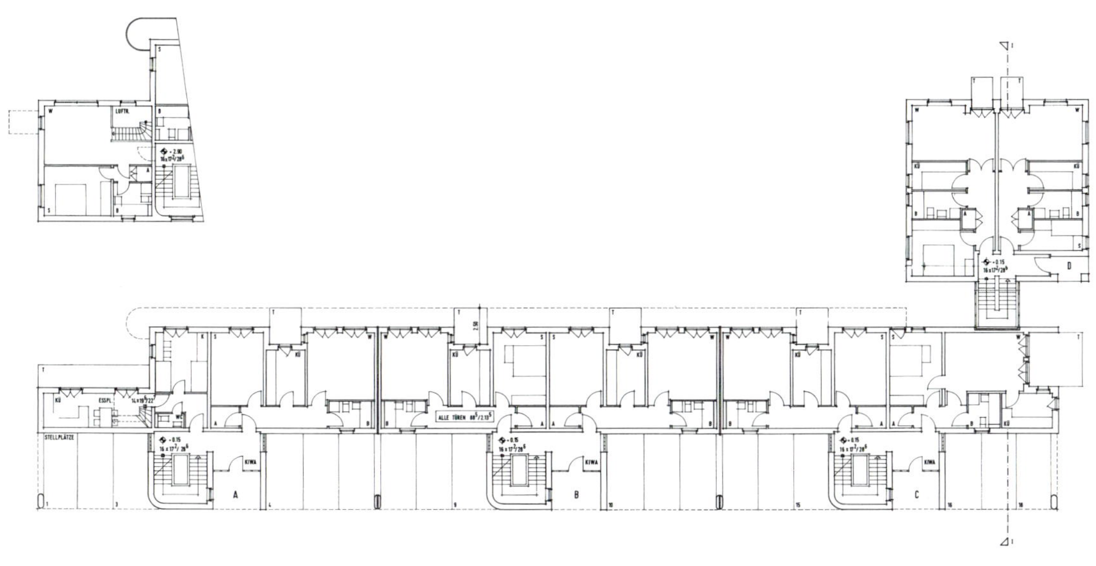

Ausgangssituation | Before construction
Lageplan | Site plan
Fassaden zum Garten | Façade on garden side
Erdgeschoß | Ground floor 1:500

Bunkerumbauung und Stadteingang Sinsen 1997–1998

Durch den Neubau wird der unansehnliche Bunker verdeckt und die unbefriedigende städtebauliche Situation in der Nähe des Bahnhofs aufgewertet. Der Entwurf greift den Charakter der Einzelbebauung an der Bahnhofstraße durch zwei Eingangshöfe auf, die dem zusammenhängenden Gebäude die Wirkung einer Einzelbebauung geben. In diese Höfe sind über vorgeschaltete Wintergärten die Wohnräume orientiert. Auf die großräumige Situation des Bahngeländes reagiert die Bebauung mit einem geschlossenen Blockrand. Im Viertelkreis, zur Freifläche nach Süden orientiert, sind familiengerechte Wohnungen untergebracht. Die Stellplätze liegen offen unter dem aufgeständerten Gebäudeteil an der Bahnhofstraße. Das Haus erhält eine Putzfassade mit Klinkersockel, die Fassade des abschließenden Kopfbaus an der Gräwenwolkstraße ist mit Klinker verblendet. Der neue Baustein formuliert den Auftakt zum inneren Stadtgefüge neu.

Bunker Surround and Gateway to the City, Sinsen 1997–1998

The new building hides the unattractive bunker and upgrades the poor urban setting near the train station. The plan responds to the detached buildings which characterize Bahnhofstrasse by adding two entrance courtyards which appear to break up the building volume. The living areas are oriented towards these courtyards with winter gardens in front of each unit. The new development responds to the spacious site of railway lands with a block edge formation. Apartments for families with children are contained in a quadrant which faces the open space to the south. Open parking spaces are provided beneath the elevated section of the building on Bahnhofstrasse. The building has a rendered façade and a clinker-brick base; the façade of the end building on Gräwenwolkstrasse is entirely faced in clinker bricks. The block is a new gateway into the town centre.

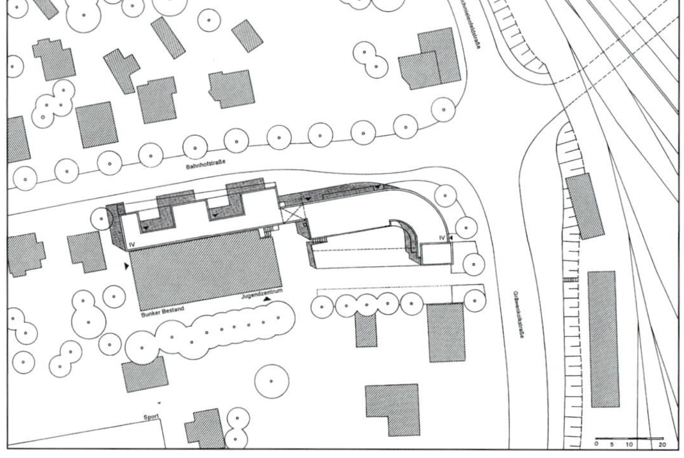

Ausgangssituation |
Before construction
Lageplan | Site plan

Blick in die Bahnhofstraße |
View into Bahnhofstrasse
Regelgeschoß | Standard floor 1 : 600

**Bunkerumbauung Garmannstraße | Bunker Surround
Garmannstrasse 1988–1989 (Patschan, Winking)**
Gutachten | Expert's report: 1987, 1. Platz | 1st Prize
(Patschan, Werner, Winking)
Standort | Location: Garmannstraße, Alt-Marl
Bauvolumen | Size: 1 580 qm | m² BGF | gross area, 15 WE | units
Mitarbeit | Collaboration: S. Winter, P. Wilde
Bauherr | Client: Neue Marler Baugesellschaft, Marl

**Bunkerumbauung und Stadteingang Sinsen |
Bunker Surround and Gateway to the City, Sinsen 1997–1998**
Auftrag | Commission: 1990 (Patschan, Winking)
Standort | Location: Bahnhofstraße 148/Gräwenwolkstraße 2, Sinsen
Bauvolumen | Size: 4 030 qm | m² BGF | gross area, 30 WE | units
Mitarbeit | Collaboration: M. Froh, A. Höver, A. Kruse, B. Smakowski
Bauherr | Client: Neue Marler Baugesellschaft, Marl

**Wohnbebauung Martin-Luther-Straße | Housing Development,
Martin-Luther-Strasse 1992–1993 (Patschan, Winking)**
Wettbewerb | Competition: 1991, 1. Preis | 1st Prize
Standort | Location: Martin-Luther-Straße 20–26, Brassert
Bauvolumen | Size: 3 010 qm | m² BGF | gross area, 35 WE | units
Mitarbeit | Collaboration: M. Froh, S. Winter,
B. Smakowski, J. Sprondel
Bauherr | Client: Neue Marler Baugesellschaft, Marl
Auszeichnungen | Awards: IBA Emscher Park, Anerkennung

**Wohnbebauung Johannes-Brahms-Straße | Residential Development
Johannes-Brahms-Strasse 1983–1984 (Patschan, Werner, Winking)**
Auftrag | Commission: 1982
Standort | Location: Johannes-Brahms-Straße, Lenkerbeck
Bauvolumen | Size: 2 500 qm | m² BGF | gross area, 28 WE | units
Mitarbeit | Collaboration: T. Bunzel, B. Gundermann,
I. Spitzner-Kracht
Bauherr | Client: Neue Marler Baugesellschaft, Marl

Bunkerumbauung und Neuordnung Marktplatz Brassert |
Bunker Surround and Urban Renewal, Marktplatz Brassert 1994–1995
Wettbewerb | Competition: 1990, 1. Preis | 1st Prize
(Patschan, Winking)
Standort | Location: Marktplatz Brassert
Bauvolumen | Size: 3 560 qm | m² BGF | gross area, 16 WE | units
Mitarbeit | Collaboration: C. Auksutat, M. Froh, A. Höver,
A. Kruse, B. Smakowski, F. Weitendorf
Bauherr | Client: Neue Marler Baugesellschaft, Marl
Auszeichnungen | Awards: Bauherrenpreis
Nordrhein-Westfalen 1998, engere Wahl

Wohnbebauung | *Residential Development*
(Patschan, Werner, Winking)
Wettbewerb | Competition: 1983, 1. Preis | 1st Prize
Standort | Location: Kreuzstraße, Mitte
Bauvolumen | Size: 17 200 qm | m² BGF | gross area, 206 WE | units
Mitarbeit | Collaboration: S. Winter, H. Huusmann, T. Bunzel,
B. Gundermann, H. Hartjen, I. Spitzner-Kracht
Auslober | Tender issued by: Neue Marler Baugesellschaft, Marl

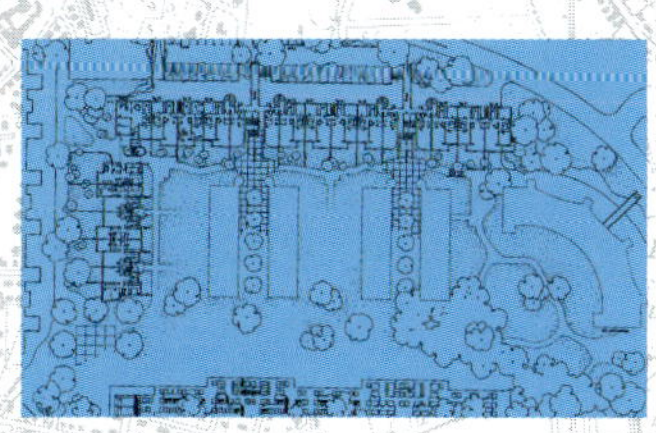

Neuordnung Marktplatz Hüls | Urban Renewal, Marktplatz Hüls
Wettbewerb | Competition: 1994, 2. Preis | 2nd Prize
Standort | Location: Marktplatz Hüls
Bauvolumen | Size: 21 400 qm | m² BGF | gross area, 55 WE | units
Mitarbeit | Collaboration: A. Kruse, B. Smakowski,
F. Weitendorf, J. Hagemeyer
Landschaftsplanung | Landscape planning: Arbos, Hamburg
Auslober | Tender issued by: Neue Marler Baugesellschaft, Marl

Zechensiedlung | *Residential Development* 1989–1990
(Patschan, Winking)
Auftrag | Commission: 1985 (Patschan, Werner, Winking)
Standort | Location: Heinrich-Böll-Straße 1–5, Brassert
Bauvolumen | Size: 1 280 qm | m² BGF | gross area, 24 WE | units
Mitarbeit | Collaboration: S. Winter, I. Spitzner-Kracht, P. Wilde
Bauherr | Client: Neue Marler Baugesellschaft, Marl

Stadtzentrum Neue Stadt Wulfen | City Centre, Neue Stadt Wulfen (Patschan, Werner, Winking)
Wettbewerb | Competition: 1971, 1. Preis | 1st Prize
Standort | Location: Wulfener Markt/Napoleonsweg
Mitarbeit | Collaboration: D. Gutmann, W. Winkelvoss
Bauherr | Client: Entwicklungsgesellschaft Wulfen

Integrierte Gesamtschule | Integrated Comprehensive School 1972–1977 (Patschan, Werner, Winking)
Auftrag | Commission: 1972
Standort | Location: Wulfener Markt, Wulfen
Bauvolumen | Size: 13 930 qm | m² BGF | gross area
Mitarbeit | Collaboration: T. Bunzel, M. Bruhn,
F. Gremmer, U. Gronow, D. Gutmann, V. Schmiedel
Landschaftsplanung | Landscape planning:
Wehberg Lange Eppinger, Hamburg
Bauherr | Client: Stadt Dorsten

Haus der offenen Tür | "Open House" 1979–1980 (Patschan, Werner, Winking)
Wettbewerb | Competition: 1979, 1. Preis | 1st Prize
Standort | Location: Gladbecker Straße, Dorsten
Bauvolumen | Size: 500 qm | m² BGF | gross area
Mitarbeit | Collaboration: T. Bunzel, H. Hartjen
Bauherr | Client: Stadt Dorsten

Rathauserweiterung | Town Hall Extension (Patschan, Werner, Winking)
Wettbewerb | Competition: 1980, 1. Preis | 1st Prize
Standort | Location: Halterner Straße, Dorsten
Bauvolumen | Size: 11 420 qm | m² BGF | gross area
Mitarbeit | Collaboration: H. Hartjen, R. Lindemann, S. Winter
Bauherr | Client: Stadt Dorsten

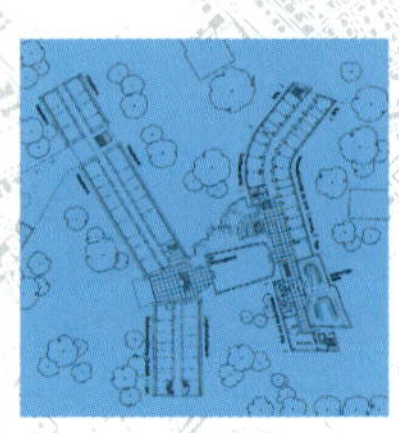

Gemeinschaftshaus | Community Centre 1979–1982
(Patschan, Werner, Winking mit Ulrich Pötter)
Wettbewerb | Competition: 1975,
Ankauf | Purchase, 1. Preis | 1st Prize
Standort | Location: Wulfener Markt, Wulfen
Bauvolumen | Size: 5 000 qm | m² BGF | gross area
Mitarbeit | Collaboration: M. Bruhn, T. Bunzel,
F. Gremmer, U. Gronow, H. Hartjen
Bauherr | Client: Stadt Dorsten

Waldfriedhof Schultenfeld | Schultenfeld Cemetery 1980–1981
(Patschan, Werner, Winking)
Wettbewerb | Competition: 1979, 1. Preis | 1st Prize
Standort | Location: Am Schultenfeld, Wulfen
Bauvolumen | Size: 1 500 qm | m² BGF | gross area
Mitarbeit | Collaboration: T. Bunzel
Bauherr | Client: Entwicklungsgesellschaft Wulfen
Landschaftsplanung | Landscape planning:
Wehberg Lange Eppinger, Hamburg

Gewerbepark, IBA Emscher Park |
Industrial Park, IBA Emscher Park 1993–1994
Wettbewerb | Competition: 1991, 1. Preis | 1st Prize
(Patschan, Winking)
Standort | Location: Gladbeck-Brauck
Bauvolumen | Size: 30 ha | hectares
Mitarbeit | Collaboration: M. Froh, A. Höver, A. Kruse
Landschaftsplanung | Landscape planning: WES, Hamburg
Auslober | Tender issued by: Entwicklungs-
gesellschaft Gladbeck Brauck

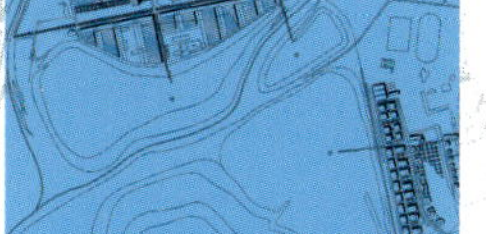

Weimar

1997
Kaufhausfassade |
Department Store Façade

1997
Wohnen und Gewerbe im
Frankeschen Hof |
Residential and Commercial
Space in Frankescher Hof

1994–1996
Stadtreparatur Ensemble
«Alt-Weimar» | Urban Renova-
tion, Alt-Weimar Complex

1994–1996
Bildungszentrum Hayn |
Education Centre, Hayn

1

2

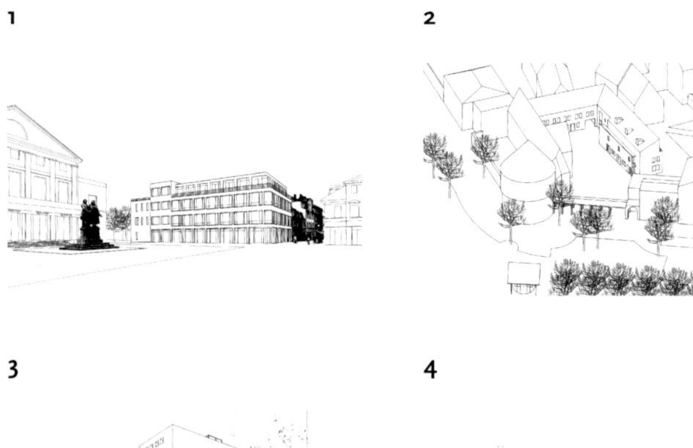

3

4

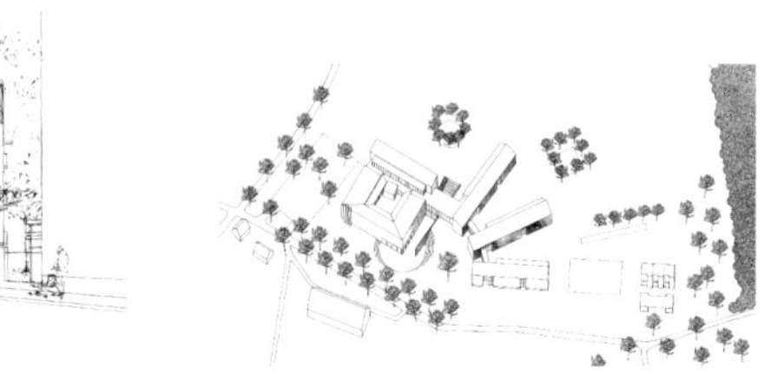

2
1
3

Gral deutscher Seele und Kultur

The Cradle of German Soul and Culture

«Weimar hat den Ruhm einer wissenschaftlichen und kunstreichen Bildung über Deutschland, ja über Europa verbreitet.» (Johann Wolfgang Goethe) Während sich Friedrich Hebbel Mitte des 19. Jahrhunderts, bei erstmals mehr als 10000 Einwohnern, an sein Wesselburen in Dithmarschen erinnert fühlte, wurde dieser Kleinstadt von anderer Seite schon weit früher der Ruf eines deutschen Athen zuteil. Egon Erwin Kisch kommentierte 1926, im Jahr des ersten Parteitags der NSDAP ausgerechnet in Weimar: «eine ganze Stadt als Reliquie, ein Bezirk als Wallfahrtsziel, weil hier einmal Dichterleben war». Wie ihre Genies, die selbst Franzosen dazu brachten, sich deutschen Büchern zu nähern, hielt die Stadt ursprünglich wenig auf ihr Äußeres. Was Goethe mitentwarf, wirkt weder klassisch noch monumental, sondern wie der Versuch, das «Klassische» dem altmodisch-romantischen Grundzug der Stadt anzupassen. Obwohl seit über 100000 Jahren Wohnplatz von Menschen, brachte auch das verschlafene Ackerbürgerstädtchen des 14. Jahrhunderts kein bedeutendes Handelsbürgertum hervor. Die Wende vollzog sich erst 1547, als Weimar, «unseliges Mittelding zwischen Hofstadt und Dorf», mit nur 600 Häusern und 3300 Einwohnern ständige Residenz der in Thüringen herrschenden Herzöge wurde, was bis 1918 Bestand hatte. Mit Lucas Cranach d. Ä. und vor allem Martin Luther gewann die sich allmählich etablierende Hof- und Beamtenstadt Anschluß an die kulturelle Entwicklung Europas, beeinflußte diese sogar nachhaltig. Im 17. Jahrhundert blieb die Stadt zwar vom Dreißigjährigen Krieg verschont, dafür wüteten «Thüringer Sintflut» und Pest. Die Ansiedlung moderner Manufakturen scheiterte am Widerstand der Zünfte oder an Zollgrenzen. Dennoch wurden schon zu diesem Zeitpunkt die Fundamente für das klassische Weimar gelegt: 1613 die erste deutsche Sprachgesellschaft, 1624 eine herzogliche Druckerei, 1696 die erste deutsche Opernbühne. Johann Sebastian Bach war als Hoforganist und Konzertmeister tätig; die Hofbibliothek wurde zu einer der berühmtesten Institutionen ihrer Zeit. Während die Stadt in der ersten Hälfte des 18. Jahrhunderts politisch und wirtschaftlich mehr und mehr in Bedeutungslosigkeit versank, weitete sie sich gleichzeitig jenseits des Mauerrings aus und schmückte sich im Inneren mit repräsentativen Barockbauten. Erst vor dieser Kulisse konnte nach der Regentschaft der Herzogin Anna Amalia die «Weimarer Tafelrunde» im Wittumspalais den Ruhm der

"Weimar has spread the glory of scientific and artistic education across Germany, nay across Europe." – Johann Wolfgang Goethe In the mid-nineteenth century Friedrich Hebbel felt that Weimar – whose population exceeded 10,000 for the first time – put him in mind of his hometown Wesselburen in Dithmarschen (Schleswig-Holstein); and yet this small town had long enjoyed a reputation as a German Athens. In 1926, when the first National Socialist rally took place in Weimar of all places, Egon Erwin Kisch commented on "an entire city as shrine, this region a site for pilgrimage, because once upon a time poetry lived here". Like its geniuses, who coaxed even the French into reading German books, the city itself initially took little pride in appearances. Where Goethe participated in the planning, the result is neither classic nor monumental; instead we see an attempt to adapt the "classic" to the old-fashioned romantic tenor of the city. Although people have lived here for over 100,000 years, the town remained a sleepy agricultural place with no notable merchant or bourgeois class as late as the fourteenth century. Things changed in 1547 when Weimar – whose mere 600 houses and 3,300 inhabitants made it "awkward – neither court nor village" – was chosen as the permanent residence for the dukes of Thuringia, a status it held until 1918. Lucas Cranach the Elder and above all Martin Luther helped the emerging town of courtiers and bureaucrats find its place in Europe's cultural scene, where it ultimately exerted a lasting influence. While the city was spared the devastation of the Thirty Years' War in the seventeenth century, it was hit hard by the "Thuringian Flood" and the plague. When manufacturers tried to establish themselves in the city, they were driven away by resistance from guilds and by customs restrictions. However, this was also the time when the seeds for classic Weimar were planted: in 1613 the first German Linguistic Society was founded, followed in 1624 by a ducal printing house, and in 1696, by the first German opera stage. Johann Sebastian Bach was court organist and concert master; the court library became one of the best-known institutions of its time. In the first half of the eighteenth century the city slipped into political and economical obscurity; yet this was also a period of expansion, when the city spread beyond the town wall and embellished its centre with monumental baroque buildings. And thus the stage was set, after the regency of Duchess Anna Amalia, for

Stadt als Hort der deutschen Klassik begründen. Herzog Karl August setzte das Werk seiner Mutter fort, indem er nach Christoph Martin Wieland 1775 Goethe nach Weimar rief, der seinerseits den Kant-Schüler Gottfried Herder als Hofprediger vorschlug. 1787 machte schließlich der junge Friedrich Schiller das «Mekka des Geistes» perfekt. Mit Franz Liszt als Hofkapellmeister und der Gründung der ersten Orchesterschule Deutschlands fand die Stadt nach Goethes Tod zu einer zweiten kulturellen Blüte. Dank der 1860 gegründeten Kunstschule führte der Weg schließlich über die Malerei zum Kunstgewerbe und zum Beginn des modernen Design. 1902 holte der Großherzog den Belgier Henry van de Velde nach Weimar. 1919, im Jahr der Verfassunggebenden Nationalversammlung im Weimarer Landestheater, ging aus dessen Kunstgewerbeschule das «Staatliche Bauhaus» unter Walter Gropius hervor, das allerdings auf rechten politischen Druck hin schon 1924 aufgelöst wurde und nach Dessau wechselte. Mit seinen Zielen Humanität und Weltbürgertum hatte Weimar, Landeshauptstadt nur von 1920 bis 1950, kein Glück. Gerade die hochgerühmte Klassik siedelte das Ideale in unerreichbaren Höhen an, trennte es von der Realität und begründete damit die gefährlich unpolitische Tradition des deutschen Bildungsbürgertums. Der Geist Weimars wurde für Reaktion ebenso instrumentalisiert wie für Revolution, nicht zuletzt mit Hilfe eines falsch verstandenen Nietzsche. Gerade das Konzentrationslager Buchenwald steht für die Errichtung zweier Totalitarismen. Nirgends ist die Architektur heute stärker gefordert, an die Sachlichkeit des Bauhauses neu anzuknüpfen, als in der europäischen Kulturstadt des Jahres 1999.

the "Weimarer Tafelrunde" (round table of Weimar) in the Wittum Palais and with it the city's growing reputation as the birthplace of German Classicism. Duke Karl August continued in his mother's footsteps by calling Christoph Martin Wieland to Weimar, and then, in 1775, Goethe who in turn suggested Gottfried Herder, a student of Kant, as court chaplain. And in 1787 young Friedrich Schiller arrived to crown the "Mecca of the mind." With Franz Liszt as court conductor and with the foundation of Germany's first orchestra school, the city experienced a second flourishing of arts and culture after Goethe's death. The art school, founded in 1860, led the movement from painting to arts and crafts, and then to the beginnings of modern design. In 1902, the Grand Duke called the Belgian Henry van de Velde to Weimar and in 1919 the arts and crafts school founded by van de Velde became the Bauhaus School of Design under the direction of Walter Gropius. However, this was also the year when the republican constitution was drafted and adopted in Weimar's Landestheater; within five years, in 1924, right-wing pressures forced the Bauhaus to move to Dessau. Its humanitarian and cosmopolitan goals brought little good fortune to Weimar, which was state capital from 1920 to 1950. The very Classicism which had been so highly praised was responsible for elevating idealism to the point where It lost touch with reality, thereby perpetuating the dangerously apolitical tradition of a highly cultured bourgeoisie. Weimar's spirit was equally susceptible to reactionism as to revolution, not least of all due to a misreading of Nietzsche. The Buchenwald concentration camp embodies the foundation of two forms of totalitarianism. Nowhere is architecture more challenged to reconnect with the objectivism of the Bauhaus than here, in 1999's cultural capital of Europe.

Kaufhausfassade am Theaterplatz 1996–1997

In Auseinandersetzung mit der Bedeutung des Ortes knüpft die Fassade, nur um diese ging es im Wettbewerbsentwurf, an die Weimarer Tradition des frühen Bauhauses von Henry van de Velde sowie an die Geschäftshaustypologie von Alfred Messel und Erich Mendelsohn an. Die großen brüstungslosen Öffnungen, die auch in den Obergeschossen als Schaufenster nutzbar sind, gewähren Einblick ins Innere und schaffen eine Verbindung zwischen dem Handel im Gebäude und der Öffentlichkeit des vorgelagerten Platzes. Eine umlaufende Terrasse im Staffelgeschoß erlaubt den Restaurantbesuchern, am Leben auf dem Platz teilzunehmen. Die feingliedrigen Fenster aus Lärchenholz und Edelstahlprofilen verspringen im Erdgeschoss nach innen, während sie in den Obergeschossen als Schaukasten hervortreten. Pfeiler und Geschoßbänder mit vorspringenden Brüstungssteinen und zurückweichenden runden Leibungssteinen spielen auf der Sandsteinfassade mit Licht und Schatten. Am Beginn der diagonalen Erschließungsachse ist das Gebäude leicht gerundet, die Pfeiler des sich über Eck fortsetzenden Achsfeldes sind zu Rundstützen aufgelöst und markieren den Eingang. Das über die Staffel hinaus geführte Treppenhaus schließt den Raum und vermittelt zum Theater. Mit seiner Gliederung und Detaillierung fügt sich das moderne Gebäude in seine Umgebung ein. Das neu gewählte Material harmoniert mit den traditionell verwendeten Materialien.

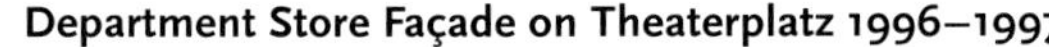

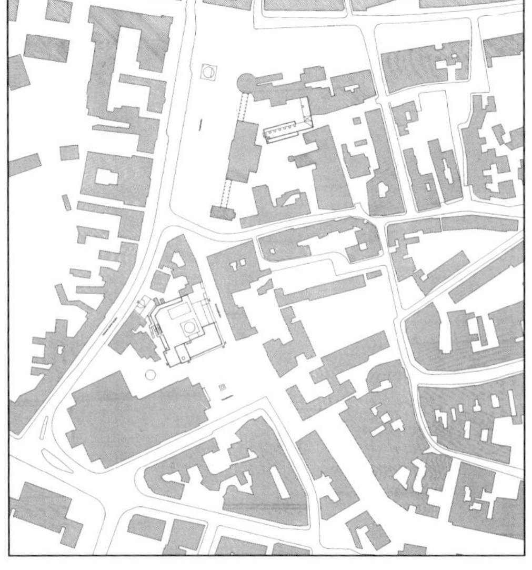

Department Store Façade on Theaterplatz 1996–1997

The competition focused exclusively on a new façade design, and here a deliberate effort was made to continue Weimar's early Bauhaus tradition established by Henry van de Velde and the department store typology created by Alfred Messel and Erich Mendelsohn. The large openings without breast walls, functional as display windows even on the upper floors – with historic precedents – and permit views into the interior thus creating a link between the trade inside the building and public nature of on the square. A wrap-around patio on the stepped-back level allows restaurant patrons to participate in the life of the square. The delicate windows framed in larch wood and stainless steel profiles are recessed on the ground floor and project on the upper floors for use as display cases. Columns and floor bands with projecting parapet stones and recessed round stone soffits create a play of light and shadow on the sandstone façade. At the beginning of the diagonal, the building is slightly curved; the pillars of the section that continues around the corner, dissolve into round supports and mark the entrance. The stairwell continues past the split-level, closes the space, and creates a transition to the theatre. Structure and details integrate the modern building into its surroundings. The new materials are compatible with the materials traditionally used in Weimar.

Historische Entwicklung und
Ausgangssituation | Historic development
and situation before construction
Lageplan | Site plan
Fassade zum Theaterplatz |
Façade on Theaterplatz
Fassadenentwurf | Façade design
Fassade zur Wielandstraße |
Façade on Wielandstrasse

Stadtreparatur Ensemble «Alt-Weimar», 1994–1996

Das denkmalgeschützte Haus in der Prellerstraße 2, einst Wohnhaus von Rudolf Steiner, wird restauriert, eine Baulücke daneben geschlossen. Das historische Gebäude wurde um ein Gartenzimmer erweitert und zu einem kleinen Hotel umgebaut. Während die Einrichtung der historischen Gaststätte «Alt-Weimar», die zu Bauhauszeiten ein beliebter Künstler- und Schauspielertreff war, erhalten blieb, wurden die Gästezimmer im Geist des Bauhauses neu gestaltet. Der angrenzende Neubau ist als Pendant des benachbarten Jugendstilhauses zu verstehen, da der Bautyp des mehrgeschossigen Doppelhauses für dieses Stadtgebiet typisch ist. Der Neubau nimmt Gebäudeproportion, vertikale Gliederung und horizontale Linien des reich verzierten Jugendstilgebäudes auf, bildet aber in seiner strengen, sachlichen Ausbildung einen ruhigen Gegenpol. Das Konzept der frei wählbaren Raumdimensionen läßt sowohl gewerbliche als auch private Nutzung zu. Die Farbgebung nimmt, bis auf den weißen Neubau in der Tradition des Bauhauses, mit ihren Umbra- und Siena-Tönen Bezug auf die Farbgebung des historischen Stadtkerns, die unter dem Einfluß der Eindrücke Goethes in Italien entstand. Im Garten markieren eine alte Säuleneiche, ein Ginkgobaum aus dem vorigen Jahrhundert und ein mäandernder Natursteinsockel den Übergang zwischen historischem Hotelbau und moderner Ergänzung des Doppelhauses.

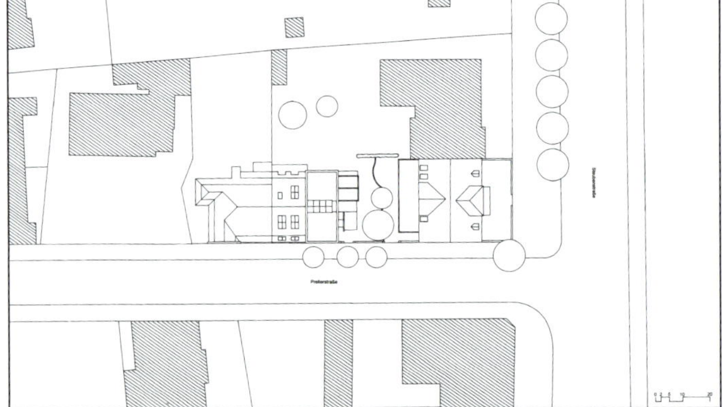

Urban Renewal, Alt-Weimar Complex, 1994–1996

Rudolf Steiner's former home on Prellerstrasse, now a heritage site, has been renovated and a new building fills the adjoining lot. A winter garden has been added to the historic building, which was converted into a small hotel. The interior of the traditional pub, a popular meeting place for artists and actors during the Bauhaus years, remains unchanged, but the guest rooms have been redone in the spirit of the Bauhaus. The design of the new building relates to the Art Nouveau house beside it, a multi-storey duplex typical of this district. The building echoes the proportions, vertical arrangement, and horizontal lines of its ornate neighbour, while the clean, functional design provides balance. Flexible room dimensions allow for both commercial and private use. The colour scheme – with the exception of the new building which is white, following the Bauhaus tradition – blends in with the burnt umber and sienna of the historic town core, inspired by Goethe's impressions of Italy. In the garden, an oak, a nineteenth-century ginkgo, and an undulating natural stone base create a transition between the historic hotel building and the modern addition to the Art Nouveau duplex.

Ausgangssituation |
Before construction
Lageplan | Site plan

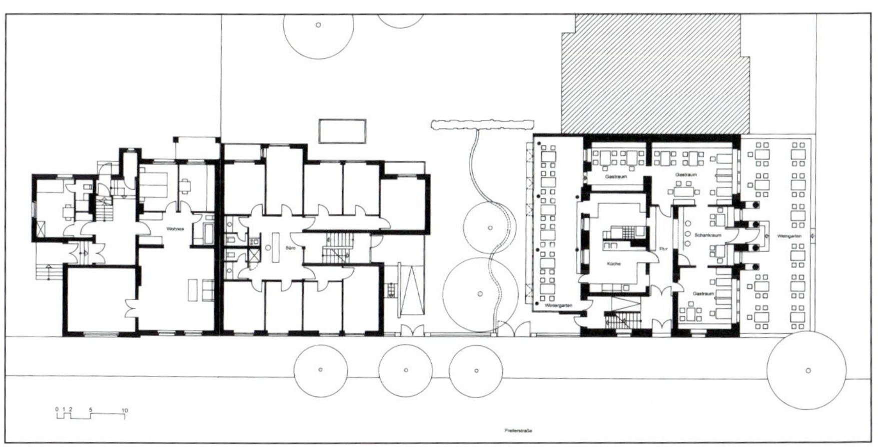

Fassade zur Prellerstraße |
Façade on Prellerstrasse
Garten zwischen Hotel und Neubau |
Garden between hotel and new building
Wintergarten Hotel «Alt-Weimar» |
Winter garden Hotel "Alt-Weimar"
Erdgeschoß | Ground floor

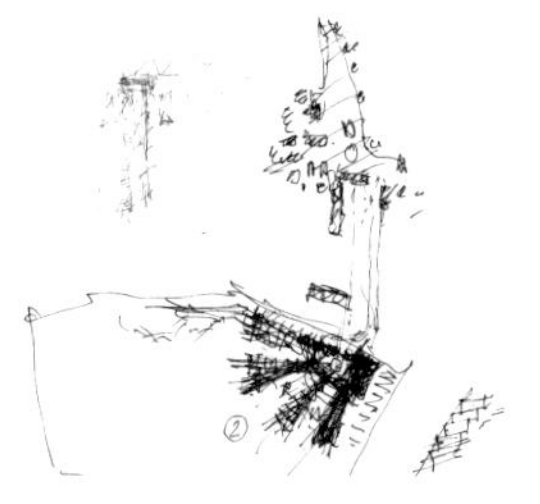

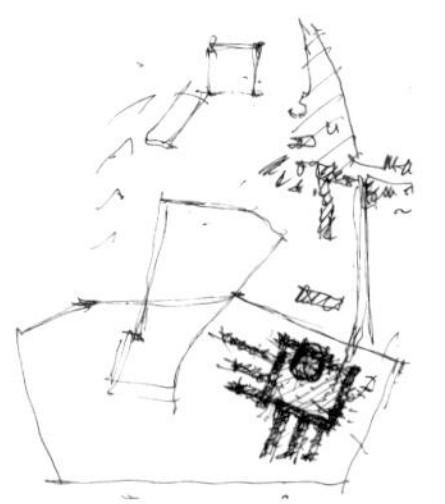

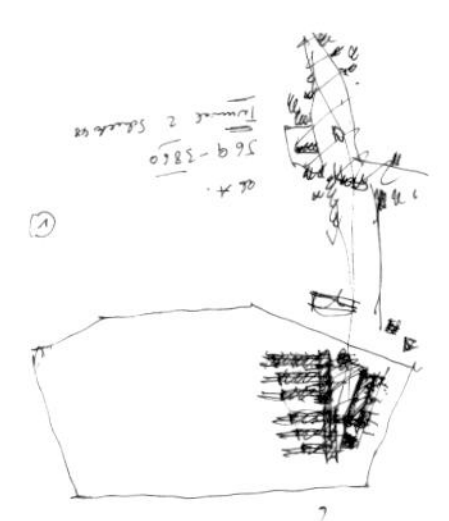

Bildungszentrum Hayn 1994–1996

Das Bildungszentrum der Techniker-Krankenkasse gibt eine sensible Antwort auf bestehende Dorfstrukturen und die Topographie der Landschaft. Das Haufendorf Hayn liegt noch weitgehend ungestört in der hügeligen Landschaft im Süden Thüringens. Seine Hauptgebäude entwickeln sich strahlenförmig um einen angerähnlichen, zentralen Dorfplatz. Die Nebengebäude liegen scheinbar beliebig in zweiter Reihe, folgen aber ebenfalls dieser Anordnung. Das neue Schulungszentrum greift dieses Prinzip des halböffentlichen Platzes auf und wendet sich dem Dorf zu. Das quadratische steinerne Haupthaus mit Seminar- und Gruppenräumen, Gegenstück zur großen Scheune des Dorfes gegenüber, enthält einen ruhigen Innenhof mit schräg eingestellter Bibliothek, während die zweigeschossigen Wohnhäuser fächerförmig in die Landschaft ausgreifen. Zwischen Seminarbereich und Wohnhäusern liegen Eingang und lichtes Foyer. Eine verglaste Spange und die farbige Wandgestaltung von Gerhard Merz verbinden die Bauten untereinander. An den Anfangs- und Endpunkten der Wohnhäuser sowie in der Mitte befinden sich Aufenthaltsbereiche, die Rückzug oder Kommunikation ermöglichen. Die Dozentenräume im Obergeschoß sind über eine offene Galerie zu erreichen. Das in den Hang eingeschobene Sockelgeschoß ist über die zweigeschossige Treppenhalle mit dem Foyer verbunden. Hier liegt der Restaurant- und Freizeitbereich mit Blick auf den Eingangshof und das Dorf.

Education Centre, Hayn 1994–1996

The education centre for the Techniker-Krankenkasse Insurance is designed in a sensible reaction to the existing village structures and the topography of the surrounding landscape. Hayn, a village grown from ancient hamlets grouped together on a hilltop, is relatively unchanged among the hills of southern Thuringia. Its main structures fan out from a central village green. The buildings in the second row seem more randomly arranged, yet they follow the same pattern. The new training centre follows the principle of a semi-public space and faces the village. The stone, square main building with seminar and group rooms – a counterpart to the large village barn opposite – surrounds a quiet courtyard with a separate library building set into the yard at an angle, while the long, two-storey apartment buildings fan out into the landscape. The entrance and light-flooded lobby lies at the transition point between the training and residential sections. A glazed section and the colourful wall design by Gerhard Merz connect the two buildings. The corner sections of the apartment buildings and each middle section of the buildings feature common areas for rest and contemplation or interaction and communication. An open gallery is the communication path to classrooms on the upper floor. The base, built into a hill, is connected to the main lobby with a two-storey stairwell. This floor contains the restaurant and recreation area with a view of the entrance courtyard and the village.

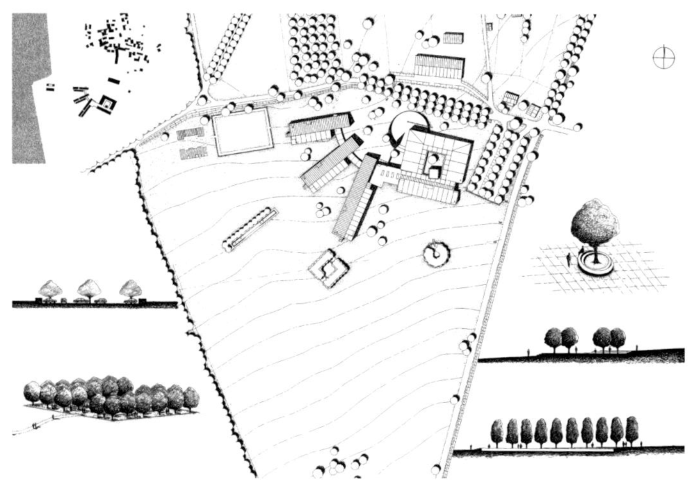

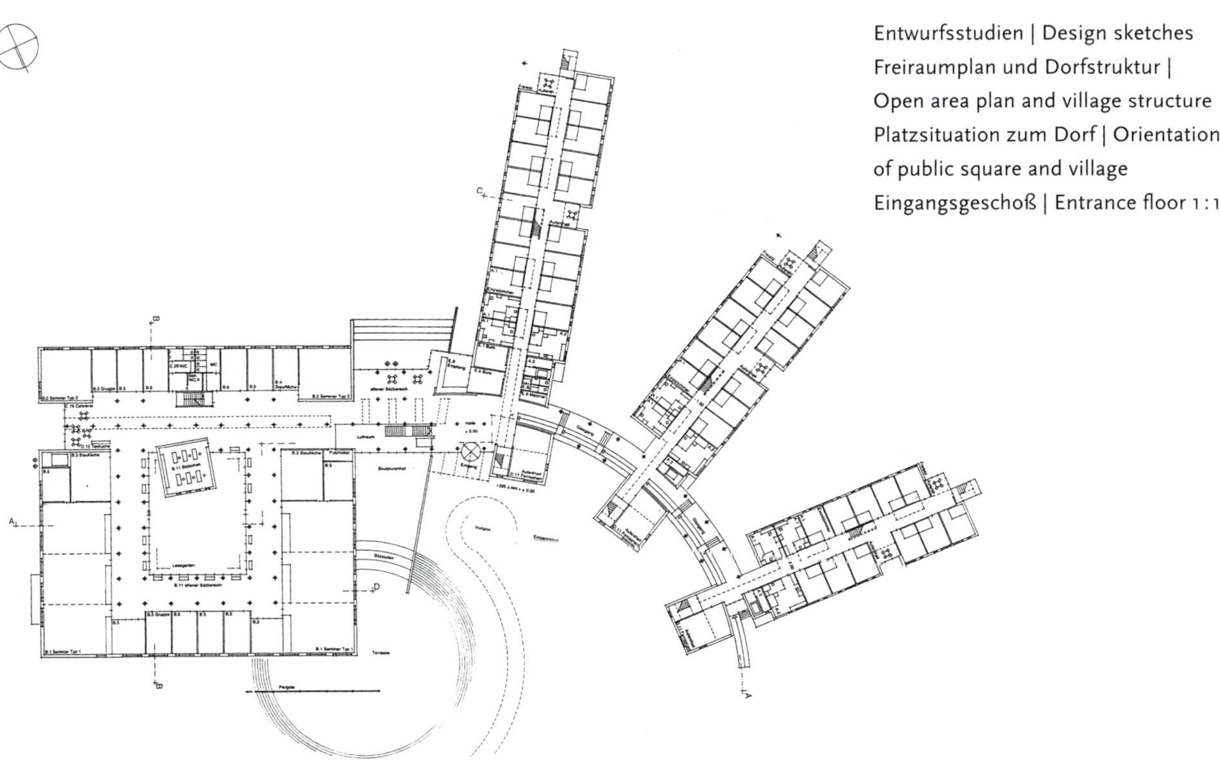

Entwurfsstudien | Design sketches
Freiraumplan und Dorfstruktur |
Open area plan and village structure
Platzsituation zum Dorf | Orientation
of public square and village
Eingangsgeschoß | Entrance floor 1 : 1 250

In die Landschaft ausgreifende Wohnflügel |
Residential wings reaching into landscape
Hauptgebäude am Platz | Main building on square
Stirnseite zum Dorf | Main side facing village
Stirnseite zur Landschaft | Main side
facing landscape

Aufriß Erschließungsseite |
Section of access side of building
Querschnitt | Cross section 1:1250
Fassade zur Landschaft | Façade
overlooking landscape 1:1250
Fassadenentwurf | Façade design 1:100

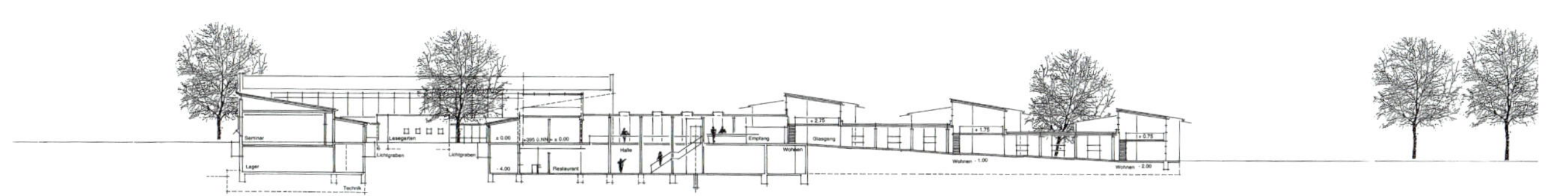

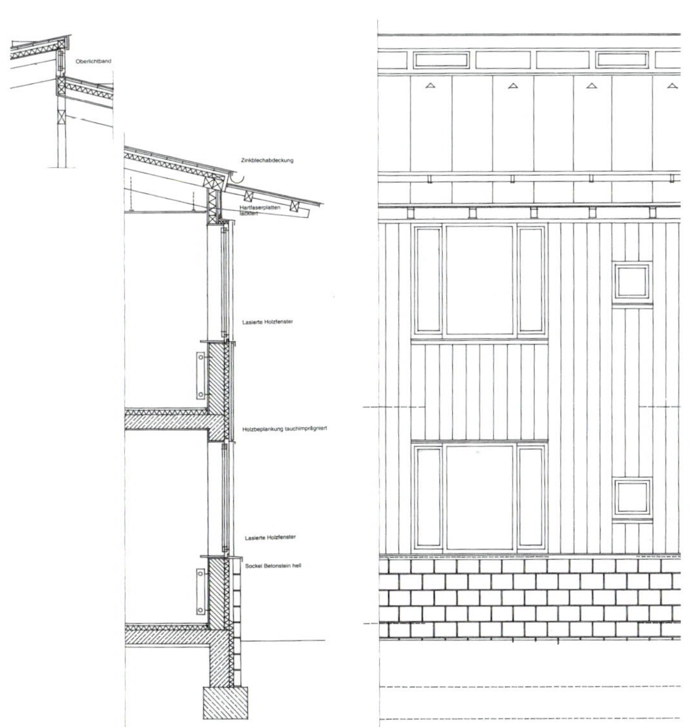

Wandgestaltung von Gerhard Merz im
Seminarbereich | Wall design by Gerhard Merz
in seminar area of building
Wandgestaltung von Gerhard Merz im Foyer |
Wall design by Gerhard Merz in lobby

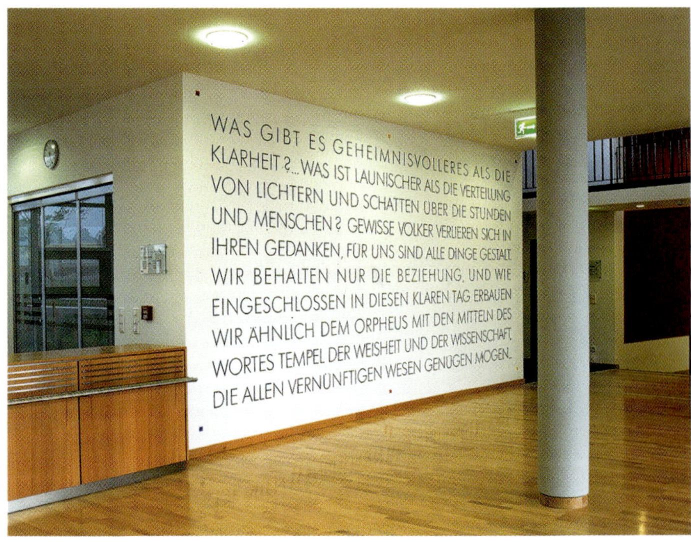

Gläserne Erschließungsspange | Connecting passage with floor-to-ceiling glazing

Bibliothek | Library
Gemeinschaftsbereich |
Common area

Kaufhausfassade | Department Store Façade 1996–1997
Gutachten | Expert's report: 1995, 1. Platz | 1st Place
Standort | Location: Theaterplatz
Mitarbeit | Collaboration: M. Froh, P. Seufert, A. Maul,
R. Grigoleit, J. Schwarz
Bauherr | Client: Commerz Leasing, Düsseldorf
Auszeichnungen | Awards: Deutscher Natursteinpreis 1997,
Lobende Erwähnung | honourable mention

Wohnen und Gewerbe im Frankeschen Hof |
Residential and Commercial Space in Frankescher Hof
Auftrag | Commission: 1997
Standort | Location: Goetheplatz/Kleine Teichgasse
Bauvolumen | Size: 1 120 qm | m² BGF | gross area, 10 WE | units
Mitarbeit | Collaboration: M. Froh, B. Schlegel, V. Thiele
Bauherr | Client: J.-C. Wittig, Weimar

Pavillon und Straßenmöbel | Pavilion and Urban Fixtures 1998–1999
Auftrag | Commission: 1997
Standort | Location: Goetheplatz
Bauvolumen | Size: 50 qm | m² BGF | gross area
Mitarbeit | Collaboration: M. Froh, T. Wiedmann, W. Flegel
Bauherr | Client: Stadt Weimar

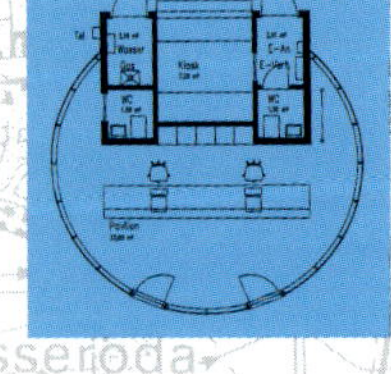

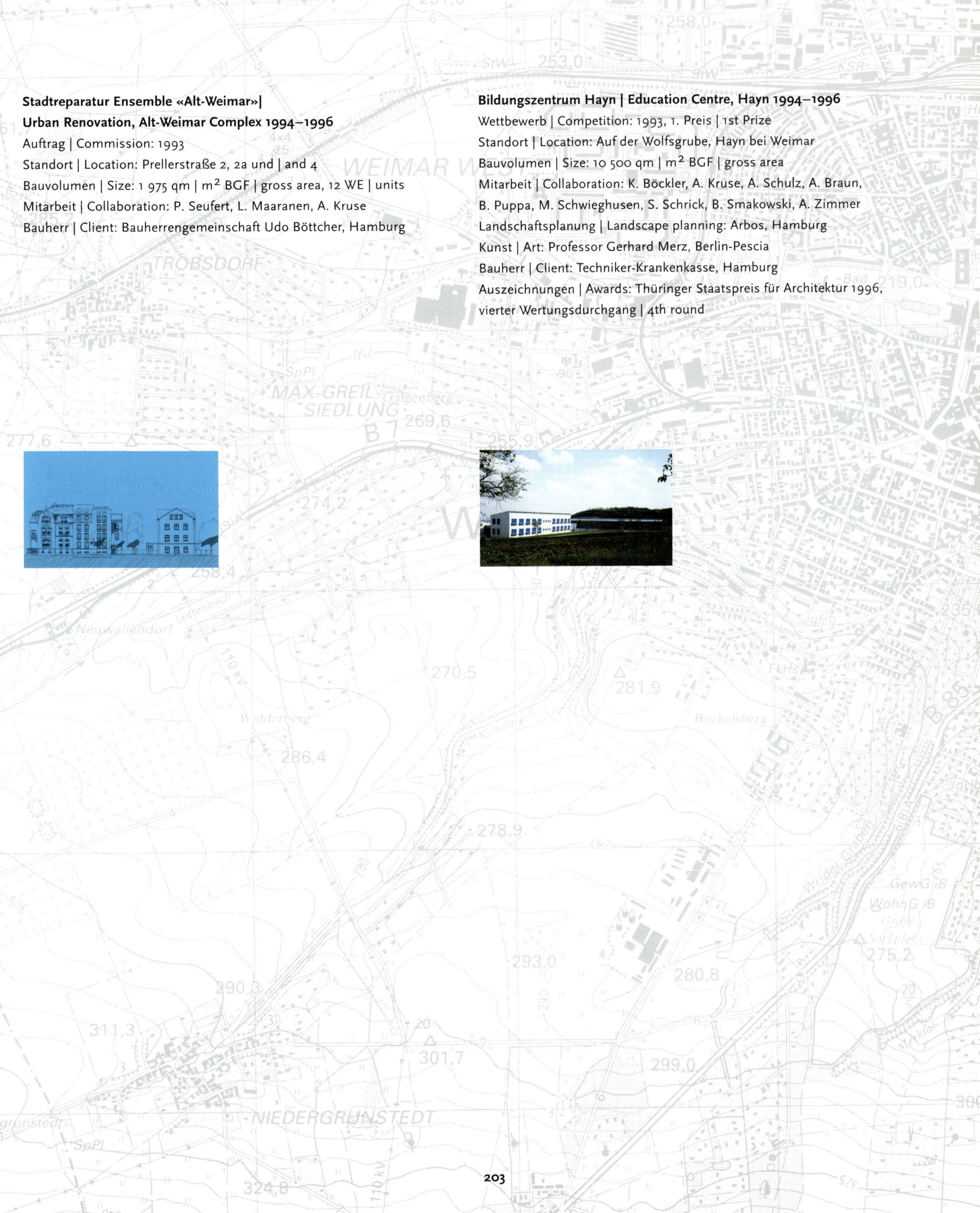

Stadtreparatur Ensemble «Alt-Weimar»|
Urban Renovation, Alt-Weimar Complex 1994–1996
Auftrag | Commission: 1993
Standort | Location: Prellerstraße 2, 2a und | and 4
Bauvolumen | Size: 1 975 qm | m² BGF | gross area, 12 WE | units
Mitarbeit | Collaboration: P. Seufert, L. Maaranen, A. Kruse
Bauherr | Client: Bauherrengemeinschaft Udo Böttcher, Hamburg

Bildungszentrum Hayn | Education Centre, Hayn 1994–1996
Wettbewerb | Competition: 1993, 1. Preis | 1st Prize
Standort | Location: Auf der Wolfsgrube, Hayn bei Weimar
Bauvolumen | Size: 10 500 qm | m² BGF | gross area
Mitarbeit | Collaboration: K. Böckler, A. Kruse, A. Schulz, A. Braun,
B. Puppa, M. Schwieghusen, S. Schrick, B. Smakowski, A. Zimmer
Landschaftsplanung | Landscape planning: Arbos, Hamburg
Kunst | Art: Professor Gerhard Merz, Berlin-Pescia
Bauherr | Client: Techniker-Krankenkasse, Hamburg
Auszeichnungen | Awards: Thüringer Staatspreis für Architektur 1996,
vierter Wertungsdurchgang | 4th round

Dresden

1993–1995
Geschäftshaus am
Herzoginnengarten |
Office Building on
Herzoginnengarten

1996
Innenstadtquartier
Ostra-Terrassen | Downtown
District, Ostra-Terrassen

1997
Synagoge | Synagogue

1994
Terrassenhaus | Apartment
Block on a Slope

1997
Erweiterung Festspielgelände
und Gartenstadt Hellerau |
Expansion, Festival Grounds
and Garden City, Hellerau

1

2

3

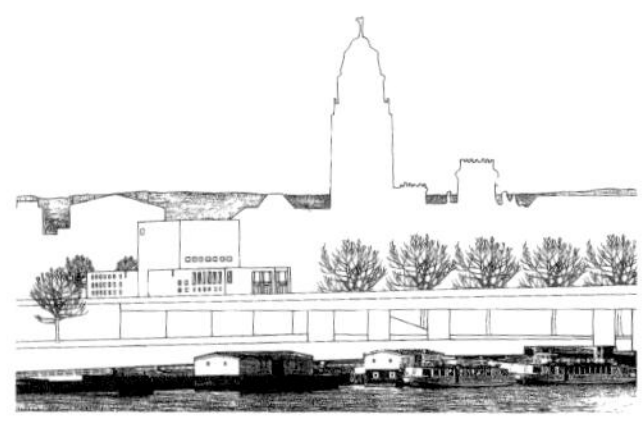

4

5

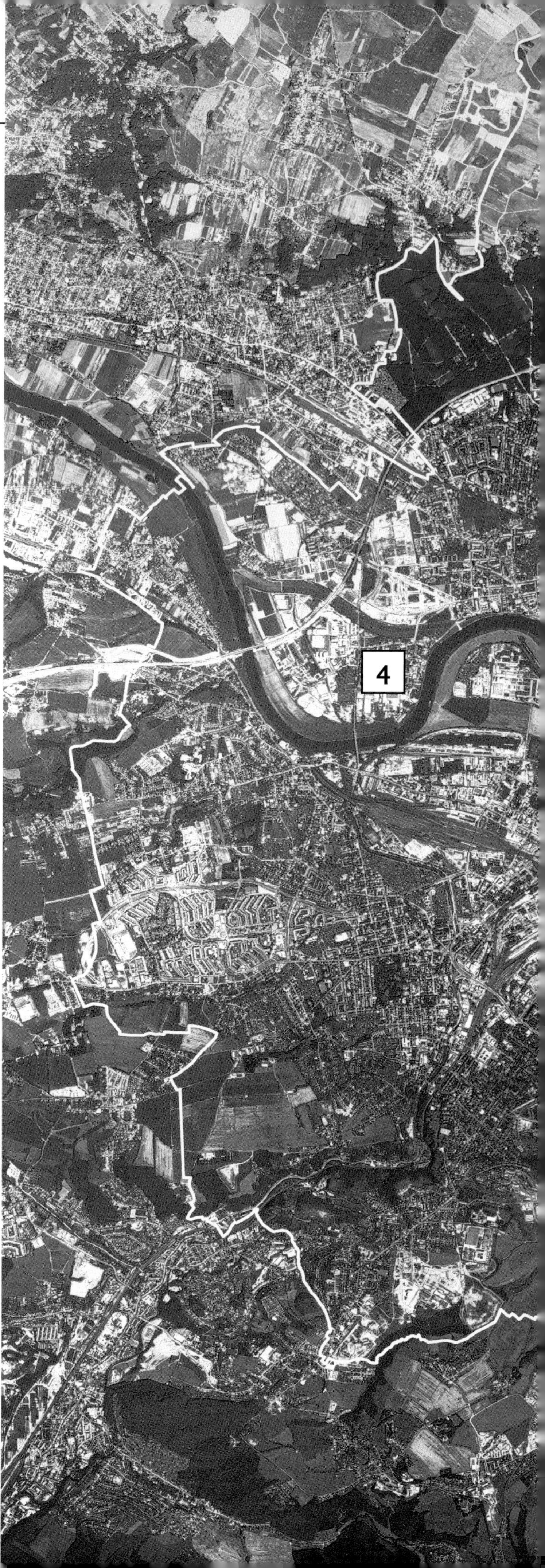

Schöne oder neue Stadt

«Ohne Rücksicht auf eine tatsächliche Ähnlichkeit der Silhouette mit dem alten Dresden, frei und unbeeinflußt durch die gewesenen Straßenanlagen, gänzlich losgelöst vom Alten, muß das neue Dresden entstehen.» Unter dem Eindruck der schweren Zerstörungen des Zweiten Weltkriegs mit ca. 60 000 Toten war die erste Reaktion der Bürger verständlich. Jeder Anhänger einer erneuten Anpassung an die Struktur der Stadt galt 1951 als «irregeleitet». Das DDR-Regime träumte von großen Plätzen und breiten Straßen für die «Feste des Volkes», konnte «das ‹Morgen› in Pracht und Überfluß» allerdings nie einlösen. Schon 1953 sehnte sich die Bevölkerung enttäuscht nach der historischen Struktur und Silhouette der Stadt zurück, wie sie Erich Kästner nach der Bombennacht beschrieben hatte: «eine wunderbare Stadt, voller Kunst und Geschichte und trotzdem kein von 650 000 Dresdnern zufällig bewohntes Museum». «Sozialistische Lebensfreude» äußerte sich im «deutschen Florenz», wie Herder die Harmonie zwischen Stadt und Fluß 1802 beschrieben hatte, nur in entstellten Plätzen und Straßen. Der Aufstieg Dresdens zur weltbekannten Kunststadt ist vor allem dem Haus Wettin zu danken. Um 600 waren Sorben in das hochwasserfreie Elbtal gezogen. Die deutsche Ostexpansion und Silberfunde im Erzgebirge gaben dem Elbübergang als Verbindung zu den östlichen Handelswegen große Bedeutung. Kurz bevor Dresden 1216 erstmals als Stadt erwähnt wird, errichteten die Markgrafen eine Burg. Bergbau und Messewesen entwickelten sich dennoch an Dresden vorbei, in 300 Jahren erreichte die Stadt am linken Ufer der Elbe lediglich eine Dimension von 3800 Einwohnern. Mit der Teilung Sachsens wurde Dresden 1485 jedoch Residenz der albertinischen Linie. Ihre erste Blüte erlebte die Stadt 1547 unter Kurfürst Moritz von Sachsen, dem mit 26 Jahren nur sechs Jahre blieben, die Residenz mit Künstlern aus ganz Europa zum Strahlen zu bringen. Bis zum Dreißigjährigen Krieg, der die Stadt nicht sonderlich traf, stieg die Einwohnerzahl auf 15 000. Seine Glanzzeit erlebte Dresden im «Augusteischen Zeitalter» unter August dem Starken (1694–1733) und dessen Leitsatz: «Die Fürsten schaffen sich Unsterblichkeit durch ihre Bauten.» Venedig und Versailles waren die Vorbilder für den Plan des 24jährigen Kurfürsten bzw. 27jährigen polnischen Königs, das Leben zu einem einzigen Fest zu machen. Nichts durfte «der Stadtzierde zuwider oder dem Nachbarn zum Schaden» gebaut werden. Matthäus Daniel Pöppelmann, mit 18 Jahren aus dem westfälischen Herford angereist, avancierte zum Stararchitekten, nicht zuletzt mit der königlichen Orangerie. Das Opernhaus nebenan bot 35 000 Einwohnern 2000 Plätze. Alchimist Böttger lieferte zu dieser Pracht das weiße Porzellan. Wer es sich leisten konnte, lebte in Dresden damals urban und weltoffen. Friedrich II., Soldatenkönig aus dem kargen Potsdam, ließ es sich nicht nehmen, im Siebenjährigen Krieg gegen diese barocke

A Beautiful or A New City

"The new Dresden must grow without consideration for creating a similarity with its historic silhouette, freely and independently of the former streetscape, completely liberated from the Old." In the aftermath of devastating destruction during the Second World War with approximately 60,000 casualties in Dresden alone, this was an understandable reaction on the part of its citizens. Those who proposed an adaptation of the city's historic structure were judged as "misguided" in 1951. The GDR regime dreamt of large squares and wide streets for "people's celebrations." However, it could never achieve the "promised 'tomorrow' of splendour and abundance." By 1953, the disappointed public was already yearning for a return to the historic structure and silhouette of the city that Erich Kästner had described after the nocturnal raid as, "a wonderful city, full of art and history and yet more than a living museum which happens to be inhabited by 650,000 people." The only outward expression of socialist joie de vivre in a city, whose harmony between river and town had inspired Herder to nickname it the "Florence of Germany" in 1802, could be found in disfigured squares and streets. Dresden's rise to a worldfamous centre for art is mostly due to the House of Wettin. Around 600, Sorbs had moved into the flood-protected Elbe valley. The crossing point of the Elbe River became an important link to eastern trade routes in the wake of German expansion eastward and the discovery of silver deposits in the Erzgebirge. The margraves erected a castle here, shortly before Dresden was mentioned for the first time as a city in 1216. Still, Dresden was overlooked as mining and trade fairs developed, and over the course of 300 years the city on the left bank of the Elbe grew to a population of only 3,800. But when Saxony was divided in 1485, Dresden was elected as residence for the House of Albert. Under Elector Moritz of Saxony, Dresden flourished for the first time in 1547. A mere six years remained for the 26-year-old elector to make his palace shine with the presence of artists from every corner of Europe. Until the Thirty Years' War (which did not affect the city very much) the population grew to 15,000. Dresden peaked during the socalled "Augustan Era" under August the Strong (1694–1733) and his motto: "Nobles achieve immortality in their buildings." Venice and Versailles were the models that inspired the 24-year-old elector (later King of Poland at age 27) to construct life as a never-ending celebration. No building was allowed to "mar the beauty of the city or harm [its] neighbour." Matthäus Daniel Pöppelmann, who had travelled to Dresden from Herford in Westphalia at age 18, advanced to star architect, not least of all thanks to his design for the royal orangery. The opera house next door offered seating for 2,000 of the city's 35,000 inhabitants. Böttger, the alchemist, delivered white porcelain as a complement to all this splendour. Those who could afford it, lived an

Lust erfolgreich anzurennen. Der Zwinger wurde zum Stapelplatz für Holz. Erst mit dem Dresdner Klassizismus und dem Altonaer Baumeister Gottfried Semper, der mit dem Theaterplatz und der 1841 eröffneten Semperoper den ehemaligen Standort der ersten Schutzburg zu neuem Glanz führte, gelang ein wesentlicher Impuls. Inzwischen verkehrte die Elbedampfschiffahrt und zwischen Dresden und Leipzig die erste deutsche Ferneisenbahn. Um 1900 war aus der beschaulichen Residenz bereits eine pulsierende Großstadt geworden. In einem ehemaligen Fleischerladen gründeten die drei Architekturstudenten Erich Heckel, Ernst Ludwig Kirchner und Karl Schmidt-Rottluff 1905 die Künstlergemeinschaft «Brücke». Fritz Schumacher und Hans Poelzig wechselten sich in der Rolle des architektonischen Ratgebers ab, es fehlte jedoch das notwendige Geld. Der bissige Sozialkritiker Otto Dix, der 1919 die Dresdner Sezession gegründet hatte, traf mit seinem 1932 vollendeten Triptychon «Der Krieg» die Zeitumstände wie kein anderer. Der 1956 geäußerten Kulturlosigkeit von Walter Ulbricht, auf Häuser vor allem dort zu drängen, wo vorher keine standen, folgen unsere Projekte auch in Dresden nicht. Unser Ausgangspunkt ist vielmehr das Betonen historischer Sichtachsen.

urbane and worldly life in Dresden. Frederick II, the soldier king at frugal Potsdam, seized the opportunity during the Seven Years' War to undo all this Baroque indulgence. The Zwinger was made into a storehouse for lumber. Renewal came finally with Dresden Classicism and through Gottfried Semper, the building master from Altona, whose Theaterplatz and Semper Opera House, inaugurated in 1841, invested the former fortress site with new splendour. In the intervening years, steamships had begun to travel on the Elbe River, and Dresden and Leipzig were linked by Germany's first regional railroad. By the turn of the century the tranquil royal capital had grown into a bustling big city. In 1905, three students of architecture, Erich Heckel, Ernst Ludwig Kirchner, and Karl Schmidt-Rottluff, founded the artists' group "Die Brücke" in a former butcher shop. Fritz Schumacher and Hans Poelzig alternately played the role of architectural consultant, but the necessary funds were lacking. Otto Dix, the caustic social critic who had founded the Dresden Secession in 1919, captured the spirit of the times better than anyone else in his triptych entitled "Der Krieg" ("War"), completed in 1932. In Dresden, as elsewhere, our projects pay no heed to Walter Ulbricht's philistine remark of 1956, in which he urged that houses be built above all on sites where none had stood before. Instead, we begin by emphasizing historic lines of sight.

Geschäftshaus am Herzoginnengarten 1993–1995

Das Grundstück liegt im Zentrum der historischen Altstadt gegenüber dem Zwinger. Der Entwurf vervollständigt die vorhandene Bebauung an der Ostra-Allee, dem Malergäßchen und der Theaterstraße und schließt den Baublock entlang der Hertha-Lindner-Straße. Alle Baukanten werden in Höhe und Richtung aufgenommen. Das sechste Obergeschoß ist als vollverglastes Staffelgeschoß zurückgesetzt und bildet mit den ebenfalls zurückgesetzten und verglasten Treppenhäusern eine durchgehende Ebene. Der Haupteingang liegt an der städtebaulich wirksamen Ecke Ostra-Allee/Hertha-Lindner-Straße. Hier öffnet sich der Haupttreppenraum über Eck zum Zwinger und markiert die Stadteinfahrt. Der gegenüber dem Zwinger sehr zurückhaltende Bau zeigt im äußeren Erscheinungsbild Terrakotta, zum Hof weiße Putzflächen. In der Hertha-Lindner-Straße entstehen Einzelhandelsgeschäfte, in der Ostra-Allee ein Café. Die Obergeschosse und der Bereich Theaterstraße, der vom Nebentreppenraum erschlossen wird, werden als Bürofläche genutzt. Die zweibündigen Bürotrakte sind durch zentrale Flure erschlossen. Der Innenhof nimmt als halböffentliche Gartenhofanlage Bezug auf den Innenbereich des Zwingers und den großzügigen Herzoginnengarten. Die Verglasung der Ladenlokale und des Cafés im Erdgeschoß sorgt für optische Durchlässigkeit und verbindet den Innenhof mit dem öffentlichen Stadtraum.

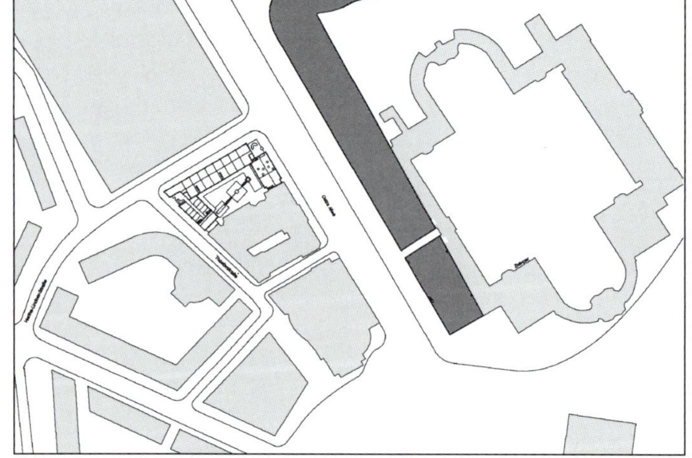

Office Building on Herzoginnengarten 1993–1995

The site is in the historic centre opposite the Zwinger. The design completes the existing development on Ostra-Allee, in a small lane called Malergässchen, and on Theaterstrasse, and creates an end point for the block on Hertha-Lindner-Strasse. The line of development of the existing buildings is continued in height and orientation. The seventh floor is stepped-back with floor-to-ceiling glazing; it is flush with the similarly recessed, glazed stairwells. The main entrance is located at the corner of Ostra-Allee and Hertha-Lindner-Strasse – an important urban intersection. From here, the main stairwell opens around the corner towards the Zwinger, marking a gateway into the city. In contrast to the historic Zwinger, this new building is very understated, with terracotta on the outside and white rendering in the courtyard. Retail stores are planned for the section on Hertha-Lindner-Strasse and a café will be located on Ostra-Allee. The upper floors and the area on Theaterstrasse, accessible via the secondary stairwell, are used for offices. The double-depth office tracts feature central hallways. The central courtyard has been designed as a semi-public garden – echoing the core area of the Zwinger and the spacious Herzoginnengarten Park. Floor-to-ceiling glazing for the retail stores and the café on the ground floor creates a visual transparency which connects the courtyard with the public city space.

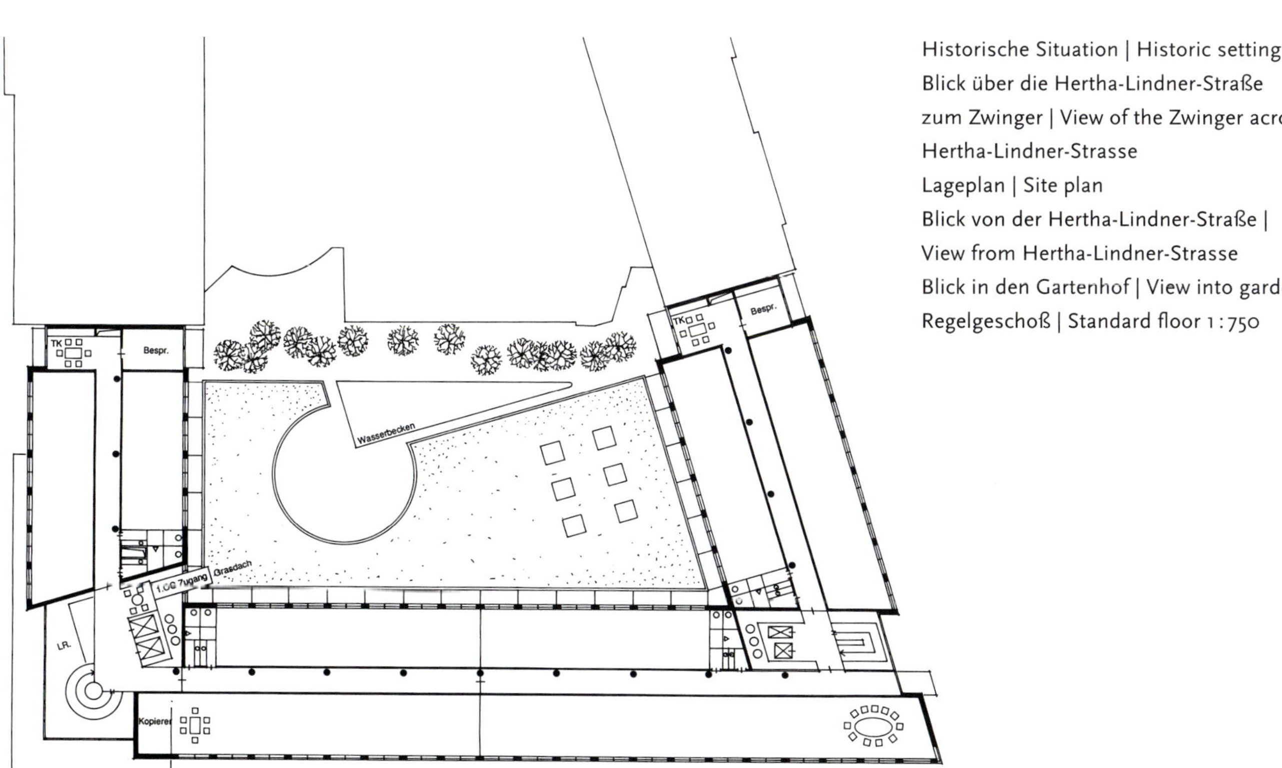

Historische Situation | Historic setting
Blick über die Hertha-Lindner-Straße
zum Zwinger | View of the Zwinger across
Hertha-Lindner-Strasse
Lageplan | Site plan
Blick von der Hertha-Lindner-Straße |
View from Hertha-Lindner-Strasse
Blick in den Gartenhof | View into garden courtyard
Regelgeschoß | Standard floor 1 : 750

Innenstadtquartier Ostra-Terrassen 1996

Die «Neue Terrasse» bezieht ihren Reiz aus der Spannung zwischen historischer Stadt und umgebender Landschaft, zwischen Entrée zur Stadt und Ausklingen der Landschaft. Eine Blockstruktur, die sich in Maß und Proportion am städtischen Umfeld orientiert, gliedert das Planungsgebiet in drei differenzierte Bereiche: zur Ostra-Allee, zur Elbe und zur Altstadt. Ein perspektivischer Platz als zentraler Erschließungsbereich thematisiert den Zugang zum Elbufer. Die drei-reihig angelegte Allee zwischen Zwinger und Yenidze mündet in einen Grünraum im Norden, der unbebaut bleibt. Im neuen Medienzentrum zwischen Allee und Devrientufer sind neben kleinen Läden und Cafés auch größere Sondernutzungen vorgesehen. Die darüber angeordne-ten Büros lassen sich zusammenschließen. Die neuen Wohngebäude im Norden des Quartierplatzes sind nach Süden orientiert und haben direkten Bezug zur Elbe. In Verlängerung der Allee befindet sich eine Kindertagesstätte, die mit der ehemaligen Reithalle des Marstalles einen ruhigen Innenhof bildet. Die Blockbebauung an der Ostra-Allee mit ihren glasüberdeckten Innenhöfen, Läden und darüberliegenden Büros faßt den historischen Straßenraum. An der Elbe sind Solitär-bauten vorgesehen. Die hier vorgeschlagenen «Dresdner Thermen», ein Hotel mit Terrassen und das Museum für Sächsische Geschichte setzen die Reihe der öffentlichen Bauten am Elbufer fort und markie-ren den Übergang zum Ostragehege.

Downtown District, Ostra-Terrassen 1996

The site for the new terrace development draws its charm from a ten-sion between historic town centre and surrounding landscape, between city entrance and receding landscape. A block structure, which reflects the surroundings in scale and proportion, divides the site into three differentiated sections: the first faces onto Ostra-Allee, the second overlooks the Elbe River and the third gives onto the his-toric centre. An open square as entrance area creates a new setting for access to the banks of the Elbe. The triple-lane boulevard between Zwinger and Yenidze ends in a green space to the north which will remain undeveloped. The new media centre between boulevard and Devrient riverbank contains small shops, kiosks, and cafés, with larger areas reserved for special uses. The offices above can convert into large, open-plan units. The apartment buildings on the north side of the square are south-orientated with a direct visual link to the Elbe. A childcare centre is located on the boulevard extension, forming a tran-quil courtyard together with the former Marstall riding hall. The block development on Ostra-Allee – with glass-covered interior courtyards, shops, and offices on the upper floors – encloses the historic street corridor. Free-standing buildings are planned along the Elbe. The Dresdner Thermen, a hotel with patios, and the Museum für Sächsis-che Geschichte, planned for this site, continue the sequence of public buildings along the Elbe and mark the transition to the Ostragehege.

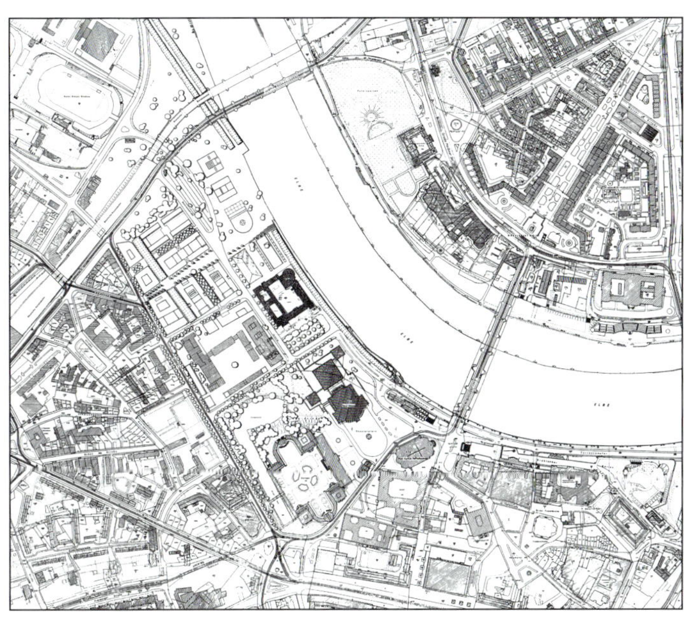

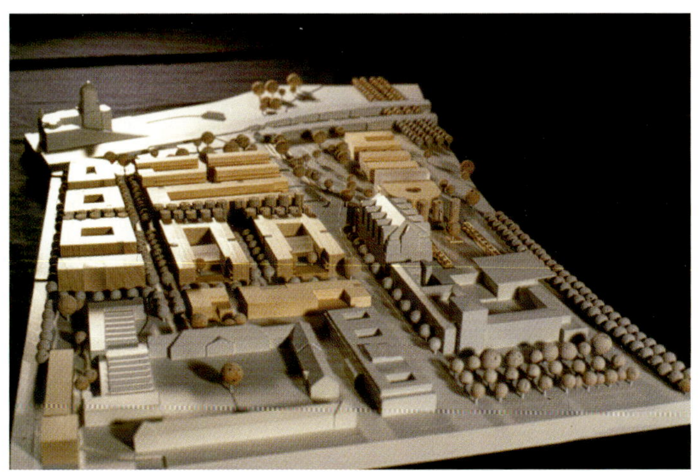

Historische Situation 1991 | Historic setting 1991
Lageplan | Site plan 1:4000
Ausgangssituation | Before construction
Städtebaulicher Entwurf | Urban concept
Wettbewerbsmodell | Competition model

Erweiterung Festspielgelände und Gartenstadt Hellerau 1997

Die Gartenstadt wird zunehmend dem Wachstumsdruck Dresdens ausgesetzt. Neue Wohn- und Gewerbeansiedlungen und der Flughafen stören das Aufeinandertreffen von Siedlung und Landschaft. Der Entwurf für das neue Festspielgelände widersetzt sich dieser ungeplanten Entwicklung. Er bewahrt die landschaftsräumliche Qualität im Osten und antwortet auf die neuen Dimensionen von Flughafen und Industrie im Norden. Als Großstadterweiterung werden Inseln vorgeschlagen, die nicht direkt mit der historischen Nachbarschaft verbunden sind, sondern die Säume freihalten. Moderne Atriumhäuser mit Wintergärten und Dachterrassen gruppieren sich um kleine Anger in der Gartenstadt Lehmkuhle. Die Gebäude auf dem nördlichen Festspielgelände folgen diesem Prinzip mit großzügigen, glasgedeckten Atrien. Ein grünes Rückgrat bindet das Gelände in die Anlage ein. Die Gebäude am Campus sind als «Haus im Glashaus» konzipiert. Ein Ausstellungsgebäude aus Glas bildet den Übergang zum Festspielhaus, das nach dem Prinzip der Kritischen Rekonstruktion umgebaut wird. Die beiden Seitenflügel werden durch Pavillonbauten aus Stahl und Glas ersetzt. Zwei langgestreckte Wasserbecken greifen das Brunnenthema Tessenows auf. Ein neuer Saal in Form der von Tessenow entworfenen, nie realisierten Freilichtbühne liegt abgesenkt im Erdreich. Die ebenfalls nie realisierten Sonnenbäder werden als eingesenkte Atrien neu interpretiert und durch einen Wintergarten ergänzt.

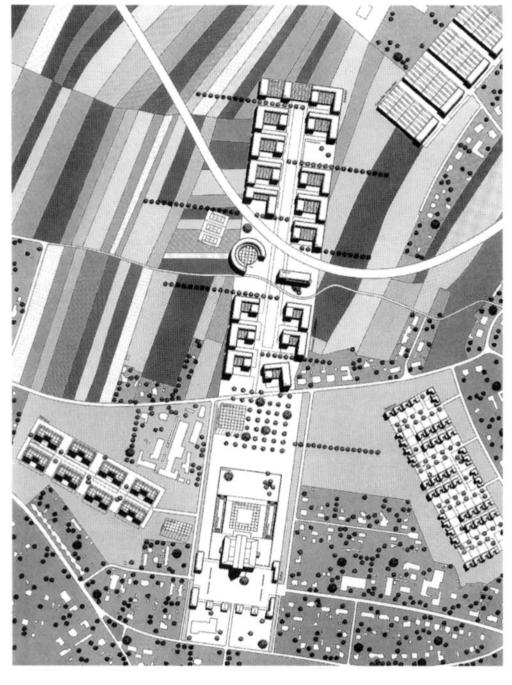

Expansion, Festival Grounds and Garden City, Hellerau 1997

The garden city is increasingly exposed to expansion pressures from Dresden. New housing and commercial developments and the airport disrupt the transition from town and country. The plan for the new festival grounds aims to counteract this unexpected development. It preserves the landscape quality of Hellerau's eastern section and responds to the new dimensions of airport and industry to the north. For urban expansion, it has been suggested to create "islands", deliberately separate from the historic neighbourhood, keeping the periphery open for residents. Modern atrium homes with winter gardens and roof patios are grouped around small green spaces in the garden city Lehmkuhle. The buildings on the north section of the festival grounds subscribe to the same principle with generous, glass-covered atria. A green ridge integrates the grounds with the development. The campus buildings are conceived as a "house-within-a-glass-house." A glazed exhibition building forms the transition to the festival theatre, currently under renovation according to Critical Reconstruction. The wings will be replaced with pavilion buildings in steel and glass construction. Two long water basins echo the fountain theme typical of Tessenow. A new hall, similar to Tessenow's never-realized design for an open-air stage, lies lowered into the ground. The solaria, also never realized, are newly interpreted as atria with a large winter garden.

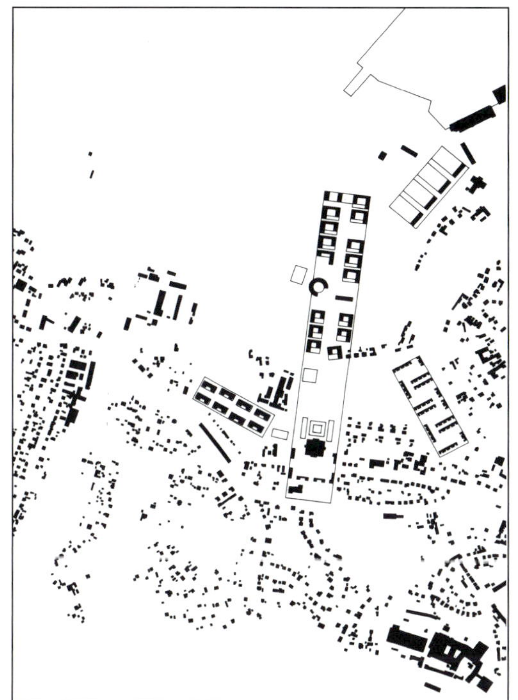

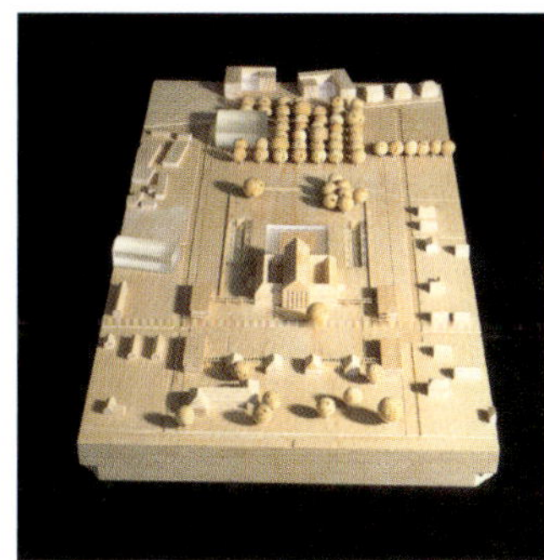

Historische Situation | Historic setting
Städtebaulicher Entwurf | Urban concept
Stadtstruktur | Urban structure
Wettbewerbsmodell | Competition model

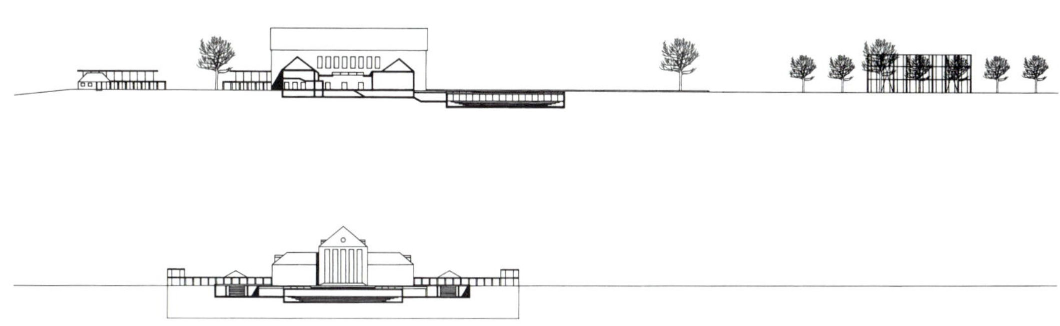

Schnitt durch das Festspielgelände |
Section of festival grounds 1 : 2 500

Geschäftshaus am Herzoginnengarten |
Office Building on Herzoginnengarten 1993–1995
Wettbewerb | Competition: 1992, 1. Preis | 1st Prize (Patschan, Winking)
Standort | Location: Ostra-Allee/Hertha-Lindner-Straße, Altstadt
Bauvolumen | Size: 10 400 qm | m² BGF | gross area
Mitarbeit | Collaboration: C. Auksutat, A. Maul,
A. Rotter, P. Seufert, F. Weitendorf
Landschaftsplanung | Landscape planning: Arbos, Hamburg
Bauherr | Client: R + V Lebensversicherung, Wiesbaden
Auszeichnungen | Awards: BDA-Preis Sachsen 1995, engere Wahl

Innenstadtquartier Ostra-Terrassen |
Downtown District, Ostra-Terrassen
Wettbewerb | Competition: 1996, ein 3. Preis | a 3rd Prize
Standort | Location: Neue Terrassen/Ostra-Allee, westliche Altstadt
Bauvolumen | Size: 138 000 qm | m² BGF | gross area , 160 WE | units
Mitarbeit | Collaboration: S. Waselowsky, R. Matthiesen
Auslober | Tender issued by: Dresdner Druck und Verlagshaus, Dresden

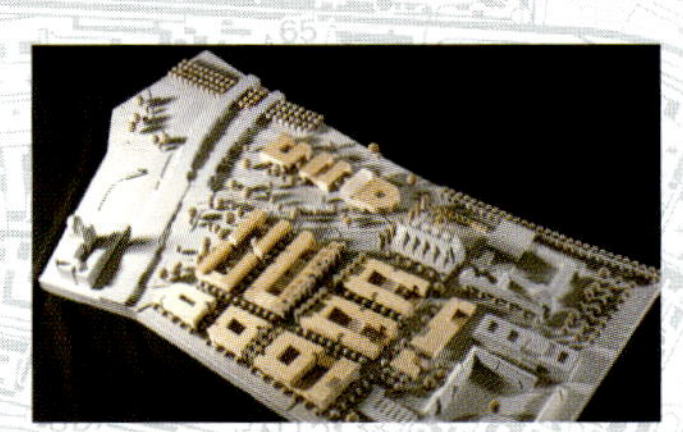

Erweiterung Festspielgelände und Gartenstadt Hellerau | Expansion,
Festival Grounds and Garden City, Hellerau
Wettbewerb | Competition: 1997, 2. Stufe | 2nd Stage
Standort | Location: Festspielgelände Hellerau
Bauvolumen | Size: 19 ha | hectares
Mitarbeit | Collaboration: M. Froh, B. Schlegel, V. Thiele
Auslober | Tender issued by: Wüstenrot-Stiftung,
Stuttgart, und Kulturstiftung Sachsen

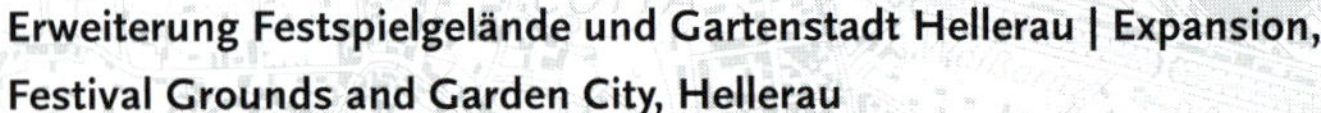

Synagoge | Synagogue
Wettbewerb | Competition: 1997, 2. Stufe | 2nd Stage
Standort | Location: Am Hasenberg/St. Petersburger Straße, Altstadt
Bauvolumen | Size: 2 260 qm | m² BGF | gross area, 1 WE | unit
Mitarbeit | Collaboration: B. Schlegel, M. Froh, I. Grunert
Landschaftsplanung | Landscape planning: WES, Hamburg
Auslober | Tender issued by: Jüdische Gemeinde Dresden

Terrassenhaus | Apartment Block on a Slope
Auftrag | Commission: 1994
Standort | Location: Scharfenbergstraße 44, Mickten
Bauvolumen | Size: 730 qm | m² BGF | gross area, 8 WE | units
Mitarbeit | Collaboration: M. Froh, L. Maaranen
Bauherr | Client: Schlemmer und Partner, Stuttgart

Prag

1997–1999
Bankgebäude am Platz der Republik |
Bank Building on Namesti Rebubliky

1

1

Geschichte als Wegweiser

History as Signpost

«In Prag, wo sie besonders begabt sind und wo ein jeder in der Nähe eines aufwuchs, der Verse schreibt, schreibt er sie auch ... und die Lyriker vermehren sich wie die Bisamratten.» (Karl Kraus) Schon zu Zeiten von Kafka und Rilke war jedes Haus der Altstadt Jahrhunderte alt. Alles Neue entwickelte sich kreativ auf der Grundlage des Alten. Abgesehen vom Würgegriff der Plattenbausiedlungen am Rand und einer Ende der 6oer Jahre aus strategischen Gründen beschlossenen Schnellstraße folgte dem romanischen Stadtgrundriß ohne strukturellen Wandel die gotische Parzellierung, dieser wiederum die Fassaden der Renaissance, des Barock, der Moderne, der Postmoderne, des Dekonstruktivismus. In Zeiten, da Hongkong, Shanghai oder Mexico City mit ihrer Dynamik die Idee der europäischen Stadt zu ersticken scheinen, liefert die Wiederkehr der Städte Osteuropas das perfekte Gegenargument. Dank russischer Mafiosi, einer amerikanischen Boheme und einer englischsprachigen Business community ist Prag nicht mehr die schön-düstere Stadt Kafkas nach dem Scheitern des «Prager Frühlings». Prag illustriert vielmehr immer wieder neu einen Aufbruch, der die Vergangenheit, konkretisiert in der Geschichte des Ortes, einschließt: Kontinuität in einem Jahrhundert der Brüche und Katastrophen. Im 9. Jahrhundert begann die Ansiedlung mit 40 Höfen abseits des Flusses, an dessen einziger Furt schließlich die Prager Burg entsteht. Mit Gründung des Bistums 973 ließen sich zahlreiche deutsche Handwerker und jüdische Kaufleute nieder. Deutsche Kolonisten legten 1232 die inzwischen durch eine Mauer gesicherte Altstadt als Handelszentrum an. Die Havel-Stadt entstand darin nach einer einheitlichen Planung mit regelmäßigem Straßennetz. Ein Jahrhundert später etablierten deutsche Kolonisten daneben, mit eigener Stadtmauer, die Neustadt; im folgenden Jahrhundert bestand Prag sogar aus vier Städten. 1336, mit der Ernennung von Karl IV. zum böhmischen König, erlebt Prag, damals nach Paris zweitgrößte Stadt Europas, seine Blütezeit. Die Burg wird zur königlichen Residenz ausgebaut, eine Kathedrale begonnen, die erst 1929 fertiggestellt wird. 1348 wird in Prag die älteste Universität Mitteleuropas gegründet. Mit großem städtebaulichem Weitblick, überbreiten Straßen und Steuerbefreiungen für Investoren schuf Karl IV. eine neue Grundstruktur der Stadt, die von 1372 bis in die Mitte des 19. Jahrhunderts überdauerte.

"In Prague, where people are especially talented and where everyone has grown up close to someone who writes verse, there he too writes verse ... and the poets multiply like rabbits." (Karl Kraus) Even in the days of Kafka and Rilke, the buildings in the historic centre of Prague were already centuries old. The New emerged creatively out of the Old. The Romanesque town plan has undergone very few structural changes as it shifted first to Gothic lot fragmentation and then made successive developments in façade design: Renaissance, Baroque, Modern, Postmodern, and Deconstructivist. The exception has been the sprawl of slab-block housing estates on the periphery and an expressway built for strategic reasons in the late 1960s. In a time when the energy of conurbations like Hong Kong, Shanghai, and Mexico City seems to stifle the very idea of the European city, the return to prominence of East European cities delivers the perfect counter-argument. Russian Mafiosi, American "bohemians," and an English-speaking business community have changed Prague: after the failure of the Prague Spring it is no longer Kafka's gloomy and beautiful city. On the contrary. Again and again Prague illustrates yet another departure which includes the past, made concrete in the history of the locale: continuity in a century of rupture and catastrophe. In the ninth century 40 farms formed the first settlement here, away from the river at whose only ford Prague's Hradcany Castle was later built. The foundation of the bishopric in 973 brought an influx of German craftsmen and Jewish merchants. In 1232 German settlers changed the old town — now secure behind a city wall — into a trading centre. In it Haveltown was built on an integrated plan which featured a regular road network. A hundred years later, the settlers built Neustadt next to it, surrounding it with a separate city wall, and in the following century Prague comprised as many as four separate towns. The year of Carl IV's coronation as King of Bohemia, 1336, was Prague's Golden Age — it had grown into Europe's second-largest city, after Paris. The Castle was enlarged and remodelled as a royal palace, construction began on a cathedral (which would not be completed until 1929), and in 1348 Central Europe's first university was founded here in Prague. In a farsighted gesture for town planning, Carl IV created a new basic layout for the city with extra-wide streets and offered tax exemption for

1419, mit dem 1. Prager Fenstersturz und den dadurch ausgelösten Hussitenkriegen, verlor die Stadt ihren Status als Residenz. Die Einwohnerzahl sank von 40000 auf 28000, der systematische Ausbau der Stadt unter Karl IV. kam zum Stillstand. Bis zum Beginn des 17. Jahrhunderts blieb Prag dennoch eine bedeutende Stadt von 60000 Einwohnern. Mit Einwanderern aus ganz Europa, insbesondere aber dank Baumeistern aus Italien und Deutschland wurde Prag zu einer internationalen Stadt von ungewöhnlicher historischer Kontinuität. Der Ständeaufstand und die Schlacht am Weißen Berg warfen die Stadt im Jahr 1620 in die provinzielle Bedeutungslosigkeit zurück. Mit den Eingriffen Wallensteins, der Jesuiten im Zuge der Rekatholisierung und der neuen Barockarchitektur der Sakralbauten wandelte sich das Panorama der Stadt – bis zum großen Brand 1689. Zu Beginn des 18. Jahrhunderts wurde die Stadt vollends zu einer barocken Schatztruhe, behielt aber wiederum ihre Struktur bei. Die größte Zerstörung traf Prag 1757 im Siebenjährigen Krieg. Trotz weiteren Wachstums wurde erst 1784 aus vier Städten eine Gesamtheit gebildet. Die verwinkelte Judenstadt im Zentrum wurde Ende des 19. Jahrhunderts abgerissen. Kubismus und Funktionalismus begleiteten eine neue intensive Bauepoche der nach dem Ersten Weltkrieg neu etablierten Hauptstadt. Diese Epoche währte bis 1938, fünf Jahre länger als in Deutschland. Das Neue Bauen wurde zu einer akzeptierten Bewegung und durchsetzt die historische Stadt auf selbstverständliche Art. Hier knüpfen wir an. Angesichts der beispiellos kontinuierlichen Stadtentwicklung vor wechselnden politischen Hintergründen sehe ich unseren Bau am Platz der Republik vor allem als eine kritische Rekonstruktion des Stadtgrundrisses, wie sie ungewollt schon Franz Kafka anmahnte: «Wenn man so große Plätze nur aus Übermut baut, warum baut man nicht auch ein Steingeländer, das durch den Platz führen könnte.»

investors – this remained the city's main basic plan from 1372 to the mid-nineteenth century. However, in 1419 the city lost its status as royal residence with the First Defenestration of Prague and the Hussite Wars which followed. The population dropped from 40,000 to 28,000, and the systematic expansion begun under Carl IV came to an abrupt end. Nevertheless, Prague remained an important city, and grew to 60,000 inhabitants by the beginning of the seventeenth century. Immigrants from all over Europe and especially Italian and German architects working in the city made Prague into an international city of unusual historic continuity. The bourgeois uprising and the Battle of the White Mountain reduced the city to provincial obscurity in 1620. Interventions by Wallenstein and by the Jesuits crusading for Catholicism changed the panorama of the city, as did the new Baroque style for ecclesiastic architecture, until the great fire of 1689. In the early eighteenth century, the city underwent a complete transformation into a treasure chest of the Baroque, but it still maintained its original plan. Prague was hit hardest in 1757 during the Seven Years' War. Although the town continued to grow, it remained a cluster of four towns which were finally amalgamated in 1784. The winding ghetto in the centre was demolished in the late nineteenth century. Cubism and Functionalism accompanied an intense period of construction when the city was re-established as a capital after the First World War. In Prague, this period continued until 1938, five years longer than in Germany. "New Building" became an accepted movement and the historic city is interspersed with early-twentieth-century architecture in a very natural manner. We pick up this thread. In the context of an urban continuity par excellence against a background of constant political change, I regard the new building on Namesti Rebubliky above all as a critical reconstruction of the town plan, in the sense of Franz Kafka's unwitting admonition: "If big squares like that are created purely for the sake of building them, then why isn't a stone railing built, which might guide us across the square?"

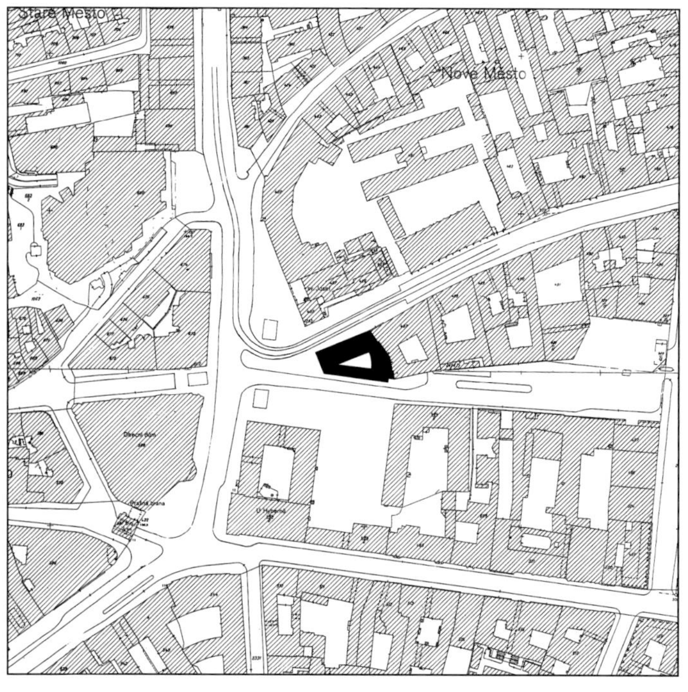

Bankgebäude am Platz der Republik 1997–1999

Das Gebäude der Hypo-Bank entwickelt seine Persönlichkeit in einer Gesellschaft von selbstbewußten Häusern unterschiedlicher Epochen, ohne diese zu dominieren. Es verbleibt in der vorhandenen Flucht und bildet die Kulisse für die Kontur des ehemaligen Zollhofes im Süden. An der Straße «Na Porici» werden die Traufhöhen der Nachbarn aufgenommen, während der Treppenturm an der Straße «V Celnici» den Platzraum markant abschließt. Die klassische Fassade mit Doppelarkade und Eingangsloggia im Kopfbau und einer gleichmäßig gegliederten Mittelzone antwortet auf die Traufhöhe der Kaserne. Eine darüber liegende Doppelstaffel schafft einen deutlichen Abschluß. Die Außenfassade erhält eine hinterlüftete Vormauerschale in sandfarbenen Terrakottasteinen mit Fenstern aus nichtrostendem Stahl. Über die Eingangsloggia am Platz betreten die Kunden das Foyer mit Selbstbedienungszone und erreichen das verglaste Atrium der zentralen Kassenhalle. Eine Treppe führt zum Mezzaningeschoß mit den Bereichen Privatkunden und Baufinanzierung. Im Erdgeschoß wurde von dem Prager Künstler Stanislav Kolibal ein Bodenbild geschaffen, das in seiner strengen Geometrie auf die Struktur des Hauses eingeht. Der Platz bekommt durch den Neubau an städtebaulich entscheidender Stelle eine eindeutige Fassung und wird dadurch in Haupt- und Nebenplatz, Piazza und Piazetta, gegliedert. Die indifferente Situation wird durch das Hinzustellen eines einzigen Bausteins geklärt.

Bank Building on Namesti Rebubliky 1997–1999

The building of the Hypo-Bank shows a spirit all its own amidst confident buildings dating from different periods, without overpowering them. It fits into the spatial configuration and creates a backdrop for the contour of the former customs house on the south side. On Na Porici street, the eaves height is adjusted to that of the adjacent buildings, while the stair tower on V Celnici street sets a strong accent which completes the square. The classic façade with double arcade, entrance loggia in the building front, and an evenly articulated middle zone, responds to the eaves height of the barracks building. Two stepped-back floors clearly delimit the complex. The façade is ventilated and fair-faced in yellow terracotta with windows framed in rust-proof steel. From the entrance loggia on the square, clients enter into a main lobby with self-serve facilities, and continue through a glazed atrium into the central teller hall. A single staircase leads to the mezzanine level for private customers and to the mortgage department. On the ground floor, Prague artist Stansilav Kolibal has created a floor image whose rigorous geometry reacts to the structure of the building. The new building gives the square a strong identity at this important position in the urban landscape; it is now divided into a main and a side square, or a piazza, and a piazzetta. The indifferent setting is improved simply by adding a single new volume.

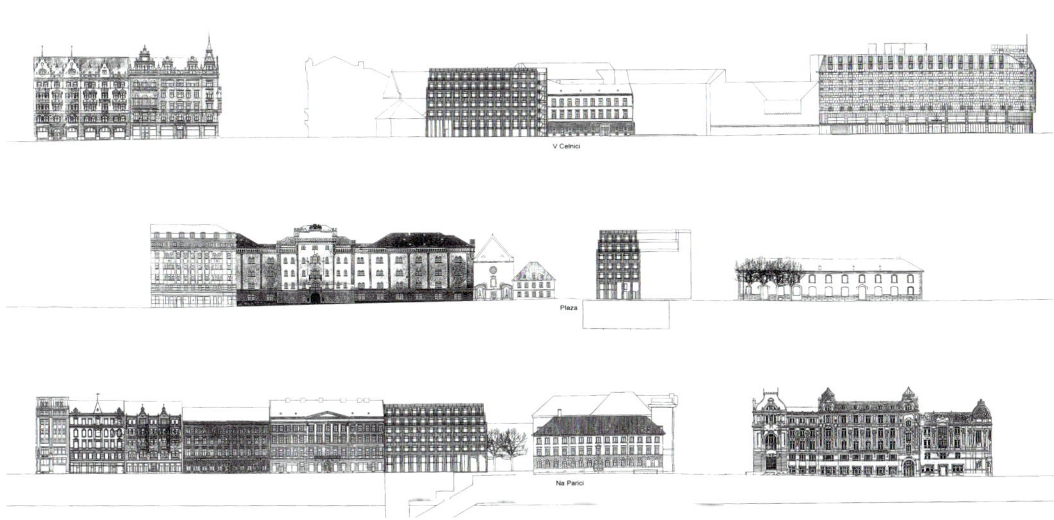

Historische Umgebung und
Ausgangssituation | Historic surroundings
and situation before construction
Lageplan | Site plan

Blick auf den «Platz der Republik» |
View of Namesti Republiky
Aufriß der Platzwände | Elevation of façades

Aufriß «Na Porici» Straße | Elevation Na Porici
Fassadenausschnitt | Detail façade

Querschnitt durch die Kassenhalle |
Cross section banking hall

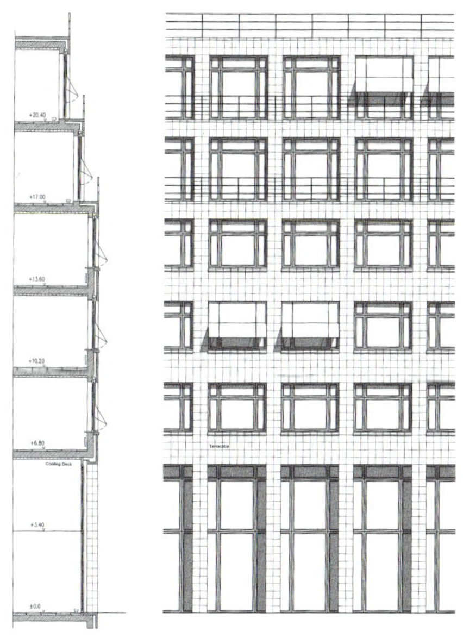

Blick über die «V Celnici» Straße |
View from V Celnici street
Stirnseite zum Platz der Republik |
End wall towards Namesti Republiky

Grundrisse Erdgeschoß bis 4. Obergeschoß |
Floor plans 1st – 5th floor 1 : 750

Glasdach des Lichthofs |
Glass covered atrium

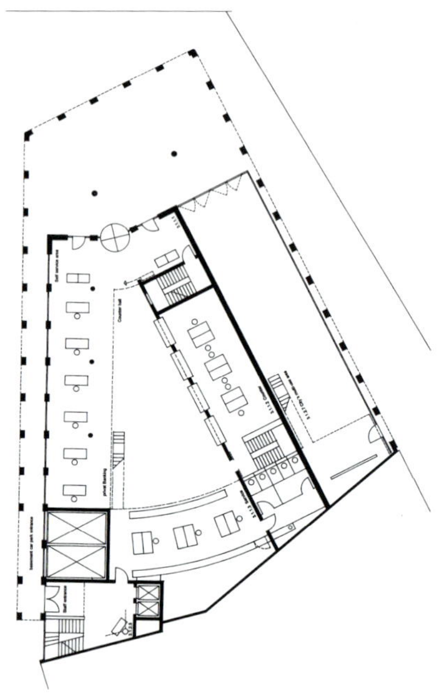

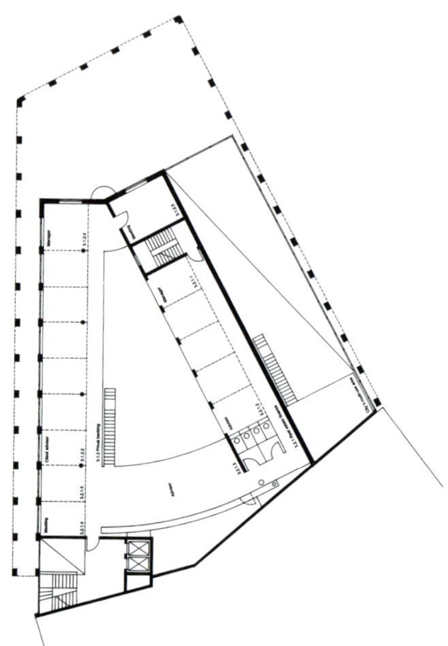

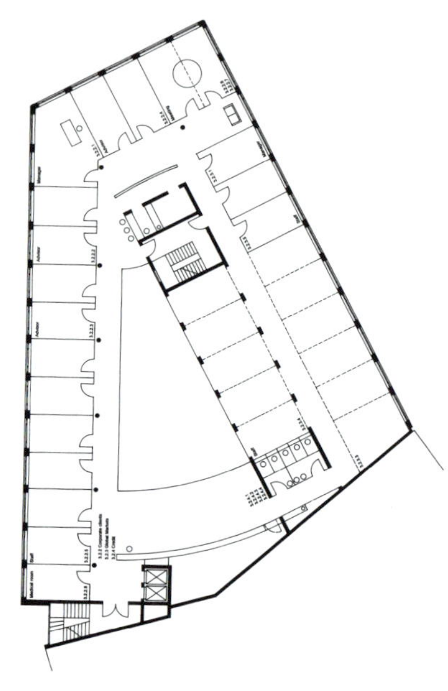

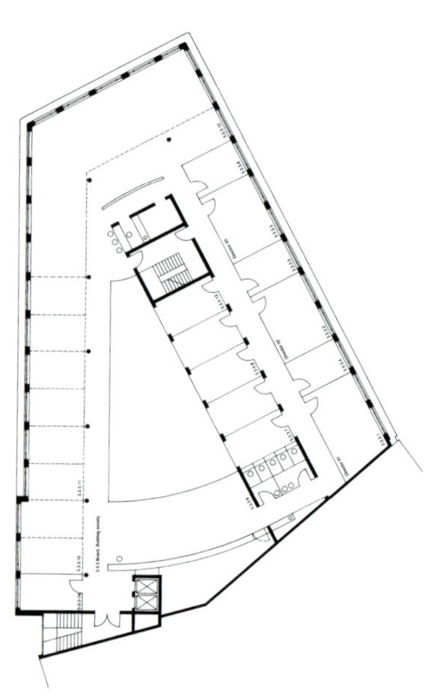

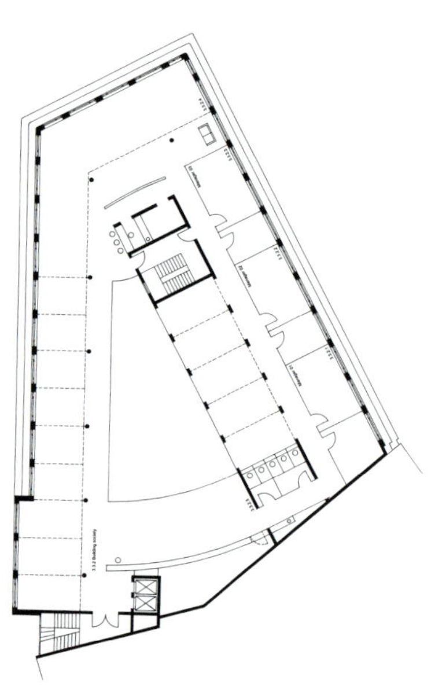

Bankgebäude am Platz der Republik |
Bank Building on Namesti Rebubliky 1997–1999
Wettbewerb | Competition: 1995, 1. Preis | 1st Prize
Standort | Location: Namesti Republiky (Platz der Republik) 3a
Bauvolumen | Size: 6 000 qm | m² BGF | gross area
Mitarbeit | Collaboration: M. Froh, H. Brummerstedt,
W. Flegel, B. Chaput, B. Schlegel, K. Böckler
Bauherr | Client: Bayrische Hypotheken-
und Wechselbank, München

Architektonische Stadt und städtebauliche Architektur. Experimente der Begrenzung
Klaus-Dieter Weiss

Maßstab

Was heute unter den Begriff Architektur oder auch «moderne» Architektur subsumiert werden will, hat in seiner Bandbreite jedes bisher übliche Maß(halten) hinter sich gelassen. Zwischen einer gotischen «Hochzeitstorte» als Frankfurter Wohn-Hochhaus, gläsernen Geometrien nach Visionen der klassischen Moderne, dem Abtauchen in die Landschaft unter künstlichen Hügeln, einem Rausch des Räumlichen in handmodellierten, freien Formen, der Repetition als künstlerisch verstandener Abstraktion und dem «dirty realism» der hochverdichteten Niederlande ist alles und jedes mit sämtlichen Zwischentönen von Kollhoff bis Koolhaas prominent zu besetzen. Die wahre (oder Ware?) Kunst findet sich dabei mitunter nicht in der Architektur, sondern in der Argumentation. Schließlich kann es nicht leicht fallen zu erklären, warum man zur Jahrtausendwende der auf einen Maßstabssprung bedachten, zukunftsgierigen Banken-Metropole Frankfurt ausgerechnet mit einer aus ökonomischen Gründen pixelreduzierten Kopie des Chicago Tribune Tower aus dem Jahr 1925 auf die Sprünge helfen will. Im übrigen mit dem pauschalen Segen des um Sponsoren ringenden Frankfurter Architekturmuseums: «dauerhafter Beitrag zur Lebensqualität der Stadt», «neue eindrucksvolle Schicht».[1] Der Architekt bleibt die Erklärung im Katalog der DAM-Ausstellung «Maßstabssprung»[2] schuldig, warum er für die Zukunftsoffensive Frankfurts auf den schon im spektakulären internationalen Wettbewerb 1922 heftig umstrittenen, 1925 in gotischem Stil realisierten Beitrag von Raymond Hood und John Howells zurückgreift. Dieselbe Ratlosigkeit bricht sich in einem weiteren Hochhausprojekt für Frankfurt Bahn. Hier genügt als Beleg die Text-Erläuterung des DAM-Katalogs: «Der Entwurf sucht als Ausdruck für die Stadt und das Unternehmen keine Machtdemonstration und inhaltlose Dekoration, sondern soziale Verantwortung gegenüber den Mitarbeitern und den Menschen der Stadt, und das als Inhalt und Symbol. Im Vordergrund steht die architektonische Darstellung heutiger Erkenntnisse der Forschung und Bautechnik, bezogen auf die humane Qualität von Arbeitsplätzen wie auch auf die Qualität von Stadtraum und Stadtklima.»[3] Mit anderen Worten: Das Hochhaus von 200 Meter Höhe ist ein Akt der sozialen Verantwortung gegenüber den Bürgern der Stadt? Seine Architektur illustriert den Stand einer Bautechnik, die der Qualität von Arbeitsplatz, Stadtraum und Stadtklima nicht im Wege stehen dürfte? Falls man sich mit diesem Randthema beschäftigen wollte. Über die künftige Bedeutung von Stadt, den Wandel des Stadtbürgers im Zuge einer zu erwartenden Regionalisierung auf europäischer Ebene, etwa im Rhein-Main-Gebiet oder auch im Raum der alten Hanse, sagt das nichts. Können derartige Gemeinplätze die Auseinandersetzung um die Architektur und die Stadt eines neuen Jahrtausends befördern? Das Nachdenken über Architektur verheißt damit, anders als der Ausstellungs-Katalog

Architectural City and Urban Architecture: Boundary Experiments
Klaus-Dieter Weiss

Scale

What is today meant by the word architecture or even "modern" architecture has long outgrown the range of moderation. Anything goes, it would seem, on a scale that reaches from Kollhoff to Koolhaas: an apartment tower in Frankfurt, in the guise of a Gothic "wedding cake"; glass geometries as visions of classic Modernism; buildings submerged into the landscape under artificial hills; a celebration of the spatial in hand-modelled free-form creations; repetition as artistic abstraction; and "dirty realism" in the hyper-dense areas of the Netherlands. At times it is in the debate and not in the architecture itself that substantive artfulness is found. It is an artful accomplishment indeed to explain how Frankfurt — a scale-conscious banking centre eagerly poised for the new millennium — might get a head start from a replica of Chicago's 1925 Tribune Tower, when the replica is, for economic reasons, only a pixel-reduced version. The project, by the way, has the full support of the Deutsches Architekturmuseum (DAM or German Museum of Architecture), itself in search of sponsors: "[this is a] lasting contribution to the quality of life in the city ... an impressive new layer."[1] In the DAM exhibition catalogue entitled "Maßstabssprung" ("Scaleleap"),[2] the architect fails to explain why he chose to fall back on Raymond Hood and John Howells's highly controversial submission to the high-profile international competition in 1922 (their design was realized in 1925 in the Gothic style) as his contribution to Frankfurt's readiness for the twenty-first century. There is another highrise project in Frankfurt which is equally perplexing; the commentary in the DAM catalogue explains it as follows: "The design is neither a statement of power nor vacuous ornamentation as an expression of the city and the company; instead it proclaims social accountability toward the company's employees and the population at large, and it does so in content and symbolically. In the foreground we have an architectural representation of contemporary knowledge in research and building technology with regard to humane conditions at the workplace and to quality in urban space and urban climate."[3] But is the 200-m-high tower an act of "social accountability" toward Frankfurt's citizens? And, to explore a more marginal issue, does its architecture represent a building technology that does not hinder quality at the workplace, in the urban space, or in the urban climate? There is no message here about what cities will mean in the future, nor about the changes in urban population in the wake of the regionalization predicted for Europe — for example, for the Rhine-Main region or the area once covered by the Hanseatic League. Can such platitudes advance the cause of architecture and the city in the coming millennium? Thinking about architecture would then require not a leap in scale, as the exhibition catalogue suggests, but instead a leap

---

1 Wilfried Wang in: Christian Niethammer, Wilfried Wang (Hrsg.):

 Maßstabssprung. Die Zukunft von Frankfurt am Main, Tübingen 1998, S. 9

2 Ausstellung im Deutschen Architekturmuseum Frankfurt 12.12.1998 – 28.2.1999

3 Christian Niethammer, Wilfried Wang (Hrsg.): Maßstabssprung, a.a.O., S. 146

1 Wilfried Wang in: Christian Niethammer and Wilfried Wang (eds.), Maßstabssprung. Die

 Zukunft von Frankfurt am Main, Tübingen 1998, p. 9

2 Exhibition in Deutsches Architekturmuseum (DAM or German Museum of Architecture)

 Dec. 12, 1998 – Feb. 28, 1999

3 Niethammer and Wang (eds.): Maßstabssprung, p. 146

argwöhnt, keinen Maßstabssprung sondern Orientierungslosigkeit. Bezugspunkt könnten die Thesen des Berliner Historikers Karl Schlögel sein, der die «Rezivilisierung», die Wiederkehr der Städte, vor allem in Osteuropa, nicht zuletzt in Prag und in Sankt Petersburg ausmacht, weil dort die Spuren der Geschichte besonders verläßlich sind. «Die Städte brauchen ihre Mitten – vor allem für sich selbst, nicht bloß für die Touristen, die die Devisen bringen. [...] Die neue Sorge um die historische Stadt ist die Anzahlung darauf, daß die Einrichtung des zivilen Lebens doch gelingt und von Dauer ist. Es ist ein Stück Wiederherstellung von Kontinuität in einem Jahrhundert der Brüche und Katastrophen. Fast überall beobachten wir im östlichen Europa eine Art Entdeckung der eigenen Geschichte, und die Geschichte der Orte ist darin der genaueste und konkreteste Anhaltspunkt, die verläßlichste Fährte. Wichtig wird das Besondere, Unverwechselbare, der Ort, der Genius loci.» 4 Importierte Hochhäuser aus Chicago sind diesem Unternehmen ebensowenig dienlich wie banale Zweckrationalität oder eine oberflächliche Modernisierung der Modernisierung. Lange ist es her, daß deutsche Architekten nach einer umfassenden theoretischen Basis für ihre Arbeit suchten und mit einem Programm oder Pamphlet an die Öffentlichkeit traten, das zumindest zur Kenntnis, wenn nicht sogar ernst genommen wurde.

Moderne

Der Münchner Soziologe Ulrich Beck enttarnt den beschriebenen Ansatz, sich vor der Ungewißheit und dem Durcheinander der Zukunft zu bewahren, in seinem Denkmodell «Reflexive Modernisierung» sehr schlüssig, ohne architektonische Fragen zu berühren, obwohl der Begriff vorkommt: «Was überhaupt eine moderne Gesellschaft «ist», wie sie aussähe, ob sie lebbar oder unlebbar wäre, weiß niemand, weil der Typus einer mehr oder radikaler moderneren Gesellschaft als die industrielle noch nicht einmal aus- oder vorgedacht wurde. Wir haben es überall bei den sogenannten ‹modernen› – sprich: industriellen – Gesellschaften mit ‹halbmodernen›, gemischt-modernen Gesellschaften zu tun, in deren Architektur moderne ‹Bauelemente› mit Elementen einer Gegenmoderne kombiniert und verschmolzen werden.» 5 Die Fortschrittlichkeit auf Teilgebieten – moderne Verwaltung und Kunst, moderne Industrie und Kommunikationswege – führt damit nicht zwangsläufig zu einer «modernen» Gesellschaft – im Gegenteil, diese verfügt über ein «modernes» Instrumentarium nur, um sich in der Frage ihrer eigenen Zukunftsfähigkeit selbst zu täuschen: «Gerade wegen der Zukunftsoffenheit der Teilsysteme und ihrer innovationsbeschleunigenden sektoralen Rationalitäten scheint die Gesellschaft selbst unfähig geworden zu sein, ihre eigene Zukunft als Projekt zu

into disorientation. A reference point might be found in Berlin historian Karl Schlögel's thesis, where the author uncovers instances of "recivilization," a kind of urban renaissance, predominantly in Eastern Europe and especially in Prague and in St. Petersburg, because the traces of history are particularly tangible in those locales. "Cities need their centres – for their own sake, not just for the tourists who bring an influx of currency ... The new interest in historic cities is an investment in the belief that civilian life can be established successfully and lastingly. It is a piece of reconstructed continuity in a century of ruptures and catastrophes. All over Eastern Europe we notice a claiming of history, and the history of towns provides the most precise and most concrete key, it offers the most reliable link [to past history]. All the special and unique elements, the site, the genius loci, take on a vital importance." 4 Highrises "imported" from Chicago are of little use in this endeavour, as is a staid, pragmatic rationale or a modernization that is merely superficially modern. It has been a long time since German architects last sought to formulate a sound theory as a basis for their work or since they approached the public with a programme or pamphlet to be taken seriously, or at least noted.

Modernism

The Munich sociologist Ulrich Beck uncovers the described approach of self-protection against an uncertain and confusing future, in his intellectual model "Reflexive Modernization," and he does so conclusively without touching upon architecture, although the term is mentioned. He writes: "No one knows what a modern society 'is', what it looks like, and whether it is liveable or not, because we have no models for a society that is more modern or more radically modern than the industrial society. All the so-called 'modern' – that is, industrial – societies, are in fact 'semi-modern'; [they are] mixed modern societies in whose architecture modern 'building components' are combined and merged with the elements or components of a counter modernity." 5 Progressiveness in individual areas – modern administration and art, modern industry and communication – does not create a "modern" society per se. On the contrary. Society resorts to a "modern" apparatus as a means of self-delusion, proclaiming to be ready for and able to cope with the future: "It is precisely the future-orientation in these sectors and their rationale of accelerated innovation that seem to have rendered society incapable of tackling its own future or even of setting basic target values." 6 In other words: in terms of architecture, the use of double-leaf climate façades and the current counter-movement of returning to single-leaf glass façades

---

4 Karl Schlögel: Die Wiederkehr der Städte. Zur neuen Topographie im östlichen Europa.
  In: Merkur, Januar 1998, Jg. 52, S. 8; vgl. ders.: Die Petersburger
  Moderne. In: du, Dezember 1998 (Sankt Petersburg. Die gebaute Utopie), S. 48 ff.

5 Ulrich Beck: Das Zeitalter der Nebenfolgen und die Politisierung
  der Moderne. In: Ulrich Beck, Anthony Giddens, Scott Lash: Reflexive Modernisierung.
  Eine Kontroverse (1994), Frankfurt, 1996, S. 56

4 Karl Schlögel: Die Wiederkehr der Städte. Zur neuen Topographie im östlichen Europa.
  In: Merkur, Jan. 1998, 2nd year, p. 8; cf. Schlögel: Die Petersburger Moderne
  (Sankt Petersburg. Die gebaute Utopie). In: du, Dec 1998 , pp. 48 ff.

5 Ulrich Beck: Das Zeitalter der Nebenfolgen und die Politisierung der Moderne.
  In: Ulrich Beck and Anthony Giddens, Scott Lash:
  Reflexive Modernisierung. Eine Kontroverse (1994), Frankfurt, 1996, p. 56

6 Ulrich Beck: Reflexive Modernisierung, p. 58

konzipieren oder auch nur auf elementare Sollwerte einzuregeln.»[6] Mit anderen Worten: Die zweischalige Klimafassade oder die aktuelle Steigerung dieses Phänomens zurück zur einschaligen Glasfassade mit herkömmlich zu öffnenden Fenstern synthetisiert architektonisch sowenig Zukunft wie ein neogotischer Überwurf aus dem Fundus der Vergangenheit? Beides sind Fluchtbewegungen an der Oberfläche und im Detail? Im Jahr 1925, dem Jahr der Fertigstellung des Chicago Tribune Tower, wandte sich der Kulturkritiker Aldous Huxley gegen eine falsche Euphorie in Sachen Moderne. «Es besteht ein großer Unterschied zwischen der bloßen Mode als zeitgenössischem Verhalten und der Modernität. Denn Dinge und Ideen, die in der Vergangenheit modisch waren, können wieder Mode werden. Reifröcke und enganliegende Gewänder, hohe oder niedrige, enge oder weite Taillen kommen und gehen in buntem Wechsel. Aber es wäre absurd, sie modern zu nennen, nur weil sie zufällig im Augenblick, da wir dies sagen, en vogue sind. Nur das wahrhaft Neuartige, das keinerlei Entsprechung in der Antike hat, ist modern. Dies gilt etwa für unsere maschinelle Zivilisation, samt den von ihr erzeugten Lebensbedingungen.»[7] Trägt darum das Ziel, den Bestand der klassischen Moderne in der Stadt zu verankern bzw. zu «verorten» zunächst nicht weiter als jede Stilzutat oder jedes noch so raffinierte, ökologisch motivierte technische Detail, dem heute in Ermangelung umfassenderer Visionen gerne die Rolle des Heilsbringers für Architektur und Stadt zugeschoben wird? Überraschend ist, wie überzeugend auch heute eine urbane Melodie sein kann, deren Architekten individuelle Stadtgeschichte räumlich fortschreiben, mit den Klassikern Straßenschlucht, Platzraum und Turm als Dominante, aber ohne sich an vergangene Formen zu klammern.

«Neues» Bauen in historischen Altstädten stimmt in den historischen Kanon gerne mit vordergründigen Formen ein, ohne den Anspruch detailgenau erfüllen zu können. Um nicht mit Gegenwart bzw. Moderne anzuecken, wenn unter dem weiten Deckmantel Postmoderne bzw. Vergangenheit biedere Anpassungsplanerei mehrheitsfähiger ist. «Gegenwart der Vergangenheit» lautet dieser Schwur seit der Architektur-Biennale in Venedig von 1980, die nach dem vulgären Funktionalismus der 70er Jahre zwar mit gutem Grund nach poetischen und narrativen Gegenbildern suchte, der heute aber vor allem der «Facettenreichtum» der Investoren nacheifert, nicht die Analyse einer über Jahrhunderte entstandenen Stadtstruktur. Angst geht um, vor einer «hyper»-modernen Architektur, die versagen könnte. Doch woher soll die Fortsetzung der Vergangenheit kommen, wenn die Gegenwart rührselig und beliebig nach den Musterbüchern und formalen Vorlagen der Vergangenheit baut? Bis zur Kopie eines Schlosses aus dem Jenseits. Ohne nachwachsende Aktualität hat auch Geschichte keine Zukunft. Stadtentwicklung kann kein Stilleben sein. Erst der Kontrast, die schlüssige und eigenständige architektonische Position der Ge-

with conventional, openable windows is no more an indicator of the future than, for example, a neo-Gothic cast-off from the past would be. Are these reactions of a flight forward, but confined to surface and detail? In 1925, the year the Chicago Tribune Tower was completed, the cultural critic Aldous Huxley opposed a false euphoria about modernity. "There is a big difference between the merely fashionable as contemporary behaviour and modernity. For objects and ideas, which were fashionable in the past, may come into fashion once again. Hoop skirts and body-conscious clothes, high and low, narrow and wide waistlines come and go in a colourful parade. But it would be absurd to call them modern, simply because they are en vogue as we speak. Only the truly novel, that which has no parallel in antiquity, is modern. This applies for example to our machine-orientated civilization and all its concomitant conditions of life."[7] Therefore the goal to anchor or to "locate" classic Modernism in the city has not gone beyond either concessions to style or clever, technical details that satisfy ecological demands, both of which are today often cast in the role of "saviours" for architecture and city in the absence of broader visions. What is surprising is that even today architects can compose convincing urban melodies by creating a spatial continuum of the city's history with the use of urban classics — the street corridor, the town square, and the tower as dominant components — but without clinging to bygone forms.

"New" building in historic centres tends to echo the historic canon in superficial forms without being able to meet the demand in detail. Why invite controversy with the boldly contemporary or with modernity, when the guise of Postmodernism or the past offers the far more popular choice of a stolid planning strategy focused on conformity. "The Past in the Present" became the motto after the 1980 Biennial of Architecture in Venice, which sought to develop poetic and narrative alternatives, and with good reason after a decade of vulgar functionalism in the 1970s. Today, however, alternatives seem primarily a matter of diversity in investment portfolios and not of analyzing urban structures that have grown over centuries. We fear a "hyper"-modern architecture which might fail to deliver what it promises. Yet how can we construct a meaningful continuation of the past when in the present we build in sentimental adherence to former patterns and formal models? Without a growing sense of what is contemporary, history has no future. Urban development cannot be a still life. The historic originals are cast into profile and given meaning only against contrasting, convincing, and autonomous contemporary architectural statements. New construction based on conformity, as is the case with the bulk of reconstruction today and yesterday, can only diminish the value of the city as a collection of architecture, it does not allow for reminiscence. Replicas and imitations do not replace originals. In the discussion surrounding Berlin's Stadtschloss, Wolfgang Thierse, the acting president of the Bundestag, has managed to reduce reconstruction to an absur-

6 Ulrich Beck: Reflexive Modernisierung, a.a.O., S. 58

7 Aldous Huxley: Was heißt eigentlich «modern»?, In: Vanity Fair, Mai 1925, zit. nach:

   ders.: Form in der Zeit. Über Literatur, Kunst, Musik. Essays II, München 1994, S. 152

7 Aldous Huxley: "Was heißt eigentlich 'modern'?" In: Vanity Fair, May 1925, quoted from:

   Form in der Zeit. Über Literatur, Kunst, Musik. Essays II, Munich 1994, p. 152

genwart gibt den historischen Originalen ihren Stellenwert. Traditionaler Anpassungsneubau, das Hauptmotiv des Wiederaufbaus gestern und heute, kann den Wert der architektonischen Sammlung Stadt nur schmälern, läßt Erinnerung nicht zu. Kopie und Fälschung bieten keinen Ersatz für Originale. In der Diskussion um das Berliner Stadtschloß hat Wolfgang Thierse, amtierender Bundestagspräsident, die Rekonstruktion mit einem einzigen Satz ad absurdum geführt: «Kultur und Architektur sind Erfahrungsräume menschenverträglicher Ungleichzeitigkeit, denn wir leben nicht nur in einer historischen Schicht, wir bedürfen der Erinnerung.» [8]

Mäßigung

Nach dem uralten Prinzip der Stadt konzentrieren und kanalisieren die steinernen Schluchten des Verkehrs und des Austauschs das öffentliche Leben der Stadt. Den Grundriß der Stadt bestimmen Straßen, Plätze und Wege, nicht Wohnungen. Für Orientierung sorgt nicht nur die Überschaubarkeit der Wegeführung, sondern vor allem deren individuelle architektonische Melodie am Rand, eine spezifische Mixtur aus Ordnung und Vielfalt. Kein Stadtbürger der Toskana ließe es sich nehmen, vor dieser Kulisse zur «Passeggiata» am frühen Abend das Schauspiel «Stadt» mitzuinszenieren. Selbst wenn er dazu die Bühne erst aufsuchen muß, weil er nicht den klassischen Stadtkern bewohnt, sondern nur einen nach der ach so revolutionären und wissenschaftlichen Stadtbaudoktrin der 20er Jahre ausgefransten Stadtrand der Nachkriegszeit. Die endgültige Rückbesinnung auf die traditionelle Kohärenz von Straße und Wohnhaus wurde erst eingeleitet durch die spektakuläre Sprengung der ersten «fortschrittlichen» 50er Jahre-Hochhauszeilen im amerikanischen Sanierungsprojekt Pruitt Igoe in St. Louis am 15. Juli 1972 – sechs Jahre vor den ersten Berliner Senatsbeschlüssen zur Internationalen Bauausstellung «Die Innenstadt als Wohnort». Warum also nach einem halben Jahrhundert Irrweg und viel zu später Rehabilitation des Baublocks Stadtraum und Stadtstruktur erneut zur Disposition stellen?

Auch heroische Maßstabssprünge können ihre kontrastierende Wirkung erst dann entfalten, wenn im unvermeidlichen Labyrinth der Stadt ein Maßstab erkennbar wird. Architektonisches Amüsement als chronischer Zustand ist unerträglich. Das meinte Adolf Loos, als er äußerte: «Es ist sinnlos, etwas zu erfinden, wenn es nicht eine Verbesserung darstellt». Wie visionär Begrenzung sein kann, beschrieb Walter Benjamin anläßlich seines Aufenthalts in Weimar. «Man weiß, wie primitiv das Arbeitszimmer Goethes gewesen ist. Es ist niedrig, es hat keinen Teppich, keine Doppelfenster. Die Möbel sind unansehnlich. Leicht hätte er es anders haben können. Lederne Sessel und Polster gab es auch damals. Dies Zimmer ist in nichts seiner Zeit voraus. Ein Wille hat Figur und Formen in Schranken gehalten; keine sollte des Kerzenlichtes sich schämen müssen, bei dem der alte Mann abends im Schlafrock, die Arme auf ein mißfarbenes Kissen gebreitet, am mittleren Tisch saß und studierte. [...] Wem ein glücklicher Zufall

8 Wolfgang Thierse, zit. nach: Stern, Nr. 26/1998 (18.6.1998), S. 118

dity in a single sentence: "Culture and architecture are areas where we can experience the absence of simultaneity, for we live not only on a historical plane, we need memory." [8]

Moderation

Ancient urban principles live on in the stone-flanked gorges through which traffic flows and where interaction takes place, as they concentrate and channel the public life of a city. Urban plans are defined by streets, squares, and paths, not by apartments. Orientation is a result not only of clearly laid out communication lanes, but above all of the architectural articulation on either side, in a unique blend of order and diversity. In the Toscana everyone joins in the early evening passaggiata – a spectacle in which the city literally comes to life. No one would dream of missing out on it and many make the effort to go from their homes to the "stage" set for this scene, because few now live in the old core, but instead in the far-flung post-war suburbs built according to the ever-so-revolutionary and economic urban doctrine of that era. A return to the traditional harmony between street and building came finally in 1972, when on July 15 the rows of highrises in St. Louis were blown apart in a dramatic demolition of this early "progressive" redevelopment project called Pruitt Igoe dating from the 1950s – six years before Berlin's first Senate Resolution for the Internationale Bauausstellung (IBA): "The Inner City as a Place for Living." Why then are city space and urban layout once again up for discussion after half a century of errors and after the city block has been rehabilitated much too late?

Even heroic leaps in scale can bring contrasts to bear only when the scale is clearly noticeable in the labyrinth that we call city. Architectural amusement as a chronic condition becomes insufferable. This is what Adolf Loos meant when he said: "It makes no sense to invent something unless it constitutes an improvement." During his visit to Weimar, Walter Benjamin described how liberating limitation can be. "We know how spartan Goethe's work room was. A low ceiling, no carpeting, no double-paned windows, and plain furnishings. He could easily have had it otherwise. Even in his day there were leather chairs and upholstery. This room was not ahead of its time in any way. A singular will kept the form within certain limits; the candle light by which the old man would sit at the centre table, working at night wrapped in his robe and resting his arms on discoloured cushions, would not have illuminated anything to be ashamed of ... Anyone fortunate enough to spend some focused time in these four rooms where Goethe slept, read, dictated, and wrote, will feel in their layout and disposition the force which enabled Goethe to bring a world to life whenever he tapped into his innermost core. We, on the other hand, must set an entire world singing before the weak overtone of our inner voice is heard." [9]

8 Wolfgang Thierse, quoted from Stern, June 18, 1998, No. 26, p. 118

9 Walter Benjamin: Weimar. In: Neue Schweizer Rundschau

21st year, issue 10, quoted from: Städtebilder, Frankfurt 1992, pp. 42/47

erlaubt, in diesem Raume sich zu sammeln, erfährt in der Anordnung der vier Stuben, in denen Goethe schlief, las, diktierte und schrieb, die Kräfte, die eine Welt ihm Antwort geben hießen, wenn er das Innerste anschlug. Wir aber müssen eine Welt zum Tönen bringen, um den schwachen Oberton eines Innern erklingen zu lassen.»[9]

PS: Kurz vor Redaktionsschluß dieses Bandes waren Bernhard Winking und sein junges Team mit einem Hochhaus im Hamburger bzw. Harburger Hafen erfolgreich, das eine ebenso diffizile wie diffuse Umgebung zu einem dynamischen architektonischen Glanzpunkt führt. Dank seiner städtebaulichen Verankerung ist der Bau nicht translozierbar und markiert damit die schlüssige Gegenposition zu den eingangs erwähnten Projekten Frankfurts. Architektur gewinnt Überzeugungskraft nur auf einer festgefügten gedanklichen Basis. Das Fundament Stadt und ein profundes Wissen um ihre Geschichte bieten einen Rahmen, aber auch eine Perspektive.

Postscript: Shortly before the editorial deadline for this book, Bernhard Winking and his young team succeeded with a new highrise on Hamburg's harbour, achieving a dynamic architectural highlight in an environment that is as difficult as it is diffuse. The building is firmly anchored in its context and cannot be translocated; it stands in clear contrast to the Frankfurt projects mentioned at the outset. Architecture is convincing only when it is based on a solid intellectual logic. The city as foundation and a profound knowledge of its history provide a framework, and also a perspective.

9 Walter Benjamin: Weimar. In: Neue Schweizer Rundschau, Jg. 21, Heft 10,

   zit. nach: ders.: Städtebilder, Frankfurt 1992, S. 42/47

Werkverzeichnis [1], Auswahl | Catalogue of Projects [1], Selection

1966

Elmshorn bei Hamburg
Elsa Brandström Schule |
Elsa Brandström school
(mit | with Friedrich Willhelm)
1. Preis | 1st prize

1967

Wedel Schulau
Ev.-Luth. Gemeinde-
zentrum | Protestant-Lutheran
community centre
1. Preis | 1st prize
Partner: A. Werner
1968–1970

1968

Hamburg-Klein-Flottbek
Biozentrum, Institut für
Allgemeine Botanik | Bio centre,
Botanical Institute
(mit | with Godber Nissen)
1. Platz | 1st place

Hamburg-Klein-Flottbek
Biozentrum Betriebskomplex |
Bio centre, office complex
1970–1972

Hamburg-Klein-Flottbek
Biozentrum Institut |
Bio centre, institute building
1978–1982

1969

Hamburg-Volksdorf
Einfamilienwohnhaus Dümmler |
Single family home, Dümmler
1969–1970

Wedel bei Hamburg
Einfamilienwohnhaus
Dr. Freytag | Single family
home, Dr. Freytag
Partner: A. Werner
1969–1971

1970

Hamburg-Rahlstedt
Mehrfamilienwohnhaus Becker |
Multiple dwelling, Becker
1970–1971

Hamburg-Rotherbaum
Wohnbebauung Harveste-
huder Weg | Residential develop-
ment, Harvestehuder Weg
Partner: D. Patschan

Hamburg-Poppenbüttel
Einkaufszentrum – Alstertal
Bürohaus | Shopping centre –
Alstertal, office building
(mit | with gmp)
2. Preis | 2nd prize
Partner: A. Werner
1971–1972

Hamburg-Steilshoop
Ev.-Luth. Gemeinde-
zentrum | Protestant-Lutheran
community centre
1. Preis | 1st prize
Partner: A. Werner
1970–1972

Hamburg-Steilshoop
Einkaufszentrum |
Shopping centre
1. Preis | 1st prize
Partner: D. Patschan
1970–1972

1971

Bad Oldesloe
Hallenbad | Indoor
swimming pool
1. Preis | 1st prize
Partner: A. Werner
1971–1973

Dorsten-Wulfen
Stadtzentrum Neue Stadt Wulfen |
Downtown development, Wulfen
1. Preis | 1st prize
Partner: A. Werner

---

1 Chronologisch, bezogen auf das Entwurfsjahr. Projekt-Zeiten über mehrere Jahre
   beziehen sich auf die Realisierung. Wird nur ein Jahr genannt, zeigt dieses den Planungs-
   beginn.

1 In chronological order by design date. Projects which date over several years
   refer to the realization. If only one year is mentioned this refers to the beginning
   of the project planning.

1972

Neumünster
Gesamtschule |
Comprehensive school
1. Preis | 1st prize
Partner: D. Patschan
1973–1974

Dorsten-Wulfen
Integrierte Gesamtschule |
Integrated comprehensive
school
1972–1977

Kaltenkirchen
Wohnungsbau |
Housing construction
A. Werner
1972–1973

1973

Westerland auf Sylt
Schulzentrum | School centre
2. Preis | 2nd prize

Krefeld
Wohnhaus Rainer Winking |
Private residence,
Rainer Winking
1973–1974

1974

Hannover-Mühlenberg
Ökumenisches Kirchenzentrum |
Ecumenical church centre
1. Preis | 1st prize
Partner: D. Patschan
1975–1976

Krefeld
Haus Hans Winking |
Private residence, Hans Winking
1974–1975

Hamburg-Eppendorf
Betreutes Wohnen
Stiftung Ancharhöhe | Residen-
tial complex with in-home
care, foundation Ancharhöhe
1. Preis | 1st prize
Partner: D. Patschan
1974–1976

1975

Hamburg-Altona
Sanierung, Block 212/15,
Nöltingstraße | Urban renewal,
block 212/15, Nöltingstrasse
1. Platz | 1st place

Glinde
Gemeindezentrum |
Community centre
1. Preis | 1st prize
1975–1976

Hamburg-Wentorf
Katholische Kirche |
Catholic church
1. Preis | 1st prize

Schwanenwede bei Bremen
Einfamilienhaus Lehmann |
Single family home, Lehmann
1975–1976

Wedel
Rathauserweiterung |
Town hall addition
1. Preis | 1st prize
Partner: A. Werner
1977–1980

Dorsten-Wulfen
Bücherei | Library
1975–1976

Dorsten-Wulfen
Gemeinschaftshaus |
Communal home
(mit | with Ulrich Pötter)
Ankauf | Purchase
1. Preis | 1st prize
1979–1982

Reinbek bei Hamburg
Katholisches Gemeindezentrum |
Catholic community centre
1. Preis | 1st prize

1976

Hamburg-Wilhelmsburg
Berufsschulzentrum |
Vocational training centre
1. Preis | 1st prize
Partner: A. Werner
1976–1979

München-Perlach

Verwaltungsgebäude
Vereinigte Versicherungsgruppe |
Administration building,
Vereinigte Versicherungsgruppe
insurance company
1. Preis | 1st prize
Partner: D. Patschan
1976–1982

1977

Dorsten-Wulfen

Wohnungsbau |
Housing construction
1977–1978

1978

Hamburg

Hamburg Bau: Svea Hus |
Development in Hamburg:
Svea House
1978–1979

Marl-Mitte

Gutachten Kreuzstraße
Bebauungsplan | Report, Kreuz-
strasse development plan
1. Platz | 1st place

Hamburg-Klein Flottbek

Pförtner-/WC-Gebäude |
Gatehouse / Public lavatory
Botanischer Garten | Botanical
garden
(mit | (with Godber Nissen)
1978–1979

Sierksdorf

Umbau Wohnhaus Dr. Haas |
Renovation, private residence
of Dr. Haas
1978–1979

Ahrensburg

Wohnbebauung Kremerberg |
Residential development,
Kremerberg
1. Platz | 1st place
1978–1979

1979

Dorsten

Haus der Offenen Tür |
"Open Door House"
1. Preis | 1st prize
1979–1980

Dorsten-Wulfen

Waldfriedhof Schultenfeld |
Cemetery, Schultenfeld
1. Preis | 1st prize
1980–1981

Dorsten-Wulfen

Wohnausstellung '79 |
Homeshow, '79
1979–1980

Hannover-Mühlenberg

Gemeindezentrum |
Community centre
1. Preis | 1st prize
Partner: D. Patschan

Norderstedt

Svea-Kubus | Svea cube
1979–1990

Hamburg-Neustadt

Städtebauliche Entwicklung
Alter Steinweg/Wexstraße |
Urban development, Alter Stein-
weg/Wexstrasse

Hamburg-Neustad

Wohnbebauung Wexstraße |
Residential development,
Wexstrasse
1979–1984

Hamburg-Altona

Städtebauliches Gutachten
Gr. Brunnenstr./Nöltingstr. |
Report on urban development
Gr. Brunnenstr./Nöltingstr.
1. Platz | 1st place

Glückstadt

Bebauung Jungfernstieg |
Development, Jungfernstieg
1. Preis | 1st prize
Partner: A. Werner
1980–1981

1980

Hamburg-Eppendorf

Anscharhöhe Heim für
Alleinstehende und Bedürftige |
Hostel (shelter), Anscharhöhe
Partner: D. Patschan

Dorsten

Rathauserweiterung |
Town hall addition
1. Preis | 1st prize

Maasholm

Svea-Haus | Svea House
1980–1981

Hamburg-Neustadt

Fleetinsel | Fleetinsel
development
2. Preis | 2nd prize

Hamburg-Neustadt

Fleethof | Fleethof
1991–1993

Hamburg-Neustadt

Kontorhaus Neuer Wall |
Office building, Neuer Wall
1991–1993

Hamburg-Uhlenhorst

Erweiterung Hochschule
für Bildende Künste | Expansion,
Academy of Fine Arts
5. Preis | 5th prize

1981

Unna

Kreishaus | County hall
1. Preis | 1st prize
Partner: A. Werner
1991–1994

Greifswald

Schönwalde ev. Gemeinde-
zentrum | Protestant community
centre, Schönwalde
1982–1983

Hamburg-Wilhelmsburg

Öffentliche Bücherhalle |
Public library
Partner: D. Patschan
1981–1982

Kassel-Dönche

Wohnbebauung Documenta
Urbana | Residential develop-
ment, Documenta Urbana
1981–1982

1982

Hamburg-Allermöhe

Ökologisches Wohn-
gebiet | Ecological residential
development
1. Platz | 1st place
(mit | with Peer Kruschke)

Marl-Lenkerbeck

Wohnbebauung Johannes-
Brahms-Straße | Residential
development, Johannes-
Brahms-Strasse
1983–1984

Hamburg-Winterhude

Jarrestadterweiterung |
Urban expansion, Jarrestadt
district
1. Preis | 1st prize

Hamburg-Winterhude

Jarrestadterweiterung Bau-
abschnitt 1 und 2 | Urban expan-
sion, Jarrestadt; phases 1 and 2
1989–1993

Hamburg-Winterhude

Jarrestadterweiterung Bau-
abschnitt 3 | Urban expansion,
Jarrestadt; phase 3
1993–1994

Hamburg-Winterhude

Jarrestadterweiterung Bau-
abschnitt 4 | Urban expansion,
Jarrestadt; phase 4
1996–1997

Norderstedt

Wohnbebauung Rathaus-
allee-Stoltenhof | Residential
development, Rathausallee-
Stoltenhof
Partner: D. Patschan

| **Stuttgart-Sindelfingen** | Verwaltungsgebäude Daimler Benz \| Administration building, Daimler Benz
1. St. 1. Preis \| 1st phase, 1st prize
Partner: A. Werner |

1983

Marl-Mitte — Wohnbebauung Kreuzstraße \| Residential development, Kreuzstrasse
1. Preis \| 1st prize

Hamburg-Neustadt — Kindertagesstätte Kohlhöfen \| Daycare centre, Kohlhöfen
1983–1986

Kassel-Dönche — Hangbebauung \| Hillside development (mit \| with Baufrösche)
1. Platz \| 1st place
1983–1987

1984

Hamburg-Neustadt — Wohn- und Kontorhäuser Herrengrabenfleet \| Apartment and office buildings, Herrengrabenfleet
1. Platz \| 1st place
1990–1993

Kiel-Mettenhof — Reihenhäuser in Elementbauweise \| Prefabricated row houses
Partner: A. Werner
1985–1986

Hamburg-Harvestehude — Kita Werderstrasse/Brahmsallee \| Daycare centre Werderstrasse/Brahmsallee
2. Platz \| 2nd place
1991–1993

1985

Hamburg-Winterhude — Einkaufspassage Winterhuder Markt \| Shopping arcade, Winterhuder Markt
Partner: D. Patschan
1985–1986

Hamburg — Gutachten Östliche Innenstadt \| Report on downtown, eastside
1. Platz \| 1st place
Partner: A. Werner

Marl-Brassert — Altenwohnen in der Zechensiedlung \| Seniors residence in the miners' housing complex
1989–1990

1986

Hamburg-Neustadt — Michaelisbrücke \| Michaelis bridge
1986–1987

Dortmund — Technologie Transferzentrum \| Technology transfer centre
1. Preis \| 1st prize

Husum — Rathaus \| Town hall
4. Preis \| 4th prize
Partner: A. Werner
1987–1990

Hamburg-Neustadt — Lodginghouse Madison \| Madison lodging house
1. Platz \| 1st place
1991–1993

1987

Hamburg-Fuhlsbüttel — Flughafen Lackierhalle \| Airport, paint shop
1. Preis \| 1st prize
Partner: D. Patschan, A. Werner
1988–1991

Alt-Marl Bunkerumbauung Garmann-
straße | Bunker surround,
Garmannstrasse
1. Platz | 1st place
1988–1989

Hamburg-Neustadt Stadtrekonstruktion am
Zeughausmarkt-Wimmelhaus |
Urban reconstruction, Zeug-
hausmarkt-Wimmelhaus
1990–1992

1988

Hamburg-Eppendorf Anscharhöhe Behinderten-
wohnungen | Housing for the
disabled, Anscharhöhe
Partner: D. Patschan

Hamburg-Eppendorf Anscharhöhe Pastoren-
wohnungen | Pastor apartments,
Anscharhöhe
Partner: D. Patschan

Hamburg-Allermöhe Wohnbebauung | Residential
development
1988–1989

Kaltenkirchen Werkstatt- und Verkaufs-
gebäude BMW | BMW workshop
and sales building
1988–1989

Dülmen Freizeitbad |
Public swimming pool
3. Preis | 3rd prize

Hamburg-Neustadt Umbau Haus der Seefahrt |
Renovation, "Seafarer's House"
1990–1991

1989

Hamburg-Speicherstadt Geschäftshausviertel
Kehrwiederspitze | Commercial
district, Kehrwiederspitze
ein 1. Platz | a 1st place

Hamburg-Eppendorf Heinrich-Pette-Institut |
Heinrich Pette Institute
1. Platz | 1st place
Partner: D. Patschan
1990–1991

Kiel Erweiterung und Bibliothek
Christian-Albrechts-Universität |
Expansion and library addition,
Christian-Albrecht-University
3. u. 4. Preis | 3rd and 4th prize

Hamburg-Neustadt Buchhandlung
Sautter & Lackmann | Bookshop,
Sautter & Lackmann
1989–1990

Hamburg-Allermöhe Wohnungsbau | Housing
construction
1989–1990

Hamburg-Neustadt Innenstadtquartier
Valentinskamp | Downtown
district, Valentinskamp
1995–1997

Hamburg-Neustadt Verlagsgebäude Gruner + Jahr |
Headquarters, Gruner + Jahr
Publishers
1. Platz | 1st place
1991–1993

1990

Hamburg-Speicherstadt Kehrwiederspitze Teilbereich |
Urban development, section of
Kehrwiederspitze
2. Platz | 2nd place

Hamburg-Rotherbaum Medienhaus | Media house
1992–1994

Hamburg-Wandsbek Wohnbebauung
Jenfelder Moor | Residential
development, Jenfeld marsh
2. Platz | 2nd place
1993–1994

Marl-Brassert

Bunkerumbauung und Neu-
ordnung Marktplatz Brassert |
Bunker conversion and urban
renewal, Marktplatz Brassert
1. Preis | 1st prize
1994–1995

Hamburg-Uhlenhorst

Eingang der Hochschule
für Bildende Künste | Entrance
to Academy of Fine Arts
1992–1993

Schwerin-Werdervorstadt

Wohn- und Geschäftshaus
Werderhof | Apartment and
office building, Werderhof
1993–1994

Marl-Sinsen

Bunkerumbauung und
Stadteingang | Bunker conver-
sion and town gateway
1997–1998

Hamburg-Altona

Geschäftshaus
Breite Straße | Commercial
complex, Breite Strasse

1991

Marl-Brassert

Wohnbebauung Martin-Luther-
Straße | Residential develop-
ment, Martin-Luther-Strasse
1. Preis | 1st prize
1992–1993

Gladbek-Brauck

Gewerbepark IBA Emscher Park |
Industrial park, IBA Emscher
Park
1. Preis | 1st prize
1993–1994

Schwerin-Altstadt

Kaufhaus Burgsee-
galerie | Department store,
Burgseegalerie
1. Platz | 1st place

Berlin-Charlottenburg

Kommunikationszentrum und
Börse | Communication centre
and exchange
2. Preis | 2nd prize

Marl-Hüls

Neuordnung Marktplatz |
Urban renewal, Marktplatz
2. Preis | 2nd prize

Ratzeburg

Kreishauserweiterung |
Expansion, county hall
2. Preis | 2nd prize

Hamburg-Altstadt

Spiegel Verlagsgebäude | Head-
quarters, Spiegel Publishers

Hamburg-Altona

Gutachten Geschäftshaus
Kaiserhof | Report, office block,
Kaiserhof

Hamburg-Winterhude

Gutachten Neuordnung Kamp-
nagelfabrik | Report, urban rene-
wal, Kampnagel factory

Bad Oeynhausen

Deutsches Märchen- und
Sagen-Museum | Museum of
German Fairytales and Legends
2. Preis | 2nd prize

Bei Magdeburg

Wasserstraßenkreuz |
Waterway intersection
1998–2000

Industrial Design

1992

Hamburg-Allermöhe

Flensburg

Hamburg-Schenefeld

Leipzig-Engelsdorf

Herten

Dresden-Altstadt

Berlin-Prenzlauer Berg

Köln-Innenstadt

Schwerin-Feldstadt

Hamburg-Farmsen

Leuchten, Türdrücker |
Lighting fixtures, doorknobs

Straßen- und Fußgängerbrücke
50 m, (K 620) | Overpass and
pedestrian bridge 50 m, (K 620)
1993–94

Stadtreparatur Große Straße
| Urban renewal, Grosse Strasse
1994–95

Verwaltungsgebäude |
Administration building

Wohngebiet Kiebitzmarkt |
Residential development,
Kiebitzmarkt

Zukunftszentrum
IBA Emscher Park | Futurology
centre, IBA Emscher Park
Ankauf | Purchase

Geschäftshaus am Herzoginnen-
garten | Office building on
Herzoginnengarten
1. Preis | 1st prize
1993–1995

Olympiahallen Berlin 2000 |
Olympic halls, Berlin 2000

Neuordnung Turiner Straße |
Urban renewal, Turiner Strasse
Ankauf | Purchase

Stadterweiterung am
Ostorfer See | Urban expansion
on Ostorfer lake
Ankauf | Purchase

Wohnanlage Trabrennbahn
Farmsen | Residential
development, harness racetrack,
Farmsen

Hamburg-Hafen

Berlin-Wedding

1993

Hayn bei Weimar

Berlin-Hellersdorf

Weimar

Hamburg-Neustadt

Schwerin-Schelfstadt

Lübeck-Travemünde

Rostock

Berlin-Wedding

Gewerbegebiet Süd-West-
Indiahafen | Commercial harbour
district, Süd-West-Indiahafen

Geschäftshaus Genter Straße |
Office building, Genter Strasse

Bildungszentrum |
Education centre
1. Preis | 1st prize
1994–1996

Alice-Salomon-Fachhoch-
schule für Sozialpädagogik und
Sozialarbeit | The Alice Salomon
School for Social Education
and Social Work
1. Platz | 1st place
1995–1998

Stadtreparatur Ensemble
«Alt-Weimar» | Urban renova-
tion, "Alt-Weimar" complex
1994–1996

Handelshaus Neuer Wall |
Office building Neuer Wall
1. Platz | 1st place

Wohnbebauung Knaudt-
straße | Residential develop-
ment, Knaudtstrasse
2. Preis | 2nd prize

Wohnbebauung Mühlenberg |
Residential development,
Mühlenberg
1995–1997

Gertrudenquartier in der
Kröpeliner Vorstadt | Getruden
district in Kröpelin suburb
1. Preis | 1st prize

Zentralbibliothek
Technische Fachhochschule |
Central library, Polytechnic
Ankauf | Purchase

Rostock-Steintorvorstadt	Dresdner Bank- und Wohnhaus Leibnizplatz | Dresdner Bank, office and apartment building, Leibnizplatz 1995–1997	
Rostock-Hafen	Marina | Marina 2. Platz | 2nd place	
Bad Oeynhausen	Gutachten Zentrumsbereich | Report on downtown area 1. Platz | 1st place	
Berlin	Südbrücke Oberhavel | South bridge, Upper Havel	
Hamburg-Wandsbek	Studie Neues Stadtquartier Höltigbaum | Study, new city quarter Höltigbaum	

1994

Hamburg-Allermöhe	Straßen- und Fußgängerbrücke 63 m, (K 625) | Overpass and pedestrian bridge 63 m, (K 625) 1996–1998	
Berlin-Köpenick	Stadtreparatur Bölschestraße/Goldmannpark | Urban renewal, Bölschestrasse/Goldmannpark	
Berlin-Köpenick	Stadtreparatur Bölschestraße/Müggelseedamm | Urban renewal, Bölschestrasse/Müggelseedamm 1. Preis | 1st prize	
Berlin-Köpenick	Wohn- und Geschäftshaus Bölsche-Straße 137 | Apartment and office building, Bölsche-Strasse 137 1. Preis | 1st prize 1995–1998	
Berlin-Staaken	Wohnungsbau | Housing construction 1995–1996	
Hamburg-Wandsbek	Wohngebiet Rahlstedter Höhe | Residential development, Rahlstedter Höhe	
Dresden-Mickten	Terrassenhaus | Stepped hillside house	
Hamburg-Lurup	Nachverdichtung Verrmoor | Urban densification, Verrmoor 2. Preis | 2nd prize	
Chemnitz	Neuordnung Straße der Nationen | Urban renewal, Strasse der Nationen	
Hamburg-St. Georg	Museum für Kunst und Gewerbe | Museum of Arts and Crafts	
Berlin-Köpenick	Stadtvilla am Wendenschloß | Urban villa, Wendenschloss	
Rostock	Gutachten Kröpeliner Vorstadt | Expert's Report, Kröpelin suburb	
Hamburg-Langenhorn	Erweiterung und Neuordnung Einkaufszentrum Langenhorner Markt | Expansion and urban renewal, shopping centre Langenhorner Markt 1995–1996	
Hamburg-Allermöhe	Fußgängerbrücken 17.5 m, (K 721/729/735/741) | Pedestrian bridges 17,5 m, (K 721/729/735/741) 1996–1998	
Hamburg-Rotherbaum	Stadtvillen Fontenay-Allee | Urban villas, Fontenay-Allee 2. Platz | 2nd place	
Hamburg-Altstadt	Erweiterung Pavillon IBM Hochhaus | Expansion, pavilion, IBM highrise 1994–1995	
Marl-Hüls	Neuordnung Marktplatz Hüls | Urban renewal, Marktplatz Hüls 2. Preis | 2nd prize	

Hamburg-Hammerbrook	Wohn- und Gewerbehöfe an der Bille | Apartment and commercial blocks on the Bille
Güstrow	Neues Stadtquartier Stahlhof | New urban district, Stahlhof 1. Preis | 1st prize
Fulda	Stadterweiterung, ehem. Kaserne am Wachküppel | Urban expansion, former army barracks on Wachküppel Ankauf | Purchase
Hamburg-Poppenbüttel	Wohnungsbau am Alster-Einkaufszentrum | Housing construction next to Alster shopping centre
Berlin-Tiergarten	Bundeskanzleramt | Federal Chancellery Ankauf | Purchase
Berlin-Mitte	Wohn- und Geschäftshaus am Pariser Platz | Apartment and office building on Pariser Platz 1. St. 1. Preis | 1st phase, 1st prize 2. St. 2. Preis | 2nd phase, 2nd prize
Berlin-Buch	Schulzentrum für Sozial-pädagogik und Sozialpflege | School Complex for Social Education and Social Work 1. Preis | 1st prize
Hamburg-Altstadt	Erweiterung und Neuformu-lierung Hopfenhof | Expansion and urban renewal, Hopfenhof 1. Platz | 1st place 1996–1998
Berlin-Staaken	Wohnungsbau | Housing construction 1995–1997
Berlin	Autobahn A 13 | Highway construction A 13

1995

Lübeck-St.Lorenz	Neues Stadtquartier am Haupt-bahnhof | New urban quarter, central train station district 1. Preis | 1st prize 1996–2000
Meiningen	Justiz-Zentrum | Centre of Justice Ankauf | Purchase
Hayn bei Weimar	Möblierung Bildungszentrum | Furnishings, education centre
Frankfurt/Oder	Oberstufenzentrum | Secondary school centre
Berlin-Treptow	Rathaus | Town hall
Hamburg-Othmarschen	Erweiterung des Missionsgebäudes | Addition, mission building 2. Preis | 2nd Prize
Berlin-Köpenick	Wohn- und Geschäftshaus Grünstraße | Apartment and office building, Grünstrasse
Berlin-Lichterfelde	Wohnbebauung Luzern-straße | Residential develop-ment, Luzernstrasse
Prag/CZ	Hypo-Bankgebäude am Platz der Republik | Hypobank office building, Namesti Republiky 1. Preis | 1st prize 1997–1999
Berlin-Friedrichshain	Krankenhaus Friedrichshain | Hospital, Friedrichshain 2. Stufe | 2nd phase

Berlin-Groß Glienicke	Wohnbebauung Ribbeck-Weg | Housing construction, Ribbeck-Weg
Neu Fahrland bei Potsdam	Wohnbebauung Am Kirchberg | Housing construction, Am Kirchberg
Stahnsdorf bei Berlin	Rekonstruktion eines Vierseitenhofes | Reconstruction, quadrant complex
Erfurt	Verwaltungsgebäude Techniker-Krankenkasse | Administration building, Techniker-Krankenkasse (health insurance)
Bargteheide	Ortserweiterung | Town expansion 3. Preis | 3rd prize
Chemnitz	Rathaus-Passage | Town hall arcade (mit | with Ohrt von Seggern) 1. Preis | 1st prize
Hamburg	Städtebauliches Gutachten Kern Wandsbek | Urban report, central Wandsbek
Schwerin-Feldstadt	Wohn- und Ladengasse Heinrich-Mann-Straße | Residential and retail lane, Heinrich Mann-Strasse 1. Preis | 1st prize
Dortmund	Stadterweiterung Stadtkrone | Urban expansion Stadtkrone
Magdeburg	Gewerbebau | Commercial building
Hamburg-Wilhelmsburg	Bunkerumbauung | Bunker Surround
Hamburg-Altstadt	Bürohaus Steintwietenhof | Office building, Steintwietenhof
Hamburg-Rotherbaum	Gutachten Universitätsbereich Hamburg | Report, University campus, Hamburg
Berlin-Mitte	Palais am Pariser Platz 6a | Palais on Pariser Platz 6a 1. Preis | 1st prize 1996–1998
Jena	Universitätsbibliothek | University library
Weimar	Kaufhausfassade am Theaterplatz | Department store façade on Theaterplatz 1. Preis | 1st prize 1996–1997
Hamburg-Allermöhe	Wohnen am Kiebitzfleet | Housing on Kiebitzfleet 1999–2000
Hamburg-Wandsbek	Bunkerumbauung | Bunker conversion
Hamburg-Mümmelmannsberg	Neues Zentrum | New centre 2. Preis | 2nd prize
Hamburg-Neustadt	Handelshaus Neuer Wall | Office building, Neuer Wall 2. Platz | 2nd place

1996

Husum

Kongreßhalle | Congress centre

Lübeck-Altstadt

Neuordnung Marktplatz
und Marienkirchenplatz |
Urban renewal, Marktplatz
and Marienkirchenplatz
1. Preis | 1st prize

Hamburg-Winterhude

Villa Pingel | Villa Pingel
M. Froh, 1. Preis | 1st prize

Halle

Landeszentralbank |
Central bank
2. Stufe | 2nd phase

Hamburg-Wandsbek

Büro- und Wohnhaus
Stadtkern Wandsbek | Office
and apartment building,
central Wandsbek
1997–1998

Cottbus-Schmellwitz

Behördenzentrum Nord |
Administration centre North
1. Preis | 1st prize

Berlin-Lichterfelde

Bundesbediensteten-
Wohnungen | Apartments for
federal employees

Hamburg-Barmbek

Neues Quartier Saarlandstraße/
Alte Wöhr/Hellbrookstraße|
New district, Saarlandstrasse/
Alte Wöhr/Hellbrookstrasse

Berlin-Mitte

Wohn- und Geschäftsbebauung
Lindengalerie | Residential
and commercial development,
Lindengalerie
2. Stufe | 2nd phase

Hamburg-St. Georg

Erweiterung Museum
für Kunst und Gewerbe |
Expansion, Museum for
Arts and Crafts
1. St. 1. Platz |
1st phase, 1st place
2. St. 2. Platz |
2nd phase, 2nd place

Husum

Messehalle | Fair hall
1. Preis | 1st prize
1996–1997

Potsdam

Regierungsgebäude
an der Heinrich-Mann-Allee |
Government building,
Heinrich-Mann-Allee
2. Stufe | 2nd phase

Köln-Altstadt

Rautenstrauch-Joest-Museum |
Rautenstrauch-Joest museum

Hamburg-Wandsbek

Wohnzeile Rahlstedter Höhe |
Housing row, Rahlstedter Höhe

Hamburg-Hammerbrook

Wohnhöfe an der Bille |
Residential blocks on the Bille

Hamburg-Wandsbek

Stadtvillen Rahlstedter Höhe |
Urban villas, Rahlstedter Höhe
1999

Erfurt

Landtag Thüringen |
Parliament of Thuringia

Berlin-Charlottenburg

Neuordnung Stuttgarter
Platz/Bahnhof Charlottenburg |
Urban renewal, Stuttgarter
Platz/Bahnhof Charlottenburg
4. Preis | 4th prize

Erfurt

Fachhochschule Erfurt |
Technical college, Erfurt
2. Stufe | 2nd phase

Hamburg-Altstadt

Hopfenhof, große Lösung |
Hopfenhof, overall solution

Rheinberg bei Duisburg

Wohnhaus Dr. Rosenfeld |
Private residence, Dr. Rosenfeld
1996–1997

Hamburg-Winterhude

Medienpark Kampnagel |
Media park, Kampnagel
4. Preis | 4th prize

Augsburg

Landesversicherungs-
anstalt Schwaben | Regional
Insurance Institution, Swabia
Ankauf | Purchase

Potsdam

Bundesgartenschau 2001 |
Federal Horticultural Show, 2001
2. Stufe | 2nd phase

Dresden-Altstadt

Innenstadtquartier Ostra-
Terrassen | Downtown district,
Ostra-Terrassen
ein 3. Preis | a 3rd prize

Hamburg-Neustadt

Innenstadtquartier Valentins-
kamp, Hamburger Terrassen |
Downtown district, Valentinskamp, Hamburger Terrassen

Hamburg-Wandsbek

Lindenhof Rahlstedter Höhe |
Lindenhof, Rahlstedter Höhe
1997–1998

1997

Rostock

Parkhaus in der
Kröpeliner Vorstadt | Parking
garage in Kröpelin suburb
1998–1999

Eutin

Seniorenwohnungen
am Schlossgarten | Housing
for seniors, Schlossgarten

Hamburg-Neustadt

Umgestaltung Foyer
Staatsoper | Renovation,
lobby of the Staatsoper
1. Platz | 1st place

Kiel-Neumeimersdorf

Gartenstadt Neumeimersdorf |
Garden city, Neumeimersdorf
1. Preis | 1st prize

Husum

Fischrestaurant am
Binnenhafen | Fish restaurant
on inland harbour
1998–1999

Hannover-Calenberger Neustadt

Bürohaus Brühlstraße |
Office building, Brühlstrasse
2. Stufe | 2nd phase

Nürnberg

Universität Nürnberg |
Nuremberg University

Lübeck-Travemünde

Neuordnung
Zentrales Kurgebiet | Urban
renewal, central spa area
1. Preis | 1st prize

Rendsburg-Büdelsdorf

Stadterweiterung |
Urban expansion
Ankauf | Purchase

Schwerin — Stadterweiterung Äußerer Ziegelsee | Urban expansion, Äusserer Ziegelsee lake
1. Preis | 1st prize

Schwerin — Hotel Werderstraße | Hotel, Werderstrasse

Hamburg-Wandsbek — Erweiterung Vereins- und Westbank | Expansion, Vereins- and Westbank
1997–1998

Hamburg-Neustadt — Umbau Deutschlandhaus | Renovation, Deutschlandhaus
1997–1998

Hannover — Deutscher Pavillon Expo 2000 | German Pavilion, Expo 2000
2. Stufe | 2nd phase

Hamburg-Langenhorn — Stadtkante Heidberg | Urban periphery, Heidberg
2. Preis | 2nd prize

Leipzig-Mitte — Museum der Bildenden Künste | Museum of Fine Arts

Köln-Sürth — Stadterweiterung | Urban expansion

Berlin-Mitte — Landesvertretung Rheinland-Pfalz | Permanent representation Rhineland-Palatinate
2. Stufe | 2nd phase

Hamburg-Wandsbek — Villenquartier Rehgatter, Lemsahl-Mellingstedt | Exclusive residential district, Rehgatter, Lemsahl-Mellingstedt

Karlsruhe — Konversion Alter Flugplatz | Conversion former airfield

---

Karlburg — Stadterweiterung | Urban expansion
3. Preis | 3rd prize

Münster — Neues Wohnquartier, ehem. Hindenburg-Kaserne | New residential development, former Hindenburg barracks

Dresden-Altstadt — Synagoge Dresden | Synagogue, Dresden
2. Stufe | 2nd phase

Potsdam — Neues Quartier am Bahnhof | New train station district

Balearen/E — Haus Moscari | Moscari House
1999–2000

Hamburg-Neustadt — Uferbebauung Alsterfleet | Riverbank development, Alsterfleet
5. Preis | 5th prize

Berlin — Das Städtische Haus | The Urban House

Berlin-Mitte — Bundespressekonferenz | Federal press conference centre
3. Preis | 3rd prize

Graz — Kunsthaus Graz | Museum, Kunsthaus Graz

Berlin-Neu Kölln — Gymnasium Rudow | Rudow high school
2. Stufe | 2nd phase

Unna — Neues Quartier, ehem. Zeche Königsborn | New district, former miners' housing district Königsborn
2. Preis | 2nd prize

Rostock-Gehlsdorf	Gartenstadt | Garden city
Hamburg-Altona	Umfeldverbesserung Kaiserhof | Upgrade of surroundings, Kaiserhof
Berlin-Mitte	Landesvertretung Mecklenburg-Vorpommern und Brandenburg | Permanent representation of Mecklenburg, Pomerania and Brandenburg
Cottbus-Sachsendorf	Finanzrechenzentrum | Finance computer centre 1999–2000
Berlin-Adlershof	Physikinstitut Humboldt-Universität | Institute of Physics, Humboldt University
Bonn	Generaldirektion Post AG | Management, Post AG 2. Stufe | 2nd phase
Berlin-Mitte	Kulturforum | Cultural forum
Weimar	Pavillon am Goetheplatz und Straßenmöbel | Pavilion on Goetheplatz and urban fixtures 1998–1999

1998

Hamburg-Neustadt	Stadtrekonstruktion am Zeughausmarkt-Wimmelhaus | Urban reconstruction, Zeughausmarkt-Wimmelhaus 1999–2000
Hamburg-Neustadt	Geschäftshaus Esplanade 39/41 | Office building, Esplanade 39/41
Hamburg-Altstadt	Aufstockung eines Geschäftshauses am Rödingsmarkt | Height extension of office building on Rödingsmarkt

Saarbrücken-Universität	Sciencepark Saar | Science park, Saar
Hamburg-St. Georg	Stadtverdichtung Berliner Tor | Urban densification, Berliner Tor Ankauf | Purchase
Berlin-Mitte	Straßenmöbel Unter den Linden | Urban fixtures, Unter den Linden 5. Preis | 5th prize
Alsdorf	Einzelhandelszentrum, ehem. Zeche Annagelände | Retail centre, former miners' district, Annagelände 3. Platz | 3rd place
Hamburg-Uhlenhorst	Alstervillen Feenteich | Alster villas, Feenteich (mit | with Hilmer + Sattler) 1998–1999
Hamburg-Barmbek	Allgemeines Krankenhaus | General Hospital
Husum	Fischverarbeitungshalle | Fish processing plant
Schwerin-Feldstadt	Quartierszentrum | District centre
Bitterfeld	Gartenstadt Süd | Garden city, South 2. Stufe | 2nd phase

Hamburg-Wandsbek	Hotel Pappelallee | Hotel, Pappelallee
Lübeck-St.Lorenz	Dresdner Bank Moislinger Allee | Dresdner Bank, Moislinger Allee
Gladbeck	Stadterweiterung Berliner Straße | Urban expansion, Berliner Strasse
Berlin-Tiergarten	Ägyptische Botschaft | Egyptian embassy
Bremen	Gewerbegebiet Arberger/Mahndorfer Marsch | Commercial district, Arberger/Mahndorfer Marsch
Ulm	Zentralbibliothek | Central library 9. Platz | 9th prize
Hamburg-Wilhelmsburg	Wohnen in der Stadt | Living in the City 2. Stufe | 2nd phase Ankauf | Purchase
Passau-Kohlbruck	Messe | Fair Ankauf | Purchase
Berlin-Mitte	Rathausbrücke | Town hall bridge 2. Preis | 2nd prize
Stuttgart	Budapester Platz | Budapester Platz 2. Stufe | 2nd phase
Halle	Neuordnung Marktplatz | Urban renewal Market square 2. Stufe | 2nd phase
Halver	Neue Mitte | Downtown district
Hamburg-Finkenwerder	Alten- und Pflegeheim | Senior residence and nursing home 2. Platz | 2nd place
Hamburg-Harburg	Channel-Tower 1. Preis | 1st prize

In den Partnerschaften Patschan Werner Winking (1968–1987) und Patschan Winking (1988–1992) lag die Projektverteilung jeweils bei einem Partner, dem ein zweiter zur Seite stand. Projekte für die Asmus Werner oder Dieter Patschan hauptverantwortlich waren, sind namentlich ausgewiesen.

In the partnerships Patschan Werner Winking (1968–1987) and Patschan Winking (1988–1992) the responsibility for the projects lay with one partner, who was supported by a second partner. Projects for which Asmus Werner or Dieter Patschan have been mainly responsible are especially mentioned.

Mitarbeiter seit 1993 |
Collaborators since 1993

**Hamburg (seit 1997 in Partnerschaft mit Kai Böckler |
since 1997 in collaboration with Kai Böckler)**

Christoph Auksutat, Volker Bastian, Kai Böckler, Marek Deja,
Hajo Franz, Ralf Grigoleit, Helmut Henke, Anouk Höver, Johanna
Iversen, Jan Kraege, Irina Kraus, Andrea Krause, Andreas Kruse,
Frauke Leumann, Uta Majewski, Michael Martin, Alexander Maul,
Matthias Mecklenburg, Thomas Möller, Marisa Peters, Kerstin Petters,
Beate Puppa, Vita Römer, Andreas Rotter, Andreas Rowold, Michael
Schaub, Volkart Schmiedel, Claudia Schmidt, Gaby Schönherr,
Stephan Schrick, Achim Schröter, Anette Schulz, Jürgen Schwarz, Olaf
Schweizer, Michael Schwieghusen, Peter Seufert, Torsten Skoetz,
Barbara Smakowski, Claudia Springmeier, Karin Stein, Sabine Stiboy,
Barbara Voigt, Jean Michel Wäfler, Stefan Waselowsky, Frank
Weitendorf, Karin Winkler, Angelika Zimmer

Studentische Mitarbeiter | Student Collaborators

Michael Buck, Marek Deja, Marc Dierschke, Ulrike Ellenberger,
Ivonne Grünert, Jasmin Hagenmeier, Sven Kosemund, Nils Krause,
Peter Krebs, Ralph Matthiesen, Julia Müller, Petra Müller, Heike
Oberstadt, Eugen Panescu, Marc-Philipp Reichwald, Georg Ruoff,
Frauke Schmaljohann, Stephan Schrick, Karsten-Peter Schultz,
Zsolt Szeibert, Franz Ullrich, Jean Michael Wäfler, Wolf von Waldow,
Stefan Waselowsky, Maren Witt

**Berlin (seit 1997 in Partnerschaft mit Martin Froh |
since 1997 in collaboration with Martin Froh)**

Anja Böke, Helle Brummerstedt, Benoit Chaput, Ulrike Ellenberger,
Sybille Fechner, Wulf Fiedler, Willi Flegel, Henrik von Glasenapp,
Lene Jensen, Ursula Kirschner, Katrin Lembke, Lasse Maaranen,
Gillian Martin, Ulrike Muckermann, Tom Raschke, Birgit Schlegel,
Peter Seufert, Volker Thiele, Michael Widmaier, Thomas Wiedmann,
Joachim Zecher

Studentische Mitarbeiter | Student Collaborators

Martina Albers, Plamen Botev, Torsten Butzkow, Anette Feldmann,
Ivonne Grunert, Nathalie Heger, Anouk Höver, Martin Holzapfel,
Ingo Janssen, Ralph Matthiesen, Barbara Müller-Rehm, Katrin Pesch,
Andreas Pietrek, Fabian Schneider, Christina Vogt

Biographien

Bernhard Winking

1934 geboren in Osnabrück als drittes von fünf Kindern.
Kindheit in Bayern, Westfalen und Niedersachsen
1952 Mittlere Reife
1952–1956 Maurerlehre und Arbeit als Maurergeselle
1956–1958 Ingenieurstudium an der HTL Münster
1958 Ingenieur für Hochbau
1958–1961 Mitarbeit im Büro Prof. Gerhard Graubner
in Aachen und Hannover
1961–1965 Architekturstudium an der Hochschule
für bildende Künste (HfbK) in Hamburg bei Godber Nissen
und Werner Hebebrand
1964 internationales Symposium Spandau an der TU Berlin
1965 Diplom bei Godber Nissen
1965 Gründung der Architektengemeinschaft Patschan Winking
1965 Lehrtätigkeit an der Hochschule für
bildende Künste Hamburg, zunächst als Assistent von
Prof. Godber Nissen, danach Lehrbeauftragter
1967 Schumacher-Förderpreis der Stadt Hamburg
1968 Gründung der Architektengemeinschaft
Patschan Werner Winking
1971–1972 Vertretungsprofessur für Prof. Godber Nissen
an der Hochschule für bildende Künste
1972–1988 Mitglied im Vorstand des
Bundes Deutscher Architekten (BDA), Hamburg
1978 Berufung zum Professor für Bauplanung
an der Hochschule für bildende Künste Hamburg
1982 Berufung in die Deutsche Akademie für Städtebau
und Landesplanung
1988 Neuformierung der Architektengemeinschaft Patschan Winking
1993 Gründung Büro Prof. Bernhard Winking in Hamburg und Berlin
1997 Neuformierung des Büros Professor Bernhard Winking
Architekten BDA mit den Partnern Kai Böckler in Hamburg und
Martin Froh in Berlin

Kai Böckler

1961 geboren in Hamburg
1982–1986 Architekturstudium an der Fachhochschule Hamburg
seit 1992 Mitarbeit bei Bernhard Winking

Martin Froh

1963 geboren in Kaltenkirchen, Holstein
1983–1989 Architekturstudium an der
Hochschule für bildende Künste Hamburg
seit 1988 Mitarbeit bei Bernhard Winking

Biographies

Bernhard Winking

1934 Born in Osnabrück as the third of five children. Childhood in Bavaria, Westphalia, and Lower Saxony
1952 Certificate of Secondary Education (CSE)
1952–1956 Bricklaying apprenticeship and journeyman bricklayer
1956–1958 Studies in Engineering at HTL in Münster
1958 Constructional engineer
1958–1961 Collaboration in the offices of Prof. Gerhard Graubner in Aachen and Hannover
1961–1965 Studies in architecture at
the Academy of Fine Art, Hamburg, under Godber Nissen
and Werner Hebebrand
1964 International Symposium, Spandau,
at the Technical University of Berlin
1965 Certification under Godber Nissen
1965 Foundation of architects co-operative Patschan Winking
1965 Teaching at Academy of Fine Art, Hamburg, at first as assistant to
Prof. Godber Nissen, followed by full lectureship
1967 Schumacher Award given by the City of Hamburg
1968 Foundation of architects co-operative
Patschan Werner Winking
1971–1972 Deputy for Prof. Godber Nissen
at Academy of Fine Art
1972–1988 Member of the Board of Directors of Bund Deutscher Architekten (BDA, or Federation of German Architects), Hamburg
1978 Appointment as professor for constructional
planning at the Academy of Fine Art, Hamburg
1982 Appointment at the German Academy for
Urban Development and Regional Planning
1988 Restructuring of architects co-operative Patschan Winking
1993 Foundation of Büro Prof. Bernhard Winking
in Hamburg and in Berlin
1997 Restructuring of offices Prof. Bernhard Winking Architekten BDA
with partners Kai Böckler in Hamburg and Martin Froh in Berlin

Kai Böckler

1961 Born in Hamburg
1982–1986 Studies in architecture at Polytechnic, Hamburg
since 1992 Collaboration with Bernhard Winking

Martin Froh

1963 Born in Kaltenkirchen, Holstein
1983–1989 Studies in architecture at the
Academy of Fine Arts, Hamburg
since 1988 Collaboration with Bernhard Winking

Literaturverzeichnis[1] | Bibliography[1]

Husum

Rathaus | Town Hall
· Architektur und Wettbewerbe 09/1988, Stuttgart
· Bauwelt 39/1989 und | and 17/1990, Berlin
· Baumeister 07/1990, München
· art 11/1990, Hamburg
· Deutsches Architektenblatt 04 und | and 11/1991
· Deutsche Bauzeitung 09/1992, Stuttgart
· Nordlicht, Junius 1989, Hamburg
· Architektur in Hamburg. Jahrbuch 1990, Junius, Hamburg 1990
· Architektur in Schleswig-Holstein seit 1945, Hamburg 1985
· D. Albrecht, Literaturreisen Schleswig-Holstein, Stuttgart 1993
· Winking, Architekt, Dölling und Galitz, Hamburg 1994
· Frankfurter Allgemeine Zeitung, 25.11.1989
· Die Zeit, 20.07.1990 und | and 27.07.1990

Messehalle | Fair Hall
· Baumeister 10-1997 und | and 01-1998, München
· Bauwelt 37/1998, Berlin
· Architekten in Hamburg, Dölling und Galitz, Hamburg 1998
· Stahlpositionen, Das Beispiel, Darmstadt 1998

Flensburg

Stadtreparatur Große Straße | Urban Renewal
· Architektur in Schleswig-Holstein 1990–1996, Junius, Hamburg 1996
· Winking, Architekt, Dölling und Galitz, Hamburg 1994
· Architektur in Hamburg. Jahrbuch 1997, Junius, Hamburg 1997

Kiel

**Erweiterung und Bibliothek Christian-Albrechts-Universität |
Expansion and Library, Christian-Albrechts-University**
· wettbewerbe aktuell 11/89

Lübeck

Wohnbebauung Mühlenberg | Residential Development Mühlenberg
· Winking, Architekt, Dölling und Galitz, Hamburg 1994

**Neues Stadtquartier am Hauptbahnhof |
New Hauptbahnhof District**
· wettbewerbe aktuell 05/1995, Freiburg

**Neuordnung Marktplatz und Marienkirchplatz |
New structures for Marktplatz and Marienkirchplatz**
· wettbewerbe aktuell 01 und | and 05/1997, Freiburg

**Neuordnung zentrales Kurgebiet Travemünde |
A Facelift for Travemünde Spa**
· wettbewerbe aktuell 08/1997, Freiburg

Hamburg

Erweiterung Jarrestadt | Jarrestadt Expansion
· Aktuelles Bauen 06 und | and 08/1983, Zürich
· Architektur und Wettbewerbe 09/1988, Stuttgart
· E. Kossak/M. Markovic, Hamburg – Stadt im Fluß,
Ellert und Richter, Hamburg 1989
· Architektur in Hamburg. Jahrbuch 1991, Junius, Hamburg 1991
· Architektur in Hamburg. Jahrbuch 1993, Junius, Hamburg 1993
· Architektur in Hamburg seit 1900, Junius, Hamburg 1993
· Architektur für Hamburg, Dölling und Galitz, Hamburg 1994
· Winking, Architekt, Dölling und Galitz, Hamburg 1994
· BDA-Hamburg Architektur Preis 1996, Dölling und Galitz,
Hamburg 1996
· H. Hipp, Freie und Hansestadt Hamburg, DuMont, Köln 1996
· Hamburg und seine Bauten 1985–2000, Dölling und Galitz,
Hamburg 1999

**Innerstädtische Uferbebauung Fleetachse und Fleetinsel |
Urban Development for Fleetachse and Fleetinsel
Verlagsgebäude Gruner + Jahr |
Publishing House Headquarters Gruner + Jahr**
· Bauwelt 16-1991
· Deutsche Bauzeitung 10/1991, Stuttgart
· Baumeister 04/1994, München
· M. Sack in Merian Hamburg 09/1994,
Hoffmann und Campe, Hamburg 1994
· E. Kossak, Hamburg – Stadt im Fluß,
Ellert und Richter, Hamburg 1989
· E. Kossak, Hamburg – Stadt im Überfluß,
Ellert und Richter, Hamburg 1993
· Fleetinsel in Hamburg, Christians, Hamburg 1994
· Architektur in Hamburg. Jahrbuch 1994, Junius, Hamburg 1994
· Architektur für Hamburg, Dölling und Galitz, Hamburg 1994
· Winking, Architekt, Dölling und Galitz, Hamburg 1994
· R. Wulf, Über den Dächern von Hamburg, Ullstein, Frankfurt/M. 1994
· H. Hipp, Freie und Hansestadt Hamburg, DuMont, Köln 1996
· S. Bühler/N. Haß, Hamburgs Hafenrand, Christians, Hamburg 1997
· Hamburg und seine Bauten 1985–2000, Dölling und Galitz,
Hamburg 1999
· Die Welt, 19.11.1993

---

1 In chronologischer Reihenfolge.

1 In chronological order.

Wohn- und Kontorhäuser | Apartment and Office Buildings

· Bauwelt 07/1993, Berlin
· Stadt 01/1986, Neue Heimat Hamburg
· M. Sack, in: Merian Hamburg 09/1994,
  Hoffmann und Campe, Hamburg 1994
· E. Kossak, Hamburg – Stadt im Fluß,
  Ellert und Richter, Hamburg 1989
· E. Kossak, Hamburg – Stadt im Überfluß,
  Ellert und Richter, Hamburg 1993
· Architektur in Hamburg. Jahrbuch 1994 Junius, Hamburg 1994
· Architektur für Hamburg, Dölling und Galitz, Hamburg 1994
· Winking, Architekt, Dölling und Galitz, Hamburg 1994
· S. Bühler/N. Haß, Hamburgs Hafenrand, Christians, Hamburg 1997
· Hamburg und seine Bauten 1985–2000,
  Dölling und Galitz, Hamburg 1999
· Der Tagesspiegel, 04.08.1994

Lodginghaus | Lodging house

· Architektur in Hamburg. Jahrbuch 1994, Junius, Hamburg 1994
· Winking, Architekt, Dölling und Galitz, Hamburg 1994
· Hamburg und seine Bauten 1985–2000,
  Dölling und Galitz, Hamburg 1999
· Die Welt, 27.02.1992

Kontorhaus Fleethof | Office Building Fleethof

· Bauwelt 18/1986 und | and 07/1993, Berlin
· Baumeister 11 und | and 12/1992 und Sonderheft 04/1993, München
· Deutsche Bauzeitung 10/1993, Stuttgart
· Stadtdialog Hamburg 07/97, Hamburg
· R. Wulf, Über den Dächern von Hamburg, Ullstein, Frankfurt/M. 1994
· M. Sack, in: Merian Hamburg 09/1994,
  Hoffmann und Campe, Hamburg 1994
· Architektur in Hamburg seit 1900, Junius, Hamburg 1993
· E. Kossak, Hamburg – Stadt im Überfluß,
  Ellert und Richter, Hamburg 1993
· Knaurs Kulturführer Hamburg, Droemer Knaur, Hamburg 1994
· Architektur in Hamburg. Jahrbuch 1994, Junius, Hamburg 1994
· Architektur für Hamburg, Dölling und Galitz, Hamburg 1994
· Fleetinsel in Hamburg, Christians, Hamburg 1994
· Winking, Architekt, Dölling und Galitz, Hamburg 1994
· BDA-Hamburg Architektur Preis 1996, Dölling und Galitz,
  Hamburg 1996
· R. Jaeger, Die Architekten des Deutschlandhauses
  – Block und Hochfeld, Gebrüder Mann, Berlin 1996
· Hamburg und seine Bauten 1985–2000, Dölling und Galitz,
  Hamburg 1999
· Die Welt, 12.11.1992 und | and 24.08.1993
· Süddeutsche Zeitung, 13.05.1994
· Der Tagesspiegel, 04.08.1994

Stadtrekonstruktion am Zeughausmarkt | Urban Reconstruction on Zeughausmarkt

· Winking, Architekt, Dölling und Galitz, Hamburg 1994
· Hamburg und seine Bauten 1985–2000, Dölling und Galitz,
  Hamburg 1999

Geschäftsviertel Kehrwiederspitze | Business District Kehrwiederspitze

· Bauwelt 31/1992, Berlin
· Der Architekt 02/99, Berlin
· Architektur in Hamburg. Jahrbuch 1990, Junius, Hamburg 1990
· Architektur für Hamburg, Dölling und Galitz, Hamburg 1994
· Winking, Architekt, Dölling und Galitz, Hamburg 1994

Innenstadtquartier Valentinskamp | Downtown District Valentinskamp

· Winking, Architekt, Dölling und Galitz, Hamburg 1994
· Hamburg und seine Bauten 1985–2000, Dölling und Galitz,
  Hamburg 1999

Medienhaus | Media Building on Rotherbaum

· Architektur für Hamburg, Dölling und Galitz, Hamburg 1994
· Winking, Architekt, Dölling und Galitz, Hamburg 1994
· Achitektur in Hamburg. Jahrbuch 1995, Junius, Hamburg 1995
· Hamburg und seine Bauten 1985–2000, Dölling und Galitz,
  Hamburg 1999
· Die Welt, 12.11.1992

Gewerbegebiet | Commercial District Südwest-/Indiahafen

· Winking, Architekt, Dölling und Galitz, Hamburg 1994
· Architektur in Hamburg. Jahrbuch 1997, Junius, Hamburg 1997

Erweiterung und Neuordnung Einkaufszentrum | Expansion and Renewal of Shopping Centre Langenhorner Markt

· BDA-Hamburg Architektur Preis 1996,
  Dölling und Galitz, Hamburg 1996
· Architekten in Hamburg, Dölling und Galitz, Hamburg 1998
· Hamburg und seine Bauten 1985–2000, Dölling und Galitz,
  Hamburg 1999

Erweiterung und Neuformulierung | Expansion and Renewal Hopfenhof

· Hamburg und seine Bauten 1985–2000, Dölling und Galitz,
  Hamburg 1999

6 Straßen- und Fußgängerbrücken |
6 Traffic and Pedestrian Bridges Allermöhe
· Winking, Architekt, Dölling und Galitz, Hamburg 1994
· Konstruktion zwischen Kunst und Konvention, Schubert,
  Hamburg 1994
· Hamburg – Porträt einer Weltstadt, Springer, Hamburg 1997
· Hamburg und seine Bauten 1985–2000, Dölling und Galitz,
  Hamburg 1999

Wohnbebauung | Residential Development Kiebitzfleet
· Wohnen in Hamburg, Wohnen in der Stadt, Dölling und Galitz,
  Hamburg 1997

Büro- und Wohnhaus Stadtkern Wandsbek |
Office and Apartment Building, Downtown Wandsbek
· Kern Wandsbek – städtebauliches Gutachten,
  Freie und Hansestadt Hamburg 1996
· Die Welt, 24.07.1998

Erweiterung Museum für Kunst und Gewerbe – Schümannflügel |
Expansion, Museum of Arts and Crafts – Schümann Wing
· Schümann-Flügel, Justus Brinckmann Gesellschaft Hamburg, 1998

Uferbebauung Alsterfleet | Riverbank Development Alsterfleet
· wettbewerbe aktuell 12/1997, Freiburg

Stadtverdichtung | Urbanization Berliner Tor
· wettbewerbe aktuell 07/1998, Freiburg

Schwerin

Wohn- und Geschäftshaus |
Apartment and Commercial Building Werderhof
· Winking, Architekt, Dölling und Galitz, Hamburg 1994
· modul 6, München 1995

Burgseegalerie | Burgsee Gallery
· Winking, Architekt, Dölling und Galitz, Hamburg 1994

Stadterweiterung am Ostorfer See |
Urban Expansion on Ostorfer Lake
· Stadt Schwerin, Planen und Bauen in Schwerin 3, Schwerin 1993
· Winking, Architekt, Dölling und Galitz, Hamburg 1994

Wohnbebauung | Residential Development Knaudtstraße
· Wettbewerbe aktuell 09/1993, Freiburg
· Winking, Architekt, Dölling und Galitz, Hamburg 1994

Stadterweiterung Äußerer Ziegelsee |
Urban Expansion, Äußerer Ziegelsee Lake
· Architekten in Hamburg, Dölling und Galitz, Hamburg 1998

Güstrow

Neues Stadtquartier | New Urban Quarter Stahlhof
· Architektur in Hamburg. Jahrbuch 1997, Junius, Hamburg 1997

Rostock

Bank und Wohnhaus | Bank and Apartment Building Leibnizplatz
· Winking, Architekt, Dölling und Galitz, Hamburg 1994
· Ausgewählte Bauprojekte ab 1991, Dresdner Bank, Frankfurt 1997

Marina | Marina
· Winking, Architekt, Dölling und Galitz, Hamburg 1994

Neues Quartier in der Kröpeliner Vorstadt |
New District in Kröpelin Suburb, Gertrudenquartier
· Winking, Architekt, Dölling und Galitz, Hamburg 1994

Berlin

Alice-Salomon-Fachhochschule für Sozialpädagogik und Sozialarbeit |
Alice Salomon School of Social Education and Social Work
· Winking, Architekt, Dölling und Galitz, Hamburg 1994
· Stadt – Haus – Wohnung, Ernst und Sohn, Berlin 1995
· Neue Architektur – Berlin 1990–2000, jovis, Berlin 1997
· Bauwelt 39/1998, Berlin
· Der Tagesspiegel, 05.01.1999

Stadtreparatur | Urban Renewal Köpenick
· Winking, Architekt, Dölling und Galitz, Hamburg 1994
· Winking, Architekt, Dölling und Galitz, Hamburg 1994
· Stadt – Haus – Wohnung, Ernst und Sohn, Berlin 1995
· Neue Architektur – Berlin 1990–2000, jovis, Berlin 1997

Zentralbibliothek Technische Fachhochschule |
Central Library Polytechnic
· Winking, Architekt, Dölling und Galitz, Hamburg 1994

Bundeskanzleramt | Central Library Polytechnic
· wettbewerbe aktuell 02/1995, Freiburg
· Burg/Redecke, Kanzleramt und Präsidialamt,
  Birkhäuser Verlag, Basel 1995

Wohn- und Geschäftshaus |
Apartment and Office Building, Pariser Platz
· Bauwelt 11/1995, Berlin
· wettbewerbe aktuell 03/1995
· Die Zeit, 03.03.1995

Schulzentrum für Sozialpädagogik und -pflege |
Training Centre for Social Education and Social Work
· Neue Architektur – Berlin 1990–2000, Jovis, Berlin 1997

Palais am Pariser Platz | Palais on Pariser Platz
· Bauwelt 47/1995, Berlin
· Baumeister 12/1998, München
· Berlin-Visionen werden Realität, Jovis, Berlin 1996
· Exempel Berlin – Offene Stadt im Wandel, Junius, Hamburg 1997
· Architektur in Hamburg. Jahrbuch 1997, Junius, Hamburg 1997
· Neue Architektur – Berlin 1990–2000, Jovis, Berlin 1997
· Architekten in Hamburg, Dölling und Galitz, Hamburg 1998
· Architektur in Berlin. Jahrbuch 1998, Junius, Hamburg 1998
· R. Wulf, Über den Dächern von Deutschland, Junius, Hamburg 1998
· Bauwelt Berlin Annual 1998, Bertelsmann und Birkhäuser, Berlin 1999
· J. Tietz (Hrsg.), B. Winking, Das Palais am Pariser Platz,
  Verlag für Bauwesen, Berlin 1999
· taz, 17.11.1995
· Die Welt, 12.12.1996
· Neue Zürcher Zeitung, 20.10.1998

Neuordnung | Urban Renewal,
Stuttgarter Platz/Bahnhof Charlottenburg
· wettbewerbe aktuell 02/1997, Freiburg
· Bauwelt 48/1996, Berlin

Bundespressekonferenz | Federal Press Conference Centre
· DBZ 10/1997

Das städtische Haus | The Urban House
· Wettbewerb das städtisches Haus,
  Das Beispiel, Darmstadt 1998

Straßenmöbel unter den Linden |
Urban Fixtures for Unter den Linden
· Bauwelt 27/1998, Berlin
· wettbewerbe aktuell 09/1998, Freiburg

Cottbus

Behördenzentrum Nord | Administrative Centre, North
· wettbewerbe aktuell 09/1996, Freiburg
· Bauwelt 30/1996, Berlin· Baumeister 09/1996, München

Marl

Stadtzentrum | City Centre, Neue Stadt Wulfen
· Das Kunstwerk 04-06/1979, Stuttgart
· Architektur im Ruhrgebiet, Schmitz, Castrop-Rauxel 1986
· Winking, Architekt, Dölling und Galitz, Hamburg 1994

Integrierte Gesamtschule | Integrated Comprehensive School
· Baumeister 03/1976, München;
· Architektur und Wohnen 09/1977, Hamburg
· Bauwelt 35/1978, Berlin
· Das Kunstwerk 04-06/1979, Stuttgart
· Aktuelles Bauen 06/1983, Zürich
· A. Lau, Das Revier, Univers, Bielefeld 1979
· Architektur im Ruhrgebiet, Schmitz, Castrop-Rauxel 1986
· Landesplanung und Städtebau in den 80ern, Institut für Landes-
  und Stadtentwicklung NRW
· Winking, Architekt, Dölling und Galitz, Hamburg 1994

Gemeinschaftshaus | Community Centre
· Das Kunstwerk 04-06/1979, Stuttgart
· Architektur im Ruhrgebiet, Schmitz, Castrop-Rauxel 1986
· Landesplanung und Städtebau in den 80ern, Institut für Landes-
  und Stadtentwicklung NRW
· Winking, Architekt, Dölling und Galitz, Hamburg 1994

Waldfriedhof | Cemetery Schultenfeld
· Architektur und Wettbewerbe 09/1988, Stuttgart
· Architektur im Ruhrgebiet, Schmitz, Castrop-Rauxel 1986
· Winking, Architekt, Dölling und Galitz, Hamburg 1994
· Westdeutsche Allgemeine Zeitung, 09.07.1981

Haus der offenen Tür | "Open House"
· Winking, Architekt, Dölling und Galitz, Hamburg 1994

Bunkerumbauung | Bunker Surround Garmannstrasse
· D. Hoor/H. Reiners, Altes Bauen – Neues Wohnen,
  Callwey, München 1990
· Winking, Architekt, Dölling und Galitz, Hamburg 1994

Wohnbebauung | Housing Development, Martin-Luther-Strasse
· Winking, Architekt, Dölling und Galitz, Hamburg 1994
· Westdeutsche Allgemeine Zeitung, 11.03.1994

**Bunkerumbauung und Neuordnung | Bunker Surround
and Urban Renewal Marktplatz Brassert**
· Winking, Architekt, Dölling und Galitz, Hamburg 1994

Gewerbepark | Industrial Park, IBA Emscher Park 1993–1994
· Deutsches Architektenblatt 09/1992, Stuttgart
· Winking, Architekt, Dölling und Galitz, Hamburg 1994

Neuordnung | Urban Renewal, Marktplatz Hüls
· wettbewerbe aktuell 01/1995, Freiburg

Weimar

Bildungszentrum | Education Centre, Hayn
· Wettbewerbe aktuell 10/1993 und | and 05/1997, Freiburg
· modul 7, München 1997
· Baumeister 11/97, München
· Garten und Landschaft 07/98, München
· Winking, Architekt, Dölling und Galitz, Hamburg 1994
· Architektur in Hamburg. Jahrbuch 1997 und 1998, Junius,
  Hamburg 1997 und | and 1998
· apropos architektouren, Architektenkammer Thüringen 1998

**Stadtreparatur Ensemble «Alt-Weimar» |
Urban Renovation "Alt-Weimar"**
· Winking, Architekt, Dölling und Galitz, Hamburg 1994
· R. Wulf, Über den Dächern von Deutschland, Junius, Hamburg 1998
· Der Architekt 04/1998, Berlin

Kaufhausfassade | Department Store Fassade
· Bauwelt 30/1997, Berlin
· Der Architekt 04/1998, Berlin
· Baumeister Exkursion 33
· Weimar Kultur Journal 7/1996 und | and 1/1997, Weimar
· Architektur in Hamburg. Jahrbuch 1997, Junius, Hamburg 1997
· R. Wulf, Über den Dächern von Deutschland, Junius, Hamburg 1998
· Frankfurter Allgemeine Zeitung, 31.12.1996 und | and 25.07.1997

Dresden

**Geschäftshaus am Herzoginnengarten |
Office Building on Herzoginnengarten**
· Baumeister Exkursion 37
· Die Welt, 11.04.1994
· Winking, Architekt, Dölling und Galitz, Hamburg 1994

Innenstadtquartier | Downtown District, Ostra-Terrassen
· wettbewerbe aktuell 03/1997, Freiburg

Prag

Bankgebäude | Bank Building
· wettbewerbe aktuell 09/1995, Freiburg
· Bauwelt 40/1995, Berlin
· Deutsches Architektenblatt 10/1995, Stuttgart
· Baumeister 10/1995, München
· Architekten in Hamburg, Dölling und Galitz, Hamburg 1998
· Architektur Betrachten, Begreifen, Beurteilen, Elingius, Hamburg 1998
· Die Welt, 08.08.1995
· Frankfurter Allgemeine Zeitung, 23.08.1995
· Süddeutsche Zeitung, 24.08.1995
· Der Tagesspiegel, 29.10.1995

Allgemeine Publikationen, Auswahl | General Publications, Selection
· B. Winking, Architekt – Bauten und Projekte 1968–94,
  Dölling und Galitz, Hamburg 1994
· B. Winking: Architektur am Schwimmen. In: Baumeister 8/1996.
· B. Winking: Architekturlehre – Studienarbeiten,
  In: Baumeister 11/1995
· Bernhard Winking, In: Das Hamburger Kontorhaus, Büroarbeit von
  morgen in den Büros von heute, Regionalverlag Berlin 1997
· B. Winking: Feuerverzinkter Stahl, in: VFA-Profil 10/1995
· B. Winking: Kern Wandsbek – städtebauliches Gutachten,
  Freie und Hansestadt Hamburg 1996
· Patschan Werner Winking 1968–1969, Eigenverlag, Hamburg 1969
· B. Winking: Vom alltäglichen Umgang mit Stahl,
  in: Baukultur 1 und | and 2/1995
· Bernhard Winking (Hrsg.), Veröffentlichungen der Hochschule
  für bildende Künste, Hamburg:
· Einkaufszentrum Langenhorner Markt – Lüfterbauwerk –
  Studentischer Ideenwettbewerb, 1996
· Das familiengerechte Mietreihenhaus, Lemsahl Mellingstedt –
  Studentischer Ideenwettbewerb 1996
· IDEAS – Kolleggebäude für die Universität Hamburg
· Kleikuhle Husum, Studentenwettbewerb, 1996
· Staats- und Universitätsbibliothek Carl von Ossietzky,
  Studentenwettbewerb, Hamburg 1995
· Stadtpark Hamburg-Winterhude, Neubau des Cafés
  am Plantschbecken – studentischer Ideenwettbewerb 1996
· Summer School Rumänien 1999
· Umgestaltung des Langenhorner Marktplatzes,
  Studentischer Ideenwettbewerb 1997
· Unideck – das schöne ungebrochene Dach,
  Studentischer Ideenwettbewerb, 1998
· 33 Schritte 1978–1994, Diplomarbeiten am
  Fachbereich Architektur 1994

Bildnachweis | Photo Credits

Archiv der Hansestadt Rostock
122, 126

Archiv Prof. Bernhard Winking, Hamburg
14, 25 u, 30, 56, 60 o, 61 r o,
61 r u, 67 r m, 70, 71, 74, 78, 86 u,
90 l o, 90 r u, 91 l u, 91 r u, 92 r o,
92 r u, 93 l o, 93 l u, 93 r o, 93 r u,
94 r o, 95 r o, 102, 103, 104, 108 l o,
108 r o, 108 r u, 115, 117, 129 l u, 139 r,
140, 150, 162, 163, 168, 172, 173, 178,
180, 182, 185 r 186 l, 194, 195 r u, 198,
203, 208 u, 211 u, 213, 214 l u, 214 r,
239, 243, 246, 247, 248, 249

Argus Geo System s.r.o., Hradec Kralove
216/217

Atelier Bockelberg, Hamburg
66

Bauordnungsamt Flensburg
38, 39 l

BIG Städtebau Mecklenburg-
Vorpommern GmbH, Kiel
110/111, 114

Callwey Verlag, München
54 o

Fotoatelier Louis Held, Weimar
192

Deutsche Luftbild GmbH, Hamburg
80 u

Design Grimm Kraege, Köln
67 r o

Eberle & Eisfeld, Berlin
193 u, 195 l, 209 r

DYWIDAG AG, Hamburg
92 l o

FPK-IngenieurgesellschaftmbH, Berlin
50/51, 62/63, 82,

Freie und Hansestadt Hamburg,
Behörde für Inneres – Polizei
88

Freie und Hansestadt Hamburg,
Baubehörde, Amt für Geoinformation
und Vermessung (mit Genehmigung vom
16.02.99 unter Nr. GV431-10/99)
76

Froh, Martin, Berlin
136

Gehlke, Andreas und Wißmann, Hartmut
160, 164

Geospace GmbH, Bonn
188/189

Gerhold, Andreas
187 l

Goertz-Bauer, Inge
186 r

Göttlicher, Björn, Bamberg
12, 15 r, 16, 17, 22, 23, 27, 29, 31, 33 u,
36/37, 45, 46, 52/53, 60 u, 64/65, 75, 77,
79, 81, 90 l u, 90 r o, 91 r o, 92 l u,
98, 101, 109 r, 112/113, 120/121, 123, 124,
129 l o, 132/133, 143 r o, 143 r m o,
143 r u, 146, 147, 151, 152, 153,154, 155,
159 u, 165, 176, 177, 183, 184 l u, 184 r u,
190, 193 o, 195 r o, 199, 200, 201 o,
202, 207, 209 l, 214 l o, 218/219, 221 r,
222, 223, 224

Hamburgisches Architekturarchiv
72

Helms, Thomas
13, 15 l, 18, 25 o, 42 o, 67 l u, 67 r u,
184 l o

Historika Photoverlag, Hamburg
68

IFPmbH, Hamburg
128

Kataster- und Vermessungsamt
Schwerin, Stadtarchiv
99, 100

Katasteramt Prag-Ost
225

Kossak, Egbert Prof.
84

Kinold, Klaus, München
197, 198 u, 201

Landesarchiv Berlin
156, 159 o

Landesbildstelle Berlin
134, 138, 139 l, 143 l o, 143 l m o,
143 l u, 148

Landeshauptstadt Kiel, Presseamt
44

Landeshauptstadt Schwerin,
Bauverwaltung, Stadtentwicklung
und Umwelt
96/97

Landesvermessungsamt Brandenburg,
Potsdam: mit Genehmigung vom
04.06.1998 unter Nr.: GB 80/98 162/163,
164/165, 173; 166/167 mit Genehmigung
vom 20.03.1998 unter Nr.: LBB-LI/98

Landesvermessungsamt Mecklenburg-
Vorpommern, Schwerin
108/109, 117, 129

Landesvermessungsamt Nordrhein-
Westfalen, Bonn (mit Genehmigung
vom 04.06.98 unter Nr.: 98186)
184/185, 186/187

Landesvermessungsamt Sachsen,
Dresden (mit Genehmigung
vom 09.12.1998 unter Nr.: S 73/98)
214/215

Landesvermessungsamt
Schleswig-Holstein, Kiel
5, 6/7, 33, 41, 49, 61, 90/91,
92/93, 94/95,

Landesvermessungsamt Thüringen,
Erfurt (mit Genehmigung vom 29.01.99
unter Nr.: 100751/99)
202/203

Langenhorn Archiv Erwin Möller,
Hamburg
80 o

Leiska, Heiner
127 r,

Leistner, Dieter, Mainz
125

Metzendorf, Jürgen, Marl
181, 184 r o

Müller, Veit S.
39 r, 40, 41, 73, 179, 185 l

Ohms, Reiner:
RGSmbH, Rostock
118/119

Sächsische Landesbibliothek –
Staats- und Universitätsbibliothek,
Deutsche Fotothek, Dresden
208 o, 210, 211 o, 212

Schäfer Photo, Berlin
143 l m u, 143 r m u

Schlemmer, Herbert, Berlin
142

Schrick, Stephan, Hamburg
91 l o

Scout Systems GmbH München
42/43, 174/175

Senatsverwaltung für Bauen, Wohnen und
Verkehr, Berlin
130/131

SEGmbH&co KG, Flensburg
34/35

Stadtbauamt Husum
20/21

Stadtplanungsamt Cottbus
170

Stadtplanungsamt Lübeck
54 u

Städtisches Vermessungsamt Dresden
204/205

Ullrich, Franz, Hamburg
250

Utvar rozvoje hlavniho mesta, Praha
220, 221 l

Verlagshaus Gotthardt, Berlin
158

Winking, Ursula, Hamburg
258

Übersetzung ins Englische | Translation into English by:
Elizabeth Schwaiger, Toronto

Umschlaggestaltung und Layout | Cover design and layout:
Karin Weisener, Birkhäuser Verlag, Basel

Organisation und redaktionelle Bearbeitung |
Organization and editorial supervision:
Franz Ullrich, Hamburg

Maßstabsangaben unterliegen einer Toleranz
von +/− 5 Prozent. | Scales have a tolerance of +/− 5 percent.

A CIP catalogue record for this book is available
from the Library of Congress, Washington D.C., USA

Deutsche Bibliothek – Cataloging-in-Publication Data

Winking, Bernhard:
[Bernhard Winking, Architektur und Stadt]
Bernhard Winking, Architektur und Stadt, architecture and the city /
hrsg. von Klaus-Dieter Weiss. Mit einem Vorw. von Hans Stimmann
und einer Einf. von Ulrich Höhns. [Übers. ins Engl. Elizabeth
Schwaiger]. - 1. Aufl. - Basel ; Boston ; Berlin : Birkhäuser, 1999
ISBN 3-7643-5927-7 (Basel ...)
ISBN 0-8176-5927-7 (Boston)

Printed on acid-free paper produced from chlorine-free pulp. TCF ∞
Printed in Germany

ISBN 3-7643-5927-7
ISBN 0-8176-5927-7

9 8 7 6 5 4 3 2 1